研究报告

丁家云　倪国爱　夏美武　金利娟　主编

皖江经济发展研究报告

——生态经济研究专题

(2018)

WanJiang JingJi FaZhan YanJiu BaoGao

ShengTai JingJi YanJiu ZhuanTi

中国财经出版传媒集团
经济科学出版社
Economic Science Press
北京

图书在版编目（CIP）数据

皖江经济发展研究报告.2018.生态经济研究专题/丁家云等主编.—北京：经济科学出版社，2021.12
ISBN 978-7-5218-3303-4

Ⅰ.①皖… Ⅱ.①丁… Ⅲ.①区域经济发展-研究报告-安徽-2018 Ⅳ.①F127.54

中国版本图书馆CIP数据核字（2021）第258941号

责任编辑：凌　敏
责任校对：隗立娜　靳玉环
责任印制：张佳裕

皖江经济发展研究报告
——生态经济研究专题（2018）
丁家云　倪国爱　夏美武　金利娟　主编
经济科学出版社出版、发行　新华书店经销
社址：北京市海淀区阜成路甲28号　邮编：100142
教材分社电话：010-88191343　发行部电话：010-88191522
网址：www.esp.com.cn
电子邮箱：lingmin@esp.com.cn
天猫网店：经济科学出版社旗舰店
网址：http://jjkxcbs.tmall.com
北京密兴印刷有限公司印装
787×1092　16开　20.75印张　450000字
2021年12月第1版　2021年12月第1次印刷
ISBN 978-7-5218-3303-4　定价：72.00元

前言

2010年1月，“皖江城市带”以其区域位置、资源要素、产业基础、环境承载、跨越发展等方面所具有的不可替代的优势，获批全国首个承接产业转移示范区。“十三五”期间，国家面临着新一轮战略机遇调整期，经济转型发展提质，皖江经济的发展又要以其新视角面对新格局变化，由此，来研究各类重大现实问题亟待我们研究和解决。

铜陵学院是一所财经特色鲜明、工科发展势头强劲、多学科协调发展的应用型本科高校。2009年学校获批安徽省首批示范应用型本科高校。2015年获批安徽省地方应用型高水平大学立项建设单位。2019年获批安徽省硕士学位授予立项建设单位。学校紧密对接国家和区域主导产业、支柱产业和战略性新兴产业，瞄准国家、省、市重大战略需求和“铜”产业发展需要，大力推进应用型科学研究和协同创新，将安徽省人文社科重点研究基地皖江经济发展研究中心、铜文化发展研究中心等省级科研平台整合，建成“安徽经济社会发展研究中心”省级高校智库。在学校建设和改革中进一步明确了区域经济发展研究所的定位，设立了极具铜陵学院科研特色的“皖江区域经济专项研究课题”。

铜陵学院设立“皖江区域经济专项研究课题”和连续出版《皖江经济发展研究报告》旨在充分发挥学校区位优势，提升科学研究服务社会经济发展的能力。在打造铜陵学院区域经济科研团队的同时，促进铜陵学院围绕国家产业战略调整和安徽省经济转型及地方经济发展开展科学研究，做实“校地、校企、校校”合作，更好地服务“皖江城市带”的区域经济社会发展。

《皖江经济发展研究报告》是铜陵学院集“皖江区域经济专项研究课题”优秀研究成果为一体的公开出版物。自2010年起，《皖江经济发展研究报告》每年出版一辑，已形成系列。您现在阅读的是第九辑《皖江经济发展研究报告——生态经济研究专题(2018)》。该报告也是铜陵学院区域经济研究所（皖江经济发展研究中心——安徽省高等学校人文社会科学重点研究基地）成果。本辑《皖江经济发展研究报告》的特色集中体现在三个方面：一是以服务“皖江城市带”的生态经济发展进行跨区域的研究；二是从四个篇目对皖江城市带生态经济进行研究，即政策研究篇、生态产业发展篇、细分行业篇、市县篇；三是在突出经济学、管理学研究特色的同时兼容了其他相关学科的研究成果，共择优收录39篇文章。

铜陵学院高度重视《皖江经济发展研究报告》的出版工作，力争把学校区域经济研究所（皖江经济发展研究中心——安徽省高等学校人文社会科学重点研究基地）建设成安徽省皖江经济与社会文化领域理论与实践创新的咨政高地、创新区域经济研究的科研基地、地方党委政府的决策咨询中心、社会影响力不断提升的特色机构，同时打造与地方经济社会发展需求相适应的智库平台，充分发挥研究成果为地方党委政府提供决策咨询的能力，提升学校学科专业互补发展优势及服务地方经济建设的能力，为铜陵学院的地方应用型高水平大学立项单位建设增添光彩。

铜陵学院党委书记　丁家云

铜陵学院校长　倪国爱

2019年12月

目　录

政策研究篇

生态产业发展篇

细分行业篇

市县篇

政策研究篇

皖江城市带生态经济实践路径研究

倪国爱　徐向龙

生态经济体系是生态文明建设的物质基础和关键环节。党的十九大以来，习近平新时代中国特色社会主义思想中的生态文明思想不断丰富与拓展，相继提出一系列新理念、新思想与新战略。皖江城市带生态经济体系路径建设，应坚持生态优先和绿色发展原则，着力推动经济社会高质量发展。

一、生态经济理念的发展与实践

生态经济理念的发展，源于学者对地球承载极限的思考。1966 年，美国经济学家肯尼斯·鲍尔丁首次提出"生态经济学"的概念，并提出"宇宙飞船经济理论"和构建开放循环的生态系统设想，引发了人们对资源与环境的经济学研究。[1]随着全球生态环境问题日益严峻和工业经济弊端的显现，人类面临的生存与发展的挑战更加复杂，生态经济发展理念因此不断发展和深化。

（一）生态经济内涵的演化

自鲍尔丁的生态经济思想被提出之后，学者开始使用数学模型和系统分析方法研究环境保护与经济发展的关系。生态承载力、生态效益评估以及生态能值分析，成为生态经济学领域的核心议题。生态承载力表现为生态系统内部的调节和自我维持能力，以及对外部约束和系统承压能力；生态效益评估通过计算生态资源的总量与价值，间接反映区域生态系统的经济价值，生态系统的长期稳定建立在生态承载和新建项目的生态效益的可持续基础上。生态能值分析集中在对区域的生态承载负荷水平、可持续发展状况等指标进行评价，以及对生态活动的投入产出效益进行分析等。[2]

20 世纪 80 年代之后，针对如何治理环境污染和生态破坏等外部性问题，环境经济学、循环经济学和低碳经济学等理论被相继提出。环境经济学将环境问题作为经济增长的外部成本，强调利用经济手段对污染进行治理，包括征收资源税、排污收费、对污染行为进行罚款，以及对废物综合利用行为进行奖励、提供相应财政补贴和优惠贷款等措施；循环经济理论的核心是通过减量化、再利用和再循环原则，实现物质和能力的循环利用；低碳经济理论则侧重通过制度创新、技术创新和产业转型等手段，减少化石能源的消耗，降低环境污染问题。[3]随着不同学科和专业背景学者对生态经济学理论研究的深入，为应对经济发展中的生态问题挑战，更为科学、系统的解决策略被相继提出。

（二）我国生态经济理念与实践

国内外相关理论为我国生态经济理念与实践发展提供了坚实的理论依据。党的十八届五中全会首次提出了“创新、协调、绿色、开放、共享”的新发展理念，五大发展理念把生态文明建设融入经济建设、政治建设、文化建设、社会建设全过程，并从树立生态观念、完善生态制度、维护生态安全、优化生态环境，形成节约资源和保护环境的空间格局、产业结构、生产方式、生活方式等方面，对生态文明建设作出了系统论述。在2018年全国生态环境保护大会上，习近平总书记提出建立“以产业生态化和生态产业化为主体的生态经济体系”，构建了我国生态经济的具体实践路径。

产业生态化是按照“绿色、循环、低碳”的发展模式，利用生态产业技术，培育和发展资源利用率高、生态效益好的新兴产业，改造升级传统产业，促进产业绿色化发展。产业生态化的本质是在不同产业和企业间建立循环经济生态链，减少废物排放，降低对生态环境的污染和破坏，提高经济发展质量。生态产业化建立在区域独特的资源禀赋和生态环境基础上，以产业化规律推动生态建设，按照市场化、社会化的方式，提供生态产品和服务，促进生态要素向生产要素转变，建立起生态环境与经济发展之间的良性循环，实现“生态环境就是生产力”的动力机制。[4]我国生态经济发展理念，以及产业生态化和生态产业化发展理论，为皖江城市带生态经济建设实践提供了指引。

二、皖江城市带生态经济发展现状

客观认识皖江城市带生态经济发展状况，需构建皖江城市带生态效益和经济效益协调发展评价指标体系，并开展实证研究。

（一）评价指标体系建立

评价指标选取参考王俊兰等[5]和张磊等[6]研究，采用熵权法确定各指标权重，最终建立评价指标体系和权重如表1所示。为消除不同指标数据量纲的影响，本文采用极差变换法进行指标数据标准化处理。指标数据采用2017~2019年《安徽统计年鉴》数据，由于缺少2018年“三废”排放数据，故本文使用2017年数据替代，取平均值反映皖江城市带生态经济发展水平。

表 1　　　　皖江城市带生态与经济协调发展指标体系

准则层	指标层	权重
经济子系统	人均 GDP（元/人）	0.224
	第二产业占 GDP 比重（%）	0.173
	第三产业占 GDP 比重（%）	0.152
生态子系统	单位 GDP 能耗（吨标准煤/万元）	0.096
	人均工业废水排放量（吨/人）	0.146
	人均工业废气排放量（万立方米/人）	0.102
	人均一般工业固体废物产生量（吨/人）	0.107

（二）实证结果与分析

本文采用协调度模型反映皖江城市带生态与经济协调发展状况，结果如表 2 所示。生态效益和经济效益对比情况以及协调发展状况分别如图 1 和图 2 所示。

表 2　　　　皖江城市带生态与经济协调发展现状

地区	经济效益 $g(y)$	生态效益 $f(x)$	生态和经济发展度（T）	生态和经济协调度（C）	生态经济协调发展度（D）
合肥	0.49	0.48	0.49	0.93	0.67
滁州	0.15	0.47	0.31	0.55	0.41
马鞍山	0.41	0.05	0.23	0.13	0.17
芜湖	0.44	0.44	0.44	0.91	0.63
宣城	0.22	0.44	0.33	0.79	0.51
铜陵	0.38	0.21	0.30	0.85	0.50
池州	0.22	0.42	0.32	0.81	0.51
安庆	0.18	0.46	0.32	0.65	0.46

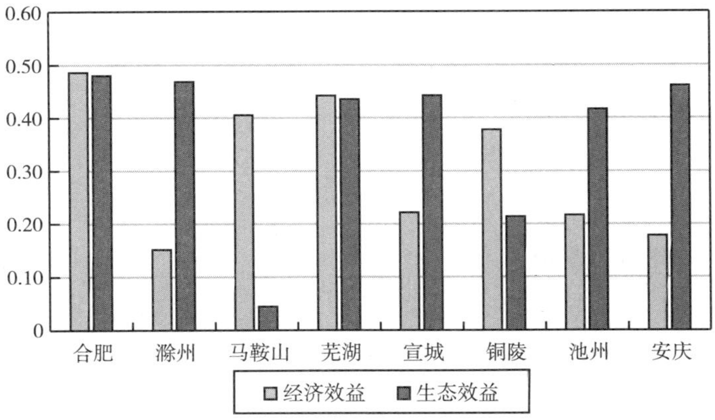

图 1　皖江城市带生态效益与经济效益发展对比

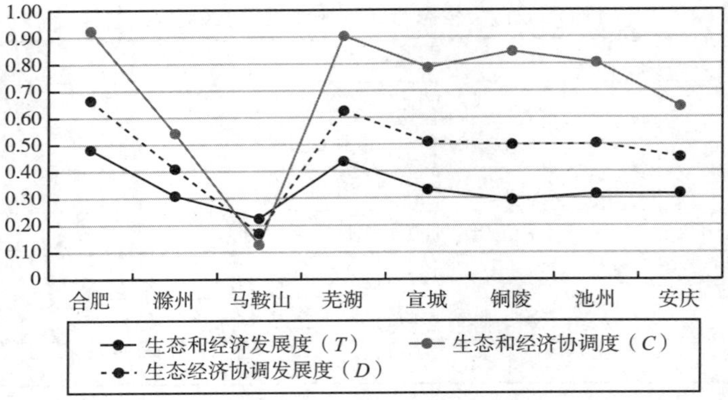

图2　皖江城市带生态经济协调度发展状况

（1）生态效益和经济效益。设 x_i 为生态效益指标，y_i 为经济效益指标，$f(x)$ 和 $g(y)$ 分别表示生态效益和经济效益，$f(x) = \sum a_i x_i$，$g(y) = \sum b_i y_i$，其中，a_i 和 b_i 分别表示对应指标权重。

（2）发展度模型。该模型用以体现生态效益和经济效益之间的整体效果。设 T 为发展度，$T = \alpha f(x) + \beta g(y)$，$\alpha$ 和 β 为权重，一般认为生态效益和经济效益同等重要，故 α 和 β 取值为 0.5，T 值越大，发展度越高。

（3）协调度模型。该模型用以反映生态效益和经济效益之间的协调度。设 C 为协调度，$C = \left\{ \frac{f(x) \times g(y)}{[(f(x) + g(y))/2]^2} \right\}^k$，$k$ 为调节系数，本书取2，C 值越大，协调度越高。

（4）协调发展模型。该模型用以表示生态效益和经济效益协调发展状况。设 D 为协调发展度，$D = \sqrt{T \times C}$，D 值越大，协调发展度越高，本文采用王俊兰等[5]提出的判别标准进行判断。

从实证结果可知，合肥和芜湖生态经济协调发展度较高，其他地市协调发展度相对较低，而马鞍山生态经济发展失调比较严重。

三、构建皖江生态经济体系实践路径

推进皖江城市带生态经济协调发展，应从发展理念、顶层设计、制度保障以及生态产业化和产业生态化融合发展等方面共同发力，构建生态经济体系实践路径。

（一）深入贯彻落实生态优先新发展理念

深入贯彻创新、协调、绿色、开放、共享新发展理念，注重生态保护优先，引领经济社会高质量发展。“人与自然和谐共生”“绿水青山就是金山银山”“良好生态环境是最普惠的民生福祉”，这一系列关于生态文明建设的论述，充分体现了我国生态优先发展理念的深入。区域经济社会发展，应将生态文明建设融入经济、政治、文化和社会等各方面建设中，谋求高质量发展。深化创新驱动发展战略，加大科技创新投入和科技成果转化力度，以创新驱动摆脱过多依靠资源环境等生产要素投入推动经济增长的路径依赖。以皖江城市带发展规划为指引，加强协同配合，优化产业结构，大力发展生态产业，推进区域生态经济体系建设。实施绿色发展，加速淘汰和改造落后产能，加大环境治理力度，改善生态环境质量。提高开放发展水平，积极引入先进技术、品牌、知识和资本等要素，强化生态环境共保联治，提升生态经济发展水平。坚持普惠性、保基本、均等化、可持续共享发展，使发展成果惠及全体人民。

（二）加强区域生态经济顶层规划与设计

持续完善皖江城市带顶层生态空间、产业结构和整体功能建设规划设计，落实生态经济发展要求，提升区域绿色发展品质。在生态承载能力范围内，按照人口、资源与环境相均衡，经济效益、社会效益、生态效益相统一的原则，合理控制开发强度，调整优化空间发展布局，严格划定农业空间和生态空间保护红线，构建科学合理的城市化发展格局、农业发展格局、生态安全格局和自然岸线格局。注重皖江城市带产业结构整体规划，深度融入长三角一体化发展战略，科学选择主导产业，强化区域合作，引导产业合理布局，把承接产业转移和提高可持续发展能力结合起来；积极发展现代农业，延伸农业产业链，加强技术引进与自主创新，改造传统产业，推动战略性新兴产业发展，调整优化产业结构。[7]完善区域整体功能规划，提升基础设施互联互通水平和公共服务便利共享，推进要素市场一体化发展和生产要素自由流动，提升生态经济发展效率。

（三）健全生态经济评价与政策制度体系

健全政府生态经济考核评价体系和市场政策制度体系，促进生态经济健康发展。建立以生态经济效率和效益为引领的政府绩效评价体系，根据皖江城市带发展实际，修订宏观层面生态经济效率指标，健全生态经济效率与效益评价体系，并纳入政府绩效考核，以及对各类园区和行业、国有企业的考核运用。建立以生态资产产权制度为基础，以产业政策、税收政策和金融政策等为支撑的生态经济政策体系，规范和激励政府、市场主体与消费者行为。根据《关于统筹推进自然资源资产产权制度改革的指导意见》，摸清皖江区域自然资源“家底”，厘清生态资产所有权和使用权边界，强化对生态资产的精确管理。制定引导生态产业化和产业生态化发展优惠政策，积极推动税收制度改革，实行生态化差别税率，鼓励生态友好型技术研发与科技成果转化，促进企业产品和生产结构优化升级。发挥绿色金融制度创新优势，支持生态经济发展。推行绿色信贷和绿色信用评价制度，使银行融资向生态经济领域倾斜。积极支持生态技术创新企业资本市场发展，实行绿色保险制度创新，对生态农业等市场风险较高的产业在参保、理赔等环节实行绿色通道，优先赔付。[8]

（四）联动乡村振兴推动生态产业化发展

联动乡村产业振兴，发展现代农业产业，推动文化与旅游合作，促进生态产业化发展。发挥皖江城市带地域特色和生态资源优势，以创新引领和生态化开发理念，充分挖掘乡村生态资源功能价值，围绕一二三产业融合发展，聚焦区域重点农业产业，聚集要素资源，以美丽乡村建设、自然生态资源、现代农业和田园综合体等模式带动乡村生态产业化。[9]打造现代农业产业体系、生产体系和经营体系，发挥市场引导和龙头企业带动作用，壮大农业产业规模，延伸产业链；推动农业产业与数字经济深度融合，提高农业自动化、智能化水平，打造新型智慧型农业，积极发展基于互联网的现代农业新模式、新业态，提升农业生产与流通效率。[10]立足皖江城市带文化产业发展实际和生态旅游特色，通过渗透型、延伸型和重组型等融合发展模式，打造文旅融合精品，运用数字技术优势，创新文旅融合产品呈现形式，促进文化与旅游产业深度融合发展。

（五）协同推进皖江城市带产业生态化转型

加强皖江城市带产业分工合作，协同推进产业结构生态化转型。依托皖江城市带既有产业基础、区位优势和资源禀赋，建立以科技创新为依托的技术体系，以高质量发展为导向的现代产业体系和以生态化处理为手段的循环经济体系。加大对生态技术体系的创新投入，促进可再生能源技术的利用与推广，工业生产工艺生态化改造，废弃物降解、回收与循环利用、有毒害废弃物的安全处置等生态创新技术，以及物联网、大数据和人工智能等新一代信息技术对传统产业的数字化改造研发创新。着力优化产业结构，加快推进传统重工业、重污染、高能耗等产业改造升级，淘汰落后产能；大力发展新能源、新材料、智能装备、数字基础设施等新兴制造业，以及文旅产业、现代物流、信息技术等现代服务业；推动数字经济与传统产业深度融合，形成现代化、生态化的产业结构。加快发展循环经济，以国家“无废城市”建设和铜陵无废城市试点为契机，加快探索推进固体废物源头减量和资源化利用生产处置体系，发展固体废弃物综合处理产业，以减量化、再利用和专业化为原则，建设生态园区，促进企业生产链条的衔接和优势互补，实现绿色生产。[11]

参考文献

[1] 郝文斌．生态经济发展的理论基础与实践路径［J］．北方论丛，2015（2）：144－147.

[2] 齐红倩，王志涛．生态经济学发展的逻辑及其趋势特征［J］．中国人口·资源与环境，2016，26（7）：101－109.

[3] 梁洁，张孝德．生态经济学在西方的兴起及演化发展［J］．经济研究参考，2014（42）：38－45.

[4] 黎祖交．生态产业化 产业生态化［J］．绿色中国，2018（11）：42－45.

[5] 王俊兰，方凤满．皖江城市带环境经济系统协调演化分析［J］．安徽师范大学学报（自然科学版），2013，36（5）：493－496.

[6] 张磊，钱畅，黄佳贤，张永勋．合肥市生态环境与经济协调发展研究［J］．中国农业资源与区划，2019，40（9）：192－198.

[7] 徐春迎，程克群．安徽参与长江经济带建设的产业布局和路径选择研究［J］．安徽农业大学学报（社会科学版），2017，26（1）：65－72.

［8］陈洪波．构建生态经济体系的理论认知与实践路径［J］．中国特色社会主义研究，2019（4）：55－62．

［9］付洪良，周建华．乡村振兴战略下乡村生态产业化发展特征与形成机制研究——以浙江湖州为例［J］．生态经济，2020，36（3）：118－123．

［10］曹慧，郭永田，刘景景，谭智心．现代农业产业体系建设路径研究［J］．华中农业大学学报（社会科学版），2017（2）：31－36．

［11］尚嫣然，温锋华．新时代产业生态化和生态产业化融合发展框架研究［J］．城市发展研究，2020，27（7）：83－89．

以“知识城市”建设营造城市创新发展优良社会政治生态

——以铜陵市为例 *

夏美武　夏弘毅

一、研究背景

早在20世纪90年代，西方学者就意识到驱使城市发展的要素正在发生改变，知识城市概念随之兴起。知识城市是知识经济和新一轮科技革命与产业革命催生的产物，是一种正在崛起的新型城市形态。当今社会已经进入一个知识加速变革并重塑社会生活的时代，在这种背景下，知识已然成为推动经济发展、提升整个社会全要素生产率的核心要素资源，知识城市已作为一种全新的城市可持续发展理念进入城市管理者视野。近年来，国内外诸多城市试图通过确立知识城市发展定位转变城市发展理念，推动发展模式创新和产业结构调整，加快转型步伐，提升城市核心竞争力。

铜陵市拥有长江经济带重要节点城市、国家资源枯竭型城市转型试点市、国家循环经济示范创建市、国家智慧城市试点市等国家级称号，城市个性特征与发展优势明显，具备了建设知识城市的良好基础。为此，铜陵市于2019年将聚焦知识城市建设写入了政府工作报告。如何抓住数字信息、人工智能等新兴技术爆炸式发展的新机遇，重新审视城市发展定位，实现在知识经济浪潮中再拔头筹、赢得竞争主动权？如何通过知识城市建设，超越传统工业化城市发展模式，进一步整合城市资源，促使城市全面转型升级？铜陵市要走出一条新型城市化发展道路，必须正视和解答好以上问题。

知识城市突破了城市传统的空间理论，把视角聚焦在城市的知识基础、知识创新、知识产业等领域，其本质是将知识置于城市规划和经济发展的中心地位，用知识化的手段处理、分析和管理城市。知识城市作为一种发展战略，具有其特定内涵和衡量指标。其宗旨是“有目的地培育知识”，注重通过研发、技术和智慧创造高附加值产品和服务，有目的地鼓励城市培育知识、技术创新、科学研究和提升创造力，从而加速城市经济、政治、文化、社会空间结构的转型，提升城市知识化、网络化、虚拟化、人文多样性和以知识资本为核心的城市竞争力。一个成功的知识城市，必须具备良好的信息知识基础、合理的经济结构、高度发达的经济、高品质的生活环境、便捷的国际国内交通、

---

* 本文为安徽省社科规划办国家社科基金孵化项目（AHSKI2019Z40）阶段性研究成果。

多样性的文化、适度的城市规模和公平和谐的社会等要素。因此，在很大程度上，知识城市是全球城市、文化城市、技术城市，以及经济中心、政治中心、文化中心和金融中心的高度统一，还应该是一个“创造力城市”“科技城市”“数字化城市”“智本城市”的高度合成，是科学与艺术和谐统一的综合性城市，又是适合市民宜居理想之城。[1]

二、现状分析

铜陵市素有“中国古铜都，当代铜基地”之称，拥有转型为“知识城市”的诸多有利因素和条件。铜陵市资源丰富、基础厚实，风光秀美、人文荟萃，区位优越、平台完善，改革创新、精致大气。工业基础雄厚，产业结构定位趋于合理。基础设施改善，通勤更加便捷。开放意识增强，公共服务设施健全。文化资源丰富独特，知识社区建设成效明显。市民分享知识的渠道畅通，综合素质高。但总体来说，铜陵市与知识城市建设标准和要求相比，还存在不小的差距。一是城市规模小，区域优势不明显。二是知识产业比重偏低，接续产业发展不足。三是市场需求人才储备不足，知识贡献率偏低。四是资本市场不发达，城市信息基础设施不够完善。五是文化建设有待加强，知识城市的社会氛围不浓郁。

三、发展对策与建议

从知识城市的内涵标准与特征可以看出，知识城市发展主要包含城市基础设施与资源、城市支柱产业、城市创新引擎、城市知识体系，以及政府和市场等。城市基础设施与资源为知识城市运行和发展的基础，完善的知识体系为知识城市的生产要素，城市创新引擎为知识城市的发展动力源，城市支柱产业为知识城市的发展支柱和经济增长创造者。

铜陵市当前正处于新旧动能转换、爬坡过坎的关键期。城市管理者必须从战略的高度，以前瞻性的眼光加强对知识城市建设的认识，以打造经济富裕之城、创新创意之城、人才荟萃之城、品质生活之城为追求目标，紧密依托城市的自身优势，广纳世界和深圳、苏州、杭州、合肥等国内城市的成功转型经验，厚基础、增动力、强支柱，加速城市产业结构调整，加大战略性新兴产业培育，夯实知识基础设施，用强势的知识产业汇聚全球智力资本，用知识引领城市发展未来。

（一）瞄准前沿审时度势，重新审视铜陵城市功能定位

向知识城市转型需要很多先决条件，但明确城市功能定位是引导城市发展的指南针，清晰的战略视野是向知识城市转型的导航标。从全球城市转型的实践结果来看，并非所有的城市都能转型为知识城市，并非所有城市都适合“高大上”。当前我国城市定位中有一个明显倾向是“趋同化”，几乎所有城市发展规划都追求“高大上”，都要发展高技术产业、新兴产业，振兴服务业，从而导致很多城市规划成为“空中楼阁”。

根据世界知识城市的发展分析，最能转型为知识城市的原本城市通常包括政治经济之都、金融中心城市、时尚潮流城市、文化旅游明星城市、环境乐园城市、技术枢纽城市。在六大因素中，经济是基础，城市崛起，产业为基。[2] 鉴于铜陵城市发展的特定性，在建设知识城市过程中要实现“弯道超车”，须用好“借鸡下蛋”功夫。一是要在“借势”上下功夫，即积极争取国家政治资源和更多外部条件支持，多寻求国家层面的项目布点和政策扶持，全力树好“天线”。二是要在“借船”上下功夫，当前主要是借好长三角一体化与长江经济带“两艘大船”，最终目的是“借船出海”“借梯登高”，更多融入全球产业链和市场体系，做好深入对接。三是要在“借智”上下功夫，人才与科技是“沉默者的长跑”，铜陵市要想成为一匹“黑马”，首先必须成为“千里马”。但人才与科技唯有通过灵活多样的“柔性引进”，在留住、用好、善待本土人才的同时，或可大胆地将引才重点放在吸引大学毕业生和外国人才、海外华人上等方面。四是要“借钱”，要树立现代金融意识，重视资本运作和经营活动资本化过程，努力做好融资、筹资和投资，畅通“金融命脉”，优化金融供给质效。

（二）调整优化产业结构，提升知识经济比重

决定一个城市未来发展的最大问题，仍然是产业选择问题。不同的产业选择，会导致城市格局迥异。无论国家还是城市，采取何种产业，必须以其在产业链中的定位为基础。

从长远看，一是大力发展高新技术产业，提升产业档次。一方面，保持与加强以电子信息为代表的优势高新技术产业发展，通过资金和高端人才引进的支持，加强信息产业的技术创新和品牌建立；另一方面，开发高新技术产业，利用自身优势，发展新能源、新材料、信息工程、光电工程、集成电路、生物医药工程等产业，加大核心产业的研发力度，提升高新技术产业的规模和竞争力，形成具有区域优势的产业集群，使之成为铜陵市经济增长的强劲推动力。

二是在抓好知识产业发展的同时，通过技术创新改造传统工业，提高技术含量和竞争能力。要淘汰那些能耗高、收益低的劳动密集型劣质行业，重整具有市场潜力的行业，通过技术改造和创新，推进有色金属、化工等传统产业的深加工，发掘优势传统行业的技术潜力，增强市场竞争力。

三是加快发展现代服务业，提升城市核心竞争力。现代服务业具有高人力资本含量、高附加值和高技术含量的特征。国际上成功转型的知识城市经验表明，把握住现代服务业，城市就会增添无穷的动力。首先是注重发展工业服务业，完善法律、会计、审计制度，扶持发展咨询、培训、营销、租赁和技术服务等与企业经营相关的服务，为工业特别是高新技术产业提供优质服务。其次是利用好长江经济带重要节点城市，加强与长三角物流网络的衔接，发展以港口为龙头的现代物流业，培育现代大型物流企业，完善综合交通运输网络和信息网络，建立运转高效的现代物流体系。再其次是加快发展文化产业。构建文化创意产业基地平台，加强创意产业与高新技术产业的融合，使创意文化产业成为未来发展新动力。要开发好浮山等地旅游资源潜力，形成“铜”“桐”文化特色和多元文化特点。最后是提升消费结构促产业结构升级。积极推进消费性服务业，

关注居民消费新热点，迎合居民消费新变化，如文化生活、旅游度假生活、奢侈品生活等，改善消费环境，引导理性消费、绿色消费。

四是要推行民营经济倍增计划。民营经济的活跃程度是检验一个城市经济活力的重要指标。新兴产业的崛起应更多地偏向于民营经济，承接长三角产业转移，也应更多地选择民营企业。

但任何城市发展战略都有特定时空背景，切忌好高骛远、超越自身实际和发展阶段，盲目贪高求大，搞“一刀切”，必须分阶段、分层次有序推进实施。铜陵市在选择产业发展战略时，要树立辩证思维，既要追求“跨越式”，也要注意顺应发展阶段，做到稳步前行，眼下尤其要考量好以下四个方面定位问题。

第一，区域定位。为了在激烈的城市和区域间的竞争中获得发展优势，必须重视通过区域中心与周边地区的分工合作，推动区域空间格局与产业链的发展相契合。为此应充分考量铜陵市在全球、国家和各相关经济圈中的多重定位，要从所处区域分工和产业链中的地位来定位铜陵市的产业升级与发展方向。当前重点是在全方位融入长三角一体化发展，加入合肥都市圈，强化与“一带一路”沿线国家和地区的经贸合作中，如何坚持错位发展，推进产业链招商、区域合作招商，在合作中不能只当“打工者”，更要做“合伙人”。

第二，发展阶段定位。主要是顺应发展阶段，合理确定一、二、三产业比重。合理的产业结构，具备强大的抗风险能力和调整能力。重工业城市转型的要害，不在抛弃，而在激活传统产业、中和产业结构。在资源型城市转型中，通常思路是做大文旅产业、做强高新技术产业。铜陵市传统产业比重大，是铜陵市的优势和底气所在，在转型中不可偏废。另外，由于铜陵城市体量太小，做文旅产业的后劲不足。所以铜陵市要从客观实际出发，实施强“二”优“三”，“中端崛起，高端突破”的产业战略，继续将制造业做大做强。

第三，历史遗存定位。在产业转型大潮中，铜陵市应该选择新兴产业和高新产业突围，但因传统产业存量巨大，加上科技支撑乏力，以及非中心城市定位，因此，在转型中要正确处理好存量与增量间的关系，坚持循序渐进，既不能操之过急，也不能简单抛弃，要防止现阶段因过度依赖新兴产业和高端产业而忽视有色金属、硫磷化工、电子信息、装备制造、建材生产等传统产业的改造升级。即使在选择产业接续和衍生产业时，最好选择与现有产业相关的上下游产业。在发展服务业中，要重视生产性服务业、大众消费型产业的发展，比如加强大健康产业、生态产业、金融服务业、知识产权、科技中介服务业、文化辅助产业等发展。

第四，城市能级定位。从知识城市建设成功的案例看，若有大批全球公司、国际金融机构的落户，必将加速城市成为区域性和国际性中心，提升城市的全球竞争力，这将是铜陵经济的巨大增量，也是提升城市能级的一条捷径。铜陵市今后的“外交”思路可以更开阔一些，争取在“天线”的指引下，多谋划一些宏观政策利好的引领性大项目。

（三）推动金融和科技融合创新，为城市腾飞插上“翅膀”

强大的金融支持和投资，是知识城市成功的主要条件之一，也是城市转型和升级的客观需要。尤其是在全球资本自由流速加快的今天，高度发达的资本市场、灵活的机制和畅通的融资渠道，更是知识城市吸引国际、国内大公司落户和投资的重要条件，也是增强城市吸引力和承载力的重要手段。我国正在大力推动的供给侧改革的核心是创新驱动，而创新驱动的关键是金融创新和科技创新相结合。凡是能把这两件事情结合起来做好的城市，就将成为新一轮中国经济增长的“领头羊”。深圳、厦门、合肥等城市之所以在城市创新中表现出色，就是因为金融和科技创新结合得非常好。我国现在的金融创新协同产业创新，重庆是政府主导型代表，杭州是民间主导型代表，深圳则是二者融合的代表，合肥依赖的是与中科大的“倾城之恋”。在这条道路上，这几个城市的探索很有价值。但就铜陵来说，这几个城市的做法比较难以复制。目前能做的就是要进一步提高金融对外开放度，发挥临近长三角的正位优势，加强与上海金融市场的融合。要加强基金运营管理，健全金融介入和投资机制，创新金融产品和服务，建立多层次资本市场，努力扩大金融规模，为高新技术产业提供融资平台。政府可以通过市场行为筹集必要的初创基金，多吸引外部的投资努力打造“基金部落”族群。要扶植重点企业首发上市，支持企业争创“AA +”，提升在资本市场的知名度。

（四）优先发展科教事业，提升城市创新能力

技术创新是城市成长和转型的引擎。知识经济时代竞争的实质是科技实力的竞争，高新技术产业和知识密集型服务业协同发展，是知识城市成功崛起的重要产业依托。一是在基础研究上加大投入，健全鼓励支持基础研究、原始创新的体制机制。要高起点制订科学发展计划，深化科技体制改革，推动技术创新体系的建设与完善，加快科技成果转化应用，以知识经济推进传统产业优化升级。二是切实做好人才移民和人才储备工作。科技实力的创造者是最根本的竞争力，人才是决定竞争胜败的关键。要把广泛吸纳优秀人才作为一项战略任务，用包括住房、薪金、福利、平台等优惠政策，切实增强吸引高端人才的巨大磁力。三是优先发展科教事业，提升城市创新能力。在实施城市转型中，应该建立从幼儿园到大学的完整教育体系，尤其要重点建设好 1 ~ 2 所重点大学，使之成为城市汇集高端人才和科技创新的平台。在现有条件下，铜陵市应重点支持铜陵学院加速建设地方应用型高水平大学，支持其加强与省外大学研究院的合作，争取建设成为能够有效对接和服务地方主导产业发展的特色鲜明的高水平大学。要瞄准当地企业的技术需求，加强大学研究院建设，与当地城市的功能定位紧密结合，重视与现有科技园区的耦合共生与联动发展，实现产学研无缝对接和科技公共服务共建共享，努力形成一种互动创新的城市空间组织模式。同时，还要大力发展职业继续教育，为广大市民营造终身学习的环境，提升人力资本对城市发展和转型的贡献率。

（五）打造开放包容的城市个性，提升参与全球循环的核心竞争力

增强知识创新性和流动性是知识城市应具备的功能，开放包容、宽容和谐的城市环

境有利于吸引高科技人才。世界范围内多个城市的发展经验证明，多样性可促进城市成长，最能激发城市的创造力和创新力。具有多样性特质的城市能吸引更多的人前来居住、创业和观光，形成强大的人流、物流、信息流和资金流。深圳之所以能够对外来者产生“磁力”，很重要的一个原因就是其文化多样性和包容性的城市特质。城市的多样性包括空间的多样性、结构的多样性、产业的多样性、文化的多样性等。通常，知识工作者一般愿意居住在具有多样性人口特质的社会，因为这种社会更具有包容性和开放性的特点，而包容性和开放性的社会氛围更容易刺激观念的交叉催化与付诸实践，从而促进知识的快速流动。另外，许多知识城市成功的原因可以追溯到人们对移民的正面态度。例如，在世界高科技的前沿美国硅谷，移民人数已经超过1/3，包容性和开放性营造出良好的创新环境，源源不断创造出新的技术和社会财富。正如美国人口学家威廉·弗雷指出的那样，全美国都在经历一场超乎寻常的多样性大爆炸，移民的涌入成为经济繁荣的标志之一。我国的苏州、杭州、深圳等城市的发展实践又何尝不是如此。

此外，当今世界的竞争在很大程度上取决于时间和速度。要建设包容多样的知识城市，良好的国际性、区域性和多模式的便捷通勤系统便是关键所在。铜陵市虽然交通、通信网络日趋便捷，但城市的吸附性、包容性、开放性还不足。尤其在当前城市被各种“圈”“带”包围的态势下，铜陵市要想在四面都是风口的形势下不被甩出和冷落，必须学会“自带音响”，形成更大范围的对人才、资金、产业等的虹吸效应。

（六）倡导文化多样性，促进市民社会健康发展

知识城市发展的最终目标是通过知识的创造、传播、共享和应用，促进城市居民生活标准和生活质量的提高。知识城市的多样性不仅体现在城市的硬件，如建筑、街区风格、地形地貌和基础设施等方面，而且体现在无形的社会要素之中，如文化习俗、法规制度、创业精神、行为方式、社会网络、政府行为等方面。在这种环境下，城市能比较容易地接受新事物，吸纳新观念，广纳各类人才，人们能够轻松愉快地进行创业和创新。西方发达国家知识城市的典型案例告诉我们，文化多样性的城市有利于公民社会的健康发展，而公民社会的健康发展又能激发市民的创新意识，能够为城市转型汇聚市民智慧，增强市民参与知识城市构建的文化自觉。[3]因此，转型中的铜陵市应该采取措施，营造包容和谐的社会环境，建设良好的社会生态环境和宜居的生活环境，积极稳妥发展公民社会组织，使之形成网络和连接政府与市民的重要桥梁。

要培育全球知识节点，加大对城市的交通、信息和通信技术基础设施的投资力度。要加强公共图书馆、博物馆、奥体中心、国际会展中心等知识基础设施的建设与使用，构建起知识流通网络，为广大市民提供获取信息的重要渠道，并使之成为广大人民群众分享知识、激励知识创新的重要场地。铜陵市具有深厚的工业底蕴和发展积淀。现存的很多工业遗存记录着城市创业史和工业化进程，是铜陵市特殊的文化资源。随着人们对工业遗存历史文化、社会价值的再认识，如何让工业遗存涅槃重生，给桐城文化注入现代时尚元素，促进“铜”“桐”文化融合发展，实现在继承创新中延续城市文脉，是我们当下面临的又一新课题。

总之，建设“知识城市”是一个庞大的系统工程，它需要集中社会各界的智慧，整合城市经济、政治、文化、社会资源，需要科学可行的政策体系支撑，需要营造良好的法治环境，需要动员全社会各种力量的参与，需要“城市创新引擎”复合系统的高效运转，更需要韬光养晦、有十年磨一剑的耐心与勇气。

参考文献

[1] 曹远洲，王耀杰．厦门构建知识城市的条件及策略［J］．城市观察，2010（1）．

[2] 王志章，吴玲．知识城市与城市魅力构建研究［J］．郑州航空工业管理学院学报，2010，28（1）．

[3] 伍新木，任俊霖，吕鹏辉．知识城市视阈下我国资源型城市的转型路径研究［J］．理论月刊，2014（5）．

皖江城市带生态经济改革与创新驱动发展研究

许　咏

2008年以来，安徽省大力实施创新推动战略，积极探索区域创新发展道路，为加快安徽改革创新的进程，相继启动了“合芜蚌自主创新综合配套改革试验区”“皖江城市带承接产业转移示范区”“国家技术创新工程试点省”等创新工程，成效显著。其中“皖江城市带承接产业转移示范区”的建成使皖江城市带的区域性经济规模得以快速发展。然而经济的发展与资源、环境、技术、金融服务承载能力之间的矛盾日趋加深，传统经济发展方式不足以跟上经济发展的步伐。因此，加强经济承载力的生态经济改革发展的呼声日益走高。

生态经济建设是我国经济发展的重要内容之一，也是皖江城市带经济发展建设的必经之路，皖江城市带的经济发展逐渐从工业化的效率驱动模式转向生态创新驱动模式。但在创新驱动过程中，资源的承载力、技术的革新、创新理念的孵化、成果的产业性转型能力还普遍偏弱，城市带发展过程中的协调能力还有待提高。因此，为皖江区域的创新发展献策献力是促进区域创新驱动生态经济改革的有效途径。

一、国内学者研究

由于生态经济改革在我国提出的时间较短，国内学者对于生态经济的改革与发展研究较少，通过搜集相关资料，我国目前的相关研究主要有以下两个方面。

（一）生态经济的研究

生态经济的本质，就是把经济发展建立在生态环境可承受的基础之上，实现经济发展和生态保护的“双赢”，建立经济、社会、自然良性循环的复合型生态系统，单海燕和杨君良（2017）认为，生态经济呈系统状，生态经济系统由生态系统和经济系统相互复合而成，二者之间存在着耦合关系，要构建生态和经济的动态平衡系统，才能实现经济价值和生态价值的协调发展。[1]

（二）生态经济下创新驱动发展的研究

郭逸（2017）认为，只有创新驱动才能从根本上降低资源能源的消耗，减轻经济发展对生态的破坏，并且只有创新驱动才能解放生产力。[2]潘秀梅（2014）在生态经济的基础上引入创新生态系统的概念，将技术创新系统或区域创新系统视为有机生态系统，并据此提出优化对策，在区域发展中，产业、技术、市场、金融等是创新生态经济中不可缺少的条件和因素。[3]林存文、吕庆华和张华荣（2017）认为，在城市发展的过程中，创意城市发展基础雄厚、城市环境优越，通过创意产业吸引和创意人才引进大大提高了城市的核心能力，城市生态环境有力推动了创意城市经济生态系统的发展。[4]李娜和张岩（2018）用耦合协调演化分析认为，区域经济要把创新摆在发展的全局核心位置。[5]长三角区域应寻求技术、知识、品牌、服务等新资源，提高经济增长质量和要素利用效率，才能不断对区域生态经济系统进行优化。[6]

通过文献的搜集和整理，国内的学者已经对生态经济的发展有一定的研究，为本文的梳理奠定了基础。但现有文献对生态经济目前因产业、技术、服务、金融等方面的创新力不足而存在的问题分析较少，对皖江城市带的研究更少。因此，本文首要分析皖江城市带的生态经济现实情况，并从产业、技术、服务、金融四个方面对生态经济发展中存在的问题进行阐述，并提出创新的方式和方法，让皖江城市带生态经济的改革落到实处。

二、皖江城市带生态经济发展现状

皖江城市带是基于国务院于2010年批复的《皖江城市带承接产业转移示范区域规划》上形成的区域性城市群，包括合肥、芜湖、马鞍山、安庆、滁州、池州、铜陵、宣城8个地级市以及六安市的金安区和舒城县。皖江城市带的建设已纳入国家发展战略，通过城市带的可持续发展建设带动皖江片区的发展。

近几年，我国的经济增速有所放缓，长期的社会经济矛盾逐渐凸显，经济、环境的承载能力接近极限。经济的发展出现了巨大的生态环境风险，可持续性成了亟待解决的问题。城市带的生态经济改革一直在推进状态，各地政府已经对生态经济的发展提出具体的发展战略和工作举措。

（一）资源改革的现状

1. 矿产资源的改革

皖江城市带地处矿产资源丰富地段，其中以铜陵地区的矿产为甚，为皖江城市带的资源开发奠定了基础。但是矿产资源的乱采滥挖，使得区域内的资源不能得到合理利用，对城市的生态环境造成了严重的影响，给可持续发展带来了巨大的障碍。因此铜陵市政府联手各区域内的执法机关，对矿产资源的开发作了重新部署。从2016年开始，铜陵市铜官区制定多项策略防止矿产资源的乱采滥挖，有效打击一些企业的非法开采行为，区政府组织辖区内派出所和相关执法部门，组成联合专案组，对开采资源的秩序进行整治，提高各企业对资源使用的可持续发展意识，针对重大问题进行分析并制定特殊的方针策略，使矿产资源的开发在政府的牵头下能够合理化应用。

2. 旅游资源的改革

皖江城市带不仅矿产资源丰富，旅游生态资源也极其丰富，安庆、池州等地是国家级森林城市，铜陵等地属于国家卫生文明城市，拥有一大批风景秀丽的自然资源以及5A级景区，如天柱山、九华山等，旅游资源极其丰富。与此同时，皖江城市带还有一大批文化遗产，如黄梅戏等。优美的自然环境和丰富的文化遗产资源，能够使皖江城市带大力发展旅游产业。但近年来，很多地区的旅游业受到了抨击和质疑，认为旅游的商业化阻碍了生态经济的发展，使旅游资源的形象大大受损。为此，多地政府对旅游资源的改革提出了对策。其中，池州市政府在2017年底出台《池州市人民政府办公室关于印发促进旅游业发展的若干奖励政策的通知》，旨在通过奖励性的方式，将旅游地区的发展与国家生态和可持续发展相呼应，将生态经济发展落到实处，通过奖励机制增强各地的能动性。同时，池州市被确定为"国家首批50个医养结合试点市"之一，被国家旅游局列入"国家全域旅游示范区"城市创建名单。2017年，池州市又被国家旅游局确定为"国家级旅游改革创新先行区"之一。这是池州大力发展"旅游+养老+医疗"复合型养老、度假产业的良机。池州具有打造"旅游+养老+医疗"复合型养老、度假基地的优越条件，要加大招商引资力度，千方百计欢迎知名企业家和有识之士来池州投资兴业，以"优质资源+优质资本+优秀团队"模式搭建旅游投融资平台，让池州旅游改革创新之路越走越宽。

（二）技术改革的现状

皖江城市带不断加大投资，提升技术创造能力，同时通过技术改进使得经济发展取得了明显效益。人工智能、新能源汽车等产业集聚基地的发展投资，制造业技术投资的增强，使皖江城市带经济迅速发展。奇瑞汽车，一家皖江城市带的本土汽车品牌，在生态经济改革的过程中，意识到技术的创造对企业发展的重要性，2017年6月，奇瑞首批500台"自主开发电控系统"发动机出口美国，打破了国外长期领先技术的枷锁，实现了电动汽车核心控制区域的自主开发。同年9月，奇瑞完成了安徽省第一条自主建设的示范道路。与此同时，奇瑞汽车也计划打造依托互联网智能技术的汽车生态圈运营模式，对智能技术的开发也风头正劲。同年年底，奇瑞全新的新能源企业的自主电力驱动系统成功问世，这为创新技术的再次升级提供了极大的信心，为皖江城市带的技术进步和创新发展提供了充足的动力。

（三）金融生态环境改革的现状

金融是经济发展过程中的重要扶持因素，生态经济要想得以改革，其中很重要的一个促进动力来源于金融生态环境的建立。在第二期"中国金融中心指数"公布的信息中，合肥以排名第10位的较好成绩首次登上了中心指数的榜单上，尤其在合肥滨湖金融城建设以后，整个合肥区域金融中心的概念即将实现，对安徽、对皖江城市带的发展起到了带动的作用。

皖江城市带的融资发展一直保持增长的态势。2016年间接融资的增长率达到了

16.8%，2017年间接融资达到了24527.5亿元。根据图1和图2显示，直接融资额度迅猛增长，2012年直接融资额度为682.8亿元，到2017年直接融资额度达到4891.6亿元，直接融资的增长速度较间接融资要快。[①] 皖江城市带的融资规模日趋扩大，同时结构在合理化调整，这对城市带金融生态环境的改善起到了很大的促进作用。

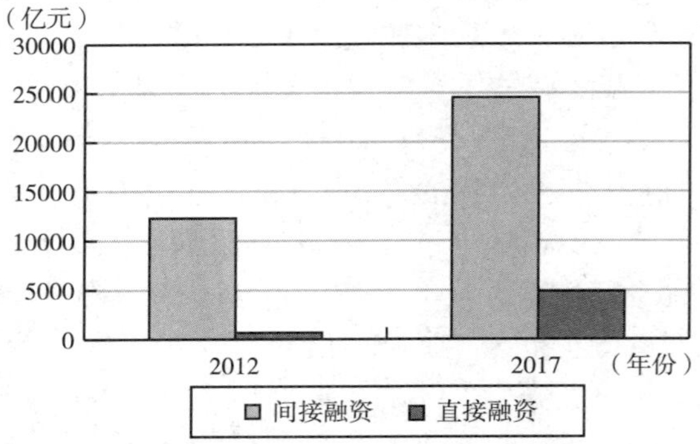

图1　2012年和2017年直接融资和间接融资额度比较

资料来源：根据2012年和2017年皖江示范区经济运行情况整理。

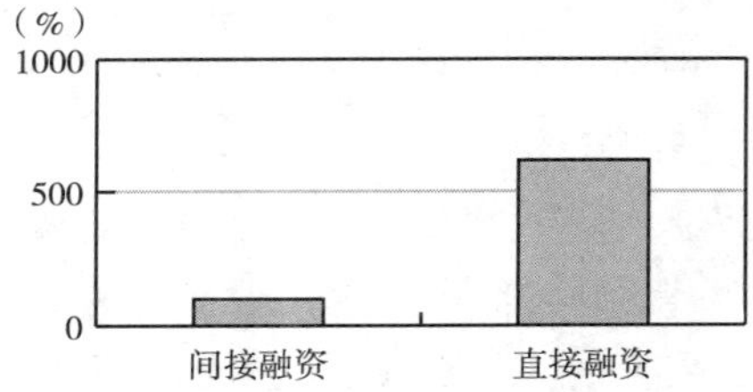

图2　2012～2017年直接融资和间接融资增长率比较

资料来源：根据2012年和2017年皖江示范区经济运行情况整理。

但皖江城市带的区域金融生态环境发展不平衡现象很明显，合肥市、芜湖市的金融经济发展状况明显好于其他城市，特别是合肥市，其金融生态环境水平遥遥领先于皖江城市带承接产业转移示范区内的其他地市。

在皖江城市带生态经济发展过程中，资源、技术、金融服务等一系列突破性的举措，使城市带的经济发展有了较好的提高。2018年第一季度皖江城市带示范区国内生产总值达到4202.7亿元，比2017年同期增长了7.7%。虽然资源型产业在做整改，但第一季度示范区规模以上工业实现增加值。因为技术的进步，仍然达到8.3%，示范区固定资产投资增长8.4%。目前的皖江城市带生态经济发展状况暂时得到了可观的回报。但在长期建设和发展中，想要维护生态经济可持续发展，靠政府的整治和金融业务的扩张无法完成，需要创新的理念、技术的推动、产学研的合作才能继续发展生态经

① 根据2012年和2017年皖江示范区经济运行情况整理，不包括六安市金安区和舒城县。

济。因此，创新驱动性不足是当下生态经济发展的大难题，皖江城市带在创新驱动生态经济发展中的问题逐渐凸显了出来。

三、皖江城市带在创新驱动生态经济发展中存在的问题

皖江城市带作为矿产资源、旅游资源丰厚的城市带之一，其技术的创新、产业的升级和金融生态环境的培育尤为重要。尤其是当下创新生态系统已经成为自我增长和内生增长的驱动力量，皖江城市带的创新驱动迫在眉睫。下面从四个方面对皖江城市带生态经济改革中的创新驱动存在的问题进行分析。

1. 产业优势较弱，对传统增长路径的依赖严重

皖江城市带作为示范基地，有明显的规模经济效应，在政府的号召之下，各地的企业和相关部门也在配合创新驱动的发展，但创新驱动生态经济发展是一项长期系统性工程，在短期利益的驱动之下，有些企业不能够放弃传统增长路径，甚至是严重依赖传统方式。传统产业的占比仍然过高，城市带的产业结构层次依然偏低，在很大程度上制约着皖江城市带创新驱动发展。因此，技术的创新成为企业及各部门的劣势和短板，创新增长路径受到了制度和规模的约束，不能够与政策同时推行。

2. 科技创新和产业转型联系不紧密

皖江城市带的科技创新途径多，近年来城市带各地高校、科研院所及相关企业在积极进行科技创新，通过创新基地的建立和各类人员技术创新理念的成型，使得城市带科技创新的力度不断加大。但实际中科研成果和创新技术的产业转化率过低，两者之间没有有效的连接，这让各类技术孵化基地失去了其本身存在的价值和意义，各地产学研交流很少，很多高校形成的研究报告还只停留在课题中，并没有被相关的职能部门所采纳和运用，大大削弱了创新的能力和动力。同时在科技创新上缺乏引领性的企业，本土的高端技术型企业还不足。

3. 金融生态环境相对滞后

皖江城市带金融生态环境相对滞后，其中首要原因是地区经济发展不平衡。金融体系不健全，在整个经济带中金融机构以国有商业银行分支机构、各地区农村商业银行、邮储银行及少数证券公司和保险公司为主，市场上参与的竞争力较强的股份制商业银行和券商较少，这对于金融生态环境发展是极其不利的。其次是在金融产品创新和服务创新上缺乏竞争意识，对于以客户需求为中心的观念性不高，依然是以商业银行原始的竞争市场进行发展，导致创新力度跟不上市场观念的转变。

4. 政府体制不健全

政府体制不健全，直接导致市场的积极性受到阻碍。首先是人才激励机制不足，认为只要国民生产总值能够前进就可以不做改变，实际上是对创新的忽视；其次是知识产权保护的力度不足，法律体系不完善导致创新的欲望和动力减退，产品和理念的创新得不到有效的保护，阻碍了创新的步伐。

四、皖江城市带创新驱动生态经济发展的路径选择

1. 强化产业优势，提高企业自身创新能力

激发企业成为创新型的主体，通过建设良好的创新环境，使企业成为皖江城市带的创新主力，解决创新短板的问题，在重大项目和重大技术上实现突破，实现整体产业的升级改造。发展高新科技产业园，培育和带动企业的自主创新能力。

对传统产业进行改造，向高端产业链中延伸。将产业自身的优势通过结构调整凸显出来，对于矿产资源型产业加强技术性整改，符合生态经济的特殊要求，从根本上改变原有的胡乱开发、盲目开发、过度开发的状况。对于旅游资源型产业，创新旅游方式，合理化运用现有旅游资源，有度地开发旅游项目，实现绿色、生态的旅游模式。逐步解决资源型产业的短板，通过技术、服务的创新，强化产业优势。

2. 加强产学研合作，实现创新成果的有效转化

产学研的合作是努力将理论向企业进行传递，组织各部门之间加强信息和技术的沟通，真正将创新成果在基地孵化、在企业投产，实现创新成果的有效转化。一是刺激高校和科研院所的创造能力，简化和优化创新资金的申请和使用程序，促进理论研究基地对创新成果的输出，引导创新成果的有效转化。二是挖掘大众潜力，真正做到“大众创业、万众创新”，加快社会各阶层的孵化基地建设，推进各类人员的创新意识，引领大学生实现创业创新计划。三是增强产学研三方的合作关系，整合资源、提高合作效率，通过政府的牵头，完成产学研合作中心的建设，拉动皖江城市带各地研究成果的共享，积极推动皖江城市带的生态经济改革发展。

3. 发展多层次金融供给，增强金融产品的创新力度

根据发展多层次需求，构建政策性金融、商业金融、社区互助金融相结合的金融体系，将政策性、商业性和社会互助性组织进行协调性发展，为城市带生态经济的发展提供有效的多层次金融供给服务。各金融机构之间形成良好的竞争及合作关系，能够为经济环境带来较好的市场氛围。

同时增强金融产品的创新力度，为产业的升级、创业基地的孵化提供更高效便捷的资金支持，解决中小企业“融资难”“融资贵”，以及市场孵化和创新过程中的后顾之忧。企业创新、产业改革的时间很漫长，有效的金融供给和金融产品的创新能对整个生态经济的改革起到很大的驱动作用。

建立金融供应链的长效机制，金融科技将成为未来互联网平台的核心竞争力。金融的科技性创新将助力于企业商业模式的升级。通过数字供应链金融服务平台为企业提供金融服务，从而促进市场持续健康发展。

从传统金融到新金融的过程中，金融创新给生活带来了巨大的变化，金融创新驱动是现代金融在市场中的体现、在皖江城市带生态经济改革中的体现，因此金融供给的创新给城市带的建设打开了新的窗口。

4. 搭建政府引导的创新服务平台，建设创新人才激励机制

创新服务平台是政府给高新企业及相关人才的技术性舞台，为高新企业与人才的引进和发展提供较好的政务服务背景。因此要大力建设专业服务创新平台，为技术转型和成果转化提供基础，同时要在皖江城市带进一步建立创新、创业孵化基地，城市带共同遴选优质项目进入孵化基地，为成果的问世做好充足的准备。

另外，创新人才也是创新过程中的关键要素，一方面要积极调动经济带本地的人才创新积极性，挖掘和组织有潜力的人员进行合理培养；另一方面不要局限于本地的力量，尽可能积极地吸引国内外高端创新人才，以开放、优厚的待遇吸引人才要素，并通过实际的解决方案留住人才。无论是皖江城市带自身人才培养，还是对外进行人才引进，都要重视人才的激励政策，通过成果入股、成果奖励、成果收益分配等原则，调动人才的积极性和创造性。

五、结　　语

图3是皖江城市带生态经济创新驱动示意图，在创新驱动的体系中，资源、技术、成果和金融服务等因素是生态经济发展中不可或缺的影响因子。资源方面通过产业升级和结构优化进而形成产业升级系统，对资源进行合理、优化的利用；技术方面通过技术、人才引进和本地技术人才培养，提高竞争力和技术的独立性，形成皖江城市带独特的技术生态系统；成果方面通过产学研合作，加快高校、研究院所、社会大众创新平台成果向企业产出转化，实现创新成果的有效转化，让成果量产服务于社会；金融服务方面增加融资额度、调整融资结构，从直接融资和间接融资两个方面同时对创新、创业初期的组织提供资金上的帮助，优化金融生态环境，在一定程度上形成多元化的金融生态体系，为科技创新、产业创新、制度创新提供金融支持。

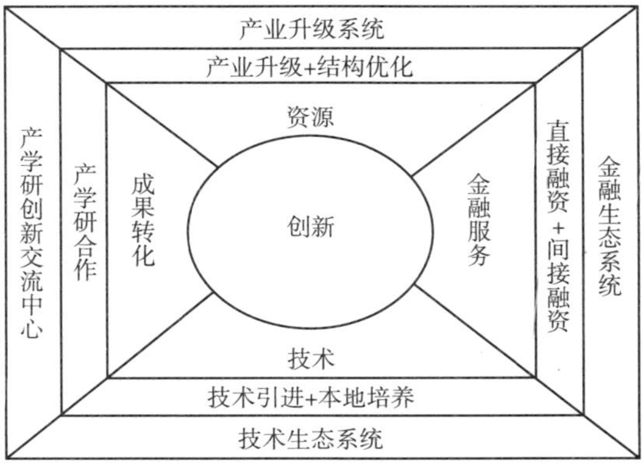

图3　生态经济创新驱动示意

资源、技术、成果、金融服务创新为皖江城市带生态经济改革提供了新渠道，这对加快皖江示范区域的发展起到了促进作用，为皖江区域生态经济改革提供了新思路。

参考文献

[1] 单海燕，杨君良．长三角区域城市生态系统健康评价分析［J］．阅江学刊，2017，9（3）：67－71，146.

[2] 郭逸．通过创新驱动保护生态环境是经济健康发展的唯一出路［J］．学周刊，2017（1）：238－239.

[3] 潘秀梅．以创新生态系统为驱动打造县域经济的升级版［J］．安徽科技，2014（3）：26－29.

[4] 林存文，吕庆华，张华荣．中国经济区创意城市发展水平比较评价——基于经济生态系统理论的实证研究［J］．科技与经济，2017，30（6）：26－30.

[5] 李娜，张岩．长三角城市群创新驱动发展特征与对策建议［J］．上海城市管理，2018（2）：24－29.

[6] 肖金成，刘通．长江经济带生态优先绿色发展路径研究［J］．长江经济带发展，2017（12）：18－24.

生态经济背景下皖江城市带应用型本科院校大学英语合作学习研究

钱翠兰

一、名词的界定与问题的提出

（一）生态经济

生态经济是相对传统经济而提出的，它更强调在区域生态系统可承载的能力范围内，通过改变原有的生产和消费方式，挖掘一切可以利用的资源潜力等手段，系统地发展经济发达、生态高效的产业，建设体制科学、社会和谐、文化发达等人与自然和谐共生的社会。它是人类经济发展的方向，受到全球范围内的极大重视。随着生态经济理念和实践的不断发展，学界相关生态经济的研究也渐进拓展和深化，成果积累丰厚。国外以布伦特的《海水淡化生态经济研究项目案例》和韩宝龙的《区域产业组织水平和生态经济效益之间的关系》为代表，国内以魏伟的《中国陆地经济与生态环境协调发展空间演变》、熊兴的《基于生态足迹的长江经济带生态补偿机制研究》最具代表性。

（二）皖江城市带

皖江城市带，源于2010年国务院正式批复的纲领性文件《皖江城市带承接产业转移示范区规划》，其覆盖的区域主要包括合肥、铜陵、芜湖、马鞍山、安庆、滁州、池州、宣城等地。这是促进区域协调发展、促进中部地区崛起的重大战略举措。发展至今，皖江城市带经济发展迅猛，城镇化率高达63.5%，人均地区生产总值超过了全国平均水平。其中，大量的外企开始进驻皖江城市带，在产业经济高速发展的同时，极大地促进了当地外贸和旅游业的发展。相关产业经济发展的学术研究至今已有一定的积累，如廉同辉的《皖江城市带区域经济一体化进程的社会网络研究》、冯峰的《皖江城市带支柱产业创新效率与协同共生研究》等。但是，面对经济发展的新局面、新机遇，皖江城市带内应用型本科院校大学英语教学大多依然沿袭传统教学模式，真正应用型的英语人才较为缺乏，经济发展需求和人才供给之间存在较大的缺口，这需要高校英语教育的理论和实践创新。遍检各类文献，关于高校英语教学和区域经济发展关系的问题探讨，已有一些学者进行了或宏观或微观的讨论，代表性的研究成果有韦薇的《地方高校英语教学与区域性经济发展的研究》、顾秀梅的《服务区域经济导向下提升高职商务英语人才竞争力的研究》、姜丹丹的《地方高校英语专业转型发展研究》、刘艳萍的《高职英语教育服务区域经济发展对策研究——以衡阳市为例》、温婷的《区域经济视阈下大连商务英语人才培养的生态环境研究》等。关于皖江城市带经济发展的研究者不在少数，其中有胡远东的《皖江城市带承接产业转移示范区外向型经济发展对安徽省经济的影响》、朱庆雨的《外商直接投资与皖江示范区经济增长研究》等。但是，真正涉及皖江城市带经济发展和外语人才培养相结合的研究成果只有郑娟的《皖江城市带承接产业转移视阈下高级口译人才培养》，无论是研究力量还是成果数量和质量显然已严重滞后于皖江城市带的发展，这为本文的研究提供了较大的空间。

二、高校英语教育对区域经济发展的作用和影响

随着改革开放的不断深化和"一带一路"倡议的深入推进，国与国之间的贸易合作与交流变得越来越频繁。英语，作为一门国际通用语言，它的作用显得愈加重要。从微观角度而言，英语已成为求职市场的一块敲门砖，职业发展的必需品。这门语言在一定的条件下可以转化成人们的经济收入，成为一种社会发展需求。从宏观角度而言，英语的社会地位和使用频率使它从一种简单的交流工具渐渐发展成为可以创造经济价值的效益语言，英语的学习成为一种自觉行为并越发普及。

截至2015年底，皖江城市带GDP达到了14639.3亿元，在安徽省贡献率占比66.5%；较上年同期增长9.6%，高于全省年平均增长水平。[①] 同年，皖江城市带共接待入境旅游者52.84万人次，实现旅游外汇收入2.15亿美元。[②] 可见旅游业为该区域经济发展作出了巨大的贡献。但是经济的发展和英语人才的培养有着密不可分的关系，英语人才的水平影响着区域经济的发展。为了给该地区输送优秀的英语人才，我们必须重视本地区高校的英语教育。

随着皖江城市带经济地位的不断提升，其国际知名度越来越高，英语在这一区域的使用越来越普遍。通过对皖江城市带旅游景点和涉外企业进行走访和调研，我们了解到英语语言的使用规范性不容乐观。由于中西方思维方式的差异、社会历史文化的差异以及审美情趣的差异等，公共场所的公示语的翻译、旅游景点的旅游用语、国际会议、外宣翻译等出现了大面积不规范使用现象。其中，词语的拼写错误、语法错误、生搬硬套、中式英语频出、望文生义、错译以及文化误解等是主要的不规范的表现形式。英语使用的不规范不仅在商业合作的过程中造成了交流的障碍和误导，阻碍了区域经济的发

① 王雯雯．创新性人力资本对区域经济增长的贡献率研究——以皖江城市带为例［J］．铜陵学院学报，2017，16（3）：51－55.

② 刘菊．空间结构优化视域下皖江城市带区域旅游一体化发展策略研究［J］．内蒙古财经大学学报，2017，15（3）：14－19.

展，而且还影响了城市的形象和文化的传播与推广。

（一）高校英语教育丰富了皖江城市带的区域文化

高校的英语教育促进了区域文化的繁荣。在时代发展的大背景下，高校教育的核心内容是教育资源的开发与整合，区域文化的发展与融合在高校英语教育的体系中起到至关重要的作用。一方面，高校英语教育重视区域文化的学习，是践行我国的人文教育理念，体现高校教育对区域经济文化的重视，彰显文化的重要地位。另一方面，学习区域文化有利于提高大学生的综合文化素质，扩大中国文化的传播，提高文化软实力。同时，高校英语教育还融合了外国文化的学习，在进行贸易和旅游活动的过程中可以做到融会贯通，知己知彼，扩大外资的引进，促进区域经贸发展。对于英语学习者而言，能更深层次地了解他国文化，熟知国际贸易规范和商业规则，一举多得。

（二）高校英语教育促进了皖江城市带经济和技术的进一步发展

随着我国开放程度的日渐加深，区域经济在发展的过程中将会面临各种困难和挑战，英语在技术的创新与开发、市场的占有和拓展中能够起到至关重要的作用。语言是文化的载体，语言在使用的过程中能体现出贸易合作中的思维路径、技术应用以及管理模式等各方面的文化差异。要想在经济合作中突破这种有形或无形的差异与隔阂，就必须重视英语的学习。在中国，英语的学习到了高等教育阶段已经得到了分类和细化，有针对通识教育而设置的大学英语课程，内容涉及生活、科技、贸易以及文化等方方面面，同时兼有医学、旅游、商务等专业英语课程的设置。这样的高校英语教育模式能为该区域的经济市场提供既具备扎实专业知识又拥有综合语言能力的复合型英语人才。高校英语教育对促进区域经济的文化交流，推动经济市场向多元和长效机制的发展起到了至关重要的作用。在引进外资、学习技术和参与管理的同时，良好的英语沟通能够减少贸易摩擦和贸易争端，让整个市场朝着和谐健康的方向发展。

（三）高校英语教育为皖江城市带输送了优秀的英语人才

在经济全球化进一步加速的时代背景下，我国改革开放的步伐日渐加快，但同时对外经济遇到了极大的机遇和挑战。皖江城市带有数千家外资企业的入驻，而且这个数字还在日益攀升。一家外资企业想要立足于国际，长远发展，必须为企业融入通晓英语文化、具备扎实英语功底、熟通国际贸易的复合型英语人才。皖江城市带各大高校为该区域经济发展提供强有力的人才支撑，各高校根据当地的市场走向，立足于所在城市的地理、人文和环境特点设置符合区域特色的英语课程，为企业输送高素质的、符合市场需求的综合性英语人才。高校英语教育的培养机制直接影响该区域外贸、旅游业的发展，是区域经济取得良好发展的保障，优秀的英语人才能够促进该区域经济更稳、更全面、更健康地发展。

三、合作学习在应用型本科院校大学英语课程中的应用

由于基础英语教学的飞速发展，大学新生英语水平大幅度提升，大学英语课程的学分压缩现象在高校呈现出普遍态势。[1]随着基础教育水平的提高，高校，特别是重点高校，公共外语课程逐渐失去了其存在的价值和理据，但通识英语依然应该成为大学英语教学的主要内容。[2]根据调研，皖江城市带所在区域的应用型本科院校依然设置了两年的大学英语课程教学，为区域经济的发展提供有力的英语人才保障。可是英语课程的教学形式依然沿袭从语言知识的传授和学习出发，没有进行教学模式的切换，即没有从传统教学模式过渡到现代教学模式。高校毕业生在英语运用能力上无法和皖江城市带的发展需求相吻合，造成了该区域英语使用乱象以及优秀英语人才紧缺的现状。鉴于这种情况，笔者以皖江城市带所在某高校的《大学英语读写教程》为出发点，探索以多媒体为基础的合作学习方法在大学英语课堂上的运用。

（一）合作学习

合作学习法于20世纪70年代在美国兴起，由美国著名教育家大卫·诺次（David Koonts）首先倡导并实施。合作学习是在传统的课堂教学中，以小组为学习基本单位的教学模式，通过小组成员间的沟通与交流来达成小组学习目标，以小组总成绩来作为评价、奖励的依据。[3]合作学习法是以海姆斯的语言“交际能力”理论作为理论和实践基础，该理论认为语言能力和交际能力不是等同的概念，语言知识和语言运用也不能简单地画上等号。外语教学的目的不是单纯传授语言知识，而是要培养学生语言综合应用的能力。[4]合作学习法提供给语言学习者大量融入语言实践的机会，提高了语言学习者对语言的运用技能。合作学习法主要以小组活动为组织形式，每班同学根据性别、能力、性格等差异分成若干小组，各组尽量搭配相当、分配均衡，从而使各小组间的竞争具有公平性和合理性。[5]

（二）合作学习的教学设计

2016年9月，笔者所在应用型本科院校开始使用《新视野大学英语读写教程》（第三版）。这是一套教学理念独到、教学模式创新的立体化大学英语教材。该教程共有8个单元，每单元围绕同一主题选择了两篇阅读文章，并配有一定量的reading comprehension、language focus、structure analysis和translation练习。该校的大学英语教学安排每周4课时，每学期16周共64课时。笔者所带大一的两个平行班级，学生人数分别为60人和78人，为大班教学。过多的学生人数，大容量的教学内容，有限的教学时间，如果完全采取教师讲授的方式，一方面无法完成教学任务，另一方面很难做到以学生为课堂主体，充分调动学生的学习热情和兴趣，做到教、学全覆盖。要保证大学英语教学的实效性，师生之间、生生之间必须协同作用、合作共生，共同促进整个教学过程的平衡状态与良性发展，从而完成大学英语教书育人的功能。

1. 教学资源

以教材为依托，建立以主题教学为中心的教学思想，确定学习主题。如《新视野大学英语读写教程1》总共8个单元，每个单元围绕一个主题展开，涵盖了社会、经济、历史、文化、科技等领域，符合学生思想、情感和学习等多维度需求，主题由师生共同讨论确定。利用网络，获得最新的与各单元主题相关的大学英语学习资源。教材不再是教学的中心，而是辅助材料。

2. 教学模式

由于班级人数较多，英语水平参差不齐，按照学生高考英语成绩和均衡搭配原则进行分组，以60人的班级作为实验班，每六个人组成一个学习小组，共分成十个小组。利用网络资源，每个班级、每个小组分别建立一个QQ英语学习交流群，便于信息共享和及时沟通。

（1）单元英语基础知识练习。作为一所省内应用型本科院校，学生的基础英语知识相对薄弱，在课程设计过程中不能忽略或是跳过基础知识的学习。布置适当的英语词汇学习任务，在教师上传音频资料和小组组员互相协助的模式下，完成各单元新词汇的读、写以及课后 words in use 和 word building 的配套练习。小组成员之间相互听写、监督、打分，对于解决不了的问题要记录下来，教师定期监督学习状态，收集学习成果并做评价。

（2）单元主题预习。单元主题是课程设计和学习的主要方向，主题的确定由教师和学生共同讨论来完成。按照每个单元确定的主题开展课前预习，对教材提供的两篇文章进行仔细阅读、网络资料搜集。教师将文章划分为几大模块（主题、写作背景、文体、文章结构、写作方法、特殊句型、重点词汇等），学生可参照课后配套的 structure analysis、reading comprehension 和 critical thinking 等练习完成。预习过程中对于小组有争议或者无法解决的问题加以记录，把预习内容以英语制作成PPT，便于以后的教学演示，教师在网络资料查询和PPT制作阶段可以给学生提供全程帮助。

（3）课堂提问和讨论。根据预习的几大模块，各组按照抽签方式选定本小组的课堂教学内容，每组选出一个代表进行课堂汇报，小组成员课堂汇报实行组内滚动式，确保每个同学每学期都有几次机会参与个人 demo。每个模块汇报时间可根据具体内容多寡、难易程度进行合理分配，平均五分钟一个模块。课堂汇报结束之后，各组提出自己的问题，由其他组同学予以解答，最后由教师进行纠正、总结和评价，并给每组的表现打分，成绩计入期末考核。

（4）课后拓展训练。每篇文章后面都有 unit project、reading skills 模块，学生需要对这部分进行思考，各小组内部之间互相讨论学习。课后的翻译部分每个学生自己动手实践，尤其汉译英部分，它也是四、六级考试的一个题型，分值为总成绩的15%，所以必须不断进行实际操练。同学之间还可以相互探讨各自的翻译思考和技巧，互相学习，最后由老师给出译文模板，学生参照，思考不足。

（5）课程小结。在任何一门课程的学习过程中，学习总结是最重要的一个环节。总结心得收获、分析不足、提出改进。每个学生结合自主学习内容和教师的反馈意见，撰写本单元学习小论文，论文字数不能少于500字，这是为了培养学生思考、总结和英文写作的能力，最后教师会将学习小论文成绩计入期末考核。

合作学习采取课上、课下相结合，分组合作、组间竞赛的授课方式，真正做到以内容为核心、以教材为依托，用英语进行阅读和口语汇报，提高学生的思辨能力和英语语言表达能力。由于各小组成员之间英语成绩有差异，经过统计，实验班学生的高考英语成绩在80～130分，分数段主要集中在100～110分的学生占到总人数的75%，对于成绩在100分以下的学生，通过合作学习可以避免他们产生英语学习的自卑心理，发挥他们在组织、思考和课件制作等其他方面的优势，激发他们学习的主动性和热情。而对于成绩在100分以上的同学，合作学习的参与程度相对活跃，通过课堂上的积极融入，能够较大幅度提高英语听、说、读、写的能力。

3. 师资要求

合作学习学生需要进行分组，课堂需要认真设计，操作过程需要师生、生生之间很好配合，整个教学的实践过程较为复杂，这对大学英语的授课教师提出了更高的要求。首先，教师必须能突破传统教学思维模式，接受新事物。能够熟练运用和操作计算机、利用网络资源，拥有良好的课堂组织和掌控能力。合作学习不宜独立使用，它对课堂的改变是局部的，授课教师要将其与传统课堂相结合并进行灵活贯通。在课堂设计上，教师对教材要认真分析，对资源实行整合，根据学生的英语水平合理编写教学和研讨内容，把培养学生的英语思维习惯作为基础，设计的问题既要有新意，又要有一定的深度和教育意义，使学生既产生好奇心和求知欲，又能进行深入思考，锻炼逻辑思维能力。合作学习是一项分工协作的学习模式，分组是否均匀、分工是否合理、监管是否到位等问题将影响最后的实施成效，授课教师在前期要进行仔细的调研、组织。

大学英语课程培养的是学生用英语来进行思考和交流的能力，然而在应用型本科院校，教学的形式却仍停留在传统课堂套路上——教学课件为英语，教学语言为中文。合作学习给予每个学生平等展示自己英语水平和表达技能的机会，英语教师首先要营造一个英语交流的氛围，苦练内功，有很好的英语口语授课能力。课堂上要控制好问题解决的方案，通过师生合作、生生合作，推理、分析得出结论，为培养学生的探究性学习能力奠定基础。

教师在课后要对每一次的授课进行教学反思，把评价探究英语学习的成效作为重点内容，尤其要反思和改进课堂探究情境的设计、方法的合理性、学生参与探究的激情、参与面、参与度及将信息转换成知识的有效程度，另外还要确保英语课堂教学的有效性，让学生获得更多亲身参与语言研究探索的体验，激发学生实际运用所学英语知识的兴趣。

4. 案例研究

建立起注重过程的形成性评价机制。教学评价直接关系学生学习的自信心和积极性。传统课堂使用“课堂表现＋考勤＋期末成绩”的考核方式相对单一、随机性较强，对学生的学业成绩评价不够合理。合作学习采用以“课堂汇报＋小论文＋课堂表现＋家庭作业＋期末考试”这种更全面和多样化的评价形式来适应以学生为主体，教师充当监督、答疑、验收角色的大学英语合作学习模式，不同学生身上的长处得以展现和认可，提高了大学生英语学习的主动性和积极性。

2008 年教育部高等教育司重申大学英语教学改革，深化合作学习模式。以学生为主体，教师成为学生学习的指导者、管理者的新教学理念取得显著成效。由于应用型本科院校在学生结构、教师水平和资金投入方面与重点本科院校相比存在一定的差距，所以具体合作学习模式和设计不能完全照搬效仿。笔者对皖江城市带一所 211 重点本科院校和一所应用型本科院校的新生高考英语成绩和师资力量进行了统计比较，结论如表 1 至表 3 所示。

表 1　211 重点本科院校 2017 级新生高考英语成绩　单位:%

班级	140～150 分	130～140 分	120～130 分	110～120 分	100～110 分
A 班	0	17. 1	51. 2	24. 3	7. 4
B 班	2. 4	41. 4	39. 0	14. 6	2. 6

表 2　应用型本科院校 2017 级新生高考英语成绩　单位:%

班级	130～140 分	120～130 分	110～120 分	100～110 分	100 分以下
A 班	0	13. 1	34. 5	28. 9	23. 0
B 班	4. 8	19. 5	22. 4	24. 3	16. 9

表 3　大学英语师资力量对比　单位:%

学校	高级职称	博士	外教
211 重点本科	52. 1	38. 1	28. 6
应用型本科	21. 4	7. 4	2. 8

不难看出，211 重点本科院校的学生高考英语成绩 120 分以上的占 60% 以上，英语基础能力较好，大学英语课堂应提升学生综合能力以及分析能力，英语课堂教学偏向拓展思考和知识点拔高。在应用型本科院校，高考英语成绩处在 100 分以下的学生所占比例达到了 20% 左右，110 分以下的达到了 50% 左右，所以课堂教学必然存在大量的词汇和语法等基础知识的讲解。从两类院校的师资力量来看，应用型本科院校的英语教师和重点本科院校的教师在职称和学历上也存在较大的差距，专业水平和教学能力存在一定的距离。鉴于这种现状，应用型本科院校大学英语读写教程教学依然停留在词汇、语法加翻译的层面，课堂依然是以教师传授知识为主、学生自主学习为辅。随着国家对具有国际视野的创新应用型人才需求量的增大，新时期大学英语教学不仅要注重教学质量，更要培养学生的英语应用能力和综合文化素质。应用型本科院校的办学目标是培养应用型人才，基于应用型本科院校的大学英语教学状况和英语学习环境，强调合作理念的合作学习理论的渗透，将合作学习应用于《大学英语读写教程》的教学变得势在必行。

四、结束语

大学英语教学是实施素质教育的一个重要组成部分，是经济发展中英语人才的主要来源。在教学实践中，现代外语教育的出发点和立足点要以实施素质教育、转变教学中的师生关系为导向，这同样也是当前转变教学观念的一个基本点。[6]强调教师的教学方式和学生的学习方式的转变恰恰是合作学习的特点，合作学习改变了传统大学英语课堂的授课作业模式。学习变被动为主动、变依赖为独立、变接受为创新，真正做到以学生为中心，让学生成为课堂的主角。实行以输入学习、分析能力为主，输入语言知识为辅的大学英语教学模式，弥补传统英语课堂教学的不足，让学生获取到更多的知识，提高学生的自学、创新和思考能力，培养学生团队合作精神和集体荣誉感，并在此基础上建立起更加合理与全面的学生考核机制，增加了学生学习的积极性和主动性，坚定学生学习英语的热情，增强学生用英语探寻知识的能力，从而提升大学英语教学质量，探索出一条符合应用型本科院校特色的大学英语教学模式，为皖江城市带其他兄弟院校英语人才的培养提供参考，健康区域经济的语言生态，为区域经济的发展提供有力的人才保障。本文将生态经济与皖江城市带进行有效的关联，并统摄于大学英语合作教学，这不仅可以有效地扩充皖江城市带发展的软实力内涵，而且可以为进一步探索生态经济提供准确、现在的案例分析与数据。

参考文献

[1] 蔡基刚．教育国际化背景下的大学英语教学定位研究［J］．外国语（上海外国语大学学报），2012（1）．

[2] 王守仁，姚成贺．关于学术英语教学的几点思考［J］．中国外语，2013（5）．

[3] Putnam J. Cooperative Learning in Diverse Classrooms［M］．Upper Saddle River，NJ：Merrill，1997.

[4] 王坦．合作学习的理念与实践［M］．北京：中国人事出版社，2002.

[5] 张萍．合作学习法与语言交际能力的培养——合作学习法对翻译能力的影响［J］．南京理工大学学报，2002（6）．

[6] 戴中明．体育学院英语课堂教学中应注意的几个因素［J］．南京体育学院学报（社会科学版），2003（4）．

皖江城市带生态经济改革与区域创新绩效研究

汪婷婷

一、名词界定与问题的提出

（一）研究背景

习近平总书记在党的十九大报告中全面阐述了加快生态文明体制改革的战略部署，为未来中国推进生态文明建设和绿色发展指明了路线。“一带一路”倡议的全面有效落地为资源依赖型地区的经济发展带来了新的契机。资源依赖型地区应以“中国制造2025”规划为指导，注重发展高新技术产业，摒弃“一林”“一煤”或“一油”独大的畸形产业结构，在金融、物流、“互联网+”等众多领域全面配合资源进出口的永续发展。郝戊和刘金娜（2011）运用模糊评价模型分析了资源型地区主导产业的选择，认为高新技术制造产业应该为新型主导产业，要引导区域从粗放型经济增长方式演变到科技型集约型增长方式。[1]在产业和企业的转型升级过程当中，要鼓励科技创新，提高资源使用效率，以技术进步代替能源驱动经济增长。

党的十九大报告10余次提到“科技”、50余次强调“创新”，提出“创新是建设现代化经济体系的战略支撑”。现今，各国经济发展的主要驱动力是科技进步，产业发展的核心力量是高技术产业。我国一直积极增加科技方面的财政支出，鼓励万众创新。自2010年起，我国经济增速开始放缓，产业结构进行调整，鼓励科技创新，经济发展方式从粗放转向集约增长。高技术产业正是我国产业调整升级的方向，政府积极出台各种政策，大力发展高技术产业，鼓励创新创业。作为中部崛起的重要省份，安徽省毗邻长江经济技术优势区域，具备发展高技术产业的先天优势。安徽省高度重视企业技术创新主体建设，数据显示，安徽省企业研发经费和增速双双进位，根据《安徽省“十三五”科技创新发展规划》，安徽省到2020年在科技创新发展上将研发投入占GDP比例力争达到2.5%、发明专利授权量达15000件、科技进步贡献率达60%。而皖江城市带对融入长三角经济带起到“承东启西”的关键作用，为进一步打造皖江示范区升级版，促进安徽省产业承接和转型发展，要依靠科技创新，提升自主创新能力。

（二）生态经济

自20世纪60年代以来，传统的经济增长方式受到越来越多的学者质疑，市场经济外部性导致的市场失灵现象开始出现，随着资源消耗速度的加快，人们越来越关注环境污染问题，很多地区开始提出要摆脱资源依赖的老路，加大转型升级发展进程，由资源依赖型地区转型升级为生态型可持续发展地区。生态经济理论的研究，主要经历了三个阶段，如表1所示。

表1　　生态经济理论研究发展历程

阶段	时间	生态经济理论关注重点
第一阶段	20世纪60年代末至70年代初	生态系统和经济系统的矛盾问题，以及如何解决生态平衡并走出困境
第二阶段	20世纪80年代至90年代初	生态系统与经济系统的协调发展，突出环境容量和资源的承载力问题
第三阶段	20世纪90年代至今	生态经济价值理论，突出可持续发展战略与操作模式

我国生态经济学理论研究起步于20世纪80年代，随后迅速发展，逐步把循环经济理论、清洁生产理论和可持续发展理论等应用于多个领域，我国的生态经济理论正在从理论走向实践。[2]生态经济要同时保证经济增长和生态环境的可持续性，通过物质流、能量流和信息流组成的复杂的生态经济复合系统角度来研究生态经济问题。生态经济涵盖经济学、生物学和生态学等多种学科，并且具有区域差异性。

（三）R&D（研究与开发）投入与创新绩效

R&D（Research & Development）是研究与开发的简称，它是国际通用的科学术语，其投入的规模和强度指标反映一个国家的竞争力和综合国力。R&D活动在企业技术创新过程中起着十分关键的作用，是企业、产业乃至国家发展的重要源泉。从资源的角度看，R&D投入是该企业投入R&D活动中的各种资源和能力的总和。从系统的角度看，R&D投入是企业为了能在日趋激烈的竞争环境中获得优势和长远发展，需要整合不同领域的能力和资源来实现技术、产品的创新，从而获得开拓市场的能力。在技术创新活动过程中，R&D投入必不可少，其规模和强度是衡量企业创新能力的重要指标，是形成企业核心竞争力的重要途径之一。

创新是企业生存和发展的核心，也是我国实施科教兴国战略、建设创新型国家的重要支撑，所以创新绩效一直是国家和企业发展关注的重点。创新绩效一般指对技术创新活动效果和效率的综合评价，目前对于其概念还没有一个很明确的定义，每个学者都有自己的见解。

哈格多恩和克洛特（Hagedoorn & Cloodt，2003）将创新绩效分解为狭义和广义两个角度，认为技术创新并不是孤立的，是为了进行技术能力的提高而进行的系统性的整合行为。[3]沈海华（2006）则认为，创新绩效可以分为直接经济绩效和间接经济绩效，直接经济绩效包括新产品利润率和新产品销售率等，间接经济绩效包括专利和技术诀窍等。[4]生产过程中常常出现“瓶颈”，解决“瓶颈”就需要不断创新，不断解决“瓶颈”的过程中就带来了技术进步和创新。国内外对于高技术产业创新绩效的研究取得了较为丰硕成果，结论基本一致，肯定了 R&D 投入对高技术产业创新绩效具有正向影响，但是关于 R&D 如何促进技术创新、R&D 对创新绩效的贡献度等方面的研究很少。

（四）问题的提出

三十多年来，高消耗、高排放、低效率的“两高一低”粗放型经济增长方式极大制约了区域经济的持续发展，不合理的资源配置方式和产业结构阻碍了经济向更高层次发展。有学者认为在过去的五年中，环境治理力度虽然逐步加大，生态文明建设初见显著，但是大力的环保督察也给经济发展带来了一定的冲击，如何在生态经济改革与社会经济发展两者中找到均衡点？“既要金山银山，又要绿水青山”。常保绿水青山，更需要科学的经济发展方式。在不牺牲生态环境为代价的基础上，完成区域经济的升级和转型是接下来需要研究的重要课题。环境经济学理论的波特假说认为，适当的环境规制会促使企业进行更多的创新活动，而技术上的创新又可以极大地提高生产力，从而抵销环境规制带来的成本上升。皖江城市带既是长三角城镇体系的延伸和补充，也是沿长江经济带中发达地区进一步扩张延伸与带动发展的纽带。为实现安徽经济在中部地区率先崛起，实现城市经济发展转型，创新驱动发展是必由之路。

“十二五”以来，安徽省研发费用支出一直呈现稳步增长态势。但是，与研发经费支出总量大、增速快不相配比的是 R&D 投资效率低下的问题，严重制约了地方经济的发展。[10]虽然安徽省企业研发经费总量和增速位居全国前列，但企业研发投入强度（研发经费内部支出占主营业务收入的比重）仅为 0.83%，在中部省份中仅居第 3 位（湖南和湖北分别为 1% 和 0.94%，居前两位）。对于如何提高 R&D 投资效率水平及创新绩效管理的研究，许多理论与实际问题需要进一步探究。曹贤忠等（2015）通过 DEA 模型和 VRS 模型，对长三角城市群的核心城市创新研发资源投入产出效率进行了测算分析得出，江苏投入产出效率显著高于上海和浙江，上海最低；长三角城市群研发资源投入产出效率分异程度逐渐缩小，但空间格局变化较大。[5]本文拟在生态经济背景下，测算分析皖江城市带创新绩效，针对出现的问题，借鉴国内外促进生态经济产业发展的经验，结合皖江城市带产业发展实际，提出产业发展合理布局的建议等，对实现产业结构调整和优化升级献计献策，以创新驱动改革发展，对生态经济改革和创新绩效提供一定的理论价值贡献。

二、皖江城市带生态经济改革与创新绩效实证分析

（一）区域生态经济改革初见成效

长江流经安徽 400 余千米，被称为“八百里皖江”。近年来，安徽全面打造“水清岸绿产业优”的美丽长江（安徽）经济带。在大力发展生态经济背景下，政府加大环保督察力度，“十三五”时期生态文明建设成效显著，一、二、三产业结构比例也由 2016 年的 10.6∶48.4∶41 优化为 9.5∶49∶41.5。

然而，适当的环境规制也在短期内，对经济造成了一定的冲击，在此情况下，安徽坚持新发展理念，主动把握经济发展新常态，坚定不移推进供给侧结构性改革，加强创新宏观调控，安徽经济总体继续呈现出稳中有进、稳中向好的态势，2017 年安徽实现生产总值 27518.7 亿元，增速位居全国第六。安徽省皖江城市带 GDP 2013～2017 年变化情况如表 2 所示。

表 2　2013～2017 年皖江城市带 GDP 统计　单位：亿元

地区	2013 年	2014 年	2015 年	2016 年	2017 年
合肥	4673	5158	5660	6200	7213
芜湖	2100	2308	2457	2660	3065
马鞍山	1293	1357	1365	1440	1738
安庆	1418	1544	1613	1500	1708
滁州	1086	1190	1306	1418	1607
宣城	843	913	972	1050	1188
铜陵	681	716	721	960	1163
池州	462	503	545	583	654
皖江城市带合计	12556	13689	14639	15811	18336

资料来源：历年《安徽统计年鉴》。

皖江城市带各城市 GDP 情况变化如图 1 所示。

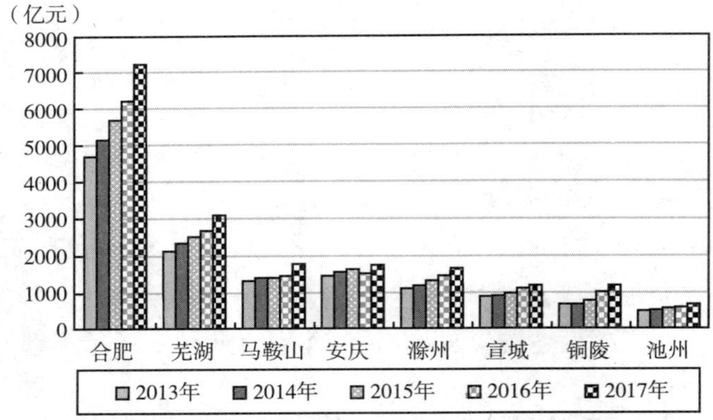

图 1　皖江城市带 2013～2017 年 GDP 变化趋势

资料来源：历年《安徽统计年鉴》。

随着工业转型升级加快，安徽高耗能产业产能有序缩减，环境质量不断改善。2017 年上半年 PM2.5 浓度 55 微克/立方米，同比下降 14.5%，[①] 绿色发展有序推进，生态经济改革成效明显。特别需要指出的是，生态经济发展中的环境规制并没有如专家分析的那

① 安徽省人民政府网，http：//ah. gov. cn/public/1681/7966871. html.

样对经济增长产生冲击，由图 1 可以看出，皖江各城市在 5 年中 GDP 都处于增长状态（除安庆在 2016 年稍有回落外），其中合肥 5 年的经济发展增速十分亮眼，无论在绝对比例和还是相对比例上均独占鳌头，综合发展能力由此可见一斑。能取得如此骄人的成绩，得益于合肥协同创新体系的加快构建，创新是合肥最大优势、最强动力、最亮品牌，也为该市高质量发展提供强劲支撑。2017 年度长三角 26 城 GDP 排行榜出炉，安徽城市增速最为亮眼，名义增速都在 10% 以上。其中合肥、芜湖等城市更是排名前列。皖江经济带的保护与发展要坚持创新，调整产业结构，坚持生态优先、绿色发展。

（二）基于 DEA 模型的皖江城市带创新绩效分析

由以上综述可知，区域要想在成功实施生态经济改革的前提下，还能保证经济健康稳定发展，创新驱动改革发展是必由之路。为了争取竞争优势，各个地区都在努力加大 R&D 活动的投入力度，但 R&D 活动的投入产出效率却差异很大。韩东林等（2011）利用企业相关数据和 DEA 模型，对皖江城市带各市和上海市大中型工业企业 R&D 效率进行了研究，进一步分析认为投入要素的配置和规模不合理是造成 R&D 效率低下的主要原因。[6]

数据包络分析（Data Envelopment Analysis，DEA），主要用于比较各决策单元的相对效率，对评价对象作出科学合理的评价结论。本文在 DEA 分析中采用 CCR 模型评价皖江城市带 8 个城市区域创新的技术效率，用 BCC 模型评价其技术效率，并综合起来评价其规模效率。CCR 基本模型如下：

$$\min[\theta - \varepsilon(s^- - s^+)]$$

$$\text{s. t.} \quad \sum_{j=1}^{n} x_{ij}\lambda_j + s_i = \theta x_{ij}, i \in (1,2,\cdots,m)$$

$$\sum_{j=1}^{n} y_{rj}\lambda_j - s_r = y_{rj}, r \in (1,2,\cdots,s)$$

$$\lambda_j, s_i, s_r \geqslant 0, j \in (1,2,\cdots,n)$$

其中，s 为松弛变量；ε 为非阿基米德无穷小。当 $\theta=1$，且 $s=0$ 时，称对应的 DMU 为 DEA 有效（既是技术有效，又是规模有效）；当仅 $\theta=1$ 时，称 DMU 为弱 DEA 有效；当 $\theta<1$ 时，称 DMU 为非 DEA 有效。

用来评价纯技术效率的 BCC 模型如下：

$$\min z_0 = \theta - \varepsilon\left(\sum_{i=1}^{m} s_i - \sum_{r=1}^{n} s_r\right)$$

$$\text{s. t.} \quad \theta x_i = \sum_{j=1}^{n} x_{ij}\lambda_j + s_i, i = 1,2,\cdots,m$$

$$y_r = \sum_{j=1}^{n} y_{rj}\lambda_j - s_r, r = 1,2,\cdots,s$$

$$\sum_{j=1}^{n} \lambda_j = 1, s_i, s_r, \lambda_j \geqslant 0, j = 1,2,\cdots,n$$

根据 DEA 理论，当 $\theta^{*}=1$ 且 $s^{*+}=s^{*-}=0$ 时，DMU 为 DEA 有效，否则为非 DEA 有效。本文主要用 DEA 分析法对安徽省皖江城市带 R&D 活动投入产出的使用效率进行测度，建立投入产出评价指标，具体的资源投入中各要素可归类为两类经费投入和人力资源投入，具体研发资源的投入指标为 R&D 人员数量和 R&D 经费支出。产出指标为各市科技成果登记数和高新技术产业总产值同比增幅，具体指标如表 3 所示。

表 3　　R&D 投入与产出效率评价指标

指标类型	一级指标	二级指标
投入指标	R&D 投入	R&D 人员数量
		R&D 经费支出
产出指标	成果产出	科技成果登记数
	创新产出	高新技术产业产值同比增幅

近年来，安徽省高度重视企业技术创新主体建设，通过兑现税收优惠政策、安排专项资金等方式，鼓励支持企业增加研发投入、购置研发设备、建设研发机构，真正做到了“企业愿意干，政府就支持”，企业研发投入逐年增加，企业研发投入强度 0.83，全国排名第 13 位。皖江城市带 2016 年研发经费支出如表 4 所示。

表 4　　皖江城市带研发经费支出　　单位：百万元

地区	R&D 经费支出	按活动类型划分			按支出费用划分	
		基础研究	应用研究	试验发展	日常性支出	资本性支出
合肥	19478	2201	1727	15549	16681	2797
滁州	2507	24	173	2310	2044	462
马鞍山	3899	30	171	3698	3232	667
芜湖	7396	105	116	7175	6525	872
宣城	1599	1	11	1586	1332	267
铜陵	2327	7	57	2264	1963	364
池州	516	2	4	511	388	129
安庆	1212	43	18	1152	1025	187

资料来源：《安徽统计年鉴（2017）》。

安徽省不断加强自主创新能力建设，深入推进合芜蚌国家自主创新示范区建设，同时加快产业转型升级，相继开展电子信息、新能源汽车等 24 个战略性新兴产业集聚发展基地建设，构建循环经济产业链，提高资源产出率。考虑到科技研发活动的特点，投入和产出之间存在一定的时滞，一般假设该时滞区间为 1 年。皖江城市带 2017 年的创新成果统计如表 5 所示。

表 5　　皖江城市带创新成果统计

地区	R&D 人员（人）	机构数（个）	科技成果（个）	高新技术产业总产值同比增幅（%）
合肥	45337	1341	181	9.7
滁州	5751	550	32	23.1
马鞍山	6596	424	8	44.9
芜湖	12421	498	10	21.3
宣城	5123	303	19	25
铜陵	2140	141	24	30.1
池州	834	94	11	19.8
安庆	3638	295	11	14.8

资料来源：根据安徽省科学技术厅网站统计整理。

在生态经济发展背景下，创新的根本驱动力在于提高资源的投入产出效率。依照前面所述的投入产出指标体系，本文选取 2016 年和 2017 年皖江城市带 8 个城市的截面统计数据，分别采用 CCR 和 BCC 模型来计算 8 个城市区域 DEA 创新综合技术效率、纯技术效率和规模效率，计算结果如表 6 所示。

表 6　　皖江城市带区域创新效率

地区	2016 年				2017 年			
	综合效率	纯技术效率	规模效率	规模报酬	综合效率	纯技术效率	规模效率	规模报酬
合肥	1.000	1.000	1.000	—	1.000	1.000	1.000	—
滁州	0.378	0.875	0.432	drs	0.599	1.000	0.599	drs
马鞍山	0.677	1.000	0.677	drs	0.300	1.000	0.300	drs
芜湖	1.000	1.000	1.000	—	0.773	1.000	0.773	drs
宣城	0.315	0.558	0.564	irs	0.558	0.970	0.575	drs
铜陵	1.000	1.000	1.000	—	0.850	1.000	0.850	drs
池州	0.673	0.673	1.000	irs	1.000	1.000	1.000	—
安庆	0.416	0.529	0.786	drs	0.426	0.426	1.000	drs
平均值	0.682	0.829	0.807		0.688	0.925	0.762	

资料来源：根据 DEAP 2.1 计算统计整理。

皖江城市带在 2016 年和 2017 年的 R&D 投入产出效率总体偏低，由表 6 可知，皖江城市带各项指标均值均未达到有效水平，综合效率约为 0.68，表明这些城市达到规模以上工业企业 R&D 活动投入产出的相对有效性水平普遍较低。在 2016 年，皖江城市带中达到 DEA 有效的城市是合肥、芜湖和铜陵，其纯技术效率与规模效率均为 1，意味着其 R&D 活动既实现技术有效又达到规模有效，规模报酬稳定，此时的 R&D 投入产出规模和资源配置与技术利用水平为最佳状态。但是到了 2017 年，达到 DEA 有效的城市仅为合肥和池州，芜湖和铜陵创新效率有所下降，维持在最优效率的60%以上。2017年的创新综合效率达到DEA有效的城市虽然有所减少，但是在纯技术效率上达到DEA有效的城市明显增多，从2016年的4个城市增长为2017年的6个城市，纯技术效率的均值也上升了10%，但是在规模效率上，2017年马鞍山、芜湖和铜陵相较2016年有所下降。

三、皖江城市带生态经济改革与创新绩效存在的问题

（一）“资源诅咒”效应阻碍部分区域经济可持续增长

资源诅咒又被称作“富足的矛盾”，即丰富的资源对经济增长并不一定是有利条件，反而是一种限制。随着工业产能过剩、劳动力成本逐年上升，资源型地区的发展“瓶颈”和矛盾开始慢慢显现。王玉（2017）在研究中提出，我国的资源型城市普遍存在着“资源诅咒”效应，不仅阻碍经济可持续增长，过度开采问题也让该地区生态环境问题越来越突出。[7]安徽省的成矿地质条件得天独厚，在漫长的地质岁月中生成了丰富的矿产资源。截至目前，全省累计发现各类矿产96种，以煤、铁、铜、硫铁矿、水泥用灰岩和明矾石的探明储量居多，除煤的保有储量居全国第7位外，其余5种矿产的保有储量均居全国前5位，煤炭资源分布在淮南，保有储量居华东第1位，铁矿石主要分布在马鞍山，有色金属矿产主要分布在铜陵，芜湖则保有冶金辅助原料，马鞍山、芜湖和铜陵在皖江城市带经济发展中表现都比较亮眼，但是这些城市都难以避免过度开采的问题，两淮煤矿资源的枯竭严重制约了当地经济的发展，如果无法摆脱资源依赖型城市经济发展，无法在一定时间内完成城市升级转型，皖江城市带将面临十分严峻的形势。皖江城市带属于长三角城市群，但是与之矿产资源位列华东地区前列不相对应的是，经济发展远远落后于长江三角洲其他城市，资源型地区的生态环境、经济发展问题越来越突出，2005～2015年给生态环境造成了严重的压力。

由图2可以看出，2005～2015年，安徽省的“三废”排放量大幅度增长，资源快速消耗、环境污染严重制约了地区经济长期可持续发展。

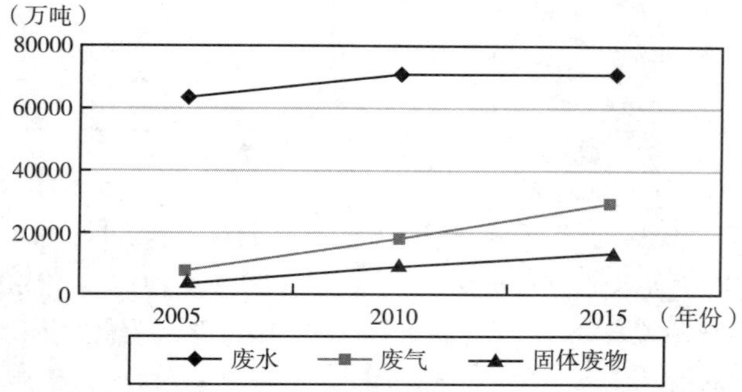

图2　安徽省2005～2015年工业“三废”排放情况

资料来源：历年《安徽统计年鉴》。

（二）创新效率总体偏低，R&D 人员和资金投入存在冗余

我国近年对 R&D 投入量在部分时间区间有所反复，但是总体随经济发展稳步上升。比较来看，皖江城市带的研发总体水平较低，且不均衡。R&D 的投入产出效率在一定程度上反映了地区创新活动投入的配置和应用水平。通过包络数据分析法对皖江城市带 8 个城市创新投入产出效率进行实证研究得出的一个结论是：研发资源总体利用效率不高，要实现创新驱动经济发展，加快地方经济的升级和转型的重点不是加大研发投入的总量和强度，而是提高配置效率。从第二部分的实证分析可以看到，合肥无论是在 R&D 人员的数量上还是经费支出上，都在皖江城市带中居于绝对领先的地位，紧随其后的是芜湖，但是芜湖在 2017 年的科技成果产出量上较 2016 年有明显的下降，以致 2017 年芜湖没有达到 DEA 有效水平。更加值得关注的是马鞍山在近两年都没有达到 DEA 有效，甚至 2017 年的规模效率只有 0.3000，在皖江城市带 R&D 投入产出效率中排名最后，该地区的创新投入与产出结构配置需要反思，在 2017 年其科技成果登记数只有 8 个，居于皖江城市带最末位，但是其 R&D 经费投入居于第 3 位，显然在 2017 年，马鞍山的 R&D 投入存在较严重的冗余。在 2017 年，滁州、芜湖、马鞍山和铜陵的纯技术效率均达到 1.000，DEA 有效，但是四者的规模效率均没有达到最优状态，以致 2017 年皖江城市带中创新投入产出综合效率达到 DEA 有效的只有合肥和池州两个城市。且在表 6 中，这 4 个城市的规模报酬均为 drs（递减），因此，马鞍山、铜陵、芜湖和滁州可以通过缩小研发规模来提高综合效率，减少 R&D 冗余。从创新活动产出成果的角度看，皖江城市带中除了合肥以外的其他城市均存在创新科技成果产出不足的问题，如图 3 所示。

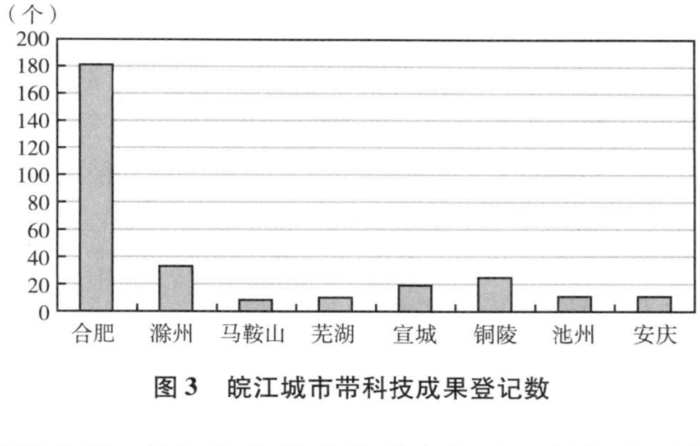

图 3　皖江城市带科技成果登记数

由图 3 可以明显看到，皖江城市带其他城市与合肥创新成果数差异巨大，极不均衡，芜湖、马鞍山、铜陵还有巨大的发展潜力。对于安徽大部分地区而言，受经济发展水平的制约，不可能无限制地增加科研资源的投入，因此，如何基于现实状况，着眼于未来发展目标，建立科学的科研资源投入与配置体系是目前亟待解决的问题。

四、皖江城市带生态经济改革与创新驱动发展的对策建议

（一）完善生态监管体制，加快产业升级转型

国际生态经济协会（IEEPA）在2018年两会（生态经济）提案建言献策，与会专家学者围绕“市场增添活力、促进生态经济发展的产业政策与措施”，“优化实体经济发展环境、破解企业发展难题与现实困境”，“产业升级、跨界融合和帮扶企业政策落地问题与解决”三个方面展开深入讨论。2017年世界经济稳中向好，2/3以上的国家呈现正增长。在这种基础上，环保产业大有可为，要通过规范行业标准，实现优胜劣汰，确保优势企业有足够的发展空间。安徽可以将皖江城市带作为中心，打造绿色生态走廊，构建江淮绿色生态屏障。始终牢记发展经济效益既要包括经济效益也要包含生态效益。要做好经济体制改革和环保机制的相互协调，积极发展环保产业。在保护生态经济的同时，必须快速实现区域产业机构的转型和升级，高新技术制造产业和第三产业应该为新型主导产业，要引导区域从粗放型经济增长方式演变到科技型集约型增长方式。要实现生态经济发展，就要尽快将科技成果转化为现实污染防治能力，环境保护不可只看一时，要从长远计，转变我国经济模式是重中之重。生态文明建设功在当代、利在千秋。

（二）提高R&D投入产出效率，实现创新驱动发展

要实现生态经济发展，需尽快将科技成果转化为现实防治污染能力，必须加强区域创新能力。创新绩效的衡量不是取决于R&D投入的总量和强度，而是R&D投入产出效率。R&D投入产出效率偏低代表技术资本投入过剩，但同时创新成果产出又不足，意味着区域投入的创新资本没有被有效转化吸收，很大程度上造成了经济效益流失。安徽省近年来高度重视技术创新建设，通过兑现税收优惠政策、安排专项资金等方式，鼓励支持企业增加R&D投入，皖江城市带R&D投入均成规模性增长，但是根据DEA模型的计算结果显示，大部分地区R&D投入水平都不是最优状态，存在R&D投入冗余。

首先，要提供足够的资金支持，一项新的科技成果只有从基础研究到最后试验推广都有足够的资金支持才能将技术成果转化为经济效益。

其次，要技术创新，皖江城市带要实现跨越式经济发展，出路在于技术创新，要在产业结构调整的基础上实行技术创新，实施“中部创造，东部制造，西部再造”的创新性战略。

最后，要出台科学的鼓励企业技术创新的政策，政府要站在一定的高度，分析各区域产业结构特点，有针对性地扶植不同产业的创新企业，切实提高创新专业技术人员的待遇，不能只注重眼前利益，政策要具有连贯性和可持续性。在产业和企业的转型升级过程当中，要鼓励科技创新，提高资源使用效率，以技术进步代替能源驱动经济增长。

（三）提升企业创新主体地位，加强产学研联合创新

技术创新过程完成的标志是新产品的第一次商业化，为防止创新成果转化遭到忽视，导致创新产业化低下，关键是要提升企业创新主体的地位。技术研发往往投入高风险大，发展产学研联合的创新模式是皖江城市带开展自主研发创新的一个重要途径。通过有效的产学研合作，企业可以节省创新成本，实现规模经济效益，从科研院校的角度来看，可以使研究成果更贴近市场需求，保证科技成果的及时产业化。现实中很多企业往往追求短期效益，没有长足发展的远见，走创新型发展道路是一个漫长过程，可能要经过相当长时期的投入才能有所回报，只有强化发展产学研联合创新体制，并坚持不懈，就一定能实现皖江城市带乃至安徽省的中部崛起，成为创新生态经济强省。

参考文献

［1］郝戊，刘金娜．资源型地区新型主导产业的选择研究——以内蒙古地区为例［J］．科技经济市场，2011（9）．

［2］刘元强．生态经济的哲学透视［D］．乌鲁木齐：新疆大学，2007．

［3］Hagedoorn J.，Cloodt M. Measuring innovative performance：is there an advantage in using multiple indicators?［J］．Research Policy，2003，32（8）．

［4］沈海华．技术学习对创新绩效的影响因素分析［D］．杭州：浙江大学，2006．

［5］曹贤忠，曾刚，邹琳．长三角城市群 R&D 资源投入产出效率分析及空间分异［J］．经济地理，2015（1）．

［6］韩东林，金余泉．皖江城市带大中型工业企业 R&D 效率研究——兼与上海市比较［J］．中国科技论坛，2011（6）．

［7］王玉．生态经济背景下资源依赖型地域经济发展转型研究——以内蒙古巴彦淖尔市为例［J］．技术经济与管理研究，2017（5）．

皖江城市带生态经济指数评价研究

华欢欢

社会经济与生态环境的协调发展是区域可持续发展的核心问题。近年来，该研究逐渐成为广泛关注的热点。[1][2]生态经济评价是运用科学合理的方法对特定区域的生态经济发展现状进行综合评估的过程。国内目前关于生态经济评价研究的方法主要有：构建指标体系法[3]、能值分析法[4]、基于 GIS 分析法[5]以及基于主成分分析法[6]。其中运用最广泛的是构建指标体系法。本文拟从生态经济基本思想出发，从经济生态化、生态经济化两个角度构建皖江城市带生态经济评价指标体系，并运用指数的概念，计算生态经济指数，从而对该区域的生态经济系统状况进行综合评价。

一、研究区域概况

皖江城市带是我国中部地区六大城市群之一。2011 年 8 月，经过安徽行政区划调整，皖江城市带覆盖合肥、芜湖、马鞍山、铜陵、安庆、池州、滁州、宣城 8 市全境，以及六安市的金安区和舒城县。面积约 7.6 万平方千米，占全省 54%。[7]2017 年，全域（包括六安全境）常住人口达到 3315 万人，GDP 实现 19089 亿元，分别占全省的 53% 和 59.6%。该区域东南与江苏省、浙江省紧邻，西南与湖北省、江西省接壤，具有发展生态经济、促进生态与经济协调发展的良好条件，将形成中部地区的一个重要增长极。

依据数据的可获得性和研究区域生态环境、经济的发展特点，本研究选取了 9 个评价单元，即包括了皖江区域的 8 个地级市以及六安市全境。

二、指标体系构建与研究方法

（一）指标体系构建

为解决我国的经济发展问题与生态环境危机，习近平总书记提出了一系列生态经济发展思路。其基本内容可以概括为“经济的生态化”和“生态的经济化”。[8]“经济的生态化”指的是经济的增长要导向绿色，转变经济发展方式，推动经济结构调整，提高科技进步对经济发展的贡献率，以绿色、循环、低碳为发展方向，大力构建生态产业发展体系。“生态的经济化”指的是改善生态环境，因地制宜获得社会生产力。

生态经济评价指标是反映有关生态系统和经济系统输入、输出、内部结构及整体协调的数值，是衡量、评价生态经济系统状况和发展趋势的基础。本文将皖江城市带生态经济评价指标体系分成4个层（目标层、准则层、子准则层、指标层），包含2个模块，5个子模块，共计15项指标，具体如表1所示。

表1　皖江城市带生态经济评价指标体系

目标层	准则层	子准则层	指标
生态经济指数	经济生态化	经济基础	X1 人均GDP（元/人）
			X2 人均地方财政收入（元/人）
			X3 地区GDP（亿元）
		经济发展方式	X4 第三产业占GDP比重（%）
			X5 单位GDP能耗（吨标准煤/万元）
			X6 高新技术企业数/规上工业企业数（%）
		科技进步	X7 技术市场成交额（亿元）
			X8 专利申请受理数（件）
			X9 新产品销售收入（万元）
	生态经济化	环境保护	X10 工业二氧化硫排放量（吨）
			X11 空气可吸入颗粒物（微克/立方米）
			X12 城市污水处理厂集中处理率（%）
		生态建设	X13 森林覆盖率（%）
			X14 城市绿化覆盖率（%）
			X15 空气质量达到及好于二级的比例（%）

（二）指标权重的赋值

本文采用熵值法给指标进行赋权。

1. 原始数据矩阵

表1指标体系中各指标可用如下矩阵表示：

$$X = (x_{ij})_{n\times m} = \begin{bmatrix} x_{11} & x_{12} & \cdots & x_{1m} \\ x_{21} & x_{22} & \cdots & x_{2m} \\ \cdots & \cdots & \cdots & \cdots \\ x_{n1} & x_{n2} & \cdots & x_{nm} \end{bmatrix}$$

其中，x_{ij}表示第i个地区第j个指标的原始数值。

2. 指标原始数据标准化

指标体系中，各指标的量纲和正负去向均有差异，对原始数据进行标准化处理显得尤为重要。本文采用阈值法进行标准化。

（1）正向指标：$Z_{ij}=\dfrac{x_{ij}-\min(x_{ij})}{\max(x_{ij})-\min(x_{ij})}$。

（2）逆向指标：$Z_{ij}=\dfrac{\max(x_{ij})-x_{ij}}{\max(x_{ij})-\min(x_{ij})}$。

其中：Z_{ij}为x_{ij}标准化后值，$\max(x_{ij})$ 和 $\min(x_{ij})$ 分别为该项指标的最大值和最小值。

3. 指标赋权

本文采用熵值法对指标体系中的各指标进行赋权，计算步骤如下：

（1）计算第j项指标下第i个地区占该指标的比重：$P_{ij}=\dfrac{Z_{ij}}{\sum_{i=1}^{n}Z_{ij}}$，$i=1，2，\cdots，n$；$j=1，2，\cdots，m$。

（2）计算第j项指标的熵值：$e_j=-k\sum_{i=1}^{n}P_{ij}\ln(P_{ij})$，其中，$k=\dfrac{1}{\ln(n)}>0$，满足$e_j\geqslant 0$。

（3）计算信息熵冗余度：$d_j=1-e_j$。

（4）计算各项指标的权值：$w_j=\dfrac{d_j}{\sum_{j=1}^{m}d_j}$。

（三）数据来源

本文采用的数据时间为2017年。数据均来自《安徽统计年鉴（2018）》《2017年安徽省国民经济和社会发展情况公报》。指标体系中各指标权重的计算结果如表2所示。

表2　指标权重及计算结果

指标	指标内容	e_j	d_j	w_j
X1	人均GDP（元/人）	0.876	0.124	0.043
X2	人均地方财政收入（元/人）	0.863	0.137	0.048
X3	地区GDP（亿元）	0.746	0.254	0.089
X4	第三产业占GDP比重（%）	0.885	0.115	0.040
X5	单位GDP能耗（吨标准煤/万元）	0.935	0.065	0.023
X6	高新技术企业数/规上工业企业数（%）	0.681	0.319	0.111
X7	技术市场成交额（亿元）	0.431	0.569	0.199
X8	专利申请受理数（件）	0.677	0.323	0.113
X9	新产品销售收入（万元）	0.741	0.259	0.090
X10	工业二氧化硫排放量（吨）	0.918	0.082	0.029
X11	空气可吸入颗粒物（微克/立方米）	0.895	0.105	0.037

续表

指标	指标内容	e_j	d_j	w_j
X12	城市污水处理厂集中处理率（%）	0.862	0.138	0.048
X13	森林覆盖率（%）	0.93	0.07	0.024
X14	城市绿化覆盖率（%）	0.848	0.152	0.053
X15	空气质量达到及好于二级的比例（%）	0.85	0.15	0.052

三、结果与分析

（一）综合评价

根据所收集的数据按照熵值法整理计算得到皖江城市带各城市生态经济整体及各系统的评价值如表3所示。

表3　皖江城市带各城市生态经济整体及各系统的评价值

地区	经济生态化指数F1	生态经济化指数F2	总指数F	排名
合肥	0.753	0.099	0.852	1
滁州	0.129	0.100	0.229	6
六安	0.071	0.158	0.229	6
马鞍山	0.169	0.072	0.241	4
芜湖	0.335	0.107	0.442	2
宣城	0.103	0.168	0.271	3
铜陵	0.125	0.113	0.238	5
池州	0.080	0.104	0.184	9
安庆	0.088	0.115	0.203	8
平均值	0.206	0.115	0.321	

由表3可知，生态经济总指数排在第一位的合肥市属于第一集团，其指数远远大于其他地市。合肥市是安徽省省会，是安徽省的经济文化中心，有着得天独厚的经济基础。其经济生态化指数为0.753，是皖江城市带各城市平均值的3倍多。这是合肥市生态经济总指数远远高于其他地市的主要原因，这主要得益于合肥市是一座科技之城、创新之城。

生态经济总指数排名第二的芜湖市可作为第二集团，其是除省会合肥市外唯一一个总指数高于皖江城市带平均值的城市。其总指数高主要得益于经济生态化指数相对偏高。芜湖作为安徽省“双核”城市之一，同时也是“南京都市圈”“长三角城市群”成员城市，又是长江流域区域中心和重要港口城市，良好的区域位置使其经济具有很强的竞争力。同时，芜湖市作为长江边上的一颗明珠，具有得天独厚的生态优势，其生态经济化指数同样较高。

宣城市、马鞍山市、铜陵市、六安市、滁州市属于第三集团。这五座城市的生态经济总指数比较接近，同时都小于平均值0.321。这说明五座城市所属的第三集团和第一、第二集团的合肥市、芜湖市具有很大的差距。同时，在生态经济化指数方面，第三集团和第一、第二集团差距并不大，甚至大部分大于合肥市、芜湖市的生态经济化指数。生态经济总指数的巨大差距是因为经济生态化指数的差异。作为安徽省的经济"领头羊"，合肥市、芜湖市在经济生态化方面确实表现得突出。第三集团的五座城市在经济系统和生态系统两个方面的表现比较均衡，指数比较接近。其中滁州市、马鞍山市、铜陵市的经济生态化指数高于生态经济化指数，说明这三座城市在生态经济方面，经济系统偏好于生态系统。相对而言，宣城市和六安市生态经济化指数大于经济生态化指数，说明这两座城市的生态系统要好于各自的经济系统。而且宣城市和六安市的生态经济化指数大于皖江城市带的其他城市，排名第一、第二。

第四集团是生态经济总指数排名第八、第九的安庆市和池州市。这两座城市排名倒数，最主要原因在于其经济生态化指数偏低。虽然在皖江城市带六安市的经济生态化指数最低，但其生态经济化指数却排名第二。而安庆市和池州市经济生态指数分别排名倒数第二和倒数第三，同时生态经济化指数也在平均数以下。

总的来说，皖江城市带各城市生态经济总指数合肥市一家独大，芜湖市处于第二，其他城市之间差距非常小。这和皖江城市带的经济发展状况比较一致。另外，这也说明，现如今皖江城市带的生态经济发展还主要侧重于经济系统的发展，生态系统的发展并没有形成显著的差异。

为了进一步分析皖江城市带各城市在总指数和两系统指数之间的关系，本文把生态经济总指数、经济生态化指数、生态经济化指数进行离均值处理，然后绘制雷达图（见图1）。

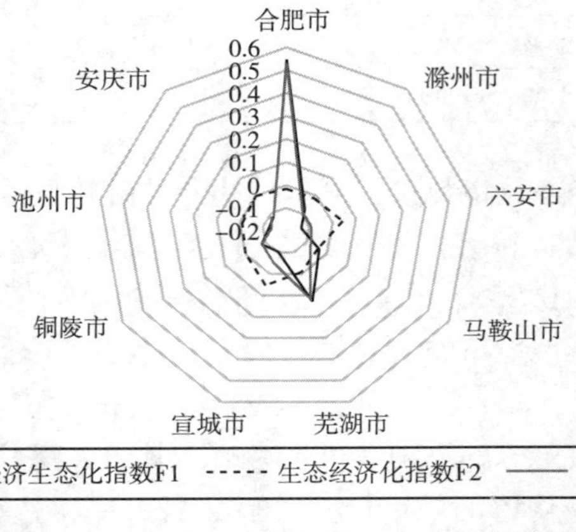

图1　生态经济总指数、经济生态化指数、生态经济化指数离均值对比

经济生态化指数和总指数曲线几乎相互重叠。这进一步说明，皖江城市带生态经济的发展还主要依赖于经济系统的发展。而唯有合肥市和芜湖市经济系统发展比较突出，大于平均值。生态经济化指数的曲线比较均衡，各个城市值都在平均数周围。在皖江生态经济的发展中，生态系统的发展比较滞后，缺乏显著性，是今后发展的重要方向。

（二）各分系统分析

表3已经给出了皖江城市带各城市生态经济整体及各系统的评价值，为了分析方便，在表3的基础上对各分系统的评价值也给出相应的排名。

生态经济中经济系统的表现——经济生态化主要从经济基础、经济发展方式、科技进步3个方面来反映。

总体来说，经济生态化指数和生态经济总指数的排名情况相差无几（见表4）。经济生态化指数是由经济基础指数、经济发展方式指数和科技进步指数综合相加得到的。从总体的平均值来看，对经济生态化指数贡献最大的是科技进步指数，其贡献占比近40%。这说明科技进步对经济生态化起重要作用，是发展生态经济的重要支撑。

表4　　经济系统指数评价

地区	经济生态化指数				
	经济基础指数	经济发展方式指数	科技进步指数	综合指数	综合排名
合肥	0.179	0.174	0.400	0.753	1
滁州	0.041	0.036	0.052	0.129	4
六安	0.008	0.045	0.018	0.071	9
马鞍山	0.078	0.054	0.037	0.169	3
芜湖	0.119	0.069	0.147	0.335	2
宣城	0.047	0.045	0.011	0.103	6
铜陵	0.057	0.041	0.027	0.125	5
池州	0.030	0.046	0.004	0.080	8
安庆	0.026	0.037	0.025	0.088	7
平均值	0.065	0.061	0.080	0.206	

由表4可知，合肥市的科技进步指数为0.400，是平均值的5倍，比皖江城市带其他城市的总和还要大。合肥市作为全国的科技之城、创新之城，其科技创新能力是首屈一指的。科技进步指数高于平均值的还有芜湖市，排名第二。排在最后的是池州市、宣城市和六安市。这三座城市经济基础薄弱，缺乏科技创新的基础和意识。从经济基础指数来看，这三座城市的经济基础也是非常差的，尤其是六安市，经济基础指数只有0.008。从经济发展方式指数来看，除了合肥市以外，其他城市的指数差别并不太大，相对于科技进步指数和经济基础指数来说，差异性变小了。这说明不同城市正在自身条件的基础上，努力寻找经济发展方式的转变，这是一个好的现象。

生态经济中生态系统的表现——生态经济化主要从环境保护和生态建设2个方面来反映。

总体来说，生态经济化指数综合排名与生态经济总指数排名大相径庭（见表5）。生态经济总指数排名第一的合肥市，生态经济化指数排名第八。合肥市在生态建设方面表现相对较差，排名倒数第一，生态建设指数为0.010，不到平均值的20%。宣城市经济生态化指数排名第六，只有平均值的50%，而其生态经济化指数排名第一。宣城市虽然经济基础薄弱，但该市在环境保护和生态建设方面却领先于其他城市。六安市和宣城市情况一致，总指数排名第六，经济生态化指数排名倒数第一，但其生态经济化指数排名第二，其在环境保护和生态建设方面做得相对较好。马鞍山市和铜陵市作为典型的资源型工业城市，具有很好的工业基础，生态环境相对脆弱，在全国生态文明建设的大背景下，两城市非常重视生态环境的保护和建设。从现阶段结果来看，铜陵市相对要优于马鞍山市，其中表现最为突出的是生态建设，铜陵市生态建设指数排名第一。池州市的表现值得特别注意。池州市作为全国第一个生态经济示范区，其生态经济化指数却排名相对靠后，环境保护指数和生态建设指数都相对偏低，其中的缘由值得进一步研究。

表5　　　　生态系统指数评价

地区	生态经济化指数			
	环境保护指数	生态建设指数	综合指数	综合排名
合肥市	0.089	0.010	0.099	8
滁州市	0.074	0.026	0.100	7
六安市	0.076	0.082	0.158	2
马鞍山市	0.026	0.046	0.072	9
芜湖市	0.068	0.039	0.107	5
宣城市	0.086	0.082	0.168	1
铜陵市	0.018	0.095	0.113	4
池州市	0.041	0.063	0.104	6
安庆市	0.061	0.054	0.115	3
平均值	0.060	0.055	0.115	

四、结　　论

生态经济学研究的对象是完整的生态系统和经济系统，并不是臆想出来的生态经济复合系统。习近平总书记提出的一系列生态经济思想，其基本内容可以概括为反映经济系统的“经济生态化”和反映生态系统的“生态经济化”。

（1）本文提出了由经济生态化指数和生态经济化指数有机构成的生态经济指数。其中，经济生态化指数由经济基础指数、经济发展方式指数、科技进步指数三大功能模块构成；生态经济化指数由环境保护指数和生态建设指数两大功能模块构成。生态经济指数用来衡量和评价区域生态经济系统状况效果较好，比较直观地反映评价地区各自生态系统、经济系统的发展状况及相互的协调程度，能为相关管理部门在寻求提高地区生态经济水平的切入点方面提供相应的科学决策依据。

（2）2017 年皖江城市带各城市生态经济指数差异明显，其中第一、第二集团的合肥市和芜湖市综合指数较高，属于相对优等级，表明该地区生态经济综合发展良好，其可持续发展能力较强；宣城市、马鞍山市、铜陵市、六安市和滁州市属于相对中等级，该地区综合指数中等，表明该地区生态经济综合发展在皖江属于中等水平，其可持续发展能力一般；安庆市、池州市属于差等级地区，表明其可持续发展能力较弱。

（3）皖江城市带生态经济的发展还主要体现在经济系统。生态经济的综合指数近 2/3 由经济系统影响。生态系统发展总体差异较小，发展缓慢。这也说明皖江城市带经济系统和生态系统协调发展较差，生态经济化指数处于较差水平。在努力提高经济生态化的同时，更应关注生态系统的环境保护和生态建设，从而提高生态经济化水平，达到经济系统和生态系统的协调发展。

参考文献

[1] 孙若梅．生态经济学研究中理论和前沿进展的几点评述［J］．生态经济，2018，34（5）：54－59.

[2] Daly H. A further critique of growth economics［J］．Ecological Economics，2013，88（3）：20－24.

[3] 黄和平，彭小琳，等．鄱阳湖生态经济区生态经济指数评价［J］．生态学报，2014，34（11）：3107－3114.

[4] 吕翠美．区域水资源生态经济系统可持续发展评价的能值分析［J］．系统工程理论与实践，2010（7）：1293－1298.

[5] 李超．基于 GIS 与模型的区域农业生态环境与生态经济评价［D］．南京：南京农业大学，2008.

[6] 杨道军，等．主成分分析法在生态经济可持续发展评价中的应用［J］．环境科学与技术，2007，30（12）：91－94.

[7] 国家发展和改革委员会．皖江城市带承接产业转移示范区规划［Z］．2010.

[8] 侯子峰．习近平生态经济思想研究［J］．湖州师范学院学报，2018（3）：7－10.

皖江城市带高校生态文明建设研究

马春影

生态文明建设是在党的十七大报告中首次明确提出的，党的十八大报告专门单篇论述生态文明，把建设“美丽中国”作为未来生态文明建设的宏伟目标，关于生态文明建设的思想也得到不断丰富和发展。党的十九大对生态文明建设提出了新要求，把生态文明建设摆在总体布局的高度来论述。作为生态文明建设重要阵地的高校，既肩负着建设节能环保绿色高校的任务，又肩负着培养新时代合格人才的任务，理应在传播生态文明和发展生态教育方面承担着重要使命。通过查阅大量的生态文明建设的资料，目前对高校生态文明建设研究的成果较少，缺乏全面系统的分析和研究，鉴于此，本文结合对皖江城市带所在部分高校进行调研的资料和数据，分析皖江城市带高校生态文明建设的现状及制约皖江城市带高校生态文明建设的原因，进而提出推进皖江城市带高校生态文明建设的对策建议。

一、加强皖江城市带高校生态文明建设的重要意义

加强高校生态文明建设有助于将国家生态文明建设进一步引向深入，皖江城市带高校生态文明建设的成效关系皖江城市带各城市的生态文明建设效果，所以高校必须对其本身的校园环境进行生态文明建设。高校作为人才培养的摇篮，应发挥优势，整合资源，对学生进行生态文明教育。同时高校也是汇聚人才的高地，要积极创新技术，应用于地方经济，为加快当地的生态文明建设作出积极的贡献。

（一）加强皖江城市带高校生态文明建设是环境自身发展和总布局的需要

环境是人类生存和发展的根本，但现实情况是，人类为了自身的利益，对环境资源只使用不保护，对环境的损害越来越严重，当前的生态环境问题愈加凸显。我国有2000多所高等学校，皖江城市带包含近十个地市，高校众多，大多数高校拥有多个校区，校园面积在千亩左右，这样庞大的土地资源构成必定是生态文明建设的主战场之一。

党的十八大以来，生态文明建设被纳入“五位一体”总布局，提升到党和国家发展全局的战略层面。党的十九大报告强调生态文明建设在新时代党和国家事业发展中的重要地位，进一步明确了建设生态文明、建设美丽中国的总体要求，集中体现了习近平

新时代中国特色社会主义思想的生态文明观，坚持全民共治，源头防治，着力解决人民关心的环境问题。面对党和国家对生态文明建设的愈加重视，高校作为人才培养的重要阵地，必须把传播生态文明教育看作是时代赋予的重任。因此加强皖江城市带高校生态文明建设，是环境自身发展和贯彻落实国家新时期总布局的需要。

（二）加强皖江城市带高校生态文明建设是引导大学生生态文明行为的需要

高校承担着人才培养和社会服务的双重任务，高校培养的人才是未来社会建设的主力军，也是未来生态文明建设的主力军。目前在校的大学生年龄是20岁左右，这一时期对他们的世界观、人生观、价值观的形成至关重要，需要教育者引导他们从人类的长远利益出发，从生态道德观点出发，把生态文明作为一种价值观和日常行为的教育，自觉养成良好的爱护生态系统的意识和生态文明行为。但长期以来，高校重教育教学工作，对生态文明知识宣传较少，生态文明教育缺乏力度，部分大学生对生态文明建设认知程度较低，践行意识不强，不注重绿色环保和不理性消费现象比较严重。如何将生态文明教育嵌入大学教育的全过程，让当代大学生树立正确的生态文明价值观，把他们培养成为具有良好生态文明素养的应用型人才，这是时代赋予皖江城市带各高校的重任和使命。

（三）加强皖江城市带高校生态文明建设是高校创建和谐校园的迫切需要

创建社会主义和谐社会就是让人与自然、人与人、人与社会共生共存、和谐相处。党的十九大报告指出“坚持人与自然和谐共生”是“新时代中国特色社会主义建设的基本方略”之一。“生态文明的本质特征是自然—人—社会复合体的和谐协调。”[1]因此，生态文明建设的目标是促进人与人、人与自然的和谐共生。在建设现代工业文明的同时，还要建设美丽中国，打造美好安徽和生态强省，实现人与人的统一、人与自然的统一共生。为了促进皖江城市带高校生态文明的进步，必须要改变过去人类中心主义在高校的影响，使校园内部各种要素处于一种相互依存、相互协调、相互促进的状态。通过生态文明建设来化解和消除高校校园中不和谐的因素，创建一个人与人、人与自然共生的和谐校园。

（四）加强皖江城市带高校生态文明建设是促进大学生全面发展的内在要求

生态文明是衡量一个民族道德水准的重要标志，生态文明素养的高低主要体现在青年一代的道德水准和精神风貌上，大学生作为社会主义现代化事业的建设者和接班人，其生态文明素养直接影响着整个社会的生态文明建设水平。高等教育是促进大学生德智体美全面发展的主要途径，高校要把学生培养成为内在美和外在美相统一的合格人才，就需要协调培养各种基本素质。除了需要具备文化知识等素质，生态文明素养是大学生必须要具备的又一重要素质。因此，当代的高校教育应当注重对学生进行生态文明意识的教育，要面向全体学生，融入不同学科，促进大学生全面发展，满足新时代建设中国特色社会主义对人才的要求，使他们能够主动承担弘扬和建设生态文明的重要使命，将所学的知识合理运用到未来的工作和生活中，为建设“美丽中国”贡献力量。

二、皖江城市带高校生态文明建设的现状分析

为了了解当前皖江城市带高校生态文明建设的现状，笔者查阅了大量的生态文明建设的资料，并对皖江城市带具有代表性的一些高校的学生进行了调研，调研内容主要是基于高校生态文明建设基本构成要素进行设计的。

一是大学生的生态文明认知现状。生态文明知识的了解程度是高校生态文明建设成败的关键因素，也是大学生生态文明素养中最基本的构成要素。从大学生对生态文明知识了解的情况来看，一方面，大学生普遍对生态文明了解一些，但知晓的准确度较低，皖江城市带高校学生的生态文明认知度总体偏低；另一方面，对生态文明认知呈现功利倾向，大学生对与自身生活密切相关的生态问题关注度高，如 PM2.5 的概念及产生的原因等，但对生态法制知识了解较少，环保维权意识比较淡薄。

二是大学生的生态文明认同现状。大学生作为未来社会的中坚力量，不仅需要在日常生活中形成生态保护意识，还需要有一种胸怀天下的生态情怀。访谈表明，大部分学生都能意识到个体的生态文明素养对整个社会生态文明建设的重要性，认同度较高，呈现出较为积极的生态文明态度，对当前生态环境和现状比较关注，生态忧患意识较强，并对生态文明建设的迫切性产生共鸣，期待与社会、学校一起参与生态文明建设中去，体现出了当代大学生较高的生态文明意识和社会责任感。

三是大学生的生态文明践行现状。生态文明行为是生态文明素养的外化和体现，大学生的生态文明践行情况能够反映大学生生态文明上的知行合一水平。调查反映皖江城市带大学生生态文明践行情况不是特别理想，大部分学生只是偶尔有实践，在实践中能基本规范自己，也有意愿对破坏生态环境的行为进行监督，但对自身生活中出现的过度消费、外卖中的一次性餐具使用等非环保行为又表现出较强的利己性。

四是高校生态文明教育现状。高校生态文明建设的基础是对大学生进行生态文明教育。调研结果显示，大学生对皖江城市带高校生态文明教育开展情况评价一般，很多高校没有重视生态文明教育，几乎没有开设课程，大学生获取生态环保知识主要是通过互联网等自媒体平台，而不是课堂、讲座等形式的学校教育，教师的生态文明传授意识欠缺，校园内开展的与生态环保相关的活动比较少，学生参观企业的生态文明建设和参与生态环保类科研活动较少。高校普遍重视在建筑、绿化等方面生态文明的硬条件，对于软件方面的绿色大学文化建设比较薄弱。

三、当前制约皖江城市带高校生态文明建设的原因分析

（一）生态文明意识不够强化

笔者对皖江城市带某高校学生做了生态文明意识调查，使用了三个测度，分别是知晓度、认同度和践行度。从知晓度上看，大部分学生知道生态文明已经上升到国家战

略，但对我国的大多数环保法律法规表示不太了解。对一些环保的大事件，如世界环境日是哪一天，调查人数中一半以上不知晓，从知晓度上来说我国的环保法律普及任重道远。从认同度上看，大家对当前的生态环境状况表示担忧，青年学生对环境质量比较重视，对于生态文明建设的主体，认为是政府的居多，很少有同学认为公民也是责任主体，存在认同上的不足。但总体来看，大家比较认同保护环境的重要性，合乎我们倡导的生态意识。从践行度上看，大家对废旧物品的回收和循环利用等方面都是持支持态度的，但也认可校园里长流水、过度消费等现象是普遍存在的。大学生已成为外卖消费的主要群体，在具体实践中并没有落实生态文明理念，言行脱节。

从整个调查的情况来看，皖江城市带高校大学生的生态文明意识比较淡薄，缺乏“从我做起”的自觉，这主要是社会和学校对大学生生态文明教育重视不够造成的。虽然部分学生自己通过新媒介等其他途径接受到一定的生态文明教育，但由于生态文明教育氛围的不匹配以及内在动力的缺乏，大学生的生态文明意识与生态文明行为不符。生态文明意识的淡薄使高校师生存在着对人与自然观念上的短视行为及对自然价值的忽视等现象，存在着对生态文明建设的践行意识不强，甚至出现过度消费和不注重绿色消费等现象，深刻影响着高校的生态文明建设进程。

（二）生态文明制度体系不够健全

生态文明建设是一项系统工程，需要社会、政府、学校和学生的共同配合。从国外的成功经验来看，生态文明建设的实施大多在社会、政府、学校的协作基础上进行，其中相关制度的完善是基础。众所周知，大学在营造生态文明氛围和推进国家生态文明建设等方面，具有重要的示范和辐射功能，义不容辞要当好排头兵先行者。然而，一方面，总体上政府和教育主管部门缺乏顶层设计和科学规划，使得高校生态文明建设缺乏相应的领导管理体制和协作推进机制。在皖江城市带各城市，很多高校没有把生态文明教育作为高校学生的必修课程，对课程没有严格的规范和约束。另一方面，制度体系的不健全使得高校生态文明建设长期处于附属地位，一定程度上影响了高校生态文明建设的实施与开展。没有制度的制约性和规范性做保障，高校生态文明建设的开展就无从谈起，责任就得不到明确，政策也得不到落实。完备的制度体系对于任何一种意识的培育均具有其他手段无法代替的效果。但就目前而言，还没有针对高校层次的生态文明建设法规政策，也没有把生态文明教育纳入大学生思想政治教育的相关制度规范中，生态文明教育制度化建设相对滞后。因此，迫切需要出台相应的政策法规，使高校生态文明教育走上制度化、法治化轨道。

（三）生态科技创新环境不够完善

科技创新研发的目标就是形成科技成果，并将科技研发成果直接应用于生产，转化为现实生产力。[2]但由于环境、政策、体制以及推广条件等多种因素的影响，当前皖江城市带高校生态技术科研成果转化的速度与效益均不理想，生态科技创新环境的不完善制约着皖江城市带高校生态文明建设，也致使生态技术科研成果对当地社会经济发展的贡献率偏低。要推进高校生态文明建设，就要努力创造良好的生态科技创新环境。相关部门很少考虑如何将科技成果向现实应用转化，如何应用于实际生产，如何在市场中产生经济效益、生态效益和社会效益。因此，必须加大科技投入，高度重视生态科学技术环境建设，以科技创新为核心动力来推动和支撑高校生态文明建设。[3]

四、皖江城市带高校推进生态文明建设的对策建议

（一）增强生态意识，加大建设投入

生态意识教育主要包括对大学生进行忧患意识教育和主体意识教育两个方面。增强大学生的生态意识，首先要让大学生充分了解生态环境问题的严重性，树立生态忧患意识。通过生态文明教育，促进大学生意识到，如果继续加剧生态环境的恶化，人类的生存和发展必然会受到威胁。生态意识教育的另一方面是主体意识教育，要加大对大学生的生态文明教育，促进大学生知道生态文明建设没有局外人，要争做生态文明建设的主人。高校也要加大对生态意识教育方面的建设投入，首先要转变传统的育人理念，向生态型育人理念转变，使生态文明教育纳入教育教学过程中来。生态文明观不会自动在大学生的头脑中生成，必须通过“灌输”，把生态文明观“入脑”，内化成为指导大学生学习与生活的指导思想，要让生态文明观“入心”，外化成为指引大学生学习与实践的行为指南。其次要引进生态教育领域的专门人才，专业人才是生态文明教育的重要组成部分，改善目前高校生态教育领域人才严重缺乏的困境。再次要积极利用信息化技术，搭建“互联网 + 高校”生态文明的网上教育平台。创新宣传和教育的渠道和空间，营造网络生态文明教育氛围。最后要积极发挥第二课堂和学生社团的作用，借助学生团体的示范作用，经常开展丰富多彩的生态文明主题实践活动，解决目前高校生态教育重理论轻实践的现状，唤起大学生的生态意识，引导他们树立正确的生态观。

（二）健全制度体系，完善运行机制

党的十八届三中和四中全会提出要保护生态环境，必须建立系统规范的生态文明制度体系。制度是指要求共同遵守的办事规程或行动准则，也指在一定历史条件下形成的法令、礼俗或一定的规格。[4]生态环境建设有了制度作保障，高校的生态文明建设也必须遵守规章制度，依靠制度对师生进行强制规范约束，从而形成生态文明建设的长效机制。目前，国家出台的关于环境资源类法律已 30 多部，建立非常完备的关于生态建设的法律体系，对高校的生态文明建设有重要的指导作用。学校外部制度越来越完善，而学校内部的生态文明建设制度还不完善，很多规定散落在其他的制度里面，谈不上形成完整的体系。[5]因此高校必须要增强生态文明建设的制度意识，注重对相关法律法规的宣传学习，引导师生的生态文明行为，用制度规范生态行为活动，以免出现知行不一的情况。要建立制度体系，结合学校的实际情况加强规章制度的建设，从马克思主义生态观和国家法律法规的角度对学校的生态文明建设制度进行顶层设计，针对师生、教学、行政管理、校园环境等方面建立相应的制度，相互衔接，形成制度体系，把尊重自然、

顺应自然和保护自然的观念作为落实立德树人的一个根本任务来抓，培育具有生态文明素质的合格建设者和接班人。要完善制度的运行机制，成立生态文明建设组织领导机构，安排专人负责，进一步做好各部门的分工协作，更好地推进高校生态文明建设。制度的运行需要法律法规的保障，根据我国实情并借鉴一些发达国家的经验，必须制定系统的环境教育法，各个省份也要制定适合自己省情的环境教育条例，这是加强皖江城市带高校生态文明建设的迫切要求。

（三）合理利用资源，建设生态校园

建设生态校园，要做好高校校园美化，用优美的环境和独特的建筑风格陶冶师生情操，让校园和谐之景陶冶人，人与自然和谐共处，关注自然，维护自然的生态平衡。[6] 在校园建设上要创新模式，加强基础建设和资源的循环利用，皖江城市带高校几乎都有新校区在建设之中，那么在新校区设计和建设中应该融入节能、低碳、环保的生态设计理念。一是环境上要建成集自然美、人为美为一体的美丽校园。进行系统性的规划建设，为师生提供美观、舒适的学习生活环境，要充分利用学校周边资源，如安徽大学新校区与合肥东湖公园的有机融合，铜陵学院老校区和铜陵市植物园的融合等，借助大学本身的开放性和包容性，契合大众对环境和身心健康的需求，把高校校园建设成生态和谐的绿色校园。二是充分利用太阳能等多种节能环保装置在校园中的使用率。在教室、食堂、宿舍淘汰原有的一些高能耗不实用的设备，降低用电量和用水量，大范围提高对太阳能等节能设施的利用。增加节能环保装置的使用不仅能够节约教育投入，更对学生生态文明意识观的养成起到潜移默化的影响。三是注重对生活垃圾分类，循环再利用。高校学生众多，每天产生的生活垃圾数量巨大，要加强对学生垃圾收集和分类技能培训，高校应当建立完善的生活垃圾处理机制，与当地环保部门合作，对于高污染的垃圾要集中处理，对于可循环再利用的物品集中回收，发展循环经济。

以铜陵学院为例，要建设美丽校园，对育秀和翠湖两个校区进行生态校园改造，可以邀请建筑设计、艺术设计等专业的师生对校园美化提供合适的方案，参与校园的环境美化工作；同时大力发展太阳能等节能设施，充分利用可再生能源为师生生活提供便利。另外要做好校园生活垃圾的分类处理，做好废旧物品的循环利用。

（四）使用多种手段，开展生态教育

高校是科学知识和先进思想集聚地，又有科研力量作为生态文明教育的支撑，因此，高等教育是开展生态文明教育的关键，应当借助其强大的教育资源优势，将生态文明教育嵌入其中，孕育未来的生态文明建设者。

生态文明教育是一项系统的教育工程，要进行生态道德教育，从新生入学教育开始就要把生态道德教育融入进来，渗入大学课堂内外，融合“形势政策教育课”等课程体系中，将学校的宣传栏、板报、广播站等作为生态道德教育的宣传阵地，让学生在潜移默化中接受生态道德教育，力争使广大学生从进校开始就树立生态道德意识，并带到将来的工作岗位当中。要整合相关内容，形成专题教育模式。要创新教育模式，把生态教育融入各

门课程中以专题的形式展现出来，这种模式深受学生的喜爱，也十分符合当前皖江城市带高校生态文明教育现状的需求。要推进知行合一的生态文明教育新模式，通过将课堂教育与保护生态环境的日常实践教育结合起来，精心组织与生态文明建设相关的丰富多彩的实践活动，鼓励学生创建环保社团，经常开展生态文明实践活动，把生态文明的知行情况纳入高校生态文明教育方案，使生态教育与实践结合、与社会结合，共同强化教育效果。

（五）推进科研转化，创新绿色科技

高校聚集了大量的高层次专业人才，是创新绿色科技的主战场。[7]针对皖江城市带高校的生态文明建设特点，高校不仅要培养掌握环保技术和节能减排技术的人才，还要加强与企业的合作，推进科研转化。利用高校科研人员的技术优势与企业的实践经验相结合，实现高校与企业之间的"引进来"和"走出去"，创新绿色科技，不仅能提高当地的经济效益，还能加强皖江城市带的生态文明建设。另外，可以发挥高校相关专业优势，如成立环保类社团，社团成员定期回收废旧电池，积极组织成员利用周末等假期深入社区、工厂、机关帮市民维修电子产品等活动，宣传、实践生态文明。

以皖江城市带高校中位于马鞍山市的安徽工业大学为例，马鞍山市是"皖江城市带承接产业转移示范区"，市区有马鞍山钢铁股份有限公司等大型企业，这类企业是高能耗、高污染的企业。因此，安徽工业大学应加强创新绿色科技，做好校企合作，利用安徽工业大学科研人员及学校实验室的优势，与企业一起做好环保节能工作，让企业不仅收获经济效益，也对城市的生态文明建设有很好的促进作用，实现马鞍山市区域经济的可持续发展。

习近平总书记多次强调，生态文明建设是关系中华民族永续发展的根本大计。生态文明建设关系人民福祉，关系民族未来，是实现人与自然和谐发展的必然要求。高校是生态文明建设的主阵地，对传播生态文明和发展生态教育起着十分重要的作用。因此，在新时期，皖江城市带各高校要增强责任感和使命感，结合皖江城市带各高校的特点，全力推进生态文明建设，为建设"美丽中国、美好安徽"作出应有贡献。

参考文献

［1］廖福霖．生态生产力导论［M］．北京：中国林业出版社，2007.

［2］李海燕．科学发展观背景下高校生态文明建设研究［D］．福州：福建农林大学，2012.

［3］高旭国．大学生态文化教育要论［J］．黑龙江高教研究，2012（3）.

［4］蔡永海，谢滟檬．我国生态文明制度体系建立的紧迫性、问题及对策分析［J］．思想理论教育导刊，2014（2）.

［5］许进．马克思主义生态观视域下地方高校生态文明建设［J］．盐城师范学院学报（人文社会科学版），2016（3）.

［6］侯小波，何延昆．新时代高校生态文化建设体系研究［J］．天津大学学报（社会科学版），2018（4）.

［7］陈梦凯．高校生态文明建设探析——以安徽工业大学为例［J］．湖北函授大学学报，2016（10）.

皖江城市带生态经济与发展规划问题研究

张　佑

一、概念界定与问题的提出

（一）生态经济的内涵界定

生态经济简称ECO，取自“经济的（economic）”和“生态的（ecological）”两个英文单词的词头，生态经济是指在生态系统承载能力范围内，运用生态经济学原理和系统工程方法改变生产和消费方式，挖掘一切可以利用的资源潜力，发展经济发达、生态高效的产业，建设体制合理、社会和谐的文化以及生态健康、景观适宜的环境。[1]生态经济是实现经济腾飞与环境保护、物质文明与精神文明、自然生态与人类生态的高度统一和可持续发展的经济。[2]

第一，生态经济的资源利用在时间上具有持续性。在人类社会再生产的漫长过程中，后代人对自然资源应该拥有同等或更美好的享用权和生存权，当代人不应该牺牲后代人的利益换取自己的舒适，应该主动采取“财富转移”的政策，为后代人留下宽松的生存空间，让他们同我们一样拥有均等的发展机会。

第二，生态经济的资源利用在空间上具有持续性。区域的资源开发利用和区域发展不应损害其他区域满足其需求的能力，并要求区域间农业资源环境共享和共建。[3]

第三，生态经济的资源利用在效率上具有高效性。即“低耗、高效”的资源利用方式，它以技术进步为支撑，通过优化资源配置，最大限度地降低单位产出的资源消耗量和环境代价，不断提高资源的产出效率和社会经济的支撑能力，确保经济持续增长的资源基础和环境条件。

综上所述，生态经济，“社会—经济—自然”复合生态系统，既包括物质代谢关系，能量转换关系及信息反馈关系，又包括结构、功能和过程的关系，具有生产、生活、供给、接纳、控制和缓冲功能。

（二）问题的提出

但结合当下我国社会经济发展的内外部实际情况，我国的经济增长很多以牺牲环境为代价，二十多年的高消耗、高排放、低效率的粗放型经济增长道路，不合理的产业结构和资源配置方式阻碍了我国经济向更高层次发展的步伐，资源和环境问题已成为制约我国经济持续发展的重要因素，社会生态环境的现状不能满足人民对美好生活的愿望，产品出口的要求也越来越苛刻。之前经济的发展以能源的耗竭和环境的破坏为代价，而生态环境的破坏又负反馈制约经济的发展。恶性的循环最终导致了经济的衰退，生态的恶化。必须全面调整经济，使之与生态系统密切匹配我国经济社会发展正面临着日益严峻的资源环境约束，建设生态经济已是迫在眉睫的现实选择，也是关乎我国人民的福祉和未来发展的战略道路。

二、皖江城市带生态经济现状及主要问题

皖江城市带在生态经济的发展上，主要存在产业结构不合理、资源不能有效利用、生态环境污染正在不断加强、人们缺乏有效的生态经济法律法规、人民生态环保意识缺乏等问题。

（一）发展生态经济产业结构不合理

皖江城市带发展生态经济的产业结构严重不平衡（见图 1），需要积极地调整原有的产业结构。如工业上的“自然资源—产品—废弃物”导致经济生产的过程中产生了污染环境的废气和工业垃圾。这使生态环境不能得到有效的回馈，而是环境得到污染。有的地区本来不是生态旅游地区，为了使当地的经济和环境增长，投入大量的资金建立人工的生态旅游产业。但生态环境没有搞好，经济也没有增长。城市的生态经济建设是影响一个城市的环境质量和经济发展的重要因素，工业污染是城市最主要的污染源之一，是当今城市环境危机的根源所在。区域内的一些工业城市由于工业废气的排放，导致城市空气严重污染，造成雾霾天气，严重破坏了居民的生活。

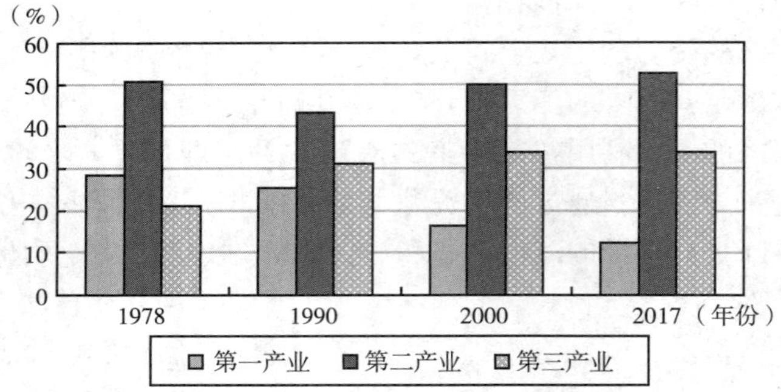

图 1　皖江城市带产业结构

资料来源：历年《安徽统计年鉴》。

（二）区域内多城市大量存在可用资源的浪费

安徽省是个农业大省份，皖江城市带区域更是省内农业集中区。区域内大部分农村地区灌溉用的还是古老的漫灌方式，造成很大一部分的水资源浪费。农业用水是我国用

水的大头，约占总用水量的72%。但真正被有效利用的水只占农业灌溉用水总量的1/3左右，多半损失在送水过程和漫灌之中。工业上，区域内万元产值的耗水量是225立方米，而发达国家却仅有100多立方米。在区域内的资源和能源消耗中，制造业占的比重最大，但是使用效率却较低。2009年制造业的能源消费量占工业消费总量的82.2%，而且能源消费仍以煤炭为主。2016年工业废气排放量占各行业废气排放总量的42.3%，废水排放量占83.6%，固体废弃物排放量约占37%。[①]

掠夺式的开发和低层次的利用使大量的有效资源浪费和资源枯竭。2017年2月8日夜，铜陵恒兴化工厂发生燃爆事故，把这座相对沉默的三四线城市推进了全国视线之下。少为外地人所知的却是，恒兴化工厂是在铜陵铜矿日渐枯竭的情况下，依托当地的硫、磷资源，为摆脱单一产业结构，发展化工产业的缩影。资源的诅咒似乎降临到因矿产而兴起的城市。在长江头的云南铜都东川市，早在1998年，已经因资源枯竭、财政入不敷出而不复存在，成为昆明市下辖的5个区之一。2008年、2009年、2012年，中国一共确定了69个资源枯竭型城市。铜陵在铜矿资源接近枯竭后，到2009年，重工业仍占工业结构的94.9%，发展无以为继。铜陵在为全国竭尽铜矿之后，留下一座破坏严重的城市，和因为资源枯竭生活陷入困境的市民。目前在铜陵市的产业结构中，2016年第一产业生产总值为48.9亿元，增长3.1%，第二产业生产总值为569.6亿元，增长9.3%，第三产业生产总值为338.7亿元，增长9.5%。但第三产业所占比重仍然落后于安徽省的平均水平。[②] 资源枯竭后带来生态环境的修复和城市产业发展的升级，这种情况不同程度存在于区域内各城市之中。

（三）区域生态环境污染不断加重

农业生态环境不断恶化的趋势已十分明显，并引起了广泛的关注。

1. 化学污染迅速扩展

农业资源（尤其是土地资源和水资源）面积不断缩减，质量不断退化，农业生态平衡的状态逐渐失调。农业生态系统的恶化主要体现在水土流失和风蚀继续扩展，气候灾害和病虫鼠害加重，化学污染由大城市郊区向小城镇蔓延，许多名优稀特农作物品种和野生动植物品种逐渐减少甚至消失。

2. 化肥和农药的大量使用

一方面国家需花费巨额外汇大量进口化肥和农药；另一方面由于大量或超标使用化肥，化肥成本已成为众多地区种植业成本中比重最大的项目，一般要占到总成本的40%～50%，加上其他生产资料的投入，种植业生产成本迅速增加，致使经济效益相对持续地下降，必将大大挫伤农民生产积极性。

我国迅猛发展的机械、半机械设施养殖业产生的大量畜禽粪便，绝大多数未加妥善处理，从而使大量的氮、磷、钾养分进入地表水与地下水。化肥施用量呈明显上升趋

① 《2016年安徽省环境状况公报》。

② 《铜陵市2016年国民经济和社会发展统计公报》。

势，造成农田土壤板结，产品品质下降。大量施用化肥虽然使农产品单位亩产产量显著增加，但造成许多农田的土壤板结，施肥的效果下降，最终又带来产品的品质下降，这直接表现在产品的品位低、口感差上。因此，许多人抱怨连蔬菜瓜果也没有从前的味道足了。与工业污染不同，化肥污染源于粗放的农业生产方式，首先危害的是农业，不仅导致土地肥力退化，还逐渐改变了数千年来绿色食品结构。

大规模使用农药，在杀死害虫的同时，也杀伤了害虫的天敌，使自然界天敌群落遭受破坏，害虫与天敌间失去平衡，造成害虫猖獗，破坏了自然界的生态平衡。同时长期使用农药易使害虫产生抗药性，害虫产生抗药性后，使得防治效果降低，需要不断增加用药次数、浓度和用量等，或者应用新的活性更强的杀虫剂，这样必然加剧了对生态环境的污染和对生态系统的破坏，进而形成滥用农药的恶性循环。

（四）缺乏高新技术支持

高新技术和生态经济存在良性互动的关系，高新技术成果转化越缓慢的国家，生态经济越滞后，导致的结果是经济发展定位于对自然资源掠夺性开发的基础上，资源配置将越来越不合理。相反，在那些高新技术成果转化较快的国家，不仅整个国民经济发展越来越快，生态经济的迅速发展也为国民经济的稳定增长奠定了可靠的基础。高新技术成果转化周期长，效率低，在一定程度上制约着生态经济的发展，高新技术成果转化缓慢而形成的大量积压，实际上是对高新技术资源的巨大浪费，确切地说是对科研人员积极性和创造性的严重制约，在生态经济发展上由于长期得不到高新技术的转化与渗透，生态经济只能沿着技术低度化的方向发展，在低度化的生态经济发展轨迹中，生态系统与经济系统由于缺乏高新技术的支撑，两大系统变得越来越不协调，导致两大系统之间严重失衡。生态工业园区与高新技术产业是生态工业的建设和发展的一种重要依托。现阶段我国工业的主要发展是依靠廉价的土地和优惠的国家政策，凭借着当地丰富的生态资源使经济快速的增长，经济发展没有技术可言，就是单纯地通过消耗资源提高经济增速。

（五）大部分地区工业没有构建生态结构体系

我们要构建农村生态经济系统，关键是要处理好经济建设、人口增长、资源利用和环境保护的关系，在节约资源、保护环境的前提下，实现农业更快更好地发展，在保障农产品供给安全的前提下，改善和保护农村生态环境。这不仅是生态经济发展观念的一个重要方面，也是农村社会全面协调可持续发展的客观要求。[4] 然而，农业自然资源相对短缺已成为区域农业发展的主要制约因素，只有对农业资源加以有效地保护和充分地利用，才能逐步缓解资源的供需矛盾，从根本上解决农业生产普遍存在的资源利用效率低下和浪费严重、成本居高不下等一系列问题，实现节本增效和促进农民持续增收，推进农村经济。

区域的工业发展给生态环境留下了大量的“三废”及其有毒物质，很大程度破坏了工业所在区域的生态结构和生态平衡。一般的解决方法是“末端治理”，即对工业已经产生的“三废”及其有毒物质进行处理。这种所谓的减少污染实际上是转移污染、分散污染。这种“末端治理”虽然在某种程度上能减轻部分环境污染，但并不能从根本上改变全球环境恶化的趋势。为此，要从根本上改善生态环境，就必须从源头开始预防污染，即建立生态工业结构体系。

（六）缺乏生态经济实施的法治保障

虽然我国已经颁布了与环境保护相关的法律法规，也制定了相应的标准，在一定程度上抑制了企业污染环境的行为。但是，由于违法成本低，以利润最大为目标的逐利动机使企业往往置法律于不顾，偷偷地以牺牲环境利益去换取利润的最大化。如排污收费过低，企业考虑其缴纳排污费的成本小于治理环境的成本，就会选择缴纳排污费而不是治理环境污染。[5]又由于激励机制不健全，政府单方面地要求企业自觉承担社会责任，只有少数资本雄厚的大型制造企业才能做到，大多数企业缺乏承担责任的积极性，它们甚至不惜以破坏环境为代价获得收益。

皖江区域内能够适用的环境保护相关法律法规多是国家层面颁布的，如《固体废物污染环境防治法》《节约能源法》《清洁生产促进法》《循环经济法》等，但是这远远不能满足皖江区域内经济和社会发展的具体需要，与预期目标相差甚远，还应该结合区域实际细化相关法律规则，环境问题不仅具有地方性，还具有区域性的特征，皖江各城市间环境保护共同行为规范缺乏，联动执法机制缺失，可以说，区域内还缺乏生态经济实施的法治保障。

（七）域内公民生态经济意识缺乏

皖江区域处于经济供给侧结构性转型的发展阶段，供给侧结构的发展道路依然任重道远。企业为了追求经济的效益，而忘记了环境的保护，不惜牺牲生态环境换来经济的增长。人们的消费观念已经不是我们传统的节俭节约，而是一味地追求奢侈浪费。在当今，一些人把所消费掉的东西多少，消费水平的高低，看成是事业成败和自我价值实现的主要标志，人变成了消费机器，国民的生态环境保护意识已经消失殆尽。而事实证明这样的做法是极其不正确的。我们应该树立“全面的需求”与“适可而止的消费”的观念，在维持和延续环境资源的前提下有节制地消费。在生活方式方面要走生态道路，树立生态消费的新思路，包括在能源消耗、交通方式的选择、日常生活消费方式的选择等方面都要避免浪费。

三、皖江城市带生态经济发展规划建议

皖江城市带生态经济发展，离不开行政主体的制度设计和落实，也离不开市场经济主体特别是企业的积极参与，相关的发展规划也应当从两个角度着手。

（一）行政管理者方面

1. 政府加大推广生态经济意识

第一，在公众层次上提高公众的生态意识，加强生态文明教育，普及生态理念。使

人们认识到自己在自然中所处的位置和应负的环境责任，改变传统的消费方式，增强自我调节能力，维持城市生态系统的高质量运行。政府可以用各种形式的宣传和教育加强生态文明思想宣传、生态理念的普及，利用广播、报纸、互联网和电视等多种传媒宣传文明、节约、健康的生活方式，树立节能节水、循环利用、绿色环保的生存意识，养成崇尚自然、保护环境、反对浪费的行为规范。让市民亲身感受到环境和生态保护带来的好处，增强公众节约资源、保护环境的自觉性和参与生态文明建设的积极性。

第二，加强中小学生的环保意识。将保护生态的理念写入教材，加强社会教育，以高校的有志青年为基础成立专门的团体，利用传单、生态经济知识小册、书籍以及音视频等，加深中小学生的生态意识。只有把生态环境保护意识从小就植入人们的心里，我国的生态经济才能更好地实施。

第三，皖江区域内政府还应该鼓励社会环保团体的发展，鼓励人人参与、人人监督，促成产业集群生态化良性发展和为生态经济的崛起作贡献的良好局面。让这些团体在发展经济的大环境下宣传生态环境保护意识，使之发挥重要作用。

我国目前已经初步形成了生态文明意识的教育体系，公民的环境意识也正在逐步提高，但与世界发达国家相比还存在很大的差距。因此，需要加强生态科学知识的教育和普及，提高公民的生态意识水平，注重政府、企业和公众的沟通，建立健全政务信息公开制度与听证制度。同时，要改变教育方式，制定科学合理的生态文明教育评价体系，由“要我做”向“我要做”转变，真正实现全社会生态认识的提高。树立生态经济观念，就是要按照生态规律办事，科学与全面地掌握自然规律，自觉地运用经济规律，结合当地实际情况，因地制宜地发展整个农业生产，全面持久地提高农业生产效益。克服过去那种只顾眼前不顾长远，只顾经济效益，不顾生态效益和社会效益的弊端。科学合理地规划和利用好当地的资源优势，并使其发挥出优势作用，做到合理利用，永续利用。

2. 推出促进生态经济发展的改革政策

一个符合生态经济要求的社会系统必然是可持续发展的。[6]如果缺乏市场机制的正确导向，就会造成产业的不协调发展，引发社会不稳定的因素。在区域经济建设中推行生态经济发展体系，必须克服传统的粗放式经营生产模式对环境和资源的损害，促进市场经济的健康持续发展，实现生态环境与经济发展的双赢。因此，我们只能从转变发展体系出发，走一条人与自然和谐共处的生态化发展之路。要建立和完善生态经济的市场体系，通过人力资本和金融资本的共同投入，不断提高资源利用效率和产品质量，优化资源配置，满足日益增多的市场需求，深入推进区域经济的供给侧结构性改革政策，实现生态资源的可持续发展。

完善的生态经济制度安排主要包括以下两个方面：一是要改革不利于生态经济发展的制度安排和相关政策，推进供给侧结构性改革；二是要根据生态经济的具体要求，设计有利于生态经济发展的制度和政策。这既包括专项经济法规、许可证转让制度，也包括道德准则、行业规范、价值观等。

3. 制定生态经济发展的战略体系

生态经济发展是一项庞大的系统工程、非常复杂。只有依靠完善的法律体系、政策机制和强有力的执法监管，建立一套相对完善的生态发展的综合决策机制和协调管理机制，才可能使生态经济发展战略得到真正的贯彻和落实。[7] 在这个经济飞速发展的时代，要想做好生态和经济的共同发展非常艰难。由于皖江区域特征和目前工业化发展阶段特征等影响，应对生态环境比经济发达地区将面临更为艰巨任务和严峻的挑战。苏南、京津冀等区域经济发展水平较高，而皖江区域各城市仍处于加工制造工业等经济发展转型升级起步阶段。我们不能盲目地发展生态经济，要针对不同的地区，不同的环境做好系统的战略性的发展。

4. 健全生态经济发展的制度体系

当今世界正处于社会转型的巨大变革时期，世界经济形式由资源经济向知识经济转变，人类文明形式由工业文明向生态文明转变，在社会发展道路由非持续发展向可持续发展转变的宏观背景下，21 世纪的社会秩序重构将从制度的层面上展开，要实现这一终极的目标，法律手段不可或缺。生态经济要保持一定的增长速度，需要一系列有利于经济健康持续发展的基本制度和政策，并长期稳定地有效实施，而法律的稳定性正好能满足政策稳定的基本要求。发展生态经济是一种全面的发展，它既涉及农业、工业、服务业，还涉及每一产业内部众多的部门；它既涉及经济领域，又涉及社会领域和生态领域；它既要求经济上的数量增长，更要求发展所期待的质量改善。总之，其有关主体之间的利害关系错综复杂，必须运用法律加以具体规范。生态经济的发展，需要对现行的一些政策予以变革，而要进行这些变革必定要依靠法律的权威性才能实施。

皖江城市带要想管理好生态环境的污染，就必须制定更加严格的规章制度限制企业产生的污染，就必须整合区域内外的法治资源管理区域生态。无规矩不成方圆，健全的法律法规才能保证各种手段有效实施。区域内应尽快整合和完善生态保护的相关法律法规，在发展生态经济时有法可依，有章可循。通过立法手段促进生态经济的发展，利用其强制性督促企业和民众的可持续生产和消费行为。

5. 我国政府应该承担主要的生态责任

在生态经济初期发展阶段，政府应该承担主要的生态责任。所谓生态责任是指在民主和服务价值理念指导下，以追求和实现自然生态平衡和稳定或人与自然的自然性和谐作为价值目标，在特定的责任制度安排中，与特定机构与职位相联系的义务与职责。在发展生态经济的启动阶段，民众和企业只能起到一定的辅助作用，真正起到关键作用的只有政府。因为生态经济发展初期阶段需要建设大量的基础设施，基础设施投入资金多，周转时间长，而且具有公共物品属性，因此政府起主导作用成为了必然。

（二）市场经济主体方面

1. 积极发展生态技术提高资源的有效利用

我国仍是发展中国家的现实状况，决定了皖江区域内科技水平和生态环境的总体水平不高，因此必须走节约资源、适度消费的现代化发展模式，大力发展生态科技。一方面，要针对科技不发达的现状，按照科学技术是第一生产力的理论，进行科学研发；另一方面，围绕人与自然协调发展的核心要求，摒弃技术成果应用的功利性，多开展基础性科研，使现代科技更好地为生态经济建设服务。

譬如，矿产资源开发技术的提高对企业生产和资源利用有很大的帮助。矿产资源合理开发的高新技术支持包括信息技术、评价技术和生产技术三个方面。信息技术的发展是保证人类能否生存下去的必备手段，只有信息功能的充分发挥，才能对有限的资源进行优化配置、实现资源增值。信息技术支持包括资源供求关系的预警支持和资源管理决策中的可持续发展评价制度。在评价技术中，对投入产出分析方法进行改造而扩展的建设项目资源环境成本收益分析法，通过机会成本比较、工艺创新等手段，能够实现资源的集约化经营和资源的综合利用，使资源利用的社会经济福利在现值上最大化，并符合可持续发展准则。生产技术的现代化和技术进步水平提高，有益于推进资源经营和利用的最优。在矿产资源开发中，采用现代化的技术设备和开发工艺，能够最大限度地提高开发过程中产品的加工档次。变粗放式经营方式为集约式经营方式，增强生产要素的利用率，最大限度地节约能源和原材料提高投入产出率，实现经济效益目标。

2. 建立生态经济非政府组织

皖江区域经济地位在全省不断提升，企业不能一直依赖政府，企业要自发形成一些非政府组织，形成信息交流渠道，充分吸收国际信息，借鉴成功经验，避免走弯路。这些组织同时也能起到相互监督的作用。

3. 加强生态科技的创新

科学技术是第一生产力，发达国家农业增产份额的60%～70%依靠科学技术，然而目前我国农业增产技术应用效率只有40%，为了振兴农村经济，必须提高干部的经营管理水平和劳动者思想文化素质，搞好农业科技开发与创新，增加农产品科技含量。政府要加大对科研项目投入，不断提高科技支出所占的财政比重，确保科技攻关资金和科技支撑体系建设基金落实到位。并对关键技术，如信息技术、生态无害化技术、物质循环利用技术等进行攻关，提高这些生态技术的适用性和经济合理性。企业要强化科研创新和交流，要不断开发资源利用的新方式，延长经济产业链条，提高生产效率、节能效率和生态保护效率；还要帮助创业者把发明和科技成果尽快形成商品进入市场，提高科研成果的推广普及率，培育新的经济增长点。创新是发展的动力所在，我们要不断引进先进的技术，然后在原有的技术上不断地改进创新，在生态科技方面取得更有效的成果。我们必须强化以发展生态经济为特色，逐步淘汰旧技术，用高新技术替代传统技术。

要强化国有大中型企业的技术创新意识，加快中小型企业的技术改造使其成为高新技术成果转化和发展高效生态经济的主体。国有大中型企业的技术创新可分为三个层面。第一个层面是通过自我研制高新技术，走独立开发之路，弥补国有企业高新技术欠缺的局面。第二个层面是与高校及社会科研院所合作，边开发，边转化，侧重于转化。第三个层面是靠引进、消化、吸收至创新。在这三个层面中，国有企业创新的侧重点在于前两个层面，第三个层面作为辅助，在技术创新中将其重心定位于应用技术研制和开发的基础上。要做到以上三个层面的充分利用和协调，作为国有大中型企业首先应强化自身的技术创新意识，对技术创新思想意识定位，瞄准市场这一新的突破口，促进创新意识与创新技术及市场前景的有机结合。对于中小型企业应加快技术改造，强化自我约束。在此过程中，对于达不到生产规模和技术水平车间工段，应采取果断措施，实行“关、停、并、转”，以保持与国有大中型企业在资源配置总体相协调。国有企业（包括中小型企业）能够在技术创新上摆脱目前的困境，打开新的突破口，就能成为高新技术成果转化和推广的主体。

4. 企业提高自身的生态经济观念

受利润最大化目标的驱使，首先，大多数企业往往只注重眼前利益和局部利益，生态经济观念淡薄，环保意识缺乏，长远的生态环境因素远未成为影响企业改变生产模式的内在变量。其次，企业对绿色营销的认识不足，对“生态”的理解只停留在产品初期阶段，而并没有将其植入到企业的经营理念中去。最后，企业在产品的开发及营销上，对产品自身的生态价值重视不足，投入量有限，限制了生态经济的程度。企业只为了满足消费者的需求，考虑产品将来对能源的消耗或对环境的影响，而忽视了在产品生产的各个阶段和环节都要做到资源的最少消耗和环境的最小污染。因此，企业有待于将生态经济上升为一种经营理念和经营哲学。

参考文献

[1] 杨君．河北省生态环境与经济协调发展存在的问题及对策［J］．经济论坛，2009（5）：70－72.

[2] 纪念改革开放40周年系列选题研究中心．重点领域改革节点研判：供给侧与需求侧［J］．改革，2016（1）：35－51.

[3] 李本辉．长株潭两型农业生态经济模式研究［D］．长沙：中南林业科技大学，2009.

[4] 吕敏，张源．由十八大推进生态文明报告而浅谈生态经济建设［J］．宏观经济，2013（2）：30－41.

[5] 吴知音，倪乃顺．我国财政科技支出研究［J］．财经问题研究，2012（5）：75－79.

[6] 江苏省科技情报研究所．2014年江苏省创新型城市评价报告［R/OL］．（2015－7－23）［2017－6－13］．http：//www. jssts. com/Item/531. aspx.

[7] 黄真理，王毅，张丛林，张爽，李海英．长江上游生态保护与经济发展综合改革方略研究［J］．湖泊科学，2017（3）：15－22.

皖江城市带生态经济司法保障研究

姚　明

生态经济简称ECO，源自单词“经济的（economic）”和“生态的（ecological）”。生态经济是指在生态系统承载能力范围内，挖掘一切可以利用的资源潜力，发展生态高效产业。生态经济是实现经济腾飞与环境保护、物质文明与精神文明高度契合的可持续发展的经济形式。皖江城市带区位优势明显，区域互补性强，但毋庸讳言，皖江城市带的可持续发展面临着水环境污染、土壤生态恶化等棘手难题。党的十八大以来，党中央就生态文明建设作出了一系列规划和部署，习近平总书记多次强调，“我们既要绿水青山，也要金山银山，宁要绿水青山，不要金山银山，而且绿水青山就是金山银山。”[1]基于以上认识，笔者认为，皖江城市带在未来的区域竞争中必须走生态经济发展之路，只有如此，才能确保经济发展的绿色、健康和可持续。司法权作为“社会公平正义的最后一道防线”，应当充分发挥其效能，为皖江城市带生态经济健康发展保驾护航。本文拟以铜陵、池州等皖江地区生态经济司法保障现有问题的分析为逻辑起点，探讨皖江城市带生态经济司法保障的方向和路径。

一、皖江城市带生态经济司法保障现有问题解析

2018年6月，笔者通过登录最高人民法院主办的中国裁判文书网、中国审判流程信息公开网、中国司法案例网等网站查询，并通过对部分皖江地区司法机关的实地考察，对皖江城市带生态经济司法保障现状有了一定程度的认识和了解。通过对相关案例的分析和调研发现，目前皖江城市带司法机关对于生态经济的司法保障问题已颇为重视，并业已取得了一些成绩和实效。例如，池州市人民检察院于2016年出台了《关于发挥职能作用推进“生态检察”的实施意见》，强化生态经济检察权保障；安庆市检察院于2017年成立了全省首个“生态检察环保局工作室”，力促检察机关与行政机关环境治理合作。这些做法均是加大皖江城市带生态经济司法保障强度的具体体现。但毋庸讳言，目前皖江城市带生态经济司法保障的广度、力度与皖江地区经济社会建设快速发展的要求，与皖江生态环境保护的客观需要，与皖江地区广大人民群众的强烈期盼之间，还存在一定的差距。

（一）对于生态环境类案件的司法裁判尺度与标准不统一

“诉讼中的‘同案不同判’，是指事实相同、法律关系相同的案件之间，裁判结果

或当事人受到的裁判程序待遇不同。”[2]而对于司法公信力的生成来说，同案不同判具有极大的危害性，它能引发人们对司法权运行的廉洁性、公允性等方面的质疑，从而动摇司法根基。目前，通过对皖江地区司法机关裁判环境污染案件的考察和调研发现，尺度不统一，标准跨度大等现象还在一定程度存在，同案不同判问题仍未消弭。

（二）对生态环境案件司法惩戒制裁的威慑力与震慑力仍显不够

自 2010 年 1 月国务院正式批复《皖江城市带承接产业转移示范区规划》以来，皖江地区司法机关受理的环境污染类诉讼案件显示，水污染责任纠纷、大气污染责任纠纷和固体废物污染责任纠纷等民事案件在所有案件中占比高达 90% 以上，而进入刑事司法惩戒程序，以污染环境罪为由，由检察机关提起公诉进入审判环节的案件却不足环境污染类诉讼的 10% 。虽然我们不提倡重刑主义，但大量的环境污染问题以民事方式“收场”，刑事惩戒力度显然不够，尚不足以起到预防和震慑作用。同时，通过调研和对相关数据的分析发现，目前一些企业、个体经营者等市场主体采取游击式的“候鸟经营策略”，即“打一枪换一个地方”，进行流动污染，在皖江地区某一城市受到环保部门行政处罚后，即刻变换到其他地区继续开展违法经营，始终处于一种连续性的一般违法状态。虽从单次违法来看，不构成刑事犯罪，但将其违法的持续状态进行整体考察，其污染环境的客观社会危害不仅完全达到犯罪标准，甚至可以说，其主观逃避刑事惩戒，以罚逃刑的违法做法社会危害性更大。然而，笔者通过对皖江地区相关城市司法机关的走访发现，对这种连续性的一般环境污染违法行为，目前“刑罚之齿”很难对其惩戒。

（三）司法办案中面临诸多现实困境和难题

由于环境污染类案件的特殊性以及缺乏高质高效的司法协作，皖江地区司法机关在办理该类案件中存在不少难啃的“硬骨头”。首先是取证难，从目前皖江地区处理的污染环境犯罪案件来看，绝大多数案件都是经过环保行政执法机关前期行政执法获取证据，再移交司法机关处理，但由于相关行政法律法规与《刑事诉讼法》在证据方面规定的不同，以及行政机关和司法机关对于取证的要求、理念等方面的差异，很多移送的证据难以认定，同时环境污染类案件证据往往难以固定和留存，这也为司法机关办案增加了难度。其次是事实认定难，实践中往往会出现某一危害结果是多个企业共同向一定区域内的环境中排放污染物造成的，但是环境污染行为对环境的影响具有潜伏性、滞后性及隐蔽性，在污染行为发生时不易察觉，等环境质量下降时往往贻误了检测的最佳时机，或者可能遇有污染结果因时间的变化而变化，以及其他污染源的出现导致检测的复杂性。

二、皖江城市带生态经济司法保障存在问题的原因分析

司法权是国家权力架构的重要组成部分，被称为“社会公平正义的最后一道防

线”，司法保障对于皖江城市带生态经济建设发展而言，其特质主要有：一是专职性，司法权由检察院、法院等国家专门机关及受过职业训练的法律职业人员行使，对于皖江城市带生态经济建设发展而言，司法保障具有中立、专属、不可替代等专职性特质；二是权威性，司法裁判具有拘束力、确定力和执行力，对于皖江城市带生态经济建设发展而言，司法权依靠法律制裁、惩处等国家强制力而使其保障效果具有权威性；三是终局性，司法权以裁判形式对事物进行判断和考量，对于皖江城市带生态经济建设发展的保障具有法律上的终局意义。综上所述，皖江城市带生态经济的健康可持续发展离不开可靠有力的司法保障。但通过前文分析可知，目前对于皖江城市带生态经济的保障而言，司法权的效能与价值尚未完全发挥，其原因主要有以下几点：

（一）未能形成司法机关的高效协作工作格局

司法协作是指，在制度机制的统一以及司法理念高度契合的基础上，司法机关通过软硬件要素的协同与配合，共同协作开展司法活动，以期实现司法权的高效运行。管理学有一个经典概念：帕累托最优，其强调如何在软硬件等要素资源不变的情况下，通过内外部优化，实现效率的提升。基于该理念的司法权运行考量，笔者认为，应将皖江地区司法机关的要素资源进行优化整合，即构建皖江城市带生态经济司法保障协作体系，只有如此，才能使资源、要素配置最优，实现皖江城市带生态经济司法保障质量的提升。其实，早在2013年安徽省第十二届人民代表大会第一次会议上，省高级人民法院原院长周溯所做的法院工作报告就明确提出：“创新服务方式，为皖江示范区建设、合芜蚌试验区建设营造良好法治环境……深化区域司法联动。”[3] 目前，皖江地区司法机关对于生态环保类案件的协作已有所开展，并在实践中取得了较好的效果。例如，在侦办涉及铜陵、马鞍山等市的，浙江省、江苏省向安徽省境内非法转移危险废物和固体废物的“10·12”重大污染环境案件中，皖江多个城市的检察机关相互协同联动，密切配合，最终使该起震惊全省，乃至全国的重大污染案件得以高效办结。但毋庸讳言，目前皖江地区司法机关在办理环境污染的相关民事、刑事案件中仍未实现“无缝对接”，高质高效的司法协作工作格局尚未全面建立。

（二）未能准确理解和把握宽严相济刑事政策

为纠正和克服长期以来我国传统严打政策的弊端，强化对人权的保护，在法学界的强烈呼吁和广泛征求社会意见之后，党的十六届六中全会通过了《中共中央关于构建社会主义和谐社会若干重大问题的决定》。该决定通过总结我国司法实践正反两方面经验教训，正式提出了实行“宽严相济”的刑事政策。虽然，“该政策的确立初衷旨在纠正传统刑事重刑主义，在宽严相济中，显然宽是第一位的，是首要要求。”[4] 但“宽严相济”并不代表可以绝对和无限度的从宽，甚至纵容犯罪，同时刑事司法所讲的“慎刑主义”亦不能与“轻刑化思想”直接划等号。正如2010年最高人民法院出台的《关于贯彻宽严相济刑事政策的若干意见》第1条第2款所言：“贯彻宽严相济政策要做到该宽则宽，当严则严，既要注意克服重刑主义思想影响，防止片面从严，也要避免受轻刑化思想影响，一味从宽。”同时，该《意见》第1条第4款还特别强调：“要区别对待，充分考虑人民群众的安全感以及惩治犯罪的实际需要，注重从严打击严重危害国家安全、社会治安和人民群众利益的犯罪。”可见，对于社会关注度高、广大人民群众反映强烈，严重危害经济社会健康可持续发展的刑事犯罪，即使在坚持宽严相济刑事政策，强调慎刑主义的当下，亦应从快、从重、从严打击。否则，“当人们开始对法律失去耐心时，会形成对政府信任度的恶性递减螺旋。”[5]近年来，从党和政府到社会各界，生态环境问题受到了前所未有的关注，人民群众对蓝天白云、青山绿水的渴望从未如此强烈，对环境污染问题深恶痛绝，因此该领域犯罪理应属于“当严则严”的范畴。

（三）行政处罚与司法惩戒尚未形成有效的联动与闭合

行政处罚是指，国家行政机关依照法律规定的内容和程序，对违法者予以制裁。司法惩戒是指，国家司法机关通过对法律的适用，按照法律规定的方式和要求，对违法犯罪者予以惩处。行政处罚与司法惩戒本属于两种不同性质的惩处方式，二者虽然有着本质的差异，但仍具有一定的关联性。“行政处罚虽属于行政法中的概念，但不妨碍它成为刑事司法中的一个要素，甚至在某些情况下，会成为罪与非罪的决定因素。”[6]同时，“司法与行政虽具有各自的优势与缺陷，但联合使用行政规制和司法规制才是最优的选择。”[7]但令人遗憾的是，长期以来，一些法学理论界和司法实务界人士基于“一事不再理原则”，即针对同一违法行为，不能给予两次以上处罚的片面理解和过度的谨慎适用，人为将二者割裂，未能有效实现行政处罚与司法惩戒的闭合。这种情形亦存在于皖江地区环境污染问题的处理之中，有些企业和个人长期进行环境污染违法行为，虽从实质而言，其已具有了严重的社会危害性，理应受到司法制裁，但在已受到连续行政处罚的看似合法之下，逃避了本应“升级”的惩罚，而最终导致和形成了“花钱买污染”的恶性循环。

三、健全完善皖江城市带生态经济司法保障的思考建议

皖江城市带生态经济发展的效率与质量、规模与效益在一定程度上决定了皖江地区未来的前途命运，为此司法保障必须加强。

（一）构建皖江城市带生态经济司法保障协作体系

（1）构建皖江城市带生态经济保障法院协作机制。通过加强生态环境案件审判、执行交流协作，进一步提升依法公正高效审理、执行生态环境类案件的司法能力，推动皖江城市带生态环境质量不断改善。协作的具体方式为：一是建立皖江城市带生态环境类案件审判、执行信息共享制度，及时通报案件最新动态，所在城市相关司法政策的最新调整情况，实现案源信息、动态信息共享；二是建立皖江城市带生态环境类重大审判、执行案件联动办理机制，对案情较为复杂，涉案范围较广，社会影响较大的跨区域、系列性破坏生态环境案件，各相关法院加强协调沟通，联动办理；三是强化生态环

境风险防控工作，不定期联合发布皖江城市带生态环境案件审判、执行工作白皮书，分析、预测该类案件的特点及发展趋势，共同研究商讨对策等。改革的重点是：按照最高人民法院关于提升生态环境司法服务保障质效的相关精神和要求，探索试点皖江城市带跨区域环境资源法庭，建立皖江城市带环境资源巡回审判制度，打造皖江城市带生态环境案件集中立案、统一审理、联动执行的司法模式。

（2）构建皖江城市带生态经济保障检察协作机制。通过形成检察合力，严厉打击皖江城市带跨生态系统、跨环境空间的生态环境犯罪案件，促进皖江城市带检察机关在环境公益诉讼、生态环境法律监督等工作的质效提升，为皖江城市带生态保护提供有力检察保障。协作的具体方式为：一是建立皖江城市带生态环境检察业务数据等信息资源共享机制，发现的相关线索等生态环境案件办理信息，及时进行通报；二是建立皖江城市带检察机关重大生态环境案件联防联控机制，对跨省倾倒固体废物等跨区域犯罪协同惩治；三是建立皖江城市带检察机关生态环境案件调查取证协作机制，在鉴定评估和异地讯问犯罪嫌疑人、异地询问证人、委托调查取证等工作中协同协助等。改革的重点是：按照最高人民检察院关于加强环境公益诉讼的相关要求，积极探索皖江城市带检察机关环境公益诉讼联动模式，构建皖江城市带检察机关环境公益诉讼联动方案。

（3）构建皖江城市带生态保护法院与检察院协作机制。基于人民法院和人民检察院在惩治和打击生态环境违法犯罪，维护和保障皖江城市带生态文明宗旨理念的一致性，以及职责职权的衔接性，在确保法院独立行使审判权、执行权和检察院独立行使检察权的基本前提下，相互协作、充分配合，进一步提升司法效能，为皖江城市带生态保护提供有力司法保障。具体的协作方式是：一是简化检察机关与审判机关诉讼对接等司法程序，提升皖江城市带生态环境案件办理的司法效率；二是构建和完善皖江城市带审判机关和检察机关的联席会议、信息交流、线索移送、案件通报、个案会商等工作机制，确保生态环境案件司法信息及时互通，解决联而不合、通而不畅、商而不定等制约“两法衔接”的短板问题，打通皖江城市带法检协作“肠梗阻”。改革的重点是：一是统一皖江城市带生态环境案件法检两家取证、认证和法律适用标准；二是健全完善皖江城市带环境公益诉讼案件法检衔接机制。

最终，还要基于对皖江城市带生态经济司法协作体系构建的宏观把握，确保皖江城市带生态经济司法保障法院协作机制、检察协作机制、法院与检察院协作机制之间的内部运行顺畅。

（二）磨利环境污染犯罪的刑事惩戒“之齿”

孟子云：“凡刑人之本，禁暴恶恶。”“刑罚设立的重要价值就在于对犯罪者以外的人产生震慑作用，使一般人因对刑罚的恐惧而不敢犯罪，从而保证既定的社会秩序得以遵守。”[8] 反言之，如果刑事司法惩戒缺乏力度和“刚性”，那就好比失去牙齿的老虎，不仅不能有力惩治刑事犯罪，反而会让人丧失敬畏之心。因此，在环境污染犯罪案件刑事司法实践中，皖江地区的各级司法机关，特别是作为审判机关的人民法院，要准确理解、适用和把握“宽严相济”刑事政策的真正要义，对严重破坏皖江地区可持续发展和人民群众深恶痛绝的环境污染犯罪，必须精准打击、有力打击、持续打击，充分彰显司法在维护和保障经济社会发展以及重大民生问题中的最后一道防线之功效。具体建议如下：一是建议皖江地区司法机关进一步统一司法政策，在不违背法律、行政法规、地方性法规以及最高法、最高检相关司法解释和司法政策的前提下，在安徽省高院的统一规划或统筹指导下，统一区域司法政策，对环境污染犯罪的量刑幅度作出更加清晰和层次分明的分解，特别是对免于起诉、缓刑和免于刑事处罚的适用条件要进一步明确和具体，防止司法人员因曲解和误读法律原意，甚至滥用司法自由裁量权而导致对这些本应受到严惩的环境污染犯罪的宽宥和放纵；二是按照当前最高人民法院关于审判团队改革相关精神要求，皖江地区各级法院应尽快组建较为固定的专司环境污染犯罪审判团队，通过提升业务技能和素养，统一审判的标准和尺度，不断强化审判的专业性，以提升环境污染犯罪审判的裁判质量。

（三）打造环境污染案件的行政处罚与司法惩戒衔接机制

“实践证明，对于具有较大危害性的连续同类一般违法行为，行政处罚的威慑力明显不足，甚至导致当事人违法意愿增加，形成花钱买合法的思维惯性。”[9]同时，基于法学理论的一般认识，“一事不再理原则”是针对属性相同和法律关系内涵一致的处罚行为，而行政处罚与司法惩戒是两种性质截然不同，由行政机关和司法机关分别基于各自拥有的行政权和司法权所采取的公权力制裁，二者完全可以有条件竞合。因此，“行政处罚与司法惩戒的衔接并不违反一事不再理原则，只是在适用时需要选择和甄别。”[10]鉴于以上认识，对于皖江地区广大人民群众高度关注，并直接关系和影响皖江地区健康可持续发展的生态环境问题，应当强化行政处罚与司法惩戒的联动，形成对该类违法犯罪的公权力制裁闭合。建议建立环境污染行政处罚累加制度。行政处罚累加制度在欧美国家早有先例，例如，英国在《食品与药品销售法》中明确要求“对在食品中添加对人体有害成分的行为，第一次将处以50英镑的罚金，之后再次违反的，则被认定为犯罪。”[11]从实践来看，英国对于食品违法犯罪的累加惩罚取得了良好的社会效果，有力消弭了当时英国社会食品制假售假问题。“他山之石，可以攻玉”，通过借鉴域外的可行经验和做法，笔者建议，皖江地区行政机关和司法机关可在立足于相关法律条文、司法解释和司法政策的前提下，建立环境污染惩戒联动机制，对在一定期限内多次（建议1年内3次）受到环保监管机关行政处罚的企业及个人，即1年内第3次涉嫌环境污染一般违法，由环保监管部门移送司法机关处理，判定其行为是否具有“严重的社会危害性”，如“适格”，即对其进行司法惩戒，以实现环境污染行政处罚与司法惩戒的联动与闭合。

四、结　　语

皖江城市带作为安徽经济发展的重要一极，对整个安徽省的经济社会发展质效会产生重要影响，因此必须高度重视皖江地区环境污染治理问题，走生态经济发展的绿色可持续之路。司法权作为国家权力架构的重要一环，基于其权威性、强制性和终局性等特殊优势，应当在皖江城市带生态经济发展中发挥强有力的保障作用。实现破局，需要大胆改革、勇于创新。当前，皖江城市带经济社会发展已经步入快车道，生态经济的司法保障问题更加紧迫和凸显。本文与其说是对皖江城市带生态经济司法保障问题进行分析和探讨，毋宁说是期冀引起皖江地区法学理论界和司法实务界，乃至全社会对该问题的研究和关注，从而进一步推进皖江城市带生态经济司法保障的进一步优化和提升。

参考文献

[1] 中共中央宣传部．习近平总书记系列重要讲话读本［M］．北京：人民出版社、劳动出版社，2016：230.

[2] 金石，王春慧．“同案不同判”民事案件的检察监督［J］．人民检察，2011（5）：56.

[3] 安徽省高级人民法院工作报告（摘要）［EB/OL］．安徽新闻网．http：//ah. anhuinews. com/system/2013/02/07/005452384. shtml，2013－02－07.

[4] 孙万怀．宽严相济刑事政策回归为司法政策［J］．法学研究，2014（4）：185.

[5] Ruchelshaus，W. D.，Trust in government：a prescription for restoration［J］．The Webb Lecture to the National Academy of Public Administration，1996（15）：2.

[6] 金懿，叶小舟．禁止重复评价原则语境下行政处罚与刑事处罚的衔接［J］．中国检察官，2014（4）：30.

[7] Steven Shavell. A Model of the Optimal Use of Liability and Safety Regulation［J］．Rand Journal of Economics，1984（15）：271.

[8] 杨宇冠．论刑事司法制度的基本价值目标：自由与秩序［J］．广东社会科学，2012（2）：225.

[9] 姚琳莉．连续同类违法行为累加处罚问题探讨［J］．渤海大学学报，2013（3）：41.

[10] 练育强．行政处罚与刑事制裁衔接研究之检视［J］．政治与法律，2013（12）：128－129.

[11] Sales of Foods and Drugs Act，1875［EB/OL］．http：//www. legislation. gov. uk/ukpga/1875/63/contents/enacted，2012－12－01.

皖江城市带生态文明审计政策支持研究

张晓毅　吴中山

一、引　　言

皖江城市带包括8个地级市，以及六安市的金安区和舒城县，土地面积7.6万平方千米，约占安徽省面积的54%，人口3165万人，约占安徽省人口的44%。2010年1月12日，《皖江城市带承接产业转移示范区规划》正式出台，明确要求把资源节约和环境保护放到重要位置，把承接产业转移和提高可持续发展能力结合起来，加强生态建设和环境保护，推进节能减排，促进资源综合利用，发展循环经济和低碳经济，不能以牺牲子孙后代的生存环境为代价，但皖江城市带在产业转移和城镇化的过程中缺乏合理布局规划，相关审计政策作为监督手段的力度不足。在发展皖江城市带的过程中，虽然国家和地方政府在生态文明审计政策作出巨大努力，但皖江城市带的生态保护面临的挑战依然严峻。本文从皖江城市带现有的生态文明审计政策出发，为皖江城市带各级政府在制定和完善生态文明审计政策提出一些合理建议。

二、皖江城市带生态文明审计相关政策实践

（一）国家层面生态文明审计政策实践

审计环境决定着审计动因，进而决定着审计目标和审计制度的变化。生态文明审计作为国家审计的重要内容，伴随着经济社会改革发展大环境和国家审计需求的变化而不断发展完善，大致可以分为三个方面。

1. 环境审计

这一阶段的主要标志是环境保护法的出台和审计署环境审计机构的成立。1949～1978年改革开放这一时期，我国工业欠发达，环境污染问题尚不显著，国家审计职能中并没有环境审计的职能。改革开放后，由于工业化、城镇化进程迅猛，环境污染问题日益严峻。为此，1989年，我国第一部环境保护法颁布实施。1998年，为了加强环境保护，审计署相继成立了农业与资源环保审计司及环境审计协调领导机构、18个审计署驻地方特派员办事处，各省、自治区、直辖市人民政府的审计机关也分别设立了从事环境审计的机构。环境审计专门机构的成立使环境审计从分散的审计业

务上升为统一管理，环境审计的职能得到明确定位。审计范围基本涵盖了环境建设审计和环境污染治理审计两大方面，具体开展对环境专项资金使用、环保项目、环境政策法规执行情况等方面的审计工作。总体来讲，这一阶段的环境审计主要是对环境的影响内容进行监督、评价或鉴证，并加强环保活动的效益、效率、效果监督，使之符合环境保护要求。

2. 资源环境审计

这一阶段的主要标志是提出建设资源节约型、环境友好型社会（以下简称两型社会）和确定资源环境审计为国家审计法定职责。为改变以牺牲资源和环境为代价的发展方式，转变长期以来高污染、高能耗、高投入的经济发展模式，2007 年，党的十七大提出两型社会的目标。2008 年，审计署发布的《审计署 2008 至 2012 年审计工作发展规划》中明确提出，资源环境审计以落实节约资源和保护环境基本国策为目标，维护资源环境安全，发挥审计在促进节能减排措施落实以及在资源管理与环境保护中的积极作用。2009 年，审计署专门制定了《关于加强资源环境审计工作的意见》，并统一组织了对土地、矿产资源管理和长江上游水污染防治状况的审计调查，重点关注了经济社会快速发展中的资源和环境保护问题。2010 年，时任审计署审计长刘家义在桂林召开的世界审计组织环境审计工作组第十三次大会上指出：“开展资源环境审计，及时发现、揭示和抵御资源环境保护工作中存在的问题和风险，维护资源环境安全，推动生态文明建设，是国家审计的法定职责和历史责任。”总体来讲，在这一阶段，资源环境审计已成为国家审计中的重要内容，环境审计主要是以落实资源节约和环境保护为审计目标，以节能减排措施落实为主要审计内容，实现可持续发展的审计活动。

3. 自然资源资产审计

这一阶段的主要标志是提出“五位一体”生态文明新理念和出台领导干部实行自然资源资产离任审计制度。[1]2012 年，党的十八大提出了生态文明的新理念，指出生态文明是人类为保护和建设美好生态环境而取得的物质成果、精神成果和制度成果的总和，是贯穿于经济建设、政治建设、文化建设、社会建设全方面的系统工程。“五位一体”总体布局要求全面推进、协调发展，形成经济富裕、政治民主、文化繁荣、社会公平、生态良好的发展格局。“五位一体”发展观并不是单纯的经济发展模式的改变，更不是把资源节约型与环境友好型社会的构建降低到一个技术层面，而是对政治、经济、环境、社会、文化各个领域可持续发展的整体变革。因此，体现“五位一体”协调发展观的生态文明审计成为新时代国家审计的发展要求。2013 年，党的十八届三中全会通过的《中共中央关于全面深化改革若干重大问题的决定》提出：“探索编制自然资源资产负债表，对领导干部实行自然资源资产离任审计。建立生态环境损害责任终身追究制。”随后，党中共、国务院陆续出台了《关于开展领导干部自然资源资产离任审计的试点方案》《党政领导干部生态环境损坏责任追究办法（试点）》《生态文明体制改革总体方案》等政策文件，将资源环境审计拓展为自然资源资产审计，强调了资源的资产属性，为生态文明建设建立了可量化的考核指标，为编制自然资源资产负债表和开展自然资源资产离任审计提供了制度依据。审计部门通过揭示自然资源资产管理开发利用和生态环境保护中存在的突出问题以及影响自然资源和生态环境安全的风险隐患，促进领导干部树立正确的政绩观，推动领导干部守法、守纪、守规、尽责，切实履行自然资源资产管理和生态环境保护责任，促进自然资源资产节约集约利用和生态环境安全。2017 年，党的十九大提出“坚持人与自然和谐共生”的新理念，把生态文明作为中华民族永续发展千年大计，提升到国家战略新高度，为我国经济社会发展指明了前进方向，更为新时代生态文明审计工作提出了新的更高的要求。

总体来讲，自 1983 年审计制度恢复以来，从环境审计、资源环境审计到自然资源资产审计，国家审计确定了不同的指导思想和工作重点，体现了时代特征，满足了经济社会发展的实际需要，为经济社会健康发展以及民主与法治建设提供了坚强的保障。同时，也逐步形成了生态文明审计体系，为新时代中国特色社会主义生态文明审计体系发展奠定了实践基础。[2]

（二）省市层面在皖江城市带产业转移和城镇化过程中生态文明审计政策支持分析

1. 安徽省建立生态文明绩效评价考核和责任追究制度

安徽省为深入贯彻落实《中共中央　国务院关于印发〈生态文明体制改革总体方案〉的通知》要求，加快建立系统完整的生态文明制度体系，增强生态文明体制改革的系统性、整体性、协同性，切实推进创新型生态强省建设，制订了《安徽省生态文明体制改革实施方案》。方案要求，建立生态文明目标体系。根据中央部署，制定绿色发展指标体系，制定涵盖资源消耗、环境损害、生态效益等内容的生态文明建设目标评价考核办法。根据不同区域主体功能定位，实行差异化绩效评价考核。建立资源环境承载能力监测预警机制。根据中央部署，研究制定资源环境承载能力监测预警指标体系和技术方法，建立资源环境监测预警数据库和信息技术平台，定期编制资源环境承载能力监测预警报告，对资源消耗和环境容量超过或接近承载能力的地区，实行预警提醒和限制性措施。探索编制自然资源资产负债表。设计自然资源资产负债核算基本框架，构建水资源、土地资源、森林资源等的资产和负债核算方法，建立实物量核算账户，定期评估自然资源资产变化状况。在市、县开展自然资源资产负债表编制试点，核算主要自然资源实物量账户。对领导干部实行自然资源资产离任审计。在编制自然资源资产负债表和合理考虑客观自然因素基础上，积极探索领导干部自然资源资产离任审计的目标、内容、方法和评价指标体系。逐步扩大领导干部自然资源资产离任审计试点范围，以领导干部任期内辖区自然资源资产变化状况为基础，通过审计，客观评价领导干部任期内履行自然资源资产管理责任情况，依法界定领导干部应承担的责任，加强审计结果运用，强化领导干部对生态文明建设的责任意识。落实生态环境损害责任终身追究制。落实地方党委和政府领导成员生态文明建设一岗双责制要求，建立健全环境保护督察制度，以自然资源资产离任审计结果和生态环境损害情况为依据，区分情节轻重，对造成生态环境损害的，予以诫勉、责令公开道歉、组织处理或党纪政纪处分，对构成犯罪的依法追究刑事责任。对领导干部离任后出现重大生态环境损害并认定其需要承担责任的，实行终身追责。

2. 安庆市多措并举助力生态文明审计建设

2019 年，安庆市审计局高度重视自然资源资产和生态环境审计，多项举措助力生态文明建设。一是成立机构，建章立制，保障自然资源与生态环境审计。2018 年 8 月，成立了以局主要负责同志为组长的自然资源资产离任审计工作领导小组，组织协调全市自然资源和生态环境审计。2019 年 3 月，设立自然资源和生态环境审计科，配备 3 名审计人员专门从事自然资源和生态环境审计。2019 年 11 月，出台了《安庆市审计局审前调查了解工作指南》，明确自然资源资产离任（任中）审计审前调查了解操作规程，进一步规范和指导市（县、区）自然资源和生态环境审计。二是组织开展自然资源资产管理和生态环境审计。2019 年，安庆市两级审计机关根据领导干部自然资源资产离任审计相关规定和市（县、区）委组织部的委托，结合年度领导干部经济责任审计任务，安排了 12 个领导干部自然资源资产离任审计和经济责任审计项目。各审计组根据被审计领导干部的岗位职责、所在地区的自然资源资产禀赋特点安排审计重点，积极探索领导干部自然资源资产离任审计的目标、内容、方法和评价指标体系。通过审计，客观评价领导干部履行自然资源资产管理责任情况，依法界定领导干部应当承担的责任。此外，还服务环境整治、推进重点流域水污染治理，组织开展了秸秆禁烧和综合利用奖补资金、黄标车提前淘汰奖补资金和城西污水处理厂续建项目审计。三是认真落实临时河湖长制。2019 年 5 月以来，安庆市审计局认真贯彻落实市委、市政府及市污染防治攻坚战指挥部相关精神，积极落实临时河长制，局长朱菊云先后 10 次前往临时治理河段 606 大沟巡河，就河段生态问题及时向有关部门提出整治意见。四是积极参与其他自然资源资产管理与生态环境保护相关工作。2019 年先后多次参加安庆市自然资源规划委员会小组会议，对重大项目在土地利用，规划管理等方面提出审计建议，为政府献计献策，促进地方经济高质量发展。2019 年 6 月，安庆市审计局积极派员参加安庆市创建生态文明建设示范区培训会，结合审计职能助力安庆市创建生态文明建设示范区。2019 年 12 月 25 日，作为成员单位，积极参加《安庆市实施林长制条例》新闻发布会，见证了安庆市林长制的宣传和实施。

三、皖江城市带生态文明审计政策实施及问题分析

在生态文明审计的建设过程中，资源节约和环境保护已经成为生态文明建设的重中之重，皖江城市带生态文明审计政策实施之后，在一定程度上有效地保障了专项资金的使用效益，促进并规范资金管理，保证了政府专项资金的使用安全和完整，促进皖江城市带的资源节约和环境保护，推动了我国生态文明审计相关制度不断健全完善。虽然目前生态文明审计工作已经在皖江城市带积极的展开，但依然处于起步阶段，还没有形成成熟的生态审计制度，开展生态文明审计在相关政策支持、制度保障以及审计人员的胜任能力等方面依然存在着一些不足。

（一）对生态文明建设的认识片面，缺乏生态伦理观念

1. 认识片面，不能正确引导开展生态文明审计

目前，多数人对生态文明的认识存在不同程度的偏离。有人认为，生态文明更多是思想观念、意识形态，抽象性较强；有人认为，生态文明建设是对资源环境保护的新说法，二者没有什么差别；有人认为，生态文明建设更多是国家层面的工作，与所处城市的经济发展、个人安全关系不大；有人认为，生态文明建设除涉及资金的投入使用需要审计监督外，涉及更多的是专业性、非金额计量的内容，不应是审计的主要内容。种种认识表明，对生态文明的概念、内涵、意义缺乏全面统一的认识，从而不能正确引导开展这方面的审计工作。[3]

2. 对生存空间的严峻现状和对生态环境破坏的严重后果认识不足

据美英德权威研究成果表明，全球升温2摄氏度是地球气候变化的不可逆转点，一旦升温3摄氏度，全球冰河全部消失，全世界及中国各大城市均已淹至四楼高，对人类造成空前灾难。在生存空间上，我国在短短半个世纪里，人口增加了1倍，生存空间减少了1倍，耕地减少了1/3，人均自然资源是世界平均值的1/2。在资源利用上，每万美元消耗矿产资源是日本的7.1倍，美国的5.7倍，甚至是印度的2.5倍，单位资源的产出水平相当于日本的1/20，美国的1/10，农业灌溉用水系数为国外先进水平的一半，单位面积采暖能耗是气候相同国家的2～3倍，而单位产值排污量是世界平均水平的十几倍。在对环境的破坏上，无数事实表明，人类对生态环境的破坏已走到了大自然自我修复的边缘，人类对大自然的长期滥用也得到了无言但严厉的报复，更可怕的是，对自然生态环境的破坏后果往往是不可逆转的。例如，作为中华民族摇篮的黄河已奔腾不再，已属资源型缺水河流，其上中下游的供水任务已超过其承载能力，黄土高原的森林由历史上的69%降至6%，在三大江中污染最重，近1/4的黄河水成为连农业灌溉和景观用水都不能使用的劣五类水。环视身边，雾霾重重使得人们戴口罩出行已成常事，臭氧层破坏造成皮肤癌患者增加，大量的良田沃土已成荒沙劣土。因此，保护和修复生态环境、努力做到人与自然和谐共生、良性发展、建设环境友好型社会是一项十分紧迫繁重的任务，是需要全民共同努力的大事。

3. 普遍缺乏生态伦理观念，影响审计工作的积极主动性

在过去以经济建设为中心的思想惯性下，社会上普遍存在以经济利益看得失，以物质财富看身价的个人价值取向，政府为了发展地方经济、突出政绩大兴土木，大搞重复建设，引进高污染、高能耗产业，滥采矿产资源等，都是与生态文明建设格格不入的、缺乏生态忧患意识的、不可持续发展的、对子孙后代有危害的观念。应认识到生态环境是一切发展的基础，没有稳定的生态环境，生存已成为问题，又何谈发展。因此，在观念上应将保护生存空间、减少环境破坏、加强生态治理放在与经济建设同等重要的地位，提倡经济的适度发展。由于对生态环境现状认识不足，未建立生态伦理观念，制约了开展生态文明审计工作的积极性、主动性和责任感，不利于审计在生态文明建设中发挥应有的作用。

（二）生态文明审计刚刚起步，缺乏专业人才

目前，只有极少数地市建立了生态文明审计制度，但还未见形成经验成果。从已有生态文明审计科研中，无论在内容、方式方法上，普遍存在含糊不清、零散、空白等问题。在内容上，多是停留在常规财政财务收支审计层面，或对生态环境内容有零星表述，未能作进一步细化，更不用说构建生态文明审计的指标体系。从与生态文明相关的审计实践看，涉及有关生态建设的内容也是零散的，更多反映的是有关资金方面的问题。在方式方法上，这种审计还处于配角地位，在对其他审计时一笔或几笔点过而止。究其原因，除了意识形态的问题，主要是生态文明审计专业性要求强，涉及农、林、水、畜、电力、钢铁等多行业，涉及发展改革委、国土部门、环保部门、财政部门、宣传部门等多部门，涉及生产、流通、消费等多环节，涉及国家、省、市、县及乡村等多地区。

四、对皖江城市带生态文明审计政策的建议

（一）开展自然资源资产负债表的编制和审计工作

自然资源是指那些受人类活动影响的自然环境资源的总量，既包括传统的土地、水、森林、矿产等资源，也包括水体、湿地、空气等作为生态系统和宜居环境的资源。自然资源资产负债表是反映某个国家、地区和企业在某一特定日期自然资源形成、开发、配置、储存、保护、利用和再生等存量和增量状况的报告体系。当前，自然资源资产负债表可以借鉴国际上“环境与经济综合核算体系”的原理和方法来编制，也可借鉴现行环境会计中的环境资产负债表的原理和方法来编制。两种编制方式既有联系又有区别，前者侧重于对自然资源种类、数量、质量的数据统计性描述，后者侧重于按照会计恒等式反映自然资源资产与自然资源负债之间的核算存量和对应关系。但是，前者可以为后者提供重要的理论基础和数据来源，尤其是其实物和复合账户体系；后者可以作为前者更具逻辑性、系统性和针对性的有效补充，实现从实物账户到价值账户和资产负债表的系统演化。自然资源资产负债表审计的重点在于自然资源资产的产权是否清晰、归属是否明确、内容是否完整、归类是否清楚、记录是否全面、计量是否科学、核算是否系统、存量是否确保、增量是否真实、披露是否及时，与当地经济社会发展水平是否匹配，有没有出现经济“空心化”现象等审计内容。

（二）利用生态环境大数据，制定生态审计标准

由于目前我国的政府生态审计处于起步时期，对政府部门实施的生态审计结果并没有一个具体、完整、明确的审计标准，对审计人员将实际的审计结果和审计标准进行差异化分析最后形成审计报告造成一定困难，也可能在审计评价和环境影响评价过程中有失公平，引发其他问题。因此，政府生态审计标准的建立，不仅能够减轻审计工作的困

难，规范审计工作，还能促进政府生态审计的发展。生态环境系统是一个复杂、庞大的系统，这个系统中不仅存在各种类型的大量数据，还包括无法数据化的大量非结构化数据，对政府生态审计标准的建立造成阻碍。因此，政府应加快大数据和信息技术的结合，帮助相关部门收集、处理与生态环境相关的信息，加强这些信息间的逻辑性和合理性，在传统审计标准的基础上，建立一套统一的、完整的、适用于政府生态审计的评价标准。这套标准中要通过文字、数据、图表等多种方式进行展示，同时还应涵盖各种生态类型的审计标准，如草原生态系统标准、海洋生态系统标准等以保障生态审计的全面发展，生态环境尽可能得到全面保护。在建立审计标准过程中，运用大数据，不仅可以丰富审计标准的表现形式，还可以为审计人员提供一套运用性强、较为准确的参照数据，将其运用在审计评价中，提高审计质量，优化审计结果。同时也能在审计过程中发现生态环境发展问题，并使得在下一步生态环境发展计划中更具针对性，防止生态环境某些方面的持续恶化。

（三）强化政府生态审计结果运用，加大惩处力度

在社会经济发展过程中，要加强政府生态审计结果的应用。如在政府考核官员绩效、选拔人才的过程中，将生态审计结果作为考核依据之一，防止官员以破坏生态环境的代价换取经济的不健康发展。政府生态审计结果是政府对生态环境管理情况的一个反映。通过对同一个审计对象的生态审计结果进行比较分析，可以反映出过去生态环境的发展情况，评价生态治理的效益，衡量生态保护工作的力度，发现生态环境的薄弱地方，对生态环境工作作出总结，并根据生态审计结果对下一年的生态环境工作作出整体预算和安排。此外，对重要领域的生态环境问题还要加强生态审计结果的披露，如召开新闻发布会、互联网传播等。通过生态审计结果披露一方面可以提高审计工作的开放性和透明度，为今后的生态审计工作收集建议，简化生态跟踪审计工作；另一方面公众有知情权和监督权，在外界舆论和监督下，能加大审计工作的力度，也能迫使被审计单位接受改进意见，对生态环境问题立即采取改善措施。根据政府生态审计结果，对于生态环境没有得到有效保护、甚至恶化的情况，需要询问相关部门或责任人后进行层层追究，最后落实到实际导致问题发生的责任人上，然后根据生态环境的发展情况和所需承担的责任后果，对需要为此付出责任的部门和人员进行责任追究，并对违背生态环境发展目标的行为加大处罚力度，进一步完善源头严控、过程严管、恶果严惩的机制，提升政府生态审计的权威性和影响力。坚决做到最严格的生态环境执法和督查问责，对生态环境造成破坏的行为，必须进行严厉打击；对执法不力、姑息纵容的，必须进行严肃追究；对生态环境恶化、应对不力的，必须进行严格问责。

（四）利用政府生态审计实践经验，建立案例库

我国政府生态审计的理论研究和实践经验尚处于发展不成熟的阶段。在这种情况下，为促进理论和实践的快速发展，可借鉴案例教学法——构建政府生态审计案例库。政府生态审计理论研究来源于实践，最终用于实践。政府生态审计的复杂程度、审计难

度不同于其他审计，它具有结合多种审计手段、空间和时间范围更广、多个审计对象等特点，建立政府生态审计案例库可将生态审计的这些特点进行整合梳理，推动其理论的发展与完善。政府生态审计案例库应由政府引导、组织相关人员建立政府生态审计案例库系统，号召社会各界向其提供生态审计案例，并由政府组织的专业人员筛选出具有实践价值和参考意义的案例并录入系统中。通过政府生态审计案例库中分享的案例，可以帮助一线的审计人员吸收和学习成功的生态审计经验，不断完善、总结、创新生态审计方法、技术。政府生态审计理论研究者可通过政府生态审计案例库中具体案例进行深入研究，不断提炼、总结，逐步形成成熟的政府生态审计理论体系。政府生态审计案例库不仅能促进自身的发展，还能推动民间生态审计和内部生态审计的发展，让它们借鉴和吸收政府生态审计的经验，在发展过程中少走弯路。此外，政府生态审计案例库还可以为高校提供教学案例，为培养政府生态审计专业人员提供教学素材，加深学生对政府生态审计理论的理解，提升政府生态审计的实践业务能力，为中国政府生态审计发展提供源源不断的助力和动力。

（五）培养复合型政府生态审计人才，保障人才储备

生态审计是生态学、社会学、统筹学、审计学等多个学科进行糅合起来的学科，比起财务审计具有更大的复杂性，操作难度更大。在推动生态文明建设的大背景下，虽然政府生态审计正在逐步发展，但是能够胜任政府生态审计工作的专业人员屈指可数，呈现出供严重小于需的局面。为缓解政府生态审计人员人数、经验不足等问题导致政府生态审计不能有效开展的情况，首先应在政府生态审计人员构成中要有一定比例地掌握其他学科理论知识的人，在审计前对所有参与审计工作的人员进行培训，让他们相互学习、共享知识，加深对政府生态审计工作的理解。同时让现有的审计人员主动学习政府生态审计实施过程中运用到的学科基础知识，其他专业人才学习审计基础，并共同研讨出具有可行性、创新性较高的政府生态审计方案，并从他们的工作经验中提炼、总结政府生态审计理论，为其后续发展提供宝贵材料，以此来解决前期由于政府生态审计人员不足，不能很好胜任政府生态审计工作的问题。然后对审计人员展开政府生态审计工作继续教育工作，让他们及时掌握、更新生态审计知识，保障今后的生态审计工作顺利进行。同时，在各个高校，应该积极组织有关的专家对生态审计以及政府生态审计进行系统的理论研究，并结合现有的理论基础和实践经验逐步推进政府生态审计研究，并将成熟的研究成果通过讲座、授课等方式培养学生，在各方面都具备的情况可开设政府生态审计方向的专业，以保证政府生态审计人员的人才储备，促进政府生态审计后续发展。

（六）创新大数据审计新思维，推进环保数据互联互通

区别于传统审计，生态环境审计伴随着生态环境技术的发展，在审计过程中涉及大量环境检测技术指标，需要计算大量环境绩效指标数据，同时还要面对环境数据的动态变化。因此，面对生态环境审计数据“碎片化”“孤岛化”问题，生态环境审计组织结构上要进行调整，加强部门间协调沟通，建立沟通联络机制，打破部门藩篱，为数据共

享做好总体谋划；环保、审计相关网络数据管理部门要及时对接，整合现有基础数据，动态管理实时数据，利用大数据、云计算技术优势，实现生态环境数据标准化处理；青年审计干部要不断加强生态环境背景下的大数据审计理论和实务研究，紧盯生态环境相关制度更新和技术创新，及时作出变革，从而更好地运用大数据技术为生态环境审计服务。

（七）推动制度化建设，建立完善生态环境审计制度体系

随着机构改革的不断深入，生态环境部门相关管理职能发生变化。海洋、农业等相关监督管理职能的并入，为正处于发展阶段的生态环境审计带来了新的审计需求。[4]生态环境审计应对标生态环境发展趋势，建立一套相对完整的审计制度体系，进一步丰富审计主体，扩展审计内容，衔接环境保护政策制度，建立健全生态环境审计标准规范、审计评价制度等，以制度为抓手，落实生态环境审计监督责任。青年审计干部则需要积极主动参与生态环境审计制度体系试点，及时发现问题，总结经验，提出建议，促进生态环境审计制度体系不断自我修正，持续为审计工作提供强力支撑。

（八）构建生态环境审计与环保督察融合新模式

生态环境审计要坚持有所为有所不为，与环保督察分清监督责任范围，避免工作内容交叉重复，探索与环保督察工作融合开展。建立生态环境审计和环保督察工作日常沟通交流协作机制，实现资源互通，信息共享。强化整改问题落实跟踪，对环保督察整改不到位问题，审计可以作为重要内容进一步跟进。[5]通过生态环境审计和环保督察有机融合，促进青年审计干部审计业务知识和环保专业知识互学互鉴，从而进一步提升生态环境审计业务能力。

参考文献

［1］赵存丽，刘明辉．改革开放 40 年我国生态文明审计的发展与建设路径［J］．财务与会计，2019（8）．

［2］王爱国，杨美艳，刘毅．我国生态文明绩效审计评价指标体系构建与应用［J］．山东社会科学，2017（5）．

［3］张云飞．生态理性生态文明建设的路径选择［J］．中国特色社会主义研究，2015（1）．

［4］王爱国．我国生态文明审计的内涵、边界与进路［J］．济南大学学报（社会科学版），2015（6）．

［5］刘明辉，刘雅芳．会计越发展政治越文明——论会计审计的政治环境及其在政治文明建设中的作用［J］．会计研究，2014（7）．

生态产业发展篇

生态经济背景下皖江城市带生态体育产业发展现状及对策研究

叶　凡

一、前　　言

现阶段，体育产业发展已经成为我国的主流，它在我国国民收入中所占比重逐渐上升，体育不仅是人们追求健康的需要，更是一种发展经济的产业，[1][2]例如，体育健身俱乐部、体育产品及各种体育旅游文化带来的经济效益。体育产业是指为社会提供体育产品的同一类经济活动的集合以及同类经济部门的综合。体育产品分为两类，即包括有形的体育用品和无形的体育服务。[3]体育经济部门不仅包括市场企业，也包括从事经营性活动的其他机构，如事业单位、社会团体乃至个人。体育产业按照定义可以分为狭义的体育产业和广义的体育产业。广义的体育产业是指与体育运动相关的一切生产经营活动，包括体育物质产品和体育服务产品的生产和经营。[4][5]狭义的体育产业是指体育服务业或体育事业中既可以进入市场，又可以盈利的部分。根据划分标准的不同，体育产业可以分为两大类。一是以体育产品和劳务生产方式分类，包括：经营型体育产业，即由体育的社会团体、企业、个人举办的以盈利为目的的，以休闲、娱乐类体育项目为经营对象的产业部门；半经营型体育产业，即由政府举办或资助的带有公益性质的体育服务；非经营性体育产业，即政府、社会团体等出资进行的群众性体育活动。二是按管理体制分类，包括：体育主体产业，即以体育资源为开发基础直接进行的生产与经营活动；体育相关产业，即以体育为载体，向消费者间接提供各种产品与服务的生产与经营活动；体办产业，即行政部门内活动或单位利用体育资源为弥补经费不足进行的生产经营活动。

二、研究对象

本文研究的对象是皖江城市带生态体育产业发展负责部门的 10 名领导以及 3 名专

家进行探讨问卷及研究内容的有效性。

三、研究方法

（一）文献资料法

通过查阅大量文献资料以及对铜陵学院图书馆、“中国知网”“中文期刊网”“维普科技期刊”“万方数字化期刊”“中国优秀博硕士论文全文数据库”（2005－2009年）等搜索引擎的相关检索，对生态体育产业进行逻辑分析并综述文献。在相关生态体育产业研究成果的基础上，分析皖江城市带生态体育产业发展的相关问题，从本质特征、内容体系、产品特征、受众对象等层面，分析生态体育产业新业态的产品特征。笔者对皖江城市带的社会文化背景和经济发展的历史有着深刻的了解，关注该地区社会、经济、科技发展的研究，积累了相当的第一手资料，在体育经济发展、体育产业等项目研究方面积累了一定的科研经验。

（二）调查访问法

制定访谈提纲，对皖江城市带生态体育产业发展负责部门的领导进行访谈，了解皖江城市带生态体育产业发展过程中存在的问题，听取他们对皖江城市带生态体育产业发展的建议。

（三）数理统计法

利用Word及Excel统计软件对问卷所得的数据进行统计分析。

（四）逻辑分析法

运用逻辑分析学原理，对资料、数据、观点进行综合分析、归纳，得出结论和建议。

四、研究结果

（一）国内外研究概况

从20世纪70年代起，国际体育和奥林匹克运动就已经着力渲染和重视体育与环境之间的影响，开始关怀环境、关注体育运动中的生态思想，但这种渲染和关注并没有以生态体育的概念出现，仅停留在体育与自然环境的二元技术层面，只是生态体育理念的一种浅层直白。[6] 1997年，澳大利亚新南威尔士大学，针对举办悉尼奥运会召开了“绿色运动会”研讨会。[7] 由于举办一届奥运会不是瞬间的事，也不只是竞赛的事，因此，应把绿色运动会的观念视为一个进程、一种追求，而不应是一个快速的结果。2000年悉尼奥运会在继承了“人与自然和谐”的生态理念上，又以可持续发展观进一步强调了“绿色奥运”的时代指向。我国对生态体育的研究开展较晚，约在20世纪90年代前后，最先关注体育与社会生态环境问题的是一批体育社会学者。[8]卢元镇、刘德佩等较早进入体育社会学研究，他们及其他一些学者的著述涉及体育与城市环境研究，如卢元镇的《体育社会学》，熊茂湘的《体育环境导论》等。[9]他们指出，体育环境实际上包括体育的自然生态环境、社会生态环境和规范生态环境，这正是体育生态所要讨论的问题。当然也有直接就生态环境视角来研究体育的，成果虽不多，但毕竟直接进入了体育生态领域。例如，周君华等的《学校体育的生态环境探析》探讨了学校体育的生态环境问题。北京2008年的申奥理念和办奥思想，响亮地提出了“新北京、新奥运”的申办口号，并以三大主题“绿色奥运、人文奥运、科技奥运”体现北京2008年奥运会的申办理念。绿色体育就是将“绿色奥运、人文奥运、科技奥运”这三大理念融会贯通，使现代体育向无污染、和平、公正、科学的方向发展，对人类的发展起到协调和平衡的作用。[10]综观我国的生态体育研究现状可以发现，体育生态的直接研究在我国至少已有十余年，但基本上是零散的、移植的和提出问题式的研究，总体上显得单薄，没有对生态体育产业进行综合性探讨，也没有对区域生态体育产业发展方面的研究成果。本文将根据体育生态学在我国的研究状况，结合笔者对生态体育产业的分析和思考，研究皖江城市带生态体育产业的发展。

（二）皖江城市带体育产业的发展现状

中国的“体育产业”概念是通过借鉴美国的经济发展模式形成的，美国是全世界体育产业发展最快、最先进、最完善、最发达的国家，美国体育产业的经济收入占到国民生产总值的1%，涉及的行业众多，如健身俱乐部、媒体传播、体育类器材商业、娱乐时尚等多种有关体育的行业。中国体育产业的发展相比美国而言滞后一些，中国体育产业的发展与人民日益增长的物质需求还有一定的差距。[11][12]以本文研究的皖江城市带体育产业发展来说，通过与皖江城市带生态体育产业发展负责部门的10名领导交谈发现，皖江城市带体育产业发展相对国内许多发达城市，如北京、上海、西安等相对比较滞后，皖江城市带体育产业的发展主要以以下几种方式进行盈利：门票收入、转播权收入、商品开发商收入以及赞助商收入。在与皖江城市带生态体育产业发展负责部门的10名领导谈及国内外体育产业发展有哪些差距这个问题时，大多数领导表示，国内外的体育产业可谓是有天壤之别，国外的体育产业已经进入市场化经营，尤其是以俱乐部为主的盈利方式，俱乐部是美国或者其他发达国家最普遍的体育产业商业化经营模式，例如，全国发展效益最好的足球马德里俱乐部每年可以通过体育产业收入达到5.1亿欧元，[13]还有联赛平台的足球俱乐部的经营模式，2012年欧洲足球联赛整体收入达到194亿欧元，[14]比2011年提高了11%。但是中国的体育产业，还仅仅停留在简单的健身俱乐部和体育产品消费水平上，与国外体育产业有很大的差距。皖江城市带体育产业的发展自2010年国家发展和改革委员会发布《皖江城市带承接产业转移示范区规划》后，皖江城市带相关负责人明确了发展思路，经过8年的不断摸索，皖江城市带的体育产业发展到了一定的阶段，但是仍然出现许多问题，诸如发展不均衡、体育相关人才短缺、投资力度不够等，还需要不断的改进。

（三）皖江城市带生态体育产业的发展现状

生态体育即生态环境下的体育产业。自然环境是人类一切活动的基础，体育也不例外。现阶段，随着人们日益增长的物质文化，健康已经成为当代人们的时尚追求，而在人们对健康的渴望不断增高时，以带领客户进行体育运动行业层出不穷。[15]但在这种局势下，不单单是皖江城市带体育产业发展不均衡，全国各地亦是如此，以体育竞赛和培训方式的体育产业已经占据了体育产业的绝大部分。现如今，体育健身休闲行业和体育旅游业已经是当下生态体育的发展趋势，体育健身娱乐已经成为当前的一个时尚主流，[16][17]无论是老年人还是青年人都积极参与并且乐在其中。皖江城市带的旅游业发展迅速，这主要取决于皖江城市带得天独厚的地理优势，皖江城市带内有着长江黄金水道、快速铁路、高速公路等快速便捷的交通条件，加上区位优势明显，皖江城市带与长三角地区山水相连，人缘相亲，各方面文化特色相近，山川湖泊相互连接，自然环境可谓是美不胜收，气候环境适宜。皖江城市带很适合发展体育旅游业，如皖江城市带内合肥、安庆、马鞍山、铜陵、池州等地是我国有名的体育旅游胜地，我国四大名山之一九华山、宏伟壮观的灵山“古南岳”天柱山，两大著名佛教圣山均坐落在皖江境内，[18]还有我国道教四大圣地之一齐云山也坐落在皖江城市带，天下四绝之一太极洞、五大淡水湖之一的巢湖以及中国最大的主题公园——芜湖方特欢乐世界都坐落在皖江城市带，得天独厚的地域优势决定了皖江城市带注定要以旅游业为主要发展方向。[19]生态体育的不断发展快速推进着全民健身的发展，皖江生态体育的发展不仅推动着全民健身计划的快速发展，同时促进着皖江城市带的经济快速健康发展。[20][21]但多年来皖江城市带体育旅游业的不断发展依然存在着众多问题，如皖江城市带辖区相关领导对体育旅游这项生态体育产业的经济投资力度不大，导致皖江城市带的居民对健身体育的支出相对较低；体育旅游的产品品种相对单一，旅游产品质量不高或者较少导致缩短旅游者在当地的逗留时间，经济效益较小；缺乏旅游人力投资，发展生态旅游产业需要专业、高层次的工作人员进行设计和引导。以上方面在一定程度上制约了皖江城市带体育旅游业的快速发展。

（四）皖江城市带生态体育产业发展的影响因素

经过与皖江城市带生态体育产业发展负责部门的领导交流后总结，影响皖江城市带生态体育产业的发展主要因素有：投资力度小、城市化水平低、居民消费水平低、管理体制不完善等。

1. 投资力度小

良好的环境必然会促进各种产业的发展，对于体育产业也不例外。要想更好地发展体育产业，不仅需要高质量的客观环境，还需要良好的社会环境。经过调查，皖江城市带体育产业发展以俱乐部和旅游体育产业为主。[22]国际国内的健身俱乐部发展经验表明，要想更好更快发展健身俱乐部，关键在于政府职能的转变和对体育健身事业的定位，尤其是地方各级政府的思想观念以及认识的不断完善，才可以克服妨碍体育事业发展的很多思想障碍。[23]皖江城市带政府应该大范围不断宣传健身观念，引导皖江城市带人民全新的健康意识，这样才能辅助皖江城市带体育产业的飞速发展。皖江城市带健身俱乐部可以给消费者提供免费的健康讲座，同样给消费者宣传健身、运动、娱乐、减肥以及医疗等方面的方法，并且结合所在俱乐部的特点尽可能地对消费者进行服务性的宣传，积极引导会员消费者进行正确的消费，同时注意加大投资力度，完善硬件设施和软件质量。皖江城市带拥有得天独厚的旅游资源，皖江城市带的相关政府更应该牢牢抓住这一优势，加大对旅游环境以及这方面人才的投资力度，更好更快促进当地旅游产业的发展。

2. 城市化水平低

城市化水平又叫城市化率，一般用一定地域内的城市人口与当地总人数的比值表示该地区的城市化水平。[24]评价城市化水平的标准包括：城市人口比重即非农业人口、居住城市内的农业人口和流动人口比重、人均国内生产总值、城市第三产业占国内生产总值的比重、适龄人口入学率、城市用自来水普及率、城市人均住房的面积、每一万人拥有的医生数、人均公共绿地面积等。[25]经过与皖江城市带生态体育产业发展负责部门的10名领导交流之后发现，皖江城市化水平较低。城市化水平低在一定程度上阻碍了皖江城市带的体育产业发展。

3. 居民消费水平低

我国的社会保障体系相对经济发达国家来说比较落后，因此我国消费率无论是与世界平均水平相比较，还是与一些国家相同发展阶段的消费率相比较，都明显偏低，几年出现了加速下降的态势。[26]虽然造成当前我国消费率低的原因有收入分配结构不合理和社会保障制度不健全等体制性因素，但当前我国消费率的下降有其客观规律性，与工业化发展阶段消费率趋于下降的一般变化规律相吻合。[27]在规律性、制度性、体制性因素难以短期内改变的情况下，提高我国消费率的做法仍有赖于投资的扩大。一个地区的GDP代表着当地的居民消费水平，居民GDP偏低，则在各方面支出相对较少，恩格尔系数相对较高，生活质量不太乐观，直接导致居民在健康方面的投入也会降低，经过调查显示，皖江城市带的居民收入相比前几年虽然显著提高，但我国仍然处在社会主义发展初级阶段，贫富差距仍然很大，大部分居民在体育消费上只是停留在器材购买方面，而且相对投入比率较低，所以居民消费水平低在一定程度上抑制了皖江城市带体育产业的快速发展。

4. 管理体制不完善

有研究表明，要想顺利经营和发展体育产业，主要依靠那些高水平的管理人才、高能力的专业人才，以及具有高素质的服务人员。[28][29]皖江城市带的体育产业相关管理者应该经常对当地体育方面管理机制的内部经营者和服务性人员进行专业的培训，提高他们的业务水平。[30]同时，皖江城市带的相关体育产业管理人员在选择工作人员的时候，更应该对教练员和经营服务人员提出更高的要求，并且负责招纳人员的工作人员应该经常与国家相关专业人员进行沟通与合作，为皖江城市带体育产业相关经营储备优秀人才，优化皖江城市带体育产业管理体制。

（五）皖江城市带生态体育产业发展的对策研究

1. 加大投资力度

没有投资就没有收入，在拥有得天独厚的地理优势后，皖江城市带的相关体育产业的领导更应该认识到对现有资源的保护和不断开拓创新的重要性，[31]学习国外相关体育产业相关先进技术，培养专业化体育人才。

2. 开展群众体育活动，刺激群众消费

群众是开展一切活动的基础，积极地开展群众体育活动，拉动体育消费是促进皖江城市带体育产业朝正确方向发展的必须途径和最好方式，尤其是对于广大农村的居民，要积极开展农村体育活动，加强对农村体育设施的建设。

3. 积极培养体育人才，加强体育产业立法

人才是带动一切产业快速并有序发展的一个必要途径，皖江城市带体育产业在发展过程中必须重视体育人才的培养，研究表明，体育经营人才的缺乏会使得很多体育产业不能开发或者发展缓慢，只能停留在单一的低级产业层次上，积极培养高级体育人才迫在眉睫，此外还要加强体育产业立法。

4. 积极树立营销意识

相比其他发达国家，皖江城市带的体育产业起步相对较迟、较慢，改革较慢且不太全面，这导致皖江城市带的体育企业的市场意识相对比较淡薄，体育产业和其他产业一样，必须在营销方面不断创新，吸引顾客的眼球，才能使其健康快速发展，是皖江城市带体育产业发展的前提条件。

（六）皖江城市带生态体育产业发展的一体化研究

体育产业随着人们生活水平的不断提高已经成为一个蕴藏巨大商机的产业，体育产业的产生，不仅促进皖江城市带居民经济的快速发展，同时也解决了许多人的就业问题。[31][32]体育产业在一体化的发展过程中首先应该加强政府的指导作用，加强对体育产业的规划，明确区域体育产业一体化发展的基本框架，引导各区域各体育产业优化体育资源配置和内部结构调整，体现政府的职能。其次应该转变观念，加强交流与合作，不断学习发达地区的先进体育产业技术，借助区域地理优势，提升体育产品市场的竞争力，只有这样才能不断促进皖江城市带体育产业一体化的快速发展。

五、研究的理论与应用价值

（一）城市体育景观的建设与城市可持续发展

随着奥林匹克运动在全世界的发展，各国在发展奥林匹克运动和体育事业的同时，都加大了对本国城市体育景观的建设，包括大型体育场馆群、奥林匹克运动中心以及大量与体育相关的建筑等。可持续发展已成为人类行为的共同准则，城市的景观规划是与可持续发展最直接相关的课题。要在规划的过程中合理利用自然资源，维护资源的再生能力，并使城市的生存环境得到最大保护。[33]可持续发展强调规划的目标是促进整个城市环境、经济、社会的持续协调发展，并且规划和管理都是持续性的，这要求在进行景观规划时充分重视开发序列的研究，在保证城市整个规划区域持续发展与稳定繁荣的前提下，研究每一阶段的选址、优先项目等问题，尤其要研究起步阶段的选址、建设项目、优先项目、开发方式、产权关系及运营机制等问题，从而达到每一个阶段的相对最优效益。

（二）生态体育产业促进城市体育基础设施建设

生态体育产业与生态休闲公园建设。[34]生态反映出当今社会对改善生态环境的关注，反映出人们环境意识的提高。有需求就会有市场，建设生态公园就是明证，而园林绿化覆盖率高、水面大、以生态园林作为卖点的房地产项目也更容易吸引消费者的眼球。生态体育休闲公园20世纪开始在发达国家盛行，在欧洲各国十分普遍。它的出现，是人们物质生活达到一定水平后，追求更高生活层次的必然趋势。北京、上海、广州等城市都开始重视具有运动健身功能的体育休闲公园的兴建。生态体育休闲公园，旨在为人们提供户外体育运动的区域，创造环境舒适、功能齐全的活动景区。

（三）生态体育产业园建设

“生态体育产业园”是一个新兴的名词，随着生态体育概念的兴起而来。如安徽省紫蓬山对旅游资源相对匮乏的合肥来说算是个亮点。近年来，紫蓬山旅游开发区的管理者正在逐步探索如何把紫蓬山打造成全国首家生态体育产业园，安徽省山地自行车运动训练基地落地在紫蓬山。紫蓬山风景区管理者的思路是把紫蓬山带向全国，走向世界，尤其适合现代人追求健康、阳光、运动、参与的休闲体育理念。紫蓬山风景区的管理者把紫蓬山打造成全国第一个生态体育产业园更能符合现代人尤其是年轻人的休闲体育运动理念。

（四）生态体育产业推进城市生态文明建设

生态文明是指人们在改造客观物质世界的同时，不断克服改造过程中的负面效应，积极改善和优化人与自然、人与人的关系，建设有序的生态运行机制和良好的生态环境所取得的物质、精神、制度方面成果的总和。它反映的是人类处理自身活动与自然界关系的进步程度，是人与社会进步的重要标志。生态文明作为社会文明的生态化表现，其价值取向的内在要求体现在多方面。生态文明要求树立人与自然同存共荣、人天合一的自然观。[35]人类对自然的利用与改造，必须以保证整体生态系统的动态平衡为前提。人类不能只是开发自然、利用自然、索取自然，而且还要保护自然、补偿自然，按自然规律办事，与自然和谐相处，走与自然同存共荣的发展道路。

（五）生态文明建设的紧迫性

环保问题关乎全社会乃至子孙后代的生存与发展，习近平总书记已经明确提出：金山银山不如绿水青山，绿水青山就是金山银山。希望各地官员改变“增长就是硬道理”的观点，更多地注重经济发展的可持续性。公众的环境意识对国家的环境状况有着强烈的影响。[36]从理论上讲，政策是公众意志的体现。在西方国家，往往是公众的环境意识引导着政府的环境政策。更为重要的是，公众的环境意识直接影响环境政策的实施效果。环境是人类共有的环境，保护环境是每一个人不可推卸的义务和责任。只有认识到了这一点，保护环境才能变成每个人的自觉行动，环境政策的实施才能顺利，效果也才会达到最大。生态体育有利于培养人们的主人翁精神，提高公众对环境保护的使命感和责任感，从而形成全社会保护共同环境的良好氛围。此外，生态体育增强公民环境意识的同时，有利于民众监督行政机关和一些企业的破坏环境的违法行为，生态体育的公众监督机制，可以有效地防止因行政主体的权力竞争而导致的公共利益受到损害的悲剧，防止因行政机关的违法或不当行为引起的环境污染和破坏。

参考文献

［1］高博．基于SWOT定量分析模型的河南省高新技术产业发展环境分析［J］．统计与决策，2018（17）：109－112.

［2］潘瑞成，刘睿君．体育产业集群影响因素的实证检验［J］．统计与决策，2018（17）：112－115.

［3］王双柱．初中生体育课堂问题调查及对策研究［J］．体育科技文献通报，2018（10）：116－117，121.

［4］夏正清，方雨晴．智慧体育产业发展刍议［J］．体育科技文献通报，2018（10）：120－121.

［5］刘硕．新时代体育产业现状及发展方向分析［J］．体育科技文献通报，2018（10）：161－163，175.

［6］陈刚．新时代体育强省建设的战略思路［J］．体育与科学，2018（5）：1－5.

［7］郑喜园，高书杰．“互联网＋”时代下我国体育产业发展战略研究［J］．中国管理信息化，2018，21（19）：115－116.

［8］崔瑞华，远芳，王泽宇．中国体育产业发展支撑条件时空格局演变分析［J］．资源开发与市场，2018（10）：1431－1437.

［9］杜放．美国大学竞技体育文化透析与启示［J］．体育学刊，2018（6）.

［10］崔建国．我国体育特色小镇发展研究［J］．体育学刊，2018（6）.

［11］刘志勇．基于供给侧实践的福建体育用品制造业转型路径研究［J］．廊坊师范学院学报（自然科学版），2018，18（3）：86－90.

［12］史伟．桂林龙舟文化与旅游产业融合发展模式路径研究［J］．中国市场，2018（29）：68－70，79.

［13］缪艳萍，戴建敏，王骅，等．上海大型文化体育设施运作模式［J］．科学发展，2018（9）：106－113.

［14］白银龙，郭腾杰，甘颂甜．基于钻石模型的云南体育旅游产业发展研究［J］．河北旅游职业学院学报，2018，23（3）：42－45.

[15] 郝家春. 开展全民健身活动　推进体育强国建设——学习习近平关于加快推进体育强国建设的重要论述 [J]. 中南民族大学学报（人文社会科学版），2018，38（5）：168-171.

[16] 常德胜. 大型体育赛事促进杭州城市品牌建设与传播的路径研究 [J]. 浙江体育科学，2018，40（5）：17-21.

[17] 左为东，高嵩. 大型竞技赛事热潮下中国体育综艺节目发展状况研究 [J]. 浙江体育科学，2018，40（5）：22-25.

[18] 顾碧威，朱淦芳. "互联网+亚运会" 背景下杭州共享智慧体育平台建设探讨 [J]. 浙江体育科学，2018，40（5）：31-35，76.

[19] 张贝尔. 衢州市打造国家运动健康城市的发展研究 [J]. 浙江体育科学，2018，40（5）：47-50.

[20] 胡摇华，吴迪. 资源共享视角下的上海市社区体育资源优化配置研究 [J]. 首都体育学院学报，2018（5）：403-406.

[21] 叶建强. 温州市公共体育资源配置现状的调查与分析 [J]. 温州职业技术学院学报，2017，17（4）.

[22] 李巧俊. 锡林郭勒职业学院教师参与民族体育健身现状调查与分析 [J]. 现代交际，2017（20）：48.

[23] 刘孑硕. 健身俱乐部管理模式的研究 [J]. 科技风，2017（20）：209-210.

[24] 骆子彦，孙林. 南京市英派斯健身俱乐部会员锻炼现状的调查分析 [J]. 体育世界（学术版），2017（10）：16-18.

[25] 江娟. 北京体育大学教育学院体育舞蹈专项课程设置与社会需求的关系分析 [J]. 青少年体育，2017（10）：134-135.

[26] 毕小晶，谭玉森. 青少年运动员实行分类培养模式的探析 [J]. 青少年体育，2017（10）：42，108.

[27] 王珏晗，周春山. 广州市商业型健身房空间分布及其影响因素 [J]. 热带地理，2018，38（1）：120-130.

[28] 刘野，王晓云，阮云龙. 北京市上地街道辖区商业性健身俱乐部私人教练职业素质现状调查与分析 [J]. 运动，2017（16）：139，154-155.

[29] 邱如梅. 驻马店市区健身俱乐部私人教练现状调查研究 [J]. 当代体育科技，2017，7（23）：173-174.

[30] 陈丽霞，柳超. 女性体育研究文献综述与分析 [J]. 福建体育科技，2017，36（4）：4-6.

[31] 张瑜. 关于湛江市私人教练从业现状的调查 [J/OL]. 体育科技文献通报，2017（8）：92-93.

[32] 陈益云，朱利娟. 贵阳市商业健身俱乐部团体操课开展现状分析 [J]. 体育科技文献通报，2017（8）：117-118，129.

[33] 陈益云，朱利娟. 贵阳市商业健身俱乐部团体操课开展现状分析 [J]. 体育科技文献通报，2017，25（8）：117-118，129.

[34] 程路明，相建华. 健美健身行业的职业培训现状及对策研究 [J]. 浙江体育科学，2017，39（4）：13-18.

[35] 王子. 东方舞对女性心理健康现状影响的实证研究 [J]. 大众文艺，2017（13）：166-167.

[36] 蔡文燕，谢柱强. 广州市健身教练发展现状研究 [J]. 当代体育科技，2017，7（20）：155-156.

生态经济背景下皖江城市带民间音乐文化产业发展研究

程　鹏

一、国内外研究现状简述

综观国内已有研究，对于生态经济背景下皖江城市带民间音乐文化产业发展的研究基本是针对民间音乐形式的文化产生现状和发展的研究，而结合生态经济背景现状进行研究的成果则较少。如张红飞（2010）的《关于黄梅戏及其产业可持续发展的问题与对策》提出，打造产学研一体化传承模式、推进体制机制破旧立新，培育黄梅戏艺术产业平台、构建富有时代气息的文化产业集群，强化政策引导、加大经费投入是新形势下推进黄梅戏及其产业可持续发展的有效路径。钱敏与何骏（2011）的《皖江城市带黄梅戏文化产业发展的 SWOT 分析》则是对黄梅戏文化产业进行优势、劣势、机遇、挑战分析，有助于黄梅戏文化产业掌握形势、看清道路，为皖江城市带民间音乐文化产业的发展奠定基础。胡功胜（2014）的《对传统戏曲产业化中的艺术创新——以黄梅戏为个案分析》中对传统戏曲黄梅戏的产业化之路提出了创新与开发“两条腿走路”思路。除了探究民间音乐自身文化产业化发展，也有学者将民间音乐文化与旅游产业相结合，如李先进（2014）的《文化旅游创意产业视角下的黄梅戏文化品牌发展策略探析》中提出，利用黄梅戏文化品牌进行文化旅游创意产业的发展，既满足了游客的需求，也达到了文化传播的目的，也能使黄梅戏文化品牌发扬光大，并且能使文化旅游创意产业发展，形成文化旅游产业链，使经济效益和社会效益双丰收。由此可以看出，国内在研究皖江城市带民间音乐文化产业时基本以研究黄梅戏艺术文化产业为主，而对于皖江地区其他的民间音乐文化产业则较少提及。目前而言，具有总体性、概括性、区域性的民间音乐文化产业的发展研究成果非常少。

与此同时，在以生态经济为背景的研究中，以资源、环境、经济为研究对象的居多，如马超平（2015）的《生态经济背景下如何实现“资源—环境—经济”的协调发展——以广州为例》，王玉的《生态经济背景下资源依赖型地域经济发展转型研究——以内蒙古巴彦淖尔市为例》。但是针对生态经济背景下的民间音乐文化产业发展研究的成果却寥寥无几。

二、皖江城市带民间音乐文化产业发展现状概述

民间音乐是劳动人民在劳动和生活中自己创作、自己演奏的音乐形式，它以口头创作、口头流传的方式生存于民间，是人类文化的重要组成部分，具有重要的文化价值、经济价值和社会价值。民间音乐文化产业作为民间音乐经济化的表现形式，主要通过营销与民间音乐相关的产品、举办民间音乐盈利性活动等以实现商业回报的经济活动为主。

皖江城市带作为沿长江流域的城市群，自古以来蕴藏着丰富的民间音乐文化。民歌音乐方面如当涂民歌、巢湖民歌、繁昌民歌、铜陵牛歌、贵池民歌、石台唱曲、九华山佛教音乐、潜山弹腔、徽州民歌、齐云山道场音乐等居多；歌舞音乐方面如竹马灯、凤阳花鼓、东至花灯等居多；戏曲音乐方面如庐剧、含弓戏、芜湖梨簧戏、南陵目连戏、池州傩戏、青阳腔、石台目连戏、黄梅戏、徽剧等居多。皖江城市带丰富的民间音乐文化资源也促成了各类民间音乐文化产业的产生。

（一）民歌音乐文化产业发展现状

“民歌是劳动人民在社会实践中口头创作的歌曲。它一般是口头流传，并在流传过程中不断地经过集体加工，是劳动人民集体智慧的结晶。”[1]皖江城市带包括合肥、芜湖、马鞍山、安庆、滁州、池州、铜陵、宣城8个地级市全境以及六安市的金安区和舒城县，其中蕴含着丰富的民歌音乐文化，具有代表性的为繁昌民歌和巢湖民歌。

1. 繁昌民歌

安徽省繁昌县位于芜湖市的西南部，是皖南地区的门户，古有“春谷”之称，自西汉建县以来拥有2000多年的历史，现存最早记录繁昌民歌的史料为明清时期，如明代知县诗句“九月将临衣未授，千家砧杵动吴歌”。繁昌民歌于2006年被安徽省政府批准为省级非物质文化遗产，主要包括秧歌、号子、山歌、儿歌、门歌以及风俗礼仪歌等众多类型，使用繁昌当地方言进行演唱，曲调简单、朴实，可谓是“随口曲子自来腔”，演唱方式主要为独唱、对唱以及连说带唱。繁昌民歌中最具代表性的便是《耕田歌》。《耕田歌》属于秧歌的类型，安徽秧歌的种类众多，在皖南地区统称为“耕田歌”。这类民歌曲调平缓，具有鲜明的江南水乡韵味，同时也保留了山歌清亮、高亢的特点，这首歌也被作曲家沈仁浪改编成了广为传唱的《山南海北都照红》。繁昌地区山峦叠嶂，是国家AAAA级风景区、国家森林公园，国家地质公园马仁奇峰风景区便坐落于此。风景区开发伊始便以繁昌当地的民歌文化作为主要的宣传亮点，以繁昌民歌曲调填词的《马仁奇峰迎客来》更是作为马仁奇峰风景区的迎客歌曲。每当游客前来，首先萦绕耳畔的便是这首优美的繁昌民歌，繁昌民歌经过几代人的继承创新和发扬，已经成为了繁昌地区重要的文化标志，在弘扬传统音乐文化的同时，更为当地的旅游产业带来新的生机。

2. 巢湖民歌

巢湖民歌，是皖中地区极具代表性的区域基层民歌文化的艺术形式。巢湖民歌长期以来坚持以传统民歌的音乐元素进行创作，在保留传统的基础上推陈出新，积极推出一代又一代的新民歌手。传统的巢湖民歌，产生于田间地头，俗称“望风采柳”，即在种植插秧时便会即兴创作出“十里也，长冲哎，好风光呀依，麦苗青呀，啊咦呀子吆，稻花黄啊，啊咦呀子吆，幸福生活万年长啊”这样的民歌。巢湖民歌的表演方式一般由一人领唱，多人合唱，演唱时使用衬词较多，情感朴素，有着浓郁的巢湖民间语言风味，属于原生态民歌的一种。自20世纪60年代起，我国著名作曲家李焕之改编传统巢湖民歌《巢湖好》后，涌现出了一批脍炙人口的巢湖新民歌，如《毛主席送我上讲台》《二月兰》等。巢湖民歌作为巢湖地区优秀的民间音乐文化，成为当地具有代表性的文化旅游产业。其中具有代表性为巢湖的烔炀古镇风景区。古镇作为旅游景区以建设“江淮古镇传奇烔炀”为发展目标，在烔炀镇王岗、乌龙岗一带，种植了将近2000余亩的桃树，成为当地一项重要的生态旅游资源，每年3月举行“桃花节”活动。2016年3月，“桃花节”邀请了巢湖民歌省级非物质文化遗产传承人李家莲以及年轻的巢湖民歌歌手们同台进行演出，演唱了众多具有代表性的巢湖民歌。通过本土民歌艺术表演的形式，吸引了众多的游客驻足游玩，在宣扬传统民歌文化的同时，带动了烔炀古镇旅游的经济收益。

（二）民间歌舞音乐文化发展现状

民间歌舞是一门古老的艺术形式，它源自人民的生活，是抒发人们内心情感的一种外在表现。《毛诗序》言道：“情动于中而行于言，言之不足，故嗟叹之，嗟叹之不足，故咏歌之，咏歌之不足，不知手之舞之，足之蹈之也。”民间歌舞是一种结合了民间歌曲和舞蹈以及乐器表演的综合艺术形式，在我国有着悠久的历史。皖江城市带的滁州市就蕴藏着“凤阳花鼓”这种民间歌舞艺术形式。

凤阳，古称“钟离”“濠州”，滁州市下辖县，位于淮河中游南岸。凤阳是明朝皇帝朱元璋的家乡。明洪武年间，朱元璋下令免除凤阳家乡的赋税，老百姓深感皇恩浩荡，便敲锣打鼓，高声歌唱“凤阳歌”。到了正统年间，天灾频发，百姓苦不堪言，自然灾害使得大量的老百姓往外地逃亡，凤阳的百姓在逃亡的过程中便歌唱“凤阳歌”进行沿街乞讨。自此“凤阳歌”就成为了凤阳民众逃荒路上的谋生手段，而“凤阳歌”在这个过程中便演变成为了“凤阳花鼓”。凤阳花鼓最早的表演形式是二人对唱，一姑一嫂，一人敲锣，一人打鼓，边唱边跳。主要的代表作品有《凤阳歌》《王三姐赶集》《孟姜女》等。改革开放以来，凤阳花鼓的表演形式和内容发生了很大的变化，从古时沿街乞讨的谋生手段变成自娱自乐，满足精神文化生活的工具，人们每逢节日庆典，都会敲起锣鼓载歌载舞。凤阳花鼓于2006年5月被选为第一批国家级非物质文化遗产，并且在北京奥运会文化艺术节上进行演出，成为了安徽民间歌舞的一张名片。不论是政府层面还是商业平台，围绕着凤阳花鼓举办了一系列的文艺宣传活动，如“中国农民歌会”“中国凤阳文化旅游节”，这样的国字号活动不仅推动了“凤阳花鼓”在民间的发展，更是将其作为旅游文化名片发挥更大的艺术价值和经济价值。

（三）民间戏曲音乐文化发展现状

近代学者王国维先生对戏曲的定义是："戏曲者，谓以歌舞演故事也。"[2]戏曲作为中华传统文化的重要组成部分，具有丰富的传统文化内涵。安徽民间戏曲随着长时间的发展和沉淀自成一派，衍生出很多优秀的剧种，如庐剧、含弓戏、芜湖梨簧戏、南陵目连戏、池州傩戏、青阳腔、石台目连戏、黄梅戏、徽剧。其中黄梅戏无论是从受众还是传播范围和影响力等方面都是最具安徽文化代表性的民间戏曲。

黄梅戏发展于皖江城市带的安庆地区。安庆，地处安徽的西南部，位于长江中下游北岸，在历史上曾为安徽的省会城市，有"国家文化名城"之称，历来是文化礼仪之邦，有着深厚的文化沉淀。黄梅戏又称"采茶戏"或"黄梅调"，使用安庆方言进行表演，唱腔淳朴优美，色彩明亮，曲调抒情，具有非常强的表现力以及浓郁的皖南生活气息和乡土风味，在全国范围内具有很大的影响力和很强的传播性。黄梅戏与京剧、越剧、评剧、豫剧合称为"中国五大剧种"。黄梅戏传承历史悠久，最早可以追溯到宋代，经过宋代的民歌发展演变而来，2006 年黄梅戏便被列为国家首批非物质文化遗产。经过各个时期的发展，几代黄梅戏艺术家的奉献，如严凤英、王少舫、马兰、韩再芬等，使得黄梅戏从往昔的"草台班子小戏"，变成了现在家喻户晓深受广大老百姓喜爱的戏曲瑰宝。传统民间戏曲是优厚的文化资源，也是黄梅戏文化产业发展的坚实基础。经过政府和黄梅戏艺人的共同努力，现今已经积累了大量的黄梅戏人才以及剧本的创作和舞台的表演，无论是理论研究还是市场运作，都有了长足的进步和发展。2006 年 8 月 9 日，安庆黄梅戏剧院与文采公司共同创办了安庆黄梅戏会馆，成为了安庆文化产业的一道美丽的风景线。黄梅戏会馆装修古朴、演出人员专业，给观众们呈上了一出原汁原味的黄梅戏"大戏"，成为了安庆市的城市新亮点。黄梅戏会馆作为以黄梅戏戏曲文化为核心的商业场所，充分发挥了民间音乐文化的市场经济价值，是皖江城市带民间音乐文化产业的佼佼者。黄梅戏会馆的建立使得更多的外来游客欣赏到了最纯正的黄梅戏艺术，给安庆当地的经济发展也带来了新动力。

三、生态经济背景对皖江城市带民间音乐文化产业发展的影响

针对生态经济的研究，到目前为止国内外学者在定义方面仍未达成共识。最具有代表性的观点是生态经济让整个产品的生产、使用和废弃的全过程像生态系统一样形成全封闭循环，最终达到资源的零输入和废弃物的零排放，使生产系统自持，也就是真正的可持续发展，是理想化阶段，在知识经济的后期才有可能做到。生态经济作为国家经济转型最重要的经济增长方式，需要变革传统生产方式，约束传统环境资源利用，进而实现经济社会与生态环境相协调。生态经济文化无时无刻不影响着文化产业的发展，皖江城市带民间音乐文化产业作为地方重要的文化产业支柱，分析在生态经济背景下发展会产生怎样的变化是取得良好发展的基础。

长期以来，不论是政府还是文化产业公司，对于生态经济的发展都持有疑虑和徘徊的态度，生态经济的产业形态特点不能够帮助财富达到迅速积累的状态，但是生态经济可以使得经济发展更加持续稳定，这对于民间音乐文化产业的发展来说是尤为重要的。可持续发展的定义最早可以追溯到1980年由世界自然保护联盟（IUCN）、联合国环境规划署（UNEP）、野生动物基金会（WWF）共同发表的《世界自然保护大纲》。1987年以布伦特兰夫人为首的世界环境与发展委员会（WCED）发表了报告《我们共同的未来》。在这份报告中正式提出了可持续发展的概念。该报告提出："既满足当代人需求，又不损害后代人满足其自身需求的能力。"生态经济是可持续发展的必然选择，在可持续观念的影响下，民间音乐文化产业自身的发展无疑更具有生命力的。

（一）民间音乐文化产业创新与继承并存

皖江城市带拥有丰富的民间音乐文化元素，发展民间音乐文化产业的核心是对于民间音乐文化的创新和继承。生态经济背景下可持续观念的灌输对于民间音乐文化的传承和创新影响具有深远意义。不可否认，民间音乐文化中存在一些旧时期的观念和封建的思想，去其糟粕，取其精华，才是民间音乐文化发展的正确观念，民间音乐文化产业的发展亦如此。民间音乐取自民间，根植于传统文化，在经济飞速发展的今天，传承文化并将其产业化的同时必须跟紧时代的步伐，与时俱进。以安庆黄梅戏会馆为例，黄梅戏作为安徽最具代表性的民间戏曲音乐，其背后的文化价值不言而喻。但将其文化价值产业化带来经济价值，这是黄梅戏会馆的创建初衷。会馆与以往的专业剧团不同，观众对于节目的安排，对于整个会馆的服务水平都有着更高的要求。在民间音乐文化产业的发展上需要注意把握好"三性"。首先，在"专业性"上，对于传统的黄梅戏曲目进行继承，并且对节目质量提出更高要求，通过现代化的音响、灯光、舞美等手段，力求为观众们奉献上一场视听盛宴。其次，对于"传统性"的创新和继承。任何一门艺术，都是随着时代的进步而发展，当民间音乐文化投入市场，就必须贴合市场经济发展规律。创新是摆在所有民间音乐文化产业面前的一道难题，没有创新就没有发展。但是进入会馆的观众和顾客，大多是外地游客，他们来到会馆最关心的还是最原汁原味的黄梅戏艺术，想看的也是现代剧场中的"原生态"艺术形式，所以要把握好创新与传统之间的尺度，合理进行创新，但是核心的艺术元素还需完整地呈现给观众。最后，在"趣味性"上，民间音乐文化产业面向社会和群众，要注重节目呈现的趣味性，只有观众喜闻乐见的剧目才可以多次出现在舞台上，而对于一些生僻剧目，需将其通俗化、以趣味性的表现才能使得更多内容被观众们接受。生态经济背景下对于皖江城市带民间音乐文化产业的发展，首要任务是要秉持可持续发展的观念，对传统民间音乐文化进行继承和创新，在这其中必须把握方式，注意尺度才能真正做到在继承中创新，在创新中延续，继而在传承传统文化的同时产生更多的经济效益。

（二）推动民间文化产业的相互交流

正所谓"音乐是无国界的"，民间音乐文化需要在互相交流中实现可持续发展。皖江城市带民间音乐文化产业众多，多以音乐种类、使用语言、传播地区的不同进行类型的划分，但是同为皖江城市带地区，乐种起源同根同源，所以在发展的过程中，相互交流具有重要意义。如上文所提到的繁昌民歌文化产业发展，音乐文化是文化产业发展的重要平台，繁昌民歌依托马仁奇峰风景区进行文化产业建设，每年当节日来临，便会邀请繁昌民歌歌手到场进行演唱，2017 年第五届安徽旅游春晚在马仁奇峰景区上演，各地区的民歌歌手欢聚一堂，同台竞演。巢湖民歌亦是如此，当“江淮古镇传奇炯炀”的“桃花节”到来，景区便会将繁昌、芜湖、滁州、宣城等地的民歌手集结在一起共同表演，为景区吸引更多的游客。除此之外，巢湖市每年都会举行“巢湖民歌歌会”，在 2018 年的第十二届歌会上，经典的巢湖民歌《大湖之美》《龙的传人最风流》《秧歌唱出精气神》《巢湖美》等精彩上演，为巢湖民歌的文化产业价值进行宣传和推广作出了巨大的贡献。皖江城市带民间音乐文化产业要做到“走出去、引进来”，需要在互相交流中推广和宣传本土文化。如滁州的凤阳花鼓，便经常受邀参加国家或其他省市举办的文化艺术活动，并受到了各方高度的赞扬。凤阳花鼓《王三姐赶集》曾赴山西大冶参加全国曲艺“牡丹奖”比赛，并获节目入围奖。凤阳花鼓还先后数次走进中央电视台，面向全国进行展示。黄梅戏会馆也会不定期地邀请怀宁民间班社、潜山黄梅剧团、湖北黄梅县剧团来会馆进行演出，虽然可能在演出的水平和效果上不如成熟的安庆黄梅戏，但是随着交流的越发增多，民间音乐文化水平会得到提高，文化自信也会增强，在这些基础上发展文化产业更容易解决宣传和推广方面的问题。让民间音乐文化成为老百姓身边常出现的事物，使得接受度不断提高，当其产业化后也会让群众更易接受和进行消费行为。

（三）拓宽属于民间音乐文化的展现空间

讨论皖江城市带民间音乐文化产业的发展，需要将其放在我国整个民间音乐文化的大环境中进行分析和研究。现代群众喜爱更为流行的音乐形式，如民谣、摇滚、布鲁斯等音乐。如今流行音乐成为群众消费的主要对象，正是因为时代为流行音乐提供了足够的展现空间。在生态经济的可持续背景下，民间音乐文化能够更好地不断拓宽其展现空间。经济市场信息高速更替，作为民间音乐这种本土文化，会受到大量的外来文化入侵，对于不论是长期驻守本土的老一代传承人还是外出进行发展的年轻人，都会带来或多或少的文化冲击。当本土音乐文化被开发为产业时，会增加更多的经济效益，为当地的经济收入贡献出自己的一份力量，同时会吸引更多的年轻人投入到这份事业当中。生态经济的发展日趋成熟，生态经济使农村环境的整治和生态保护力度切实加强，民间音乐文化根植于农村土壤，农村环境的改善也使更多的本地人愿意回家进行工作和生活，同时更多的农村旅游景点开发，使民间音乐文化产业能够获得更多的展现空间。再者，生态经济背景下对于民间音乐文化的传播和继承正在开辟新的道路。随着人们审美水平更加多元化的发展，大量的民歌歌手得到了观众的一致好评。生态经济所带来的可持续发展观念对皖江城市带的民间音乐产业不论是在传承、创新、传播和发展等方面都有着重要的影响。

四、生态经济背景下皖江城市带民间音乐文化产业发展的对策及建议

（一）构建品牌

以皖江城市带民间音乐文化为中心，构建文化旅游的品牌产业群。传统文化是民族地区重要的旅游资源，在民族地区旅游产业发展扮演着极其重要的角色，对发展民族地区经济起着不可替代的作用，[3] 当代中国旅游大省都极力追求特色文化的品牌效应，如广西的《印象刘三姐》、云南的《印象丽江》以及福建的《印象大红袍》，这种“印象”系列的民族文化品牌，正是我们所需要的文化旅游品牌。以凤阳花鼓为例，皖东地区自古以来便人才辈出，古迹恒存。在凤阳，春秋战国时期的钟离国的古遗址如今完好地保存在凤阳县的临淮关，一代文豪欧阳修曾来滁任太守，留下千古名篇《醉翁亭记》，明代开国皇帝朱元璋生于明光，长于凤阳，崛起于皖东，建立大明王朝。新中国成立后，凤阳小岗村人因敢为天下先，率先进行了“大包干”而闻名全国。利用凤阳本土传统文化进行深层次挖掘和整理，整合资源，构建出以凤阳花鼓为核心的旅游文化品牌，深化品牌产业群，形成产业规模，达到更大的经济收益。构建品牌是民间音乐文化产业发展的必经之路，只有树立强大的文化旅游品牌，皖江城市带民间音乐文化产业才会更加有效发展。

（二）理顺体制

生态经济背景下民间音乐文化产业的发展，需要理顺体制机制，将政企分开，政事分开，依照市场经济发展规律进行分类管理，合理放权，让剧团和演艺公司有更多的人事任免权、决策权和管理权。这样的调整方式可以打破传统的剧团管理方式，采用盈亏自负的模式，调动剧团和演艺公司的积极性。除此之外，要明确工作内容和性质，对商业演出和公益性的演出明确划分，建立利益共享、各司其职的工作方式。在人事任免上，建立演员的聘用制度，从演员专业技能及综合素质方面着重考量，抛除身份保护。完善健全分配制度和奖励机制，树立能者上、弱者下的薪金机制，让更多的好演员发挥其艺术价值，从整体上激励剧团和演艺公司的工作效率和表演水平。

（三）搭建平台

皖江城市带民间音乐文化在生态经济背景下发展，搭建发展平台，加强政策引导，加大经费投入是非常有必要的。文化事业的发展需要中央及地方政策的引领，需要政府的保护，同时也需要政策的激励。在发展皖江城市带民间音乐文化产业的同时，建议政府机构把音乐文化产业的建设作为重要的战略抓手，在新的一轮文化体制改革中充分考虑文化产业发展的历史与现状。对地方音乐文化产业，特别是对皖江地区已经列入国家非物质文化遗产的音乐文化进行传承和政策性保护。可专项设立地域性音乐文化产业发

展基金，加大资金投入力度，帮助地方民间音乐文化产业创业者拓宽融资渠道，同时鼓励更多的社会资本投向皖江地区民间音乐文化产业，尽最大能力盘活文化产业市场，进而引导民间音乐文化产业自觉走市场化的发展之路，面向市场、走向市场、依靠市场、赢得市场、回报市场。生态经济背景下皖江城市带民间音乐文化产业的发展需要依托更强大的平台，只有在健康稳定的平台上，民间音乐文化才能绽放出更加美丽的花朵。

（四）培养人才

培养人才是皖江城市带民间音乐文化产业发展的重要基石，同时也是保护和传承民间音乐文化的前提条件。以黄梅戏为例，长期以来，安庆地区的地方高校不断为黄梅戏艺术输送人才，如安庆师范学院、安徽黄梅戏艺术职业学院（原安徽省黄梅戏学校）两所高校数年来培养了大量的黄梅戏专业人才。安庆师范学院还专门设立了黄梅剧艺术学院，聘请了著名的黄梅戏艺术家、中国戏剧“梅花奖”得主韩再芬为名誉院长和兼职教授。在学科建设方面，安庆师范学院于2007年开始招收（黄梅戏表演方向）表演本科生，现如今该专业已经发展成为国家级特色专业、国家级人才培养创新试验区；本科戏剧学（黄梅戏编导方向）于2008年开始招生；学校的黄梅戏艺术表演实训基地是“中央与地方共建高校特色优势学科实验室”、黄梅戏与民间戏剧文化研究所申报的“黄梅戏的改革与传承研究”项目获得国家社会科学基金（艺术学）立项。校园里的大学生黄梅戏艺术团负责承担教育部“高雅艺术进校园”的演出任务，常年进行各校的巡演，得到高度赞扬。除此之外，安庆市还创办了学术刊物《黄梅戏艺术》，随着演出人才的不断培养，黄梅戏的文化产业链也逐渐形成。

皖江城市带民间音乐文化作为体现地域浓厚传统文化底蕴的艺术形式，不仅具有艺术价值，同时还具有重要的商业价值。笔者通过对生态经济背景下皖江城市带民间音乐文化产业发展的多方面分析及其对策建议的提出，希望不仅可以为皖江城市带的各个城市政府在地方民间音乐文化产业发展中献策，同时可以对民间音乐文化产业化问题进行进一步探究使其在产业化的过程中找到合适自身艺术特点的传承、创新、发展之路。

参考文献

［1］周青青．民歌［M］．北京：人民音乐出版社，1993：1.

［2］王国维．王国维戏曲论文集［M］．北京：中国戏剧出版社，1984：163.

［3］杨絮飞．蒙古族民俗文化旅游资源开发研究［J］．吉林工商学院学报，2010（3）：8.

生态经济背景下皖江城市带金融支持实体经济发展研究

金利娟　安一瑾

一、引　　言

中国经济转型升级已成必然，而金融业对实体经济的发展可用“助推器”和“消化器”来衡量。金融业不仅为具有发展前景和高质量崛起的新业态提供了可能，而且以市场化的方式清除过剩产能，防控风险发生。党的十八大提出了绿色发展理念。党中央及国务院在《生态文明体制改革总体方案》中明确提出构建绿色金融体系。2016 年将绿色金融纳入 G20 议题，组建 G20 绿色金融研究小组，社会反响较大。绿色金融成为推动我国经济结构调整以及新发展方式转变的重要支撑力量，对加强治理产能过剩，加快企业转型、创新金融体系具有重大意义。在我国近几年的实践中，绿色金融在加大环境污染防治力度、推动经济绿色转型方面作出了许多成绩。中国绿色金融发展已呈现出全面提速的良好发展态势，并在多个方面走向国际前沿，特别是在新发展理念指导下，正在持续健康发展。同时在绿色金融制定标准、政策支持实体经济的绿色转型、绿色金融国际合作、绿色金融试验区改革创新、绿色金融创新过程中的风险隐患等方面不断进行深化和完善。金融行业能够对经济脱虚向实作出很大贡献。尤其是中小企业融资难、融资贵的问题，反映出金融市场广度、深度、效率的不足，而金融行业的新兴代表——互联网金融，其普惠金融的使命与传统金融形成了有效互补，通过对加强中小企业科技创新资金支持推动实体经济发展尤为重要。

二、绿色金融的发展背景和积极意义

（一）绿色金融特定历史背景

1. 国际环境

绿色金融的出现有其特定的历史背景。在世界上有不少国家曾依赖资源的高投入、高消耗来实现经济增长，而这种“先污染、后治理”的模式，不仅导致这些国家破坏了生态环境、走上发展不平衡的道路，也给人类的生存造成长期不利影响。经过多年探索，这些国家发现可以通过金融创新来改变以破坏生态来谋求发展的不合理模式，即催生了绿色金融的理念。在国际层面上，联合国环境规划署和世界银行等机构正在积极推动绿色金融的规划和实施，使越来越多的金融机构和一些国家开始将绿色金融纳入具体实践中，如国际上 80 家主要银行采用赤道原则，欧盟则要求大型上市公司必须披露环境信息，银行和企业开始发行绿色债券，美国政府为可再生能源提供担保等。[1]

2. 国内环境

在过去 30 年间，我国 GDP 保持快速的增长，年均增长率接近 10%，使得我国成为全球第二大经济体。然而长期采取以经济增长速度、资源大量消耗和牺牲环境的粗犷式的发展模式对生态环境已造成了严重破坏，同时也对经济的可持续增长和人民的生活质量产生了严重的影响。因此，政府开始加大对环境治理的整治和投入，政府税收和支出开始转向环境改善和绿色发展，在一定程度上起到很大的作用。但环境形势依然面临着非常严峻的挑战，不少地区的环境指标仍在恶化。因此，生态文明的建设已成为我国“十三五”发展规划的重要目标。如何建立一套有效机制，引导更多的社会资金投入绿色产业，同时抑制对污染型行业的过度投资，已成为生态文明建设是否成功的关键点。2015 年 9 月，《生态文明体制改革总体方案》发布，首次明确确立中国绿色金融体系的顶层设计。《中共中央关于制定国民经济和社会发展第十三个五年规划的建议》中明确提出要发展绿色金融。2016 年 3 月，“十三五”规划正式提出要“建设绿色金融体系，发展绿色信贷、绿色债券，建立绿色发展基金”。2017 年 3 月，李克强总理在《政府工作报告》中再次提到要“大力发展绿色金融”，绿色金融在我国被提升为新的战略高度。[2]

（二）皖江区域绿色金融支持实体经济发展的优势

实体经济是相对于虚拟经济而言的，是指以有形的物质为载体、进入市场的要素以实物形态为主体的经济活动。实体经济作为人民生活的保障，涵盖了一、二、三产业的多数领域，是国民经济的重要基础。

近年来皖江区域实体经济发展势头迅猛，成绩可观。但也有不乐观的一面，因实体经济下行，投资回报率偏低等因素影响，皖江区域实体经济的发展形势出现消极现象，甚至某地区出现了“脱实向虚”的明显倾向。实践验证，分离实体经济单独发展不仅将造成发展根基不稳，而且会加大经济金融风险，更严重的还会引发社会风险。在这方面的教训，国际上几次出现的金融危机带给了我们深刻警示。目前皖江区域经济发展已进入新常态，面对国际国内复杂多变的经济环境，正确应对各种风险挑战需要充分认识到加强发展实体经济的关键性，既要做到以提高经济发展质量和核心竞争力为中心，同时也要坚持创新驱动发展，使得实体经济这一经济发展根基稳定。绿色金融支持实体经济发展有着积极的历史性的作用。

1. 站在产业转型的角度

（1）绿色金融支撑新兴绿色产业发展。将实体经济转型到绿色实体经济并着力发展新兴绿色产业，同时促进环保产业增长，能够刺激区域经济增长。作为新兴环保产业，从开发与研制，到投产与产生效益，不仅需要很长时间，还需要大量的资金支撑以及金融政策支持，最终新兴绿色产业才能形成。而绿色金融发挥其杠杆作用，把资金引流到新兴绿色产业，对新兴绿色产业的发展起到支撑作用。

（2）绿色金融对推动传统产业转型起到一定的作用。绿色经济需要对高耗能、高消耗、高污染的传统产业进行重组，促进自主创新，同时采用新材料和新技术，将其转型为低能耗、低污染、低排放、高效率的产业。这些重组加创新需要金融支持。同时，绿色金融凭借资源配置功能可以将资本引导流向绿色产业使其转型，进而改善产业结构，促进传统产业的转型，实现绿色经济发展。[3]

2. 站在能源结构的角度

根据《中国统计年鉴》的数据显示，在中国能源结构中，一次性能源消耗的比例每年都在 90% 以上，而且在一次能源消费和生产结构中，煤炭的比例高达 76% 和 68.9%，我国是世界上煤炭消耗比例最高的国家。同时我国幅员辽阔，风能、太阳能、地热能、海洋能、生物质能等新能源丰富，但利用率不到 10%。随着我国绿色经济的发展，安徽省逐渐降低了煤、油等一次性能源的比重，加大了新能源占比，改进了基于燃煤燃料的能源结构。绿色金融融资引导将加大对新能源开发利用，限制和逐步减少煤炭消费和生产投资，逐步改变燃煤燃料的能源结构和形式，形成太阳能、风能等新能源作为主要的绿色能源结构。

3. 站在绿色实体经济主体的角度

（1）政府是绿色实体经济健康发展的坚强后盾。由于绿色产业的大型项目需要的大量资金非政府所能承受，所以绿色产业的发展不仅需要政府主导和引领，督促其充分发挥其市场机制的作用和功能，而且需要引入资本市场和绿色金融产品，充分发挥市场融资能力。

（2）规范和引导企业转型发展。以绿色金融来影响企业资金转向绿色发展，扩大企业环境技术创新，同时处理企业环境污染等外部因素，借助支持和约束企业经营行为，来引导和规范企业良性发展，从而走向绿色发展的道路。

（3）引导消费者绿色消费。以绿色消费为前提是发展绿色实体经济的基础。否则，站在市场调节的现代经济模式下，绿色实体经济是空谈。而借助保险、信贷等方式绿色金融可增加绿色消费的比重，从而使消费模式趋于节能和环保。

三、皖江区域实体经济绿色发展中存在的问题

（一）制约皖江区域实体经济绿色发展的“瓶颈”

1. 房地产过度发展阻碍实体经济的绿色发展

在一定程度上，房地产是一个“吸金盘”，大量新增货币或贷款被吸入房地产业，是从实体经济口中夺食，将实体经济的投资与信贷供应挤出。同时，畸高的房价使居民将更多收入用于支付所谓刚性需求的住房购置成本，不得不抑制其他消费需

求，抑制了实体经济内需的有效增长；房地产业的过度繁荣，引发房地产开发商财富的快速积累，提供了错误的财富积累示范效应，也误导了政府发展绿色产业的政策。显然房地产业的过度繁荣已经绑架地方政府，由于高房价有利于推高土地出让金，从而增加政府财政收入，诱导地方政府热衷于推动房地产业的持续繁荣，从而忽略绿色产业的发展。

2. 实体经济内生发展动能不足，制约实体经济可持续发展

基于技术上的巨大差距，很多企业基本上采用模仿跟进策略。但长期以来的模仿策略引致知识产权保护不足，企业创新意愿偏弱。由于创新成果得不到保护，大部分企业根本不愿意投入资金进行原创性研发，而是指望继续依靠模仿维持生存，研发投入少，企业创新能力不足。而有效需求不足，企业成长空间受限。内需比率偏低严重约束了实体经济发展的空间，目前内需疲软也已经成为制约实体经济发展的关键性因素。

3. 企业普遍缺乏企业家精神，导致企业持久性发展动力不足

最深层次、最终极的企业家精神，一般都有一定的超越性，才能支持企业百尺竿头，更进一步保持永不歇止的创业激情。企业家阶层的经济、社会、政治地位，很大程度上是体制赋予的，有很大的不确定性。在日常经营活动中，企业家自然会碰到很多障碍，有时甚至会有“如履薄冰，如临深渊”的感觉。当前，中国经济进入新周期，产业面临爬坡过坎的关键时期，无疑时代正召唤勇于变革、敢于担当，并为社会创造价值的企业家，企业家精神就被赋予了全新的概念。中国为什么缺少创新型企业家？深层根源是什么？中国文化的超越性思想资源相对稀缺一些，加上国内教育因为囿于体制而产生的种种问题，使得国人普遍缺乏独立思考能力，再加上普遍太重视、太在乎别人对自己的看法，所以普遍缺少特立独行的人生态度，易出现从众、跟风、乌合之众的行为模式，发生广场效应、蜂群效应等现象，很大程度上削弱了中国企业家阶层的创新精神和冒险精神。中国的企业家要少参会，多读书，尤其要多读文史哲方面的书，努力积累自身的超越性思想资源。拓宽视野、开阔胸怀造就格局，格局改变世界。

4. 社会投机性导致实体经济没有得到应有的重视

社会投机的环境和氛围严重阻碍了实体经济健康发展。相比其他省份，安徽省企业总体上比较浮躁，不愿脚踏实地稳扎稳打地经营实体企业，更多的梦想是通过短期炒作，一夜暴富。在不断地侵蚀实体经济的利益基础上，虚拟经济不断加速发展，一些虚拟经济环节甚至脱离了实体经济的本质基础。

5. 金融体系扭曲，脱实向虚，偏离服务实体经济轨道

安徽省金融体系存在五大扭曲现象。一是金融服务价格扭曲。银行利率管制与非银行金融机构高收益之间不对称，民间金融、影子银行的融资价格与商业银行的融资价格呈现双轨制。二是需求与供给扭曲。公众投资理财意识觉醒刺激金融产品需求蓬勃增长，但金融产品供应不够丰富，投资理财工具选择有限。三是金融资源分布扭曲。银行业资产占金融市场总资产近85%，而保险、基金、证券、租赁、信托等非银行金融机构的发展滞后。间接融资与直接融资的比例，以及金融资源在不同金融行业间的规模和服务水平均显著不对称。四是金融市场主体行为扭曲。部分资金需求方对资金的价格信号反应极其迟钝，普遍存在实体企业脱实入虚、投资金融资产的现象。金融产品内容创新缺乏，形式创新却大行其道。五是金融市场相对封闭发展。受严格的金融管制约束，安徽省金融体系不能借助外部竞争机制实现自我完善与发展，自我完善的压力与动力不足。省内融资成本高，但实体经济不能自主使用省外低成本金融资源。

6. 实体经济发展转型升级不够

随着互联网经济的快速发展，企业转型升级较慢，自身发展能力跟进不足。而且电子商务税收、交易商品质量管理等不规范问题频现，实体店的竞争优势不再，导致一批批实体店纷纷关门倒闭。

（二）制约皖江区域实体经济绿色发展的因素

皖江区域绿色金融发展虽然有所起色，但总体上还处于起步阶段，发展中还存在一些制约因素。

1. 相关法律政策体系还不够完善

立法层次较低，没有正式法律出台，仅是一些部门规章，在一定程度上影响了监管效力；现有的制度体系操作性不强，未将绿色项目的正外部性和污染项目的负外部性体现在市场价格上，财政补贴、税收减免和金融优惠等政策未有效跟进，金融机构开展绿色金融业务盈利性不强。

2. 基础性工作不牢固

绿色金融的概念不明确，各方对绿色金融概念的内涵和外延的理解不一致，导致了数据缺乏可比性。绿色金融各项标准不完善，各方主体的责任与权利不够具体明确。绿色金融信息披露机制不健全。

3. 绿色金融市场发展不足

各相关机构“绿化”程度不够，到目前为止，全国只有兴业银行一家“赤道银行”，多数银行金融机构没有深入参与到绿色金融业务中。绿色金融总体体量较小，名义上许多银行机构公布的绿色贷款占比远超 90%，但实际真正用于绿色发展的资金占比较低。绿色金融产品种类有限，以绿色信贷为主，其他直接融资业务发展相对滞后，覆盖范围有限。

4. 中介机构、人才等配套支持不足

国内还没有成立专门的绿色金融中介服务机构，信用评级、第三方认证、资产评估、信息咨询、环境风险评估等专业性服务机构涉足绿色金融业务较少。

5. 绿色金融可持续发展能力有待提高

绿色金融产品工具不够多元化、期限错配较难缓解；环境信息披露不充分、信息不对称问题较为突出；缺乏统一的绿色项目目录和绿色金融标准；部分金融机构能力建设不足，缺乏专业人才和技术方法。

四、皖江区域绿色金融支持实体经济发展的数据分析

选取了合肥市、芜湖市和铜陵市绿色金融支持实体经济发展相关数据进行对比分析，时间截至2017年（见表1至表3）。

表1　　合肥市绿色金融支持实体经济发展数据

对接资本方	项目方	成功签约项目	入驻金融机构	投放贷款余额	新增投放贷款	绿色融资
110家次	180家次	82个	60余家	150.69亿元	50亿元	99.86亿元

资料来源：根据安徽省统计局、合肥市财政局统计数据整理。

表2　　芜湖市绿色金融支持实体经济发展数据

对接资本方	项目方	成功签约项目	入驻金融机构	投放贷款余额	新增投放贷款	绿色融资
108家次	169家次	69家次	50余家	130.68亿元	43亿元	78.40亿元

资料来源：根据安徽省统计局、芜湖市财政局统计数据整理。

表3　　铜陵市绿色金融支持实体经济发展数据

对接资本方	项目方	成功签约项目	入驻金融机构	投放贷款余额	新增投放贷款	绿色融资
87家次	123家次	52家次	30余家	96.45亿元	31.39亿元	69.28亿元

资料来源：根据安徽省统计局、铜陵市财政局数据整理。

由数据分析可知，截至2017年，三市累计对接资本方均已超过80家次，项目方均已超过120家次，项目成功签约突破50家，三组数据分析可以看出部分地区在绿色金融支持实体经济发展及引进项目方面已有所发展，其中合肥市尤其突出，芜湖市居中，铜陵市稍加欠缺。为了促进实体经济更加稳固发展，皖江区域各市都在不断引进金融机构，为实体经济的绿色发展提供资金渠道，到2017年为止，铜陵市、芜湖市、合肥市引进金融机构分别为30家、50家和60余家。从投放贷款余额以及新增投放贷款方面对比分析可得，各市在实体经济发展上对资金的投放都采取比较宽容的态度，而且更有意促进企业贷款，可见金融对实体经济的大力支持。铜陵市在各个指标对比分析均处于劣势，这主要源于铜陵市面积较小与发展速度较慢，但作为致力于森林城市的发展，铜陵市在绿色融资方面发挥得比较突出。以上虽仅以三市作为例子，但从整个安徽省的角度来讲，绿色金融支持实体经济发展实力显著增强，期望后期能继续坚持和加大绿色金融发展，将实体经济与绿色金融充分融合，为打造绿色安徽省夯实基础。

五、创新皖江区域绿色金融支持实体经济发展的思路与建议

（一）绿色金融支持实体经济发展的总体思路

1. 坚持服务实体经济高质量发展与有效防范风险相结合

绿色金融要更好地服务企业绿色发展，使经济加快转型，推动实体经济高质量提升，就需要金融机构根据实体经济发展的需要，不断加快产品与服务创新，有针对性地解决绿色投融资中存在的期限错配、信息不对称和产品衍生工具不足等问题。同时，为有效防范绿色金融发展过程中可能出现的“洗绿”（即以绿色项目的名义进行融资，但实际上资金没有投向绿色项目）和过度负债等风险，还需要前瞻性地提升政府管理部门绿色金融政策制定和业务监管能力。

2. 充分将省政府职责与激发市场内生动能相结合

首先，省政府通过提供政策信号和激励措施，制定绿色金融产品与服务标准、强化监管和环境信息披露要求等措施，着力为绿色金融发展营造公平、公正、透明、可预期的制度环境。其次，增强实体企业、金融机构和投资者的积极性，发挥价格机制的激励约束作用，通过产品创新、服务创新、提升责任投资意识等手段，强化绿色金融服务实体经济的可持续性和有效性。

3. 强化中央政府顶层设计职能与发挥地方政府自主创新相结合

通过中央政府“自上而下”大力推动，形成发展绿色金融的强大政策引擎；既要注重将地方政府“自下而上”的主观能动性发挥出来，又要结合地方生态环境和产业结构特点开展绿色金融发展区域改革试点，探索绿色金融支持区域经济绿色转型的有效路径，为全局性改革提供可复制、可推广的模式。

4. 坚持立足国情彰显中国特色与引领参与制定国际规则有机结合

在推动绿色金融发展中，必须紧紧围绕我国产业转型升级、加快经济增长方式转变和实现较高质量发展的内在要求，统筹考虑现实国情、资源禀赋和发展阶段。同时，积极应对气候变化、治理环境大气污染、降低碳排放等重大的国际议题，借助国际社会的通力合作，充分利用 G20、央行网络和双边国际合作等平台，积极推动形成发展绿色金融的全球共识，引领和参与国际规则的制定，提升在该领域的制度性话语权和影响力。

（二）健全绿色金融创新制度来促进实体经济

以发展绿色实体经济为方向，提升内在动力。鉴于当前绿色实体经济的社会意识，需要通过推动绿色实体经济的发展促进绿色金融的发展。对于地方政府来讲，绿色 GDP 是衡量政治成就的重要指标。而政府一旦将绿色实体经济作为发展目标确定下来，则企业必须按各项环境保护的具体指标的严格规定来执行。在良性互动的前提下，使金融机构对绿色金融发展坚定信心，不再需要政府主导、政策引导，金融机构凭借自身利润最大化的原则，也有充足的内部动力发展和创新绿色金融。

1. 提高金融效率，完善金融市场

一是积极丰富以银行为主体的单一融资结构，搭建银行与金融市场均衡发展的金融体系结构。二是将银行的行政主体转变为市场主体，将行政约束转变为市场约束，依靠市场经济有效运行的条件，让金融资金的积极性得到充分调动。对于金融机构，必须适应机制创新，改进服务，创新品种，适应市场变化；对于非正规金融，则通过产权独立和产权多元化，鼓励和引导民间资本迈入正规金融机构。三是促进金融业混业经营，提高金融业综合竞争实力。

2. 完善相关标准，健全绿色金融制度

首先，绿色金融法律保障体系要完善。虽然我国在绿色信贷和绿色保险方面发布了一些指导政策，但尚未形成一套完整、系统、具体的法律保障体系。为使绿色金融良性、健康地发展，必须尽快制定一套完整的系统性法律保障体系，特别是具有可操作性和可执行性的具体制度，从而使参与者的权利、责任和义务具体化，让绿色金融建立在规则和规章的基础上。其次，信息沟通机制需要完善。环境保护部门应在环境核查和信息披露中尽快跟上实际发展形势，创建完整的企业环境信息，规避因信息不对称而引发的道德风险以及逆向选择，从而降低风险。同时金融机构和环保部门应建立互通制度，在实践中，金融机构借助环保部门获取有效真实的企业环境信息，与此同时还向环保部门反馈最新信息，让环保部门能够及时更新信息并且处理相关问题。

3. 健全绿色金融市场体系

第一，涉及投资信托公司、保险机构、证券公司、银行和其他金融机构的所有金融机构都参与其中。第二，创新绿色金融产品，如发行环保改革债券、绿色房地产信贷产品、绿色汽车信贷产品、气候衍生证券、环境污染责任保险、绿色基金产品等。第三，因我国刚刚启动绿色金融业务，既懂环保同时懂财务的专业人士非常欠缺，需要尽快培训专业人员。我们可以通过选择金融机构业绩好和学习能力强的骨干人才到国外培训和学习绿色金融等相关知识内容，或由环保部门培训相关的环境法律法规专业人士，也可以聘请外国有经验的专家来指导。总之，在新常态经济发展下，必须大力推进绿色金融创新，加速发展绿色金融，同时调整融资结构，注入稳定有效的流动性资金，为实体经济的绿色增长提供有效的融资渠道以及高质量的服务。

（三）皖江区域绿色金融支持实体经济发展的建议

第一，做好顶层设计，健全绿色金融制度体系。重点是国家要出台相关法律确立绿色金融基本法律制度、绿色金融业务实施制度、绿色金融监管制度等绿色金融制度，同时安徽省要根据具体情况来制定符合省情的法律法规。

第二，协同各方，健全绿色金融政策支持体系。绿色金融政策出台的同时推进财税政策、信贷政策、货币政策与产业政策的配合与协调，引导有关各方积极参与绿色金融，激发市场潜力和活力。特别是要强化市场手段，实施差别信贷政策，借助一定的政策利差补贴，使商业银行开展“绿色金融”业务，同时拓展自身业务。

第三，强化考核硬约束，完善监管体系。发挥绿色考核指标的导向作用，对金融机构、企业等主体分别展开绿色绩效考评。金融监管部门应联合有关部门，健全绿色金融监管指标体系，推进金融机构积极主动开展绿色金融。

第四，完善市场机制，构建全面的绿色金融市场体系。扩大绿色金融参与的市场主体，重点是调动证券、保险等非银行金融机构的积极性；创建专门的政策性绿色金融机构，对现有政策性银行信贷进一步“绿化”；加快绿色中介机构成长与发展，支持和鼓励信用评级、资产评估、会计师事务所、咨询公司、律师事务所等中介机构进行评估，定期展开绿色金融业务服务。

第五，创新业务模式，完善绿色金融产品体系。大力推进绿色信贷创新，把绿色环保理念引入信贷政策，切实增加盈利性和可操作性；积极发展绿色债券，推广绿色证券、绿色保险、绿色基金等业务；开展绿色金融衍生工具创新，建立健全绿色金融衍生品市场，完善配套的中介服务市场；加快排放权交易市场建设。

第六，建立健全环境成本数据信息系统，加快绿色金融基础设施体系建设。

第七，双重发展，将绿色金融与实体经济有机结合。尽快将绿色标准和全球绿色债券的定义一致化，将绿色基础设施项目的技术标准进行统一，并且发展更为复杂的绿色金融产品的标准，将绿色金融成为发展主流和助推实体经济的主力。同时绿色金融助力实体经济过程中要强调和发挥政府主导作用，一是引导，二是通过财政、税收、补贴等，给绿色项目适当的经济补偿，将绿色项目先期并不能充分体现经济效益的部分由政策优惠加以弥补，但同时应关注绿色经济发展对金融的限制。一方面要鼓励和引导更多的资本和社会资本进入绿色产业，促进环保、节能，新能源等其他新领域的发展，使新的经济增长点加速培育起来；另一方面有必要抑制盲目投资，推广绿色金融，通过积极引导促进企业绿色发展，同时请金融从业人员来企业指导和培训。

参考文献

[1] 胡海峰，胡吉亚．美日德战略性新兴产业融资机制比较分析及对中国的启示［J］．经济理论与经济管理，2011（8）．

[2] 时玉霞，黄丽萍，申艳．发展初期的江西省战略性新兴产业 融资方式探讨［J］．特区经济，2012（12）．

[3] 朱静毅，徐永红，张根文．合肥经济开发区战略性新兴产业发展的现代投融资服务体系研究［J］．合肥工业大学学报（社会科学版），2012（3）．

生态经济背景下皖江城市带旅游业发展研究

张保花　张三宝

旅游是发展经济、增加就业和满足人民日益增长的美好生活需要的有效手段，旅游业是“带动性强、能耗低、附加值高”的产业，是后发地区脱贫致富的重要手段之一。近年来，皖江城市带将旅游业列为国民经济的战略性支柱产业，旅游经济快速增长，市场规模逐步提升。但是，随着大众旅游时代到来，皖江城市带旅游产能过剩与有效供给不足并存，旅游市场秩序不规范、体制机制不完善等问题日益凸显。因此，探索旅游发展新思路成为当前皖江城市带旅游业发展的首要问题。

一、皖江城市带旅游业发展现状

（一）旅游资源丰富

根据国家标准，中国旅游资源分为8个主类、31个亚类、155个基本类型。安徽省各市旅游资源普查结果显示，皖江城市带旅游资源分属8个主类、29个亚类、126个基本类型，资源拥有率分别占全国的100%、93.55%和81.29%，占安徽省的100%、100%和95.45%，如表1所示。从资源的拥有量和拥有率来看，皖江城市带是旅游资源十分丰富的地区。从旅游资源开发情况来看，截至2014年4月，皖江城市带3A级以上旅游景区有242个，占全省的62.05%，四星级以上酒店91个，占全省的61.07%。合肥、宣城、安庆和池州旅游开发度较高，分别有48个、42个、38个和30个3A级以上旅游景区，四星级以上酒店也明显多于其他地区。铜陵、马鞍山和滁州发展明显不足，分别只有9个、16个和17个3A级以上景区，其中铜陵和滁州的四星级以上酒店分别只有2个和4个，如图1所示。

表1　　皖江城市带各层次旅游资源拥有情况

系列	全国数目（个）	安徽省数目（个）	皖江城市带		
			数目（个）	占全国比例（%）	占安徽省比例（%）
主类	8	8	8	100	100
亚类	31	29	29	93.55	100
基本类型	155	132	126	81.29	95.45

资料来源：根据安徽省旅游资源普查汇总表整理。

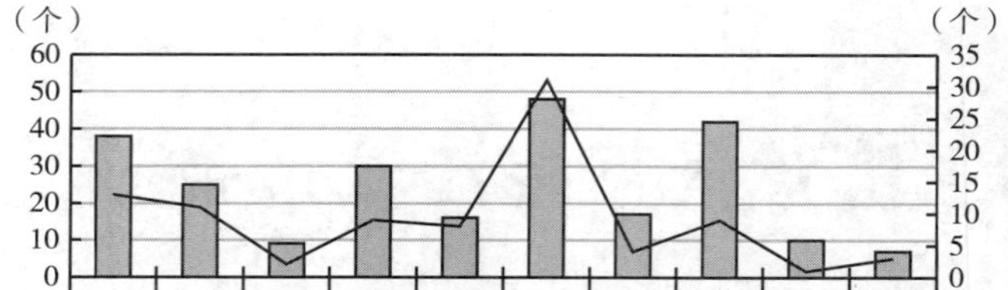

	安庆市	芜湖市	铜陵市	池州市	马鞍山市	合肥市	滁州市	宣城市	金安区	舒城县
3A级以上景区	38	25	9	30	16	48	17	42	10	7
四星级以上酒店	13	11	2	9	8	31	4	9	1	3

图1　截至2014年4月皖江城市带3A级以上景区和四星级以上酒店情况

资料来源：根据安徽省旅游发展委员会公布的数据整理。

（二）旅游市场快速增长

随着社会经济的发展，人们的生活水平不断提高，居民的旅游消费需求被不断释放。家庭旅游消费呈常态化，老年旅游、研学旅游和健康旅游等旅游消费新热点不断涌现。全国旅游消费市场庞大。与此同时，皖江城市带各市也在积极筹备，响应旅游市场新需求，试图抓住旅游业发展新机遇。近年来，皖江城市带接待国内外旅游人数不断攀升，旅游收入稳步增长。2017年皖江城市带接待入境旅游人数269.60万人次，占全省的49.09%，接待国内旅游人数38533.92万人次，占全省的61.50%，旅游总收入4218.73亿元，占全省的68.08%。2017年皖江城市带在国内旅游市场表现较好，在入境旅游方面随着合肥市接待入境旅游人数的下降，总体表现相对不足。分地区来看，皖江城市带各市旅游业发展不均衡，合肥市作为省会城市旅游业发展遥遥领先，安庆市、池州市和芜湖市凭借资源优势和后天开发表现不俗，铜陵市、滁州市、马鞍山市发展明显不足。从入境旅游情况来看，皖江城市带接待入境旅游人数总量不足，仍有较大发展空间。根据各市2017年国民经济与社会发展统计公报，池州市凭借佛教旅游资源吸引的入境旅游者最多，达到104.00万人次，占接待旅游人数总量的1.8%，其次是合肥市接待45.90万人次、芜湖市接待40.39万人次，接待入境旅游者人数不足接待总人数的1%，铜陵市的入境旅游人数最少，为3.71万人次，如表2所示。皖江城市带的客源主要来自省内市场和江浙沪地区，2016年皖江城市带国内旅游者的人均支出在700～1300元，其中合肥市、芜湖市和池州市旅游者人均支出超过1000元，游客的人均花费普遍高于全省其他地区（黄山市除外）。随着宁安高速铁路、合福高速铁路、皖江黄金水道治理和九华山国际机场等重大交通基础设施的建成，皖江城市带的交通条件进一步改善，实现与长三角交通网络的便利对接，皖江城市带承东启西、连南接北的综合交通枢纽作用更加突出。这将是扩大旅游客源辐射圈的关键，是提升旅游市场的重要保障，是皖江城市带旅游业发展的机遇。

表 2　　皖江城市带 2017 年旅游接待人数和旅游总收入情况

项目	安庆市	池州市	滁州市	合肥市	马鞍山市	铜陵市	芜湖市	宣城市	合计	全省
国内旅游人数（万人次）	6089.03	5662.00	2374.74	11105.49	3363.31	1984.91	4839.04	3115.40	38533.92	62656.78
入境旅游人数（万人次）	25.80	104.00	12.96	45.90	16.34	3.71	40.39	20.50	269.60	549.20
旅游总收入（亿元）	610.77	615.10	206.10	1490.68	262.60	157.36	606.12	270.00	4218.73	6196.90

注：以上数据不包括金安区和舒城县数据。

资料来源：根据各市 2017 年国民经济与社会发展统计公报整理。

（三）旅游产业提升空间大

皖江城市带旅游资源丰富，旅游接待量与旅游收入逐年提升，旅游市场总体规模不断扩大，旅游开发总体高于全省平均水平。随着旅游消费欲望的不断释放，旅游市场消费潜力巨大。但皖江城市间旅游发展不平衡，旅游产业提升的空间很大。合肥市旅游业发展遥遥领先，安庆市、池州市和芜湖市发展较快，其他地区发展相对落后。皖江城市带虽然旅游特色明显，如池州的佛教文化旅游、芜湖的都市休闲旅游、合肥的温泉养生旅游、安庆的黄梅戏文化和天柱山旅游、铜陵的铜文化旅游、马鞍山的诗歌文化旅游和宣城的宣纸工匠文化旅游等，但是各地特色旅游产品开发程度不同，池州和芜湖旅游特色鲜明，具有明显的市场影响力，安庆的天柱山和合肥的温泉养生旅游也初具规模，其他地区特色旅游产品开发度和影响力都不足，仍有较大提升空间。另外各地市间各自为政，旅游服务体系衔接系统不成熟，不利于各地旅游资源整合和协同发展，不利于发挥皖江城市带旅游整体优势。

二、三产融合带动皖江城市带旅游发展

（一）政府扶持，抓住旅游发展新机遇

旅游业是我国经济社会发展的综合性产业，是国民经济和现代服务业的重要组成部分。随着人民生活水平的提高，旅游已经成为人民生活的重要组成部分之一。安徽省将旅游业列为战略性支柱产业和现代服务业，提出建设旅游强省目标。相继出台的《关于促进旅游业改革发展的实施意见》《关于进一步促进旅游投资和消费的实施意见》《关于将旅游业培育成为重要支柱产业的意见》等系列文件，为旅游业改革发展提供政策保障。旅游业是稳增长、调结构、转方式的重要力量。“十三五”时期是全国旅游业加快发展的黄金机遇期和转型升级的关键期，也是皖江城市带各城市加快培育旅游支柱产业、推进旅游强市建设的战略攻坚时期。为此，无论是从国家宏观发展需要，还是从

产业自身发展需要，地方旅游业都到了优质高效发展的关键时期。2011 年，沪、苏、浙、皖共同签订《旅游一体化合作框架协议》，标志着长三角无障碍旅游已经从单一市场合作迈入全方位融合型发展、从自发的市场推广进入自主性的制度对接阶段。皖江城市带作为泛长三角地区的重要组成部分，随着承接长三角产业转移规划的深入实施，为接轨长三角，实施旅游产业升级，拓大旅游市场创造了良好机遇。因此，皖江城市带应充分抓住国家和安徽省大力扶持旅游业发展，提出发展全域旅游的契机，充分发挥自身优势，大力发展旅游业，改善地区生态环境，打造旅游品牌，促进皖江旅游一体化，提升皖江旅游市场份额。加快地区经济发展，才能在新时期的旅游分工中，弯道超车，领航前行，从旅游资源丰富地区成为旅游业发达地区。

（二）转变思想，推进旅游供给侧结构性改革新思路

旅游供给侧结构性改革是旅游业发展的保鲜剂。每到节假日旅游企业几家欢喜几家愁，一些知名景区人满为患、拥挤不堪，也有一些景区则经营惨淡、门庭冷落。知名景区因人流量太大导致服务设施供应紧张，影响服务体验，经营惨淡的景区因为没有吸引力导致经营困难。究其原因，往往是因为旅游开发缺乏整体规划和特色旅游项目开发，盲目跟风，缺乏市场竞争力，最后导致大兴土木，破坏原有的生态环境。因此，旅游供给侧结构性改革是旅游项目开发有效的重要保障，是旅游业发展成为支柱产业的关键。旅游业供给侧结构性改革需要从三点出发：一是旅游支持制度改革。现有的旅游管理体制是分工管理，各司其职，这种制度不利于信息的流通，管理效率低，顾客服务体验差。大数据时代，旅游业也应该充分利用时代带来的红利，运用大数据对游客进行管理，建立游客档案数据库，为游客提供专属服务。打通部门间的行政壁垒，实行游客负责制，即将员工分组，全程负责不同客源地游客在景区的所有服务需求。打通景区间的行政壁垒，建立皖江城市旅游一体化，资源共享，完善服务衔接，提升顾客服务体验。[1] 二是旅游产品供给改革。旅游项目复制导致旅游产品同质化严重，旅游产品开发追求高大上，失去大众消费群体。如漂流项目受欢迎，各地则纷纷开发，有的铜陵江南文化园很多建筑长期关闭，皖江城市旅游业产能过剩与供给不足并存。皖江城市发展历史赋予了不同地区独特的文化特质可以挖掘，如铜陵的铜文化、安庆的黄梅戏文化、宣城的宣纸文化、马鞍山的诗歌文化等，各具特色，不可复制。皖江各市应该在如何打造好自身的特色旅游产品上下功夫，而不是盯着别人。三是旅游营销思路改革。自助或半自助旅游已经成为人们最青睐的出行方式，而互联网等新媒体则成为人们获取旅游信息的首要信息来源，因此，网络推广应该成为旅游目的地最主要的宣传方式之一。新媒体时代，每个人都是一个自媒体，都具有极强的信息传播性，游客通过自媒体的正向传播具有极强的影响力，成为最有效的传播方式之一。旅游目的地可以利用公众号、微博等，告诉游客“我是谁”“我是什么样的”，并说好自己的故事，给予游客最真挚的体验，发挥游客的传播效应，提升可持续性消费。目前，皖江城市旅游目的地整体的网络营销表现平平。

（三）三产融合，落实“旅游+”发展新模式

三产融合，协同发展，落实“旅游+”发展新模式。2018年《关于实施乡村振兴战略的意见》中提出创建一批特色生态旅游示范村镇和精品线路，打造绿色生态环保的乡村生态旅游产业链。2018年3月国务院办公厅印发《关于促进全域旅游发展的指导意见》，进一步提出将经济建设、政治建设、文化建设、社会建设和生态文明建设的“五位一体”总体布局落实到旅游产业发展中。安徽电商第一镇“三瓜公社”，始建于2015年9月1日，2017年游客接待量突破500万人次，旅游收入超3.2亿元。三瓜公社以“政府引领、农户参股、企业经营”的发展模式，以“互联网+”一二三产业融合为发展路径，将民俗文化、休闲旅游、农业种植、电子商务及新农村建设融为一体，打造农旅、商旅、文旅结合的美丽乡村新典范，实现精准扶贫，开创三产融合新模式。[2]旅游发展要因地制宜，与当地的历史文化、旅游资源相融合。旅游开发要统筹规划，与环境治理、改善居民生活相结合。旅游消费要增加黏性，打造旅游品牌和旅游商品，增强旅游消费的可持续性。旅游体验要丰富多彩，旅游景点设计要有变化性，能给游客带来不同的感受。[3]三瓜公社将农业、食品加工业、电子商务与旅游业有机结合，变旅游景区为农业体验区和商品追根溯源体验区，电子商务成为旅游消费的延伸，带动周边生态环境建设与就业，让农村更像农村，让新农民更富裕，多业态联动，通过“旅游+”带动生态经济发展。其他地区可以根据自身特征，以三产融合为方向，以多业态融合发展为手段，以改善生态经济为目标，打造自己专属的“旅游+”新业态。[4]

三、皖江城市带旅游业发展的保障

旅游发展牵涉旅游开发单位、旅游从业人员、游客和政府主管部门等，他们的共同努力是旅游业可持续发展的保障。

（一）政府主导是旅游发展的舵手

新时期的旅游发展方向是多业态融合，旅游发展与地方经济发展、资源环境保护、社会文明建设紧密相连。在此过程中，地方政府部门需要积极主动发挥主导性作用，倡导旅游保护性开发，促进旅游开发与资源环境保护同步进行，旅游建设与美丽乡村建设同时开展，政府需要担任旅游发展的舵手，为全域旅游事业发展保驾护航。在创新创业的大浪潮中，鼓励开展旅游创新创业。三瓜公社是安徽淮商集团与合巢经开区合作开发，以“把农村建设得更像农村”的建设理念，实行“党政主导、部门协作、社会参与”的方式，成功打造安徽第一特色小镇。旅游生态经济发展乃至全域旅游建设需要政府在项目审批、配套设施建设和行政区域对接等方面发挥作用，政府筑巢引凤，主动寻找或吸引龙头企业，打造优质旅游项目。皖江旅游一体化需要各地市政府主导推动与对接，打破行政壁垒，进行产品开发、重点客源地建设以及服务体系的衔接。政府主导建立或推动建立游客数据库，打通信息壁垒，为游客提供最优质的旅游规划和行程安

排。政府承担起行政服务和监管职能，保障景区良性发展，保护游客合法权益。政府主导促进旅游发展是皖江城市旅游业发展的舵手。

（二）旅游龙头企业是旅游发展的主体

旅游龙头企业具有协作引领、产品辐射、技术示范、知识输出和营销网络等方面的突出作用，引入旅游龙头企业可以吸引并带动中小企业和创客发展，形成产业集群。据了解，三瓜公社吸引了一批创客和返乡青年创业，已培养电商企业 17 家，相继引进傻瓜网、京东合肥馆、甲骨文、微创联盟等多家电商总部，建设电商基地，建立统一的电商开发、设计、仓储、分装和物流中心，形成了从生产、销售到物流的一条完整电商产业链，成功将三瓜公社建设成为集旅游、电子商务和美丽乡村为一体的“旅游 +”典范。皖江城市带旅游业发展离不开龙头企业的带动，龙头企业是旅游发展的重要主体，是旅游项目开发的总设计师和执行人。旅游龙头企业对旅游发展具有带动作用，是皖江城市带旅游业发展的重要主体。

（三）旅游人才队伍是旅游发展的关键

人才是旅游事业的根本，是旅游企业的魂。旅游发展离不开旅游人才队伍建设。三瓜公社成立初期人才匮乏，当地青年都外出上班，留下的大都是老人和小孩，三瓜公社领导人找到当地的“孩子王”，并由“孩子王”成功引回其他青年回乡就业创业，并聘请专家对所有三瓜成员进行培训，每月都开展一次三瓜讲堂，通过培训组建人才队伍。除此之外，在创业初期三瓜公社还对南瓜村的商铺采取不收取租金和聘请专业团队免费对各家销售的产品进行包装与宣传等方法，吸引好的创业项目入驻，壮大创业人才队伍。目前，以三瓜公社为探索实践基地的半汤乡学院围绕“农村电商、农旅结合、乡村建设”等领域开展研究、教育和实践探索，吸引大量人才，并对来自全国各地的学员进行培训。皖江城市带旅游业发展首先需要进行旅游人才队伍建设，要把人才引进放在首要位置。

（四）游客是旅游发展的基石

据中国旅游研究院发布的《中国旅行服务业发展报告 2018》显示，2017 年我国国内旅游达 50.01 亿人次，比上年同期增长 12.8%，旅游业综合贡献 8.77 万亿元，对国民经济贡献达 11.04%，对社会综合贡献达 10.28%。旅游产业综合性强，对生态、经济、就业和居民生活品质提高等都具有很强的带动性。旅游可持续发展与旅游资源保护密不可分，与文明旅游息息相关。随着人们生活水平的提高，居民旅游欲望被不断释放，大众旅游需求旺盛，不文明旅游现象屡见不鲜。据蚁坊软件统计，2018 年国庆期间“乱扔垃圾、攀爬古迹、乱涂乱画、强制消费、特产造假”等成为旅游乱象热门标签，其中乱扔垃圾的舆情数据量高达 607285 条，攀爬古迹舆情量为 172873 条，强制消费有 62936 条。由此可见，游客是旅游发展的基石，旅游可持续发展不仅需要加强旅游供给侧管理，不断满足居民的个性化旅游需求，也需要对游客的文明旅游行为进行引导，帮助游客养成好的旅游消费习惯，培养文明旅游消费意识。

参考文献

［1］瞿梦杰．张家界入境旅游发展的供给侧改革思路［J］．农业经济，2018（8）．

［2］郁忠雨，王方．乡村旅游景观耦合协调评价研究——以巢湖“三瓜公社”为例［J］．合肥工业大学学报（社会科学版），2018（4）．

［3］薛驰．发挥龙头企业在中小企业创新发展中的带动作用［N］．新华日报，2017－04－27．

［4］陈涛．解密安徽“三瓜公社”：互联网＋三农的创业故事［EB/OL］．http：//www.sohu.com/a/199918419_653396，2017－10－24．

生态经济背景下皖江城市带生态红色旅游产业发展研究

戴　倩

红色旅游是以红色文化为基础的旅游，将红色文化、人文历史及自然景观融合起来，把爱国主义教育、理想信念教育、传统文化教育等方面与旅游产业发展相结合。早在《2004－2010年全国红色旅游发展规划纲要》中就对红色旅游进行了定义："以中国共产党领导人民在革命和战争时期建树丰功伟绩所形成的纪念地、标志物为载体，以其所承载的革命历史、革命事迹和革命精神为内涵，组织接待旅游者开展缅怀学习、参观游览的主题性旅游活动。"[1]

"文化是旅游者的出发点和归结点，是旅游景观吸引力的渊薮，是旅游业的灵魂。"[2]红色文化就是红色旅游产业的基石，红色文化不仅仅是文化精神层面的体现，同时也表现在以反映其文化内涵的物质载体中，如革命遗址、革命纪念馆、展览馆、名人故居等。《2016－2020年全国红色旅游发展规划纲要》中更加突出强调了红色旅游的理想信念教育功能、脱贫攻坚作用及红色旅游的内涵式发展。也就说明在红色旅游产业发展中要注重发掘红色文化的深层内涵，以红色旅游产业为脱贫攻坚起到助推作用，这就需要红色旅游产业的生态和谐发展，要将文化与自然相统一。

皖江城市带各城市红色旅游资源较为丰富，本文将结合生态建设理念，把保护自然环境与保护红色文化环境相统一，从区域协调发展出发，提出皖江城市带生态红色旅游发展新思路。

一、皖江城市带生态红色旅游发展现状

皖江城市带中的红色旅游景区丰富，其中列入《全国红色旅游经典景区名录》的有宣城市泾县皖南事变烈士陵园及新四军军部旧址；滁州市定远县藕塘烈士纪念馆及中共中央中原局旧址，来安县新四军二师师部旧址；合肥市庐江县新四军江北指挥部旧址；安庆市岳西县红二十八军鄂豫皖边区国共和谈旧址；六安市舒城县新四军第四支队纪念馆；芜湖市无为县新四军七师纪念馆；六安市皖西烈士陵园；六安市金安区张家店战役纪念馆；安庆市太湖县刘家畈高干会议旧址；芜湖市王稼祥纪念园；合肥市肥东县渡江战役总前委旧址；滁州市凤阳县小岗村；芜湖市板子矶渡江战役第一船登陆点纪念碑；"两弹元勋"邓稼先故居。

除列入《全国红色旅游经典景区名录》的经典红色旅游景区外，皖江城市带各城市还有其他较为丰富的红色文化资源及其他旅游资源，为皖江城市带生态红色旅游发展提供了优良条件。

（一）皖江城市带生态资源优势评价

皖江城市带生态资源主要体现在三个方面：一是红色文化资源；二是人文历史资源；三是自然环境资源。红色文化资源、人文历史资源及自然环境资源的融合就构成了皖江城市带生态红色旅游的基础。

1. 红色文化资源丰富

皖江城市带有着丰富的红色文化资源，除列入《全国红色旅游经典景区名录》的经典红色旅游景区外，皖江城市带各城市还有其他红色旧址、纪念馆等。像合肥瑶岗渡江战役总前委旧址、褚老圩新四军东进抗日纪念馆、蜀山烈士陵园、茶壶山革命烈士纪念碑、新四军江北指挥部旧址、李克农故居（陈列馆）、安徽红色文化博物馆。芜湖新四军七师师部旧址、皖江烈士陵园、芜湖市烈士陵园、繁昌县烈士陵园。马鞍山和县西梁山烈士陵园、濮塘革命烈士陵园。安庆陈独秀墓、红军中央独立第二师司令部旧址、大别山烈士陵园、太湖县烈士陵园、二野渡江司令部旧址。滁州来安县半塔烈士陵园、藕塘烈士陵园、皖东烈士陵园、嘉山县抗日民主政府旧址纪念馆。池州院冲杨新四军七师沿江团团部旧址纪念馆。铜陵枞阳县陈瑶湖镇桐东抗日民主政府旧址、中共铜陵敌后县委联络站旧址展馆、铜陵市新四军抗战史迹陈列馆。宣城云岭新四军军部旧址纪念馆、泾县云岭新四军史料陈列馆、宣城市红太阳博物馆。六安舒城县高峰乡新四军第四支队司令部旧址纪念馆、新四军皖西革命纪念馆。

由此可见，在皖江城市带各城市中都有着丰富的红色文化资源及内涵，这就为皖江城市带生态红色旅游的发展提供了文化基础。

2. 人文历史资源悠久

皖江城市带地区有着其独特的人文历史文化，反映了中国传统文化中的精髓。合肥的包公文化所表现的是包拯的廉洁奉公、铁面无私、严惩腐败、以民为本、高风亮节的中华民族文化中的精髓；李鸿章创办的淮军，创建近代化军队，表现出具有包容、开放精神的淮军文化；庐剧则表现出淮河一代的传统民俗文化，成为国家级非物质文化遗产。芜湖人杰地灵，有南宋爱国词人张孝祥，铁画创始艺人汤天池，苏轼、黄庭坚、汤显祖、吴敬梓等文人雅士都在芜湖游历山水时留下了诗词文章。马鞍山地区出土了大量三国、两晋文物，为三国时期文物的研究提供了大量材料，此外，马鞍山地区的山水被文人雅士所喜爱，李白、谢朓在此留下了大量的诗文。安庆历史文化悠久，孔雀东南飞、六尺巷等故事在此产生，桐城派、戏剧文化、皖江文化相互交织，有“戏剧之乡”之称。欧阳修曾在滁州留下名篇《醉翁亭记》。池州也因“牧童遥指杏花村”而出名。铜陵的青铜文化代表了铜都精神。宣城的文房四宝和六安的皋陶文化、茶文化都是皖江城市带特有的人文历史资源。

3. 自然环境资源优良

皖江城市带地区处于泛长三角区域，自然环境资源丰富。合肥的滨湖国家森林公园、舜耕山国家级森林公园、蜀山森林公园等自然环境优美，是天然的氧吧。芜湖的天门山、马仁奇峰森林旅游区、丫山花海石林旅游区等峰石俊秀，清泉瀑布一体，景色十分秀丽。马鞍山采石矶风景区水湍石奇，褒禅山景色宜人。安庆天柱山、明堂山、彩虹瀑布、巨石山等奇峰秀谷、山环水绕，自然生态资源丰富。滁州琅琊山风景区有着丰富的动植物资源，神山国家森林公园奇石溶洞为一体，景色奇特。池州自然资源极其丰富，有九华山、天台山、牯牛降、目连山、蓬莱仙洞、大王洞、仙寓山等。铜陵的浮山、凤凰山也是景色宜人。宣城的夏霖九天银瀑被誉为“东南第一瀑布群”，水墨汀溪风景区、太平湖、水西国家森林公园等具有原生态自然环境。六安舒城万佛湖环湖皆山，自然环境优美。可见皖江城市带各城市自然环境资源丰富，有着良好的生态基础。

（二）生态资源开发利用发展现状

红色旅游生态资源包含了人文旅游资源和自然旅游资源，是二者的相互统一。人文旅游资源不仅包含了红色文化资源、历史古迹、文化民俗等，同时也是人文社会环境的体现，包括了旅游地的社会治安、卫生状况、服务设施、文明程度等。自然旅游资源则主要指自然景观等。皖江城市带红色旅游生态资源开发现状主要通过资源整合及旅游产业发展情况表现出来。

1. 资源整合开发利用不足

皖江城市带各城市生态资源丰富，红色景区、历史文化古迹、自然景区较多，但旅游资源在开发利用中，往往多为孤立地进行，或者以红色为主题，单纯地突出红色教育主题，没有将人文历史、自然景观融入其中；或者是单纯的以自然风光旅游为主题，只有少数旅游项目的开发中将自然风光旅游融入了地域民俗文化。例如，安庆地区有岳西县红二十八军鄂豫皖边区国共和谈旧址、陈独秀墓、红军中央独立第二师司令部旧址等丰富的红色资源，同时也是历史文化悠久、自然风光俊秀。但是安庆地区的红色旅游与其他的旅游资源没有得到有机统一，多为各自独立的旅游资源，缺乏合理的规划统一，生态资源未能整合利用，这就使红色旅游业发展难以发挥预期效果，也很难达到生态发展的理想状态。

在皖江城市带地区，各城市红色旅游资源与其他旅游资源之间大多缺乏合理的统一规划，生态资源整合不足。而在皖江城市带各城市间的旅游资源更是没有进行有机统一的联系，这就使红色旅游业在发展中生态资源利用不足，模式单一，生态发展效果不理想。

2. 生态红色旅游产业发展有待完善

红色旅游产业就是，“以红色旅游资源为核心吸引物，通过红色旅游资源的整合，各种具有专业化相关联旅游企业和组织的参与，形成一个共同开发红色旅游资源的旅游产业集中区域。红色旅游产业集群将提升整个区域产业竞争力，形成区域竞争优势，获得更好的经济效益和社会效益。”[3]

旅游业是一项综合性的产业，不仅需要旅游资源，而且需要提供相应的设施、服务等。生态红色旅游业更是以传承红色文化为主体，兼具生态性、文化性、经济性。皖江城市带地区红色旅游产业未能形成相应体系，旅游时间比较集中，多为一日游，而周期性也比较明显，主要为抗日战争胜利纪念日等，并未形成一个长期的、持续的红色旅游产业。红色景区往往都在贫困艰苦的山区，相应的旅游配套设施不足也导致了经济效益差，不能很好地起到脱贫攻坚的作用。皖江城市带的生态红色旅游未能形成相应的旅游产业，还有待完善发展。

二、皖江城市带生态红色旅游发展存在的问题

皖江城市带生态红色旅游发展有着较为丰富的生态资源，但是在发展过程中也存在着一些问题。

（一）红色旅游发展水平不均，红色文化内涵挖掘不足

皖江城市带各城市红色文化资源丰富，红色旅游景点分布也较为广泛，城市、乡村都有分布，但往往乡村的红色资源保护力度不够，知名度低，到访的游客也较少。旅游者多会选择列入《全国红色旅游经典景区名录》的经典红色旅游景区，而对于其他名气小、距离远、交通不便的偏远景点就很少问津。同时，各红色旅游景点的自身发展也存在不平衡，大多红色景点内容单一，仅仅是以纪念馆、陈列馆的形式展现，有的有讲解员进行讲解，而有的景点仅以物品静态展示，不能展现出深层次的红色文化内涵。

红色旅游有着爱国主义教育、理想信念教育的功用，其本质是要通过革命历史遗迹、文化故事等其他外在形式的红色资源将红色文化内涵展示出来，起到教育和传承的作用。皖江城市带地区的红色旅游景点，对红色文化深层内涵挖掘不够，大多只是停留在让游客自己看的阶段，游客在体验革命传统教育时深度不够，难以达到理想效果。

（二）红色旅游资源保护不足，生态资源整合利用度低

皖江城市带地区很多红色旅游资源都在革命老区，这些地方较为偏远，经济落后，发展水平有限，往往导致了红色旅游资源的保护不足，而一些地区在发展红色旅游时，想突出短期效益，而对生态环境的考虑不足，影响了当地的生态环境。例如，兴建房屋、道路、场馆、标志性建筑，以及各类休闲、娱乐、购物场所等。这些设施和场所的选址原本多为农田、山林或民居。景区的开发和各类建设破坏了景区原有的景观形态，会对景区内的自然环境带来一定破坏。如泾县新四军军部旧址景区规划建设项目达30300平方米，项目选址现状为农田。[4]

皖江城市带有着丰富的生态旅游资源，红色文化、人文历史、自然资源都十分丰富，但在红色旅游发展中，未能将红色资源与绿色资源合理的统一，只是作为一个单独的旅游项目进行发展，游客体验单一，教育功效不强。对游客的吸引力也集中在特定人群中，主要为公务员、事业单位人员、科教文人员、学生。红色资源与人文历史、自然

资源融合不足，导致了游客群体的特定性，就不能更广泛地发挥红色教育功能，也会影响红色教育的深度。

（三）红色旅游发展模式单一，专业从业人员缺乏

皖江城市带在红色旅游发展中，主要集中在革命旧址、纪念馆、陈列馆、名人故居，游客主要是对革命遗址、遗物、房屋建筑、图片文字进行静态的游览，形式较为单一，内涵挖掘不足，体验式旅游项目缺乏，游客互动少，不能让游客产生身临其境的感觉，在游客的教育体验中，多为教科书式学习，不能产生归属感，很难充分展示红色景点的历史意义和红色内涵。同时，红色旅游景点单纯的以教育为出发点，教育意义过于浓厚，从而忽略了旅游的经济价值，影响了红色旅游所带来的脱贫攻坚作用。红色旅游在开发规划时较为保守，红色旅游产品较少，未能从游客的需求出发，从而导致了红色旅游的经济效益不高。

另外，在红色旅游中，专业从业人员较少，很多红色景区，尤其是偏远地区知名度低的红色景区，缺乏讲解员，景区只有旧址、房屋建筑。有的经典红色景区，有相应的讲解员，但是讲解员往往是教科书式讲解，其专业素质有待提高。除景区内的讲解员外，包括导游、景区的工作服务人员等，其红色文化专业素养都需要进一步提高。

（四）交通设施相对滞后，景区配套设施有待完善

皖江城市带地区很多红色资源都是处于革命老区、大别山区，资源分布较为分散，交通不便，景点之间联系性不强，有些景点未能得到保护修缮，路途遥远、道路不畅，导致了游客不愿前往。有的景区虽然道路通畅，但未能形成合理的交通系统，多为自驾游或旅行社车辆，没有景区自己的交通系统，这样就会使游客出行受到限制，影响景区的吸引力。而在各景区之间缺乏合理的规划，同一地区各红色景区之间没有班车，缺乏联系，导致游客在游览中行程受到限制。同样，红色景区与周边其他自然景区、人文景区的交通也没有开设专门的线路班车，这就使红色旅游的线路受到极大地限制，对游客的吸引力和感染力大大减弱。

同时，各红色景区的相应配套设施不够完善，很多景区除了基础设施外，缺乏相应的其他配套设施，例如，接待设施，包括停车场、酒店、饭店等，商业服务设施，医疗救助设施等。游客的需求没有得到满足，大多数红色景区没有提供餐饮、住宿，这就使游客在游览中时间安排受到局限，很难长时间停留。同时红色旅游产品少，很多游客在游览结束后希望能购买与红色文化相关的旅游产品，这就影响了对游客的吸引力，也使旅游经济价值大打折扣，难以带动贫困地区的旅游经济效益。

（五）红色旅游周期性强，生态发展体系不健全

皖江城市带的红色旅游往往是独立的旅游景点，与自然景区、历史人文景点很少联系，就使得这些红色景点指向性较强，主要是以学习红色文化为目的，游览的人员也主要集中在党政机关干部、公务员、事业单位人员、科教人员及学生。而游览时间也以一

些与红色文化相关的纪念日为主，像建党节、建军节、抗日战争胜利纪念日等，其他时间游览人数较少，具有很强的周期性。由于这些红色景点较为独立，游客的游览时间也较为集中，通常为一日游。红色景区的游客到访就呈现出明显的周期性、不均衡的现象。

而景区这些不均衡现象的产生，主要是由于红色旅游生态化发展不够，没有合理地规划使用生态资源，生态红色旅游体系发展不健全。红色景点相对独立，片面地强调其红色教育价值，没有深挖红色文化内涵与当地的历史文化资源、自然资源相结合，忽略了红色文化与中国传统文化传承以及祖国大好河山的壮美的结合，忽视了红色旅游的经济价值，未能合理利用其脱贫攻坚的抓手作用。同时，在皖江城市带各红色景点之间也缺乏相互联系，这也导致了景点的独立，没有形成一个生态化的红色旅游圈。

三、皖江城市带生态红色旅游产业发展思路

皖江城市带生态红色旅游产业发展，需要合理规划利用地区生态资源，发展产业链，形成社会、文化、经济、环境和谐统一的生态系统。

（一）增强生态意识，形成红色文化保护系统

首先，对于皖江城市带红色旅游不能仅仅停留在以建筑、旧址、图片、文字等静态的形式来简单表现，而要深挖红色内涵，增强生态意识，尊重资源，合理地利用开发红色资源。对于红色文化资源应该设立专门的管理保护部门，对于红色资源进行保护，合理地规划修缮，尽可能地减少对生态环境的影响。

其次，要注重红色资源与自然资源、人文历史资源、社会环境等之间的协调发展，进行合理规划，要考虑游客的需求心理，不局限于单一的革命传统教育模式，而要多角度综合利用生态旅游资源，使红色旅游与景区其他的自然资源、历史文化资源相互促进、协调发展，从而提高形成生态红色旅游圈，吸引更多的游客。

另外，需要提高游客、景区工作人员及当地居民的生态保护意识。对于景区工作人员、服务人员可以通过对环保知识的学习，提高其生态保护素养。对于当地居民可以通过宣传等方式，对于游客则可以通过导游介绍、指示牌、告示牌等方式进行宣传。

（二）合理统筹优势生态资源，形成生态皖江红色旅游圈

皖江地区的红色资源多且分布较广，比较分散，在旅游项目的定位中只是单纯以革命传统教育为目的，忽略了旅游的社会效益和经济效益，导致游客的特定性、旅游周期性明显且时间集中，就使得红色旅游发展不均衡。要将红色文化与历史文化、自然环境融合，统筹规划生态资源，建立生态红色旅游圈，就可以打破红色旅游周期性强、时间集中等问题，可以吸引更多的游客，从而使红色旅游的教育功效、文化效益、社会效益、经济效益得到最大限度的体现。

首先，可以将红色文化与历史文化、民俗风情相结合。皖江地区各城市都有着丰富

的历史文化资源，传统文化丰富，可以将一些历史故事、名人典故、诗词歌谣、戏曲等与红色文化相融合，可以通过戏曲、民歌等形式展现红色文化，增强对游客的吸引力。一方面让游客受到红色革命文化的教育；另一方面也传承了中国优秀传统文化。

其次，将红色资源与绿色资源相结合，开发体验式红色旅游模式。皖江地区的红色资源主要分布在革命老区、大别山区等地，这些地区自然资源丰富，山川秀美，可以将红色资源与绿色资源相融合，让游客身临其境，通过走红军路、耕田劳作、吃忆苦饭等体验式项目，使游客在体会红色教育时产生心理共鸣，提高游客的参与度，吸引更多的游客群体。

除此以外，在红色景区展示红色历史的资料时，可以不仅仅以图片文字的形式，还可以通过影片、故事，甚至可以通过模拟场景，让游客亲身感受，来增强感染力。

（三）加强生态红色教育，培养专业从业人员

生态红色旅游产业的发展离不开人才的培养，具有过硬专业素养的人才可以为生态红色旅游产业的发展提供内在动力。

一方面要提高景区工作人员、服务人员的专业素质，不仅是对红色文化素养的学习，还要有强烈的生态保护意识。可以选拔任用一些高素质的专业人员，通过系统专业的培训来提高管理人员的红色素养和生态意识。另一方面也要提高当地居民的环境保护意识，当地居民也是生态红色旅游产业中提供服务的群体，他们对于本土的红色文化较为熟悉，而对于生态保护意识，要通过宣传等方式帮助提高。同时，也要注重培养旅游专业人才，通过系统的培训提高他们的专业素养。在安徽省的很多高校中都开设有旅游管理专业，每年有大量的毕业生进入旅游行业，在高校人才培养中，可以通过开设红色旅游相关课程，让学生在学校可以对红色旅游进行系统的学习，同时结合校外实习，培养更多更专业的红色旅游人才。

（四）建立皖江生态红色旅游产业，带动区域经济助推精准扶贫

红色旅游业不仅给游客带来革命传统教育、爱国主义教育，同时也有着社会效益和经济价值。一个较为完善的生态红色旅游产业是将社会效益、文化效益及经济效益有机地统一起来，而皖江地区丰富的红色资源及其他资源，就为皖江生态红色旅游产业的形成提供了有利的条件。皖江地区的红色资源多处于革命老区中，这些地区多为山区、贫困地区，经济落后，贫困人口较多，难以发展工业，而生态红色旅游业就可以带动革命老区经济发展，可以为实现脱贫攻坚目标起到助推作用。

建立皖江生态红色旅游产业，首先，要完善红色景区的交通设施及其他配套设施。各红色景区要和火车站、汽车站、机场建立专门的旅游专线，同时一个地区的不同红色景点间也要有专线大巴，同时，在红色景点与自然景区、历史文化景区间也要相互融合，配置相关线路的车辆。除此以外，还要完善其他配套设施，如在红色景区要提供相应的接待服务，有酒店、餐饮等以满足游客的不同需求，也可以改善红色旅游时间集中、周期性强、游客特定的情况，可以使红色旅游均衡发展。

其次，要利用当地资源，发展生态产业链，让当地居民参与进去，达到精准扶贫的效果。可以通过餐饮、住宿、相关农产品、纪念品等与红色旅游相关产业的发展，来促进生态红色旅游产业链的延伸，提高红色旅游的经济效益。

最后，要创新发展模式，打造地域特色的生态红色旅游项目。通过合理利用生态资源，可以将红色旅游融入观光、休闲度假、农家体验等内容，通过体验式旅游来增强对游客的吸引力。

参考文献

［1］中共中央办公厅，国务院办公厅. 2004－2010年全国红色旅游发展规划纲要［Z］. 2004.

［2］马波. 现代旅游文化学［M］. 青岛：青岛出版社，1998：33.

［3］郑赤建，李建达，陈宁英. 关于培育红色旅游产业集群的若干思考［J］. 大庆师范学院学报，2008（4）：31.

［4］刘云霞，尹寿. 安徽红色旅游环境分析及生态保育对策［J］. 华东经济管理，2006，20（7）：27－28.

生态经济背景下皖江城市带绿色智能制造业改革与发展研究

方　旭

一、引　　言

在学术界，中外学者一直对制造业改革与发展的相关问题高度重视。特别是在2008年全球性金融危机爆发后，世界各国纷纷提出利用信息技术提升传统制造业改革与发展的战略规划，例如，美国的“再工业化”、德国的“工业4.0”、日本的“创新25战略”、中国的“中国制造2025”等。不仅如此，制造业的改革与发展已经作为我国高度重视的战略计划。其中，智能制造已经成为实现国家经济转型和实现我国制造业从低端制造向高端制造转变的重要途径之一。

智能制造起先源于研究者对于人工智能的探索，最早可以追溯到1989年日本提出的智能制造系统，且于1990年4月开始倡导的“智能制造系统IMS”国际合作研究计划。虽然总体而言智能制造尚处于实验阶段以及少部分制造企业试用阶段，但很多国家及地区诸如美国、加拿大、欧盟和中国将此列入国家发展计划，大力推动实施。在改革与发展制造业的同时，协调经济发展中出现的资源过度消耗和生态环境的过度恶化也一直是皖江城市带乃至全中国所面临的主要问题。在此基础上，美国经济学家肯尼斯·鲍尔丁（Kenneth Boulding）在《一门科学——生态经济学》一书中提出了“生态经济学”这一概念。而肯尼斯也曾指出“生态经济”是利用生态经济学理论对生产和消费方式进行改变，发展与自然和谐共处的生态经济。

2010年1月12日，国务院正式批复《皖江城市带承接产业转移示范区规划》，这是全国首个以承接产业转移为主题的区域战略规划，也是安徽省首个上升为国家战略的区域规划，使其成为产业实力雄厚、资源利用集约、生态环境优美、人民生活富裕、全面协调可持续发展的示范区。而制造业的改革与发展一直都是皖江城市带研究的重点内容之一。在大力发展安徽制造业的同时，践行生态经济理论，引入“绿色”和“智能”两个概念，推动制造业实现转型升级、发展智能制造是推动供给侧改革、重塑制造业新优势、实现产业转型升级的实然途径，也是全面推进生态文明建设的应然选择。

本文以皖江城市带作为样本，着力研究生态经济背景下如何去发展绿色智能制造业，优化区域内部制造业转型升级，实现安徽又好又快发展，并以安徽省省会、皖江城市带的带头城市合肥为例，深入分析皖江城市带目前在改革制造业和发展绿色智能制造的过程中出现的问题和未来发展方向。

二、国内外研究现状

国内外有不少学者在其论文综述部分或著作的序言部分对智能制造的研究做过回顾。我们在中国知网（CNKI）电子期刊数据库搜索发现2000～2018年针对“智能制造”和“绿色制造”研究比较多，超过10000篇，但对于本文研究的“绿色智能制造”主题仅100多篇。

（一）绿色制造业研究概述

国内外学者针对“绿色制造”的研究主要集中在两个方面：一是绿色制造技术分析。王伟平认为，绿色制造技术不仅可以保证产品的功能和质量，还能保证资源的利用效率。[1]林朝平认为，绿色制造技术应包括绿色设计、绿色材料、绿色设备、绿色工艺、绿色包装、绿色管理、绿色产品等。[2]刘飞等以产品生命周期为主线，提出一种绿色制造的技术内涵流程。[3]二是绿色制造模式分析。郭庭楠和殷荣林提出，传统制造业模式几乎从不考虑对资源造成的消耗，以及制造业生产中对环境所造成的污染现状。[4]而朱萌认为，绿色制造模式可以降低对周边环境污染的程度，提高对资源利用的最终有效率也很大，并能以此减轻制造产业对环境所造成的污染现象。[5]张林提出，绿色制造模式存在于整个生产周期，强调人、技术、管理三者有机结合。[6]

（二）智能制造业研究概述

关于智能制造的研究主要集中在两个方面：一是智能制造技术（IMT）研究。王跃华指出，智能制造技术为工业的发展提供了可靠的保障。[7]许敏提出，“智能工厂”和“云制造”将是未来智能制造技术的发展方向。[8]二是智能制造系统（IMS）研究。1989年库西亚克（Kusiak）首次明确提出了“智能制造系统”。[9]何成奎等认为，智能系统可使各个工位的机器之间相互连接，构成智能协同。[10]吉赖特等（Giret，et al.）认为，已形成以服务为主导的智能制造系统。[11]方毅芳提出，智能制造是一个由智能设计、智能生产、智能管理、智能产品、智能服务五个要素构成的生产模式系统。[12]

（三）绿色智能制造业研究概述

当前国内外关于发展生态经济与优化区域内部制造业转型升级相关的研究各有侧重。高敬峰利用资源禀赋的比较优势理论观点，分析中国制造业分工模式。[13]路甬祥认为，环境对制造业提出了更高要求，能源紧缺对制造业的制约日益加剧，自主创新能力能够提升中国制造业国际品牌竞争力和附加值，所以走向绿色智能制造，是中国制造业发展的必由之路。[14]

三、生态经济与绿色智能制造业

（一）生态经济的概念

生态经济指在环境系统承载力的范围内，使用生态经济学理论对生产和消费方式进行改变，挖掘自然资源潜力，发展与自然和谐共处的生态经济。生态经济包括了“生态经济化”与“经济生态化”两个内容。生态经济化，就是生态的“非资源化”的过程，对于生态资源的保护、开发和利用是为了满足人们对待经济的特定需求。经济生态化，是指经济发展到一定阶段后，需要充分认识到自然生态资源供给和生态环境支撑的有限性，遵循生态规律，即走绿色经济的道路。[15]必须承认的是，生态经济既然是人类将绿色生态融入经济活动的产物，那么生态经济肯定存在独特性。

(1) 人工干预性。既然人们要为子孙后代考虑而不愿消耗所有资源，那就不得不人为挖掘自然资源与环境的最大潜力，干预生态环境的改造过程。

(2) 高效性。在当代科学技术进步的前提下，效率维度上保持资源利用的高效，最大限度地少消耗多产出，确保资源的合理利用。

(3) 区域协调性。区域之间的资源开发利用不应损害其他区域的利益，并要求区域间信息与技术共享和共建。

(二) 绿色智能制造的概念研究

绿色制造（green manufacturing，GM），指在保证产品功能、质量和成本的前提下，综合考虑环境影响和资源效率的现代制造模式。绿色制造倡导在设计、生产、销售等环节使环境污染最小化或不产生任何环境污染，并能减少资源的浪费。[13]

智能制造（intelligent manufacturing，IM），是由智能机器和人类共同组成的人机一体化智能系统，实现了以人为主到人机和谐决策的转移。[16]

由此而知，绿色智能制造应是一种通过人、机、环境、资源的深度融合，人类在考虑环境的承载度与资源的利用程度前提下，协调智能机器参与人机制造活动中实现人机一体化智能系统。绿色智能制造旨在倡导实现制造过程的绿色化与智能化，并最终形成人机自然和谐相处的可持续的制造业新模式。

(三) 生态经济对绿色智能制造业改革与发展的影响

如今，高质量的生态经济发展对制造业提出了更高的要求。

(1) 制造型企业进行绿色改造，形成绿色发展方式。践行生态经济理念推动制造业生产过程低碳化，产出回报最大化，实现人与自然和谐共生。近年来，皖江城市带制定激励政策，设立专项奖励基金。以合肥市为例，在全国率先构建扶持产业发展“1+3+5”政策体系，并提出了支持先进制造业发展政策28条。推动制造型企业绿色生态发展，对节能技术改造项目给予奖励、支持淘汰落后产能、鼓励开展能源管理体系建设和支持工业企业节水。

(2) 制造型企业突出智慧引领，推动产业向中高端发展。发展生态经济关键是加速高新技术的推广应用，特别是智能语音、新型显示、智能制造、智能家电、光伏新能源等产业发展。推动皖江城市带成为具有国际影响力和竞争力的先进制造业基地。其中包括合肥市实施“万千百”智能改造工程、芜湖市制订智能制造实施方案及马鞍山市实施国家机器人产业集聚发展试点等，着力提升制造业网络化、智能化、服务化水平，切实推动制造业转型升级，提升制造业企业品质。

四、生态经济背景下绿色智能制造业发展现状与存在问题——以合肥市为例

皖江城市带作为全国迄今为止唯一以产业转移作为规划主题的区域带，当前面积约7.6万平方公里，涉及安徽省内包括合肥、芜湖、马鞍山等地级城市。本文以省会城市——合肥市为例，分析皖江城市带存在的问题与目前发展现状。

（一）合肥市绿色智能制造业发展概况

合肥市正在积极建设“大湖名城、创新高地”，为打造长三角世界级城市群副中心而不懈努力。下面将从四个方面分析合肥市发展潜力。

1. 良好的区位优势

合肥市作为省会城市，是长三角经济带上较大的新型综合性的工业城市，贯通南北，连接东西，紧邻长三角经济圈，是长三角经济圈重要的辐射地区，承接着相关产业从东南沿海向内地产业转移和聚集的任务。另外，合肥市也是国家科技创新型试点市、全国性综合交通枢纽。与此同时，作为皖江城市带的带头城市，合肥市在提升产业集聚和自主创新能力上一直被寄予厚望。产业基础和区位优势都非常有利于合肥市制造产业的发展。

2. 智能制造产业发展起点较高

近年来，合肥市积极开展“产学研”合作，大力推进制造业发展“智能化”。目前，中国科技大学、中科院合肥物质科学研究院、合肥工业大学等一批高等学府积极参与推动智能产业的发展并取得了相应成果，例如，中科院合肥物质科学研究院研发的取料机械手、3D打印机、码垛机器人已顺利投放市场；合肥工业大学研发的智能服务机器人已通过科技成果鉴定并开发出样机。[17] 与此同时，2017年已建成合肥工业大学智能制造技术研究院1期、中科院合肥技术创新工程院及北京大学未名生物经济研究院等，建成“立足合肥、面向安徽、辐射全国”的智能制造创新孵化平台，推动了合肥市智能制造发展的崛起。

3. 各区域定位明确

合肥市积极引进重大制造产业项目和参与长三角地区产业分工，已经建立起一系列智能制造特色示范基地及产业园区，旨在集合全区域生产要素优势、政府政策优势和产业优势向基地靠拢，形成产业集群效应，进而完善区域内部的产业链。其中新站区作为新型显示产业集聚发展基地，拥有京东方、乐凯、彩虹、康宁等40家上下游产业链企业；包河经开区作为新能源汽车产业集聚发展基地，拥有江淮汽车、安凯两大新能源整车企业和国轩高科、巨一自动化等关键零部件企业50余家；高新区主要围绕集成电路和智能语音建立新兴产业基地，其中，科大讯飞（2015）已正式获批“中国声谷”；经开区是合肥“白色家电”企业聚集度最高的区域之一，包括合肥海尔工业园、长虹美

菱工业园、美的华凌工业园、长虹工业园等 25 家企业。通过在区域层面推进制造产业链的整合延伸、配套分工，形成企业间高效协同的智能制造体系和产业价值链体系，有利于促进制造业更为智能、绿色、可持续发展。[18]

4. 政府推进绿色制造工程

绿色制造是生态文明建设的重要内容，也是制造业转型升级的必由之路。2017 年，安徽省出台“十三五”工业绿色发展规划政策，[19]倡导绿色工业发展路径。但是，单一的政府命令遏制制造业污染环境并不能发挥绝对的效力，与此同时，合肥市政府也利用了经济激励型管制工具，如排污收费制度、国家补贴政策、排污权交易等，使得环境管制得到高度重视。2017 年底，已实现安徽省单位工业增加值能耗同比下降 5.4%，节能环保产业产值同比增长 22.8%。可以看出，坚持生态优先，绿色发展，是皖江城市带加快制造业转型升级的重要原则和目标。

（二）合肥市绿色智能制造发展存在的问题分析

虽然建设全国性制造产业集聚区合肥市拥有潜在的发展优势，但仍需承认合肥市制造业发展的过程中暴露很多问题，如环境污染、资源浪费、产业附加值低等。

1. 绿色智能制造发展迫在眉睫

人们已经习惯认为制造业就应该是劳动密集型、高能耗、高污染，导致了皖江城市带很多民众认为制造业就应该施行如此模式，没必要发展所谓的智能、绿色制造业。然而，近几年皖江城市带由于传统制造业迅速发展导致的环境问题日益严重，例如，由于城市化和工业化进程加快，导致巢湖水富营养化日益严重；合肥市雾霾天气频发，每年秋冬季节空气质量处于较差水平（24 小时 PM2.5 平均浓度超过 40 微克/立方米），如表 1 所示。另外，传统制造业选址特别是服装行业和机械制造行业想要获得盈利主要依托于廉价劳动力和较低的土地租金。虽然安徽省作为劳动力大省，随着城市化进程加快，很多乡镇居民涌入合肥市，但是这并不代表低廉的工资能驱动居民走入合肥市工厂。与此相比，东南亚的某些城市利用廉价劳动力和较低的土地租金吸引了大批制造厂商驻扎。

表 1　2015～2018 年秋冬季合肥市空气指数月统计

时间	AQI	范围	质量等级	PM2.5
2015 年 11 月	89	28～192	良	65
2015 年 12 月	147	60～293	轻度污染	113
2016 年 1 月	119	55～253	轻度污染	88
2016 年 2 月	108	39～261	轻度污染	80
2016 年 3 月	117	36～211	轻度污染	87
2016 年 11 月	82	38～153	良	55
2016 年 12 月	118	48～180	轻度污染	86

续表

时间	AQI	范围	质量等级	PM2.5
2017年1月	119	53～252	轻度污染	87
2017年2月	114	49～161	轻度污染	86
2017年3月	90	62～140	良	63
2017年11月	100	31～174	良	67
2017年12月	131	42～285	轻度污染	94
2018年1月	119	32～234	轻度污染	88
2018年2月	90	33～185	良	64
2018年3月	73	34～102	良	47

资料来源：根据2015年11月至2018年11月合肥市空气质量指数月统计历史数据整理。

2. 皖江城市带内部竞争激烈

合肥市虽作为安徽省的省会城市，长三角经济圈重要的辐射地区，拥有了独特优势但也存在着一些待解决问题。首先，区域带内部之间竞争多于合作，特别是在技术、人才和市场方面的竞争；其次，合肥市与周围城市间相互交流不畅，由于水陆交通通达性和快捷性影响，使合肥市与周边城市经济联系比较松散，城市之间缺乏内在凝聚力，很难形成一个完整的经济、文化、科技等相结合的有机体——大城市群，无法与其他城市群（如珠江三角洲、长江三角洲、环渤海经济带等）相抗衡。与此同时，不同企业间同类产品常常重复建设，阻碍了技术进步和企业发展的同时又浪费了大量物耗能耗。

3. 制造业发展规模小、层次低

高新技术产业比重仍然比较低，传统行业比重较大。2013年合肥市高新技术产业制造业单位数仅为全市规模以上工业单位数的7.7%。高新技术产业集群度较低，各大制造业产业增值链较短，制造行业内部企业普遍规模小、产品层次不高、自主创新能力不足、产业链不够完善。皖江城市带化工、冶金等产业占比较大，产业结构并不合理。

4. 人才流失严重

广州、天津、南京、武汉等10多座城市纷纷出台人才新政，招揽人才入驻，掀起了新一轮“人才争夺战”。合肥市却迟迟没有推出切实可行的人才策略，面对其他城市种种诱惑，导致人才外溢状况更为严重。而合肥市要想发展绿色智能制造，更需要高层次人才，人才流失不仅影响绿色智能制造的长期推行，也会延缓合肥市整体的经济发展。

由上可知，合肥市作为2018年世界制造业大会和2018年中国国际徽商大会的承办城市、为打造智能制造之都聚集了近30多家省级以上创新平台和900多个研发中心。但也仍需承认在制造业发展与改革的过程中存在一定局限性。目前，国家在积极倡导发展生态经济，皖江城市带可以抓住机会，反思和借鉴合肥市出现的主要问题，深究制造业发展存在的机遇与挑战，进一步推进皖江城市带经济可持续发展。

五、生态经济背景下绿色智能制造业的未来改革动向

目前，智能制造已成为新兴工业国家寻求发展而主要竞争的领域。国外先进的工业化国家已经积累了大量的发展经验，世界范围内智能制造的革新趋势有以下几个方面值得皖江城市带关注和借鉴学习。

（一）制造业更为互联网化

互联网拥有众多人工无法比拟的优势。首先，渠道方面可实现与海量消费者的无缝对接。其次，互联网时代，数据往往在商业和生活场景中自动获取、实时更新、快速处理，跨机构的数据整合效率更高。最后，互联网平台提供的大数据、云计算等技术，成本低、稳定性强、弹性可扩展，为现有传统制造业存在的各种问题提供了良好的解决方案。例如，天生就带有“互联网基因”的小米，虽同为制造企业，其互联网运营渗透设计、生产、营销的各个产品链环节。就产品设计而言，小米十分关注用户体验，并基于用户互动不断革新产品。小米的营销模式依靠用户的口碑营销和粉丝经济得以取胜。这也是小米获得成功的因素之一。

一方面，制造业互联网化将弱化产品生产完全的本地化，进而从集中生产制造向异地分工制造转移，最终实现制造业的资源优化配置。互联网使生产不同环节的企业间实现信息共享，不仅在国内实现资源的优化组合，也能够在全球范围内迅速寻找合作对象，整合各个阶段供应商的优势资源，在研发、制造、物流等各产业链环节实现全球分散化生产。

另一方面，“互联网 + 制造业”可以快速响应市场变化，通过网络快速协同制造企业配置资源，减少了产品投放市场所需的时间，同时还可以减少部分基础设施的建设费用及人工费用。例如，谷歌作为世界最大的网络搜索引擎，却把目光聚焦于收购制造企业。与此同时，作为美国超级制造企业 GE，也开始加强数据分析和软件开发。[20]

（二）制造业更为绿色化

“中国制造 2025”本是一条坚持绿色制造的道路，同样，皖江城市带想要践行生态经济理论对制造业进行改革与发展，就必须关注制造业的绿色化进程。政府应鼓励企业研发更为绿色的设备，企业采用新工艺循环利用资源，有效地阻止价值链中的资源浪费。

随着中国对环境保护的力度不断加大，人们环保意识的加强，环境保护对工业特别是制造业发展的约束程度越来越高，加快培育形成全生命周期绿色智能制造业应是皖江城市带的未来发展方向。制造业转型升级必须坚持“绿色生产、智能制造”的发展方向，在此基础上打造全生命周期低碳绿色供应链，构建从原料、生产、营销、消费到回收再利用的绿色制造循环体系，全面提升绿色制造水平。以合肥液晶显示制造行业为例，在液晶面板生产方面，企业应采取清洁能源，一些对环境有污染的物质，例如，光

刻胶、特气、清洗剂等应采取分类回收避免污染环境；在物流方面，企业应开展包括一些大型设备外包装回收处理及回收物流、废弃物流在内的绿色物流等。

（三）制造业更为标准化

“中国制造 2025”明确指出，标准引领，推进标准体系建设，引领智能制造将作为未来制造行业的主攻方向和突破口。标准是人们为了某种目的和需要而提出的统一性要求，是对一定范围内的重复性事务和概念所做的统一规定。标准化则是指定标准并使其在社会一定范围内得以推广应用的一系列活动。[21]制造业标准化体系的建立表明，相对于传统制造方式的能耗比较高、环境污染大、产业附加值低等诸多问题，智能制造标准化是从本质上重新助推制造业转型升级和架构重组。特别对于关键智能部件、装备和系统的规格统一，产品生产、管理、服务等流程统一，将大大提升智能制造总体水平。

智能制造标准化体系的建立也表明本轮智能制造是从本质上对于传统制造方式的重新架构与升级。多年以来，以英国、法国、德国为主的西欧国家一直将精力和时间放在国际和区域标准化活动中，妄图长期把控国际标准化的技术大权，并企图把国内标准变成国际标准。就中国而言，制造在核心技术、产品附加值、产品质量、生产效率、能源资源利用和环境保护等方面，与发达国家先进水平尚有较大差距，必须紧紧抓住新一轮产业变革机遇，采取积极有效措施，打造新的竞争优势，加快制造业转型升级。

（四）制造业核心产品更为国产化

部分学者提出制造企业研发应向内生转变，居危思危、立志打造核心技术。一般来说，一个产业发展通常经历了五个周期环节，进口新产品—进口替代—产品出口—重新进口—逆进口形成倒“V”字形。而中国核心产品零部件正面临从依靠国外进口向自主研发的关键节点，相关智能零部件产业依靠内生研发的力度不断加强。从短期数据来看，部分智能产业已经蓄力待发推进国产化，如表 2 所示。

表 2　2020 ~ 2025 年中国制造业核心产品国产化预测　　单位:%

产业	2020 年	2025 年
工业机器人	50	70
工业机器人关键零部件	50	70
节能乘用车关键零部件	50	60
智能制造核心信息设备	40	60
移动终端芯片	35	40

资料来源：根据《2018 – 2024 年中国制造业市场评估及未来发展趋势研究报告》整理。

六、结　　论

在生态经济新常态下，培育新型制造企业绿色增长点，推动绿色和智能协同发展。对于皖江城市带来说，发展智能制造业应摒弃先发展后治理的传统路径，坚定不移走绿色发展之路，才能实现科学发展、和谐发展、可持续发展，构建整个皖江示范区绿色智能工业体系，努力打造资源节约、环境友好的产业样板，让生态优势真正成为皖江城市带乃至全省发展的核心竞争力。

参考文献

[1] 王伟平. 绿色制造技术在金属加工中刀具选择的应用 [J]. 现代企业教育，2010 (22)：138-138.

[2] 林朝平. 绿色制造技术的进展 [J]. 常熟高专学报，2002，16 (2)：70-73.

[3] 刘飞，李聪波，曹华军等. 基于产品生命周期主线的绿色制造技术内涵及技术体系框架 [J]. 机械工程学报，2009，45 (12)：115-120.

[4] 郭庭楠，殷荣林. 县域工业经济转型升级的“长兴路径”与启示——以蓄电池产业整治为例 [J]. 湖州师范学院学报，2017 (7)：11-15.

[5] 朱萌. 绿色制造模式在江苏制造业转型升级中的研究与探索 [J]. 中国市场，2009 (3)：55-56.

[6] 张林. 绿色制造模式下的汽车零部件供应商综合优势预测 [J]. 物流技术，2014 (3)：303-304.

[7] 王跃华. 智能制造技术在工业自动化中的应用研究 [J]. 现代工业经济和信息化，2018 (14)：67-68.

[8] 许敏. 我国智能制造技术发展现状及展望 [J]. 科技创新与应用，2018 (27)：146-147.

[9] Kusiak A. Intelligent Manufacturing System [M]. New Jersey：Prentice Hall，1990.

[10] 何成奎，郎朋飞，康敏. 我国智能制造的发展展望 [J]. 机床与液压，2018，46 (16)：126-129.

[11] Giret A.，Garcia E.，Botti V. An engineering framework for service-oriented intelligent manufacturing systems [J]. Computers in Industry，2016 (81)：116-127.

[12] 方毅芳. 智能制造技术与标准化体系发展趋势分析 [J]. 中国仪器仪表，2018 (3)：21-26.

[13] 高敬峰. 中国制造业比较优势变化及其要素禀赋特征分析 [J]. 商业经济与管理，2009 (4)：53-59.

[14] 路甬祥. 走向绿色和智能制造——中国制造发展之路 [J]. 中国机械工程，2010，21 (4)：379-386.

[15] 谢高地，曹淑艳. 发展转型的生态经济化和经济生态化过程 [J]. 资源科学，2010，32 (4)：782-789.

[16] 幸权，柴宗明. 智能制造关系中国制造业发展 [J]. 企业技术开发，2011，30 (14)：116.

[17] 2016 年合肥市政府工作报告 [EB/OL]. http：//zwgk.hefei.gov.cn/zwgk/public/spage.xp?doAction=view&indexno=002991856/201601-00064，2016-01-18.

［18］夏铨锌，王亚．合肥智能制造发展现状及对策研究［J］．池州学院学报，2017，31（4）：66－69．

［19］安徽省“十三五”工业绿色发展规划［EB/OL］．http：//www. aheic. gov. cn/info_view. jsp? strId＝14870315464744089，2017－01－23．

［20］周济，李培根，周艳红，等．走向新一代智能制造［J］．工程，2018，4（1）：11－20．

［21］谭雪清，张玉波．制造业信息化与标准化［J］．CAD/CAM 与制造业信息化，2009（10）：17－18．

生态经济背景下皖江城市带信用服务产业发展研究

芮训媛

按照《国务院关于印发社会信用体系建设规划纲要（2014－2020年）的通知》《国务院关于建立完善守信联合激励和失信联合惩戒制度加快推进社会诚信建设的指导意见》《国家发展改革委 人民银行关于加强和规范守信联合激励和失信联合惩戒对象名单管理工作的指导意见》等文件要求，大力发展信用服务机构和信用服务市场，国家发展改革委在2018年发布《关于充分发挥信用服务机构作用加快推进社会信用体系建设的通知》。

同时，在党的十九大精神引领和习近平总书记对长三角区域合作的重要指示下，为了加快推进长三角地区社会信用体系建设，经上海市、江苏省、浙江省、安徽省信用建设主管部门协商一致，2018年制定《长三角地区深化推进国家社会信用体系建设区域合作示范区建设行动方案（2018－2020年）》。立足已有合作基础，进一步深化长三角地区社会信用体系建设合作，共同打响“信用长三角”品牌，为区域经济社会发展营造健康环境。

“信用长三角”建设是为了将长三角地区打造成为国内信用制度健全、信息流动通畅、服务供给充分、联动奖惩有效、信用环境优化的地区。其中的主要任务是加快推进区域整体信用制度建设，推动重点领域的跨区域联动奖惩，促进跨区域信用信息共享共用，鼓励信用行业服务创新，采取聚焦品牌建设、载体健全、奖惩联动、应用创新、数据开放、产业发展等关键要素。

在此背景下，安徽省政府印发了《安徽省社会信用体系建设规划纲要（2015－2020年）》，可以说，无论从国家高度还是社会角度，都在高度重视信用服务产业的发展，从政府高度推动信用社会的建设。[1]

在安徽经济版图中，皖江经济带有着举足轻重的作用，2012年12月国务院发布国家《服务业发展“十二五”规划》，安徽省政府也印发《安徽省“十二五”服务业发展规划》，在此基础上关于如何发展现代信用服务业也被正式提上日程。本文在国家大力发展信用服务产业的宏观背景下，立足皖江城市带，分析区域信用服务产业的发展，梳理其中存在的问题，并结合生态经济发展要求，提出合理的建议和措施。

一、皖江城市带生态经济发展的信用环境分析

生态经济指在生态系统承载能力范围内，运用生态经济学原理和系统工程方法调整

生态经济生产和消费方式，利用自身的资源禀赋和发展潜力，发展一些经济发达、生态高效的产业，建设体制合理、社会和谐的文化以及生态健康、景观适宜的环境。生态经济是实现经济发展与环境保护、物质文明与精神文明、自然生态与人类生态的高度统一和可持续发展的经济，是一个包含“社会—经济—自然”的复合生态系统。

国家发展改革委2018年4月开始在全国范围组织遴选一批基础较好、条件成熟的市、县以及直辖市辖区率先开展守信激励创新工作，经过遴选公布了首批30个入选城市名单，芜湖市位列其中，成为安徽省唯一入选城市。根据国家对守信激励创新试点城市的工作要求，芜湖市将在信用信息共享和应用方面，进一步加强信用信息与政府各部门、市场机构的共享共用，围绕“信易贷”“信易租”“信易行”“信易批”“信易游”等守信激励产品和服务，不断完善激励机制，创新激励措施，拓展“信易+”守信激励场景，建成具有芜湖特色的守信激励体系。

同时，安徽省首届市级信用信息共享服务平台建设活动中，合肥、芜湖、铜陵、蚌埠和滁州5个省辖市的信用平台获得“全省公共信用信息共享服务平台一体化建设示范性平台”称号。芜湖市“信易贷”“信易标”“信易游”，马鞍山市“信易行”，滁州市和安庆市“信易批”等“信用+”产品不断推出，守信激励措施有效落地；合肥等市建立信用地图，六安、铜陵等市建立企业画像库，探索大数据分析应用等。

2018年铜陵市信用办与安庆市信用办签署两市信用信息共享协议，通过共享两市守信失信数据，共同建立跨区域信用奖惩联动机制。根据信用信息共享协议，两市信用办将建立数据共享通道，共享两市守信名单数据，以及严重失信名单数据，通过补充信用数据和反馈结果信息促进两市信用信息共享平台的数据归集和深度应用。依托“信用铜陵”和“信用安庆”网站的信用数据共享专区，实现查询检索、数据服务接口及数据文件下载等服务方式，为相关政府机构及社会提供可查询的公共信用信息。政府机构将利用共享信息开展跨地区守信激励和失信惩戒措施，守信个人、企业可获得信用贷款等优惠政策，失信企业在采购、招投标等领域将受限或禁入，此举将进一步拓宽对信用主体的联合奖惩机制应用领域及范围。同时，市场主体可通过“信用铜陵”和“信用安庆”网站等公开渠道查询各类共享信用主体信息，提升信用甄别及风险防范能力。

应该说，皖江城市带在近几年信用服务建设中，取得了一定的成就，也使皖江经济发展步入良性循环轨道，各市的信用服务机构都有较好的建设和发展，皖江城市带信用服务机构发展情况如表1所示。

表1　　皖江城市带信用服务发展概况

地区	政府信用服务组织机构	主管部门	官方信用网站	社会信用服务机构（家）	官方网站总访问量（次）
安徽省	有	省发展改革委	信用安徽	33	14820419
合肥	有	市发展改革委	信用合肥	14	3834034
马鞍山	有	市发展改革委	信用马鞍山	1	网站上未有统计

续表

地区	政府信用服务组织机构	主管部门	官方信用网站	社会信用服务机构（家）	官方网站总访问量（次）
芜湖	有	市发展改革委	信用芜湖	未有登记	2267732
铜陵	有	市发展改革委	信用铜陵	1	1488683
安庆	有	市发展改革委	信用安庆	2	2195599
滁州	有	市发展改革委	信用滁州	2	8530578
池州	有	市发展改革委	信用池州	2	14017809
宣城	有	市发展改革委	信用宣城	1	2021950
六安	有	市发展改革委	信用六安	2	853252

注：社会信用服务机构数据截至 2017 年，访问量数据截至 2018 年 11 月底。

资料来源：根据工商登记和在线网站等信息收集整理。

二、当前皖江城市带信用服务发展存在的问题与不足

（一）新经济业态对信用服务产业的要求

1. 新兴消费模式对信用服务业的需求上升

以互联网消费为代表的新兴消费模式高速发展，信用支付正在逐渐成为主流消费模式，信用服务行业变得举足轻重。根据央行发布的《2017 年支付体系运行总体情况》，截至 2017 年底，全国人均持有银行卡 4.84 张，同比增长 8.35%。其中，信用卡呈较快增长态势，人均持有信用卡 0.39 张，同比增长 25.82%。自 2007 年 P2P 登陆中国后，其交易规模已经连续 6 年保持 150% 的同比增长。数据显示，截至 2017 年 11 月底，2017 年的网贷行业总成交量达到了 25800 亿元，较 2016 年同期成交量增长了 41.8%。

根据国家统计局发布的数据，2017 年我国全年最终消费支出对国内生产总值增长的贡献率为 58.8%。虽然与发达国家还有较大的差距，但是最终消费率的持续上升还是对我国的消费金融和征信等相关产业产生了积极的作用。

2. 政务信息共享交换领域需求持续加大

随着大数据、云计算、区块链、人工智能等新兴技术在政务领域的广泛应用，促使电子政务发展进入新阶段。整合、开放、共享已成政务信息资源发展的必然趋势，必须破除政务信息资源“各自为政、条块分割、烟囱林立、信息孤岛”现状，发展改革委、网信办等相关部委近年来相继发布了《政务信息资源共享管理暂行办法》《政务信息系统整合共享实施方案》等一系列文件，进一步细化明确了政务信息资源共享建设的目标、方式和时间要求。对于政务信息共享领域的技术、产品、服务的需求在持续不断增加。

根据江瀚咨询发布的《中国信用服务行业发展趋势与投资前景深度研究报告》，2015 年我国电子政务总体投资规模达 2245.3 亿元，未来我国电子政务市场规模仍将保持较快增长。到 2018 年，总体投资规模将超过 3400 亿元。在此背景下，未来几年政务信息共享交换领域的建设及服务投入将不断加大，市场规模增速明显。

3. 信贷市场及互联网消费金融等下游领域快速发展

信贷市场绝对规模的稳步增长，也将带动信用信息服务市场快速发展。互联网应用及大数据技术创新，推动了信用信息服务进一步向纵深发展。互联网信用服务辅助基础信用服务，使得社会信用体系进一步完善，对信用信息服务的需求加大，依赖程度提高。移动互联网应用活跃，用户规模高速增长，需要信用信息服务协助提供快捷、公平的借贷机会。互联网消费金融的快速发展，也在助力信用信息服务市场规模的持续扩大。包含个人征信和企业征信在内的信用服务市场规模会突破百亿元。

4. 个人征信行业潜在市场巨大，问题与机遇并存

传统金融与互联网金融将共同撑起个人征信的核心，《个人征信行业研究报告（2017）》的数据显示，虽然短期消费信贷和互联网消费的规模仍在不断扩大，但未来几年的增速都会有所放缓。尽管如此，报告给出的增速预测中，互联网消费金融的交易规模依然将维持在 70% 以上的增速。虽然传统信贷消费市场已接近饱和，而新兴互联网消费市场则还在高速扩张，尤其以 BATJ“四巨头”为代表的互联网信用消费更是受到了青睐。在这样的情况下，以征信业务为代表的信用服务行业就显得至关重要了，尤其是互联网消费模式在监管等方面的薄弱就对信用调查审核、信用评级等方面提出了更高的要求，也大大提升了信用服务行业的存在感。

（二）当前皖江城市带信用服务产业存在的不足

1. 公共信用信息互通共享亟须加强

安徽省建立了统一的市公共信用信息平台，但共享机制有待完善，信用数据库信息的完整性、及时性和准确性不足。《安徽省省级公共信用信息目录（2017 年版）》，明确了省公共信用信息征集和共享范围。截至 2017 年底，省公共信用信息共享服务平台已归集了各地、各部门近 3 亿条信用信息，较上年新增 2.4 亿条。但是相对于信用信息的海量数据来看，这个数量还是远远不够的。

2. 信用服务机构数量偏少

从表 1 可以看出，安徽省总体的社会信用服务机构数量偏少，难以满足日益增长的信用产业发展需求，而且存在很严重的地区差异，各地发展不平衡。皖江城市带第六次人口普查的数据是 3165 万人，上海市截至 2017 年底统计人口数据为 2418.33 万人，上海市从事资信评级、商业征信、个人征信和信用管理（含商账管理）业务的信用服务机构，2017 年纳入统计机构总数 49 家，截至 2017 年底，机构总营业收入约 19.18 亿元，较 2016 年的 14.78 亿元增加了 30%，从业人员达 2479 人。

3. 征信机构采信难

现有国家政策只针对信用服务行业的运营规范等方面作了相关规定，针对具体细节方面还并未作出一些硬性规定。规范政府、企业、个人信用信息的范围、征集和运用，保护个人隐私、商业秘密和公共利益的相关内容尚属空缺，亟须进行信用立法。

4. 信用奖惩机制应用实施难

守信激励和失信惩戒制度的规定与实施主要由行业规范性文件加以规定，刚性不强，执行法律风险较多。从图1可以看出，各市的信用信息双公示情况存在明显差异，各市的行政力度不一致。

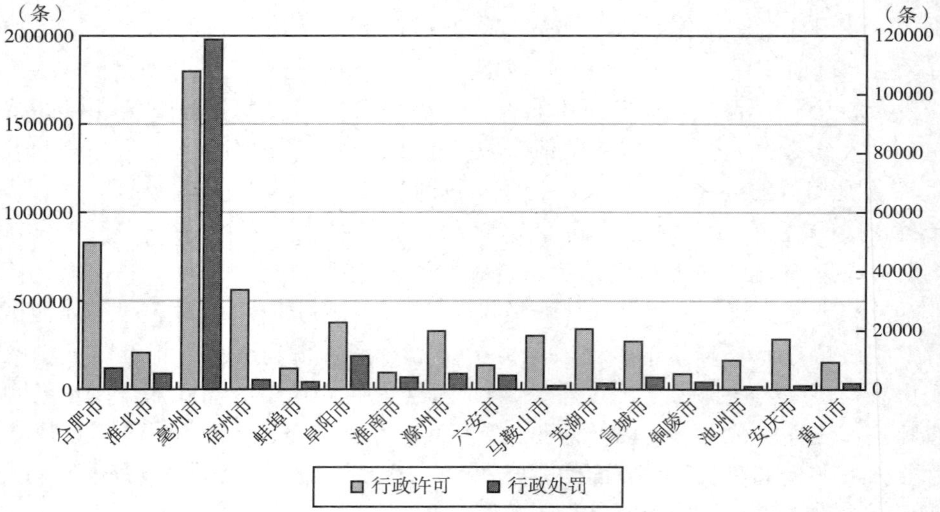

图1　安徽省各地市信用双公示情况

资料来源：信用中国（安徽）网站。

三、构建“四位一体”的皖江城市带信用服务体系

信用服务是一个完整的体系，一般来说包含立信—征信—评级—授信四个环节：立信是信用服务建设的基础，为解决信用机会的公平提供问题；征信是信用服务建设的关键，解决信用数据库的构建；评级是信用服务建设的核心，用技术手段分析企业的信用竞争力；授信是信用服务建设的目标，为守信企业提供公平合理的授信额度。

笔者认为应该从这四个方面构建“四位一体”的适合皖江城市带生态经济发展需求的信用服务体系。积极引入信用服务机构，重点是具备相关从业资质的征信、评级等机构参与社会信用体系建设工作，需要立足信用服务机构实际，着眼社会信用体系建设总体目标和发展要求，多措并举、多渠道、多方式推动信用服务机构发挥积极作用。

1. 立信：完善信用法规体系建设，构建良好信用环境

首先要完善信用法规和制度体系，使信用信息记录、征集、共享、应用，信用信息安全和主体权益保护等有法可依。按照国家信用信息标准，加快制定信用基础类、信用管理类、信用信息类、信用服务类等标准，构建安徽省社会信用标准体系。

其次要加强与信用服务机构信用信息的共享。鼓励信用服务机构与政府部门以签署共享协议等合作方式，在充分保护市场主体商业秘密、个人隐私的前提下，开展信用信息共建共享，实现公共信用信息与市场信用信息的有益整合。加快推进信用信息系统建设。以数据标准化和应用标准化为原则，建立完善行业信用信息记录及数据库；整合行政、司法和社会管理中产生和归集的信用信息，支持征信机构依法建立征信系统，对外提供专业化征信服务；推进信用信息共享与公开，切实保护信用信息主体权益和信用信息安全。

2. 征信：引入第三方信用服务机构参与重点领域信用记录采集

大力建立和拓展第三方信用服务机构，委托第三方信用服务机构参与建立行业市场主体信用记录，定期或不定期开展政府部门指定主体信用记录采集工作，并共享至全国信用信息共享平台，规范信用记录格式和数据标准，拓展信息采集内容和范围，鼓励信用服务机构主动采集重点领域市场主体信用信息，建立全面规范的信用主体信用档案。认定一批符合条件的信用服务机构开展综合信用服务试点，支持推荐入围机构在重点领域和广泛区域创新信用服务产品，拓展信用服务场景，提高服务质量和国际竞争力。

3. 评级：合理设置评级指标体系，分类评级，加强合作

目前我国整体资信评级业务发展未有较大突破，资信评级机构数量多，但是规模比较小，各行各业的评级体系和指标都未能完全统一，造成评级结果市场化率不高的现象。目前的信用服务企业普遍规模较小，还不具有国际竞争力的评级机构。信用服务行业人才严重匮乏，迫切需要一批高端的理论与实践优秀人才。许多方面法律制度很不完善，包括个人征信数据的使用与保护、信用管理中商账追收方面的法律定位等。新经济体中的信用服务业务的范围不够广泛，信用数据的应用场景不足。

4. 授信：根据需要授权信用服务机构参与红黑名单的认定

根据《国家发展改革委 人民银行关于加强和规范守信联合激励和失信联合惩戒对象名单管理工作的指导意见》的要求，国家有关部门可根据工作需要授权信用服务机构按照统一标准认定红黑名单。信用服务机构根据行业信用建设的需要收集各有关部门（单位）认定的红黑名单，经核实后与自身服务过程中形成的有关名单进行整合并向社会发布，协助政府做好资质名单、红名单、黑名单、重点关注名单等名单的认定和梳理。

鼓励信用服务机构拓展市场化、社会化信用联合奖惩，探索在商贸、金融、租赁、旅游、环保等领域形成联合奖惩机制的市场化应用。鼓励信用服务机构协同开展对黑名单市场主体的信用修复培训和失信问题专项治理工作，推动失信市场主体向社会作公开信用承诺。

5. 配套服务建设：构建一个良好的社会信用环境

其一要加强信用服务市场建设。政府通过公开信用信息、购买信用服务、引导市场主体应用信用产品、营造公平竞争环境等方式，积极培育各类信用服务机构；大力发展信用服务业，支持信用服务产品开发创新；完善信用服务市场监管体系，规范信用服务市场发展。

其二要完善保障机制。健全工作机制，协调推进社会信用体系建设。加强信用学科专业建设，建立健全信用管理职业培训与专业考评制度，培养专业人才队伍，建立信用管理专家库。

其三要加强信用建设交流合作。深化区域合作，在信用信息征集、产品应用、制度保障、信用服务市场发展等领域，进一步推进区域信用一体化进程。加强与其他省市、特定地区的信用合作，推进信用信息联通共享，实施失信联合惩戒。借鉴国内外信用建设先进理念和方法，促进地方信用服务产业发展，有序推进信用行业对外开放。

其四要实施诚信文化建设工程。全方位、多层次宣传诚信文化，弘扬“诚实、厚道，守信、担当”的诚信文化理念，践行社会主义核心价值观。加强公共服务人员、企业职工、学生、教师等各类社会主体诚信教育，引导社会成员以诚立身、诚信做人。突出诚信主题，深入开展各类专题活动，针对诚信缺失问题突出、诚信建设需求迫切的行业和领域，加强专项教育和治理，构建诚实守信社会氛围。

其五是强化金融科技在信用服务领域的应用和创新，金融科技已经与信用社会建设成为共同体，成为促进信用社会建设的强大动力。会在信息采集、整理、存储、加工和提供的各业务环节，在征信产品的研发、业务拓展中，借助金融科技，推动征信产品和服务的创新。

总之，安徽省信用服务产业建设的总体目标是：到 2020 年，社会信用法规制度和标准体系基本建立，以信用信息资源共享为基础覆盖全社会的征信系统基本建成，信用监管体制基本健全，信用服务市场体系基本完善，守信激励和失信惩戒机制作用有效发挥，政务诚信、商务诚信、社会诚信和司法公信建设取得明显进展，全社会诚信意识普遍增强，经济社会发展信用环境显著改善，市场和社会满意度大幅提升，“信用安徽”建设取得新突破。[2]

参考文献

[1] 安徽省政府．安徽省社会信用体系建设规划纲要（2015－2020 年）[Z]．2015.

[2] 中共安徽省委．安徽省人民政府关于进一步加强社会信用体系建设的意见 [Z]．2019.

生态经济背景下皖江城市带养老产业发展研究

汪娅娅

一、生态经济背景下皖江城市带发展养老产业的意义

党的十九大明确提出在新时期社会发展中必须树立和践行“绿水青山就是金山银山”的理念，坚持节约资源和保护环境的基本国策，坚定走生产发展、生活富裕、生态良好的文明发展道路。生态经济理念的提出为城市产业发展指明了方向，未来城市产业发展过程中必须摒弃自然生态与社会经济相互矛盾、自然生态与社会经济长期对立、生态平衡和经济平衡皆遭破坏的状态，建立一种自然生态与社会经济相互促进、相互协调，既能满足当代人的需要又不危害后代人满足其自身需要能力的发展状态即可持续发展状态。具体来说，走生态经济之路的城市在发展产业中应该多以低耗能、低污染、低排放为目标，改变传统高耗能、高污染、高排放的粗放式产业增长方式，生态经济背景下的产业应该具有绿色低碳、稳定增长、结构合理、创新能力强、空间布局合理的特点。

皖江城市带各市作为产业转移示范区，不仅需要承接转移产业，还需谋求经济转型与产业升级，而发展现代服务业，尤其是养老服务业，将有利于城市产业结构的调整、优化升级，也符合当前我国生态经济发展理念要求。为满足巨大的养老需求，皖江城市带各市加大养老服务建设力度，然而受现实条件限制，当前皖江城市带各市养老服务仍存在不平衡不充分的问题。未来养老服务需要发展，但必须改变发展模式，应该走一条高质量、高效益的发展之路。本文基于对经济发展新常态的认识，探讨皖江城市带未来养老产业发展重点、方向，在对皖江城市带各市养老现状研究的基础上，探寻生态经济背景下养老产业良性发展的路径，以期促进皖江城市带各市养老服务水平的提升。

二、皖江城市带各市老龄化及养老产业发展现状

（一）皖江城市带各市老龄化情况分析

据民政部公布的《2016 年社会服务发展统计公报》显示，截至2016 年底，全国60岁及以上老年人口23086 万人，占总人口的16.7%，65 岁及以上人口15003 万人，占总人口的10.8%。[1]中国已经是老龄化社会且老龄化严重。安徽省皖江城市带作为产业

承接地，同样面临较严重的老龄化问题。《安徽统计年鉴（2017）》显示，截至2016年底，皖江城市带各市老龄化率全部在17%以上，其中马鞍山市与宣城市更是超过了20%，除合肥市外，皖江城市带各市老龄化水平均高于全省平均水平，也远高于全国平均水平（见表1）。[2]皖江城市带老龄化问题突出，养老需求巨大且在未来将面临更为沉重的养老压力。根据现阶段人口年龄结构和变动趋势，预计“十三五”末，皖江城市带60岁及以上年龄人口占总人口比重将超过20%，随着老龄人口急剧增加，皖江城市带各市步入深度老龄化阶段，养老问题已经成为不可忽视的问题。[3]

表1　　2016年皖江城市带各市60岁以上常住人口数量及老龄化率

城市	年末数（万人）	老龄化率（%）
合肥	138.18	17.56
马鞍山	49.03	21.54
芜湖	67.09	18.28
宣城	56.68	21.8
铜陵	30.90	19.30
池州	28.37	19.66
安庆	83.71	18.15
滁州	73.16	18.09
全省	1102.18	17.79

资料来源：《安徽统计年鉴（2017）》。

（二）皖江城市带各市养老产业发展现状

为促进老龄事业的协调、可持续发展，皖江城市带各市加大养老产业建设力度，并积极探索生态养老新模式，力求切实保障老年人的合法权益。目前皖江城市带各市养老产业发展正处于不断探索中，取得了较大成绩。

1. 养老服务业产业化发展初见成效

养老服务业是一个综合性产业，包含生产、经营、服务于一体。为促进养老服务业发展，皖江城市带各市在财政金融支持、落实税费优惠、养老用地供给、养老人才培养和就业扶持等方面进一步加大扶持力度，支持养老服务业发展。同时，建立了政府购买服务机制，支持居家和社区养老服务业发展。此外，积极探索养老服务业发展新模式，安庆市在促进养老服务发展过程中探索出了“园区示范＋标准研创＋孵化出壳”养老服务发展的新路径。目前，安庆市健康养老服务示范园项目正在建设中，其产业引导项目包括养老产业标准化研究、老年人康复辅具研发生产、老年产品线上线下展示体验、示范机构站点建设等内容。

2. 积极探索生态养老新模式

生态养老即老年人通过亲近生态环境，享受自然环境的一种全新养老模式。发展生态养老，有利于转变发展方式、优化经济结构。皖江城市带各市利用自身资源、生态、区位等优势，积极探索生态养老产业发展。

（1）生态养老产业投入力度逐步增大。生态养老一般都采用功能化区域管理，以保证为老年人提供和谐宜居的环境以及便捷完善的设施服务，所以生态养老服务产业在前期规划以及后期建设期间都需要大量人力、物力、资金投入。随着党中央和各级政府对养老产业的重视和支持，皖江城市带各市积极推进生态养老服务产业建设。2018 年池州市和龙山文化休闲养生综合开发项目开始实施，项目总投资 8064 万元。

（2）生态养老形式不断丰富。根据皖江城市带各市拥有的旅游资源与生态特色，目前所具有的生态养老产业模式主要有生态养老小镇、生态养生中心、生态养老公寓、生态养老休闲农庄、生态养老旅游度假区等形式。生态养老特色小镇是在培育特色鲜明、绿色生态、产业发展、美丽宜居的过程中探索出的一种生态养老模式。宣城市琴溪镇位于皖南宣城，欲打造国际化养生度假养老小镇，以“养老养生 + 康体医护 + 休闲度假”为核心内容，以“徽文化”为特色，依托 10 公里天然绿色水走廊。

2016 年《池州市人民政府关于促进大健康产业发展的意见》提出，大健康产业将按照“生态 +”“旅游 +”“文化 +”的理念，着力构建以生态养生为根本、禅修养生为特色、户外运动为支撑、健康食品为基础，创新融合一、二、三产业发展的新型健康产业体系。其中“生态养生中心”突出发展休闲养生和健康养老两大板块。

（3）生态养老标准化的服务模式初步形成。皖江城市带各市在探索生态养老过程中，秉持一种理念，即“让绿水青山变成金山银山”，这不仅是经济发展的目标，同时也是养老产业发展的未来发展目标，因此区位选择、人文环境、交通便利、颐养生态对养老项目发展至关重要。“皖江城市带各市生态养老项目”以老年人乐享自然为终极目标，通过加大设计规划投入，努力为老年人营造人与自然的和谐共处的良好环境。此外，服务的专业化也是当前生态养老的重要环节。皖江城市带各市在注重硬件建设条件的同时，也十分重视服务水平的提升，通过培训提升护工的健康养护知识水平和技能，不断形成标准化的服务模式，满足老年人基本养护需求的同时更关注其精神需求的满足，服务专业化日渐成为皖江城市带各市生态养老的一大亮点。

三、皖江城市带各市养老产业发展存在的问题及原因分析

总体来说，依托优越的社会、自然资源条件，皖江城市带各市养老产业发展取得了一些成就。但是皖江城市带各市养老产业发展，尤其是生态养老产业正处于起步阶段，尚未形成集中的产业链条，明显滞后于消费需求和经济社会的发展，养老产业发展中还存在一系列问题亟待解决，具体来说，包括以下几个方面。

（一）养老社会意识难以转变

大多数中国人都是重积累轻消费的，尤其是老年人，他们更愿意将自己的积蓄节省下来补贴子女，而不愿意用其去享受高质量的老年生活。虽然随着经济发展水平的逐渐提高，传统的思想观念、生活方式发生了较大的改变，但在养儿防老、子孙同堂等传统

观念的影响下，家庭养老仍然是多数老人的首选。甚至有些老人认为选择机构养老或其他养老方式，很丢面子。同时，子女在“孝道”思想影响下，仍会选择在自己家里供养老人。因此，养老服务尤其是现代生态养老服务的推行需要一个较长的过程。

（二）养老产业发展缺乏理论与详细规划指导

当前皖江城市带各市养老产业的探索与发展某种程度上处于自主、无序、盲目的状态。就皖江城市带各市生态养老服务业发展实践来看，现代化生态养老产业主要是以民办私营机构居多，由于对于生态养老理念的理解不够深入，且当前人们对于私营机构的偏见，其经营的稳定性和持久性得不到保障。这种情况的出现首先是由于关于生态养老的理论研究较少，且现有理论也主要集中于生态养老的产业化开发上，重点探索资本化运作的盈利模式，对于生态养老服务发展宏观设计研究较少。其次是由于政府没有做好生态养老服务发展规划，皖江城市带各市在其养老服务规划中重点强调了养老与生态的融合，但都是宏观要求，缺乏生态养老服务业产业发展具体规划指导，使养老产业发展处于无序状态。

（三）养老产业发展管理体制不健全

养老服务产业发展涉及生产、经营、服务、管理等诸多环节。目前，管理体制尚没有完全理顺，不少政府管理部门认为养老服务业应该属于公办性质，政府管理者的角色比较浓厚，缺乏服务意识，民办养老服务机构面临尴尬局面。

此外，政府在针对民营养老机构的设施建设优惠、事业发展扶持、贷款优惠等方面缺乏可操作性政策，挫伤了投资者的积极性。养老产业虽然发展前景广阔，但是需要大量投入，再加上养老服务业本身获利较慢，如果没有政府税收、土地、信贷等方面的支持，很多社会养老机构会望而却步。尤其是在开办初期，基本上面临亏损问题，因为其建设资本基本都是自筹的，前期需要大量的人力、物力、资金投入，所以服务成本比较高。开展养老服务业获利难，政府直接财政补助存在不确定性，导致当前养老产业发展缓慢。

（四）养老产业服务质量水平有待进一步提升

皖江城市带养老服务业建设过程中十分重视养老服务水平提升，但目前皖江城市带各市养老产业尤其是生态养老产业的开发者主要是私立养老机构，且处于探索阶段，由于缺少龙头企业的带动，加之缺少相应的养老服务质量评价体系规范其服务，总体而言，当前养老服务质量有待进一步提升，且相对于政府办公立养老机构其收费偏高，医疗服务、养老养生产业等核心产业链条不完善，配套的职业教育、健康咨询、信息服务产业小而分散，无力支持当前养老服务产业的发展。[4]

（五）养老服务不足与养老资源浪费并存

一是养老服务供给内容少、层次低。目前皖江城市带养老服务供给内容更多的是满足老年人的医、护、住等基本需求，提供养老服务的机构一般是养护院、老年公寓等。

但是随着生活水平的提升，老年人越来越关注的是在生命体基本需求满足的基础上基本生活保障需求的满足，包括健康管理、休闲娱乐等内容。此外，老年人还有更高层次的需求，包括老年教育等高层次精神需求的满足。整体来看，虽然皖江城市带各市已经在逐步推行生态养老服务业的发展来满足老年人的多样化需求，但目前还处于起步阶段，现有养老机构的养老服务内容还是较为贫乏，处于较低层次阶段。

二是养老服务功能结构不合理。当前皖江城市带各市老年人口除了数量大，还呈现高龄化、失能、半失能老年人数量较多的特点，这些老年人对于长期照料和专业护理的需求较大，然而目前皖江城市带医养结合型养老机构建设刚刚起步，已建成床位较少。绝大多数养老机构主要为能够自理的老年人提供养老服务，导致当前普通养老机构入住率较低，但又有相当一部分需要入住专业机构养老的老年人无养老机构可去。

（六）养老产业服务人才不足

皖江城市带各市养老产业发展过程中始终存在着专业人才不足的问题。尤其是生态养老重在人与自然的和谐相处，其选址一般偏离城区，而当前优质医疗卫生资源等与养老密切相关的服务行业主要分布在城区，养老机构专业医护、家政服务以及医疗咨询人员严重匮乏。从实际情况来看，皖江城市带各市养老服务工作人员的专业水平、业务能力、服务质量远不能满足广大老年人的需求。此外，从业人员工资和福利待遇偏低，这对养老服务业队伍的稳定性也产生了不少的冲击。

四、促进皖江生态养老产业发展的对策措施

皖江城市带各市拥有适合发展养老产业的自然、社会资源，未来应该重点发展养老产业，满足老年人基本养老需求的同时，发展休闲养老、家庭病床护理、健康咨询和老年康复中心产业，不断健全养老服务产业链。结合皖江城市带各市养老产业发展现状及存在的问题，未来养老产业过程中应该重点从以下几个方面着手。

（一）加大宣传改变传统养老观念

首先，政府可以加大对养老服务等相关政策的宣传，使人们能够对相关服务与优惠政策有所了解，最终要使广大老年人及子女认识到，政府或社会能够为老年人提供优质的养老服务，从政府或社会购买养老服务是社会经济发展与老龄化、家庭结构小型化导致的必然结果。由子女来提供养老服务符合传统孝道，但是对于子女来说却是非常沉重的负担，另外由于个人家庭条件的差异，老年人在家由子女养老存在风险。

其次，养老机构也应该积极改变自身形象。很多老年人不愿意去购买养老服务，不仅是受传统养老观念影响，也是由于一部分养老机构存在硬件条件较差、服务水平和质量不高等问题，使老年人不愿意、家庭也不放心购买这种社会服务。但是随着政府对养老服务业投入的加大，社会力量也积极参与养老服务业的提供过程中来，很多的养老机构已经能够提供价格合理的优质服务。所以经过注册的养老机构和养老院应该积极利用

现代科学技术，建立自己的网站，将院内老人的生活情况及时发布到网上，并且及时发布和更新各种信息。此外，也可以借助媒体的力量加大宣传，改变社会对养老机构的偏见，尤其是对于私营养老机构的错误认识。

（二）统一规划养老产业发展，并形成长效政策支持体系

为了实现养老产业的健康、有序发展，政府应在调查研究的基础上制定规划，对养老服务产业作出统一规划，明确目标与方向。养老产业的发展需要政府制定详细的行业发展指导规划，这是任何社会力量所不能做到的。皖江城市带各市政府应该将养老服务业发展规划纳入国民经济和社会发展总体规划中，当前特别要针对重点进行专项规划，在养老机构的基础设施建设、土地使用、转让承包等方面，都要合理规划布局，完善管理办法。结合当前经济发展新常态，规划设计的方向与目标应该是老有所养、恢复生态、高龄红利。具体来说，其考核指标包含以下三个方面：一是老年人的健康状况，如生活自理能力、平均寿命等提升与增长；二是生态养老基地的森林覆盖率或植被绿化，如生态多元化和森林覆盖率达50%～75%；三是高龄人口有效养老供需优化配置率，以及形成的微观、宏观经济效益率。具体任务目标则包括构建养老整体框架，设计养老的基础设施建设任务目标、经营理念与运行模式，提出养老中长期规划远景构想的路径方案。这一任务目标的完善与践行，可在国民经济中形成并引发绿色导向的投资导向，且能带动潜在的消费需求，释放巨大的内需潜能。

政府还应制定并完善相关支持政策。为了提高社会力量参与发展养老服务业的热情，应该加大财政、税收、金融等方面的支持力度。进行适当政策安排，利用财政和金融手段，即通过税收优惠、信贷支持，或者是建立准备金制度等方式支持有实力的企业投身养老产业。

（三）提升服务水平，满足老年人多样化养老需求

在养老服务业发展过程中，除了要满足老年人的基本养老服务需求，还应该培育发展更高层次的养老服务项目的建设与发展。要吸引各社会主体积极探索特色化养老服务项目，实现养老服务业创新发展、多层次构建；同时也要注意利用各产业间的关系，实现养老、旅游、医疗、健康、中医药等相关产业的融合、协调发展。

此外，养老产业发展中应该加强核心竞争力建立，完善的健康管理和医疗服务应该是养老产业做大做强的重要支撑。皖江城市带各市在发展中应该积极吸引优质医疗资源与养老机构对接与合作，在医疗管理、人才培养、双向转诊等方面形成长期合作机制。同时积极引入健康咨询、人才服务等中介服务机构入驻，提升健康养老服务水平。

（四）构建养老产业服务评价指标体系

当前皖江城市带各市养老服务业发展迅速，但是养老机构服务水平参差不齐的问题亟待解决。部分养老机构存在服务设施不规范、不配套、管理规范化程度低等问题。皖江城市带各市在大力发展生态养老服务业的同时更要重视养老服务质量的提升，既要落

实既定养老服务业的行业管理规定，也要探索制定符合本地实际情况的养老机构管理细则，大力推广行业规范和质量标准。生态经济背景下养老服务业发展应该以良好的生态环境为基础和必要条件，通过科学规划引入休闲、养生、养老等适宜的服务产业作为主导产业，因此其服务标准应该包括以下几个方面：一是环境质量符合国家空气、声、水等环境标准；二是基地布局应该注意对资源的多元化、集约化利用；三是机构与人员，应该具有专业管理机构且有相应的资质与能力的管理人员；四是设施与服务要求，设施完善、服务时间在考虑环境保护的同时提供旅游和休闲、养生、养老等方面的特色服务；五是安全与卫生，包括安全措施、医疗救护、环境卫生、餐饮卫生、垃圾处理等内容；六是质量控制与改进等。

（五）提高养老产业管理及工作人员的整体素质

养老服务业管理及工作人员的素质要求涉及诸多方面，就平时的实际工作而言，首先要求其真心关爱老年人并且能够爱岗敬业；其次要具备过硬的医学理论和社会学、心理学、老年学等学科知识。此外，如果是作为管理者，还应该具备较强的组织管理和敏锐的观察能力，熟悉与养老服务业相关的法律法规及行业规范。

要提高养老服务业从业人员素质可以通过以下几个途径实现：首先是吸引高层次养老服务管理人员加盟。要在养老服务领域引入社会工作理念，开发相应的社工岗位，鼓励专业社工和高等院校毕业生到养老服务领域工作。为了实现这一目标，要做大做强养老服务业，使其成为一个发展迅速的新兴行业。只有这个行业具有良好的发展前景，有一定标准且是专业的，才能够吸引优质人才。其次是通过培训。分级、分专业不断地培训，对现有人员按照专业养老服务人员的要求进行改造，从而提高服务能力和服务水平，形成专业化并且具备稳定性的养老服务队伍。最后要有保障。优厚的待遇是引进人才、留住人才的重要因素，应逐步提高养老服务人员的工资福利待遇，要定期评选和表彰优秀养老工作者，对其劳动给予应有的尊重与鼓励。

参考文献

［1］国家统计局．中华人民共和国 2016 年国民经济和社会发展统计公报［EB/OL］．http：//www. stats. gov. cn/tjsj/zxfb/201702/t20170228_1467424，2017－02－28.

［2］安徽省统计局．安徽统计年鉴 2017［EB/OL］．http：//www. ahtjj. gov. cn/tjjweb/web/tjnj_view. jsp？_index＝1&strColId＝13787135717978521，2018－07.

［3］合肥市发改委．合肥市“十三五”养老服务业发展规划［EB/OL］．http：//www. hfdpc. gov. cn/fzgg/ghyj/201704/W020170405614685613112. pdf，2017－04.

［4］白玮，荣西武．产业生态圈视角下健康养老产业培育研究——以天津蓟县为例［J］．中国经贸导刊，2016（20）：25.

生态经济背景下皖江城市带互联网金融与农业发展研究

韩　颖

一、名词界定与问题的提出

（一）生态经济

生态经济是指利用系统工程和生态经济学来改变生态系统范围内的消费和生产方式，发现所有适用资源的潜力，并扩大一些具有高生态效率和经济发展较好的产业，大力发展繁荣文化，保持生态健康和环境宜人。生态经济是达到经济腾飞和环境保护相协调、自然生态和人类生态相协调、物质文明和精神文明相协调的一种经济，是在生态系统承受范围内生态环境受到影响最小的情况下达到最大的经济效益。

（二）互联网金融

互联网金融是将互联网技术与金融功能互相配合，融资、支付和在线信息媒体的一种新型金融业务模式。不久的将来能实现互联网技术与传统金融相结合，届时互联网金融将对金融产品和服务产生久远的影响。互联网金融可以为中小企业提供资金支持，为中小企业保驾护航贡献自己的一份力量。激励互联网金融良性成长，有助于改善金融服务质量和效益，推动金融变革，促成金融创新，扩大金融业对多领域开放，构建多层次金融体系。互联网金融作为新生事物，需要接受市场经济的考验，更需要不断创新以顺应新时代。

徐广、李泳敏[1]将国内外各类互联网金融公司最先呈现的时间进行了梳理，从中能够发现互联网金融大致可分为三个发展阶段。第一阶段：1995～2005 年，金融企业"触网"。此阶段称作网络金融时代，也是淘宝网创始人马云讲到的"金融互联网化"时代。第二阶段：2006～2012 年，平台企业的"淘金"阶段。第三阶段：自 2013 年以来，互联网金融开始迈入全面发展阶段。范琳、王怀明、沈建新[2]的观点是，自 2013 年以来，中国的互联网金融发展迅速，"互联网 +"新概念将互联网金融推向更高层次。但同时，随着互联网金融的迅速发展，渐渐暴露出交易风险、违约风险和逾期风险等问题。

（三）皖江城市带

皖江城市带共有合肥、芜湖、马鞍山、安庆、滁州、池州、铜陵和宣城 8 个地级市，还包括六安市的金安区和舒城县。该区域经济发展的规模和水平相对较高，居民的潜在消费量巨大，该区域 GDP 总和占安徽全省 GDP 的比例接近 2/3。皖江城市带是推进中部崛起战略的重要组成部分，为安徽省发展提供了契机。

二、皖江城市带农业综合开发水平区域分析

近几年来，中国的经济发展迅速，同时，伴随着自然资源的过度开发利用，一定程度上造成了生态环境破坏，人们在经济发展过程中应当渐渐意识到生态环境的重要性，从而生态经济的概念应运而生。但是，在发展经济的同时，需要注意保护生态环境，在生态经济大环境下二者统筹兼顾是未来的必然趋势，本文重点研究皖江城市带农村地区农业发展水平以及如何利用互联网金融促进农业的发展。

安徽省农村地区农业综合发展水平存在很大的差距，参考有关农村地区农业综合发展水平评级指标相关文献，结合相应的行业研究成果，选择以下 8 个指标对皖江城市带农业综合开发水平进行排序。由于皖江城市带的 8 个城市具有较好的代表性，为了更加清晰分析，这里主要针对合肥、芜湖、马鞍山、安庆、铜陵、滁州、池州和宣城 8 个市进行详细分析。由于数据的限制，六安市的金安区和舒城县没有和 8 个市一起进行分析。

第一，农村居民人均可支配收入（X_1）[3]。农村居民人均可支配收入是指农户通过初次分配和再分配后得到的收入。这一指标能够清晰比较各地区的农民收入水平。通过比较各地级市农村居民人均可支配收入指标，可以直观地感受地区之间的收入差异。

第二，农作物耕种面积（X_2）。农作物耕种面积是指实际耕种或移植农作物的面积。通过比较农作物耕种面积，大致了解各地级市农业发展状况。

第三，农业总产值（X_3）。农业总产值是指农业、林业、畜牧业和渔业产品在一定时期内（通常为一年）以货币形式表示的总量。通过农业总产值能够了解一个区域农业生产的总规模和总水平。

第四，农业机械总动力（X_4）。农业机械总动力可用于反映农业的技术水平。农业得到发展，就需要更多的科学和技术。“科学技术是第一生产力”，提高农业技术水平可以改善农业劳动生产方式，促进经济增长。

第五，政府农业投入（X_5）。政府农业投入不但可以为农业生产提供基础保障，促进农业生产率进步，而且也使农民从事农业生产的成本大大降低，农民的积极性可以得到提高，农民的生产收入也可以在一定程度上得到提高。本文主要利用财政支持农业的支出来反映政府的农业投入水平。

第六，村民委员会（X_6）。用村民委员会数量表示基层政权组织情况，通过村民委员会，能够听到农民的心声，可以了解农民的实际需求和真实诉求。

第七，乡村从业人员里的非农人数（X_7）。城市化水平可以考核该地区的城市化发展水平。采用农村非农业人口数这一指标来考核城市化水平。

第八，农业贷款（X_8）。农业中小企业资金往往不足，农村金融机构为农村经济发展提供资金支持，可以一定程度上缓解资金困难，增进农村经济发展，从而提升农民的生活质量。因此，用农业贷款指标来反映农村农业融资的现状。

综上所述，本文主要选取了以上 8 个指标来反映皖江城市带农业发展水平，并通过以上指标能够综合反映农村地区农业综合发展水平。

（一）模型设定及数据来源

对皖江城市带农村居民综合发展水平实施因子分析时，采用的是 2016 年的数据，这些数据全部来自《安徽统计年鉴》和《中国农村统计年鉴》并适当整理。[4] 为了使分析更具有可比性，数据已标准化，具体数据如表 1 所示。

表 1　　指标数据表

城市	X_1	X_2	X_3	X_4	X_5	X_6	X_7	X_8
合肥	1.16	1.21	1.87	0.92	1.39	1.51	1.78	2.62
滁州	-1.04	1.72	0.98	2.16	1.34	0.63	0.47	-0.29
马鞍山	1.40	-0.66	-0.54	-0.57	-0.80	-1.13	-0.65	-0.31
芜湖	1.25	-0.16	0.09	-0.25	-0.40	-0.35	0.21	0.10
宣城	-0.17	-0.24	-0.04	-0.07	-0.04	-0.17	-0.12	-0.39
铜陵	-0.65	-0.84	-1.12	-0.87	-1.15	-1.16	-0.92	-0.41
池州	-0.52	-0.80	-0.91	-0.67	-0.92	-0.56	-1.01	-0.54
安庆	-1.09	0.81	0.58	0.24	1.04	1.48	1.18	-0.27

（二）实证分析

1. 研究方法

本文基于因子分析和聚类分析的方法，对皖江城市带农业综合开发水平进行全面评价，从所选指数中提取公因子，对公因子进行加权，并根据权重计算因子综合得分。

2. KMO 和 Bartlett's Test 的检验

巴特利特球体检验（Bartlett's Test）统计量的观测值为 97.728，概率 p 值小于显著性水平，有理由拒绝原假设。并且 KMO 值为 0.698，可以对原始变量实施因子分析。

3. 因子分析[5]

根据分析结果，大多数提取的公因子方差均大于 0.9，表明变量共同度非常高。因子能够提取变量中的大部分信息，因子分析的结果具有较强的说服力。同时，提取的两个因子解释了原始变量总方差的 91.504，原始变量的信息丢失较小，表明原始变量的因子分析成效较好。

依据成分得分系数矩阵（见表2）和加权标准化数据，计算每个因子的得分，并使用因子得分和旋转后方差贡献率来获得综合因子得分。

表2　成分得分系数矩阵

因子	成分	
	1	2
X_1	-0.125	0.619
X_2	0.188	-0.097
X_3	0.147	0.128
X_4	0.183	-0.149
X_5	0.188	-0.083
X_6	0.173	-0.057
X_7	0.141	0.127
X_8	0.033	0.429

依据表2的结果，可以获得如下所示的因子得分函数：

$$F_1 = -0.125X_1 + 0.188X_2 + 0.147X_3 + 0.183X_4 + 0.188X_5 + 0.173X_6 + 0.141X_7 + 0.033X_8$$

$$F_2 = 0.619X_1 - 0.097X_2 + 0.128X_3 - 0.149X_4 - 0.083X_5 - 0.057X_6 + 0.127X_7 + 0.429X_8$$

根据因子得分函数，对皖江城市带8个城市农村地区农业发展水平进行综合评价。使用计算因子加权总分的方法，选择因子的方差贡献率作为权重，如表3所示。

表3　解释的总方差

成分	初始特征值			提取平方和载入		
	合计	方差的百分比	累计百分比	合计	方差的百分比	累计百分比
1	5.809	72.615	72.615	5.809	72.615	72.615
2	1.511	18.888	91.504	1.511	18.888	91.504
3	0.442	5.522	97.025			
4	0.171	2.135	99.160			
5	0.052	0.653	99.813			
6	0.009	0.112	99.925			
7	0.006	0.073	99.997			
8	0.000	0.003	100.000			

提取方法：主成分分析。

其中，权重取自因子的方差贡献率，得到计算因子得分的公式：

$$Z=\frac{72.615\%\times F_1+18.888\%\times F_2}{91.504\%}$$

根据上述公式，计算得到了皖江城市带8个城市的综合得分和排名，结果如表4所示。

表4　　因子得分表

城市	F_1	F_2	F	排名
合肥	1.3857	1.8516	1.4774	1
安庆	1.3596	-1.2189	0.8225	2
滁州	0.8604	-0.8515	0.5040	3
宣城	-0.3513	0.9608	-0.0791	4
芜湖	-0.0924	-0.2462	-0.1238	5
马鞍山	-0.8389	0.8617	-0.4849	6
铜陵	-0.5953	-0.3828	-0.5495	7
池州	-0.8309	-0.4658	-0.7528	8

4. 聚类分析

通过因子分析，可以实现多变量指标的降维，但降维后得到的综合因子得分会丢失部分原始变量信息，所以不能直接根据综合因子得分排名顺序作为地区划分依据。解决方案是可以根据指标的维数减少对因子得分和因子综合得分进行聚类和分类，并且该方法不会丢失太多信息。同时避免了多变量指标干扰聚类分析过程，提高了聚类结果的精准性。[6]以下是通过聚类分析获得的聚类成员表（见表5）。

表5　　皖江城市带农业综合发展水平区域类型划分

类别	城市
第一类	合肥
第二类	安庆、滁州
第三类	宣城、芜湖、马鞍山
第四类	池州、铜陵

从表5可知，第一类城市为合肥市，农业综合发展水平最高，合肥市作为安徽省领头羊，无论在政府投入还是其他资金支持上都领先于其他地级市。第二类城市农业综合发展水平较高，分别是安庆市、滁州市。第三类城市农业综合发展水平处于中等水平，它们是芜湖市、宣城市和马鞍山市。第四类城市农业综合发展水平较低，分别是池州市和铜陵市。

（三）结论及建议

在皖江城市带的8个城市中，合肥市作为安徽省的政治、经济和文化中心，毫无疑问排在第一类，而且第一类仅有合肥市，整体经济较其他地区发达，农业综合发展水平最高，这与政府支持及在资金技术等上投入是分不开的。在第二类城市里，安庆市有8县1市，乡村从业人员较多，农业投入相对较多，农业发展水平较高。在滁州市，凤阳县小岗村首创了“大包干”（包干到户），并取得农业大丰收，发展了地区农村经济。在第三类城市里，芜湖市、马鞍山市和宣城市城市经济发展较快，相对而言，农村发展水平较弱。最后一类是池州市和铜陵市。铜陵市铜业具有城市特色，农业发展相对落后，池州市是安徽省旅游区重要组成部分。从以上分析可以看出，农业发展水平具有较强的行政区域差异。

从皖江城市带各区域来看，农业发展水平具有较强的行政区域差异。针对有差异的发展水平，可以考虑从以下方面改善区域间农业发展水平的差异程度。

1. 加强各地区之间的协调和合作

政府部门可以根据各地区的特点调整行政结构。如2011年巢湖划归合肥市代管，2016年安庆市枞阳县划归铜陵市管辖，都是政府的行政区域调整，安徽省政府可以根据各地区农业发展的特点来调整行政区域，有效缩小了区域间农村发展的差距，提升了农村经济发展层次。

2. 提高农村劳动力质量

农村地区教育普遍比较落后，劳动力的受教育程度普遍不高，对一些新知识新思想的接受能力较差，在提高农村地区基础教育的同时，提高农民的农业技术教育，向农民传授先进的耕作方法和技能，同时，可以创设一些咨询站，及时为农民提供技术指导，解决农民在农业生产中碰到的实际问题。

3. 开拓新的融资途径

通过以上针对皖江城市带8个城市的分析来看，想要发展安徽省农村经济，在发展传统金融的基础上，要发展符合农业生产特点的农村互联网金融体系。农业具有风险大、收益小的特点，传统金融机构向农户贷款的意愿较小，同时农业中小企业通常具有融资难的特点，农村金融供给需求存在严重不对称，妨碍了农村经济的发展。互联网金融可以扩大农村资金来源，为农村经济发展提供一定的资金保障。在农村传统金融供给不足的前提下，政府应使互联网金融组织合法化和规范化，并给予互联网金融组织一定的支持和监督，合理引导，使互联网金融占据农村经济发展一席之地，并发挥应有的正向作用。

三、互联网金融对安徽省农业发展的促进作用分析

截至2016年底，皖江城市带辖内有52家农村商业银行，[7] 占安徽省总数的2/3。从相关资料显示，互联网金融近几年来发展迅速，但是在农村农业方面提供的融资仍然较少，同时，从农业贷款这一指标数据可知，农业贷款相比较于其他贷款，贷款数据较小，数量较少，相对于需求来说，农业资金供给显得尤为不足，因此，应寻求新的融资方式应对融资需求，互联网金融融资作为一种新的融资渠道，具有农业发展史上里程碑

意义，可以缓解农业中小企业和农民资金短缺的问题。通过农业发展，特别是发展循环生态农业经济，能够提升农村经济发展级别。

（一）安徽农村互联网金融发展现状

1. 在大数据背景下，发展农村互联网金融是金融创新的重要举措

借助于互联网平台的独特优势，农村电商的发展进入一个新的阶段，并得到了大力发展。2014 年底，财政部确定在安徽省“农村电子商务”综合示范中发展农村经济。2015 年，安徽省庐江县以创新为源泉，建设了一站式线上线下电子商务产业园区，致力于打造优秀互联网产业园区示范基地。同年 7 月，安徽省的明光、舒城、岳西等 8 个县被确定为 2015 年农村电子商务示范县，有效推动了电子商务扶贫工作。

2. 农村中小金融机构设立普惠金融事业部

为完善中央和中国银行业监督管理委员会发展包容性金融的决策安排，安徽银监局挑选亳州药都农村商业银行和安徽祁门农村商业银行为试点积极推动在农村中小金融机构建立包容性财务部门。其中安徽祁门农村商业银行作为全省首家成立农村普惠金融事业部的银行，充分利用互联网等现代科技网络技术搭建了小额贷款高效管理平台，普惠金融事业部由四个主要中心组成：客户管理中心、渠道管理中心、风险管理中心和网络金融中心。安徽祁门农村商业银行有 22 家特许经营支行，覆盖全县 18 个乡镇，作为包容性金融的特殊服务点，普惠金融事业部包含在业务部门系统的管理中。同时安徽祁门农村商业银行计划未来利用 2 ~ 3 年的时间健全服务体系，提升服务水平，安徽祁门农村商业银行作为试点在农村小额贷款上取得了一定的成效，为一些农业中小企业和农民的财务需求提供了良好解决方案。

3. 农村互联网金融发展缓慢，落后于现代金融的发展

首先农村地区网络技术不够先进，部分地区没有实现联网，并且没有实现办公自动化，所以依靠互联网平台的金融融资发展相对而言比较缓慢，一些民间金融或者互联网金融还没有获得正式的身份，没有得到广大农民的认可，作用发挥有限，安徽农村信用社仍然在农村金融中发挥着举足轻重的作用，始终坚持“立足城乡，服务农业、农村，服务中小企业，为人民服务”的市场定位，把先进的金融知识、工具和产品带给农民。

（二）农村互联网金融模式的具体分析

互联网金融由众筹和 P2P 两个成熟模式构成。这里主要介绍 P2P 模式，P2P 模式是点对点融资模式，有效地补充和完善了传统的金融模式，可以有效避免传统金融对中小企业歧视等问题。在农业和农村的发展中，通过互联网金融的不断创新和发展，可以为农业中小企业提供更加便捷、门槛低、公正的融资平台。

1. P2P 网络信贷融资模式[8]

P2P 网络信贷融资是指 P2P 在线借贷平台为双方提供的小额信贷融资，需要具备借款需求和贷款意愿。近年来，P2P 网络信贷融资在线借贷融资在中国发展迅速。P2P 网络信贷融资模式的主要优点是金额较小、交易速度较快、效率较高、进入门槛较低，能有效解决在传统金融模式下农业中小企业以及农民获取金额小的贷款时程序复杂、耗费时间、成本较高的问题，它可以满足农业中小企业和农民日常生产经营中的临时和应急资金需求。

农业中小企业和农民 P2P 网络信贷融资是指具有资金需求的农业中小企业和农民使用 P2P 在线借贷平台寻找有贷款意愿并有贷款能力的贷款人。贷款方对借款方的资料进行审核，了解其贷款偿还能力，签订合同来完成融资，并且所有的手续全部通过网络实现。

农业中小企业以及农民 P2P 网络信贷步骤如下：（1）农业中小企业和有经济需求的农民在互联网金融专业网络平台上独自选择适合自己意愿的贷款人。然后双方通过贷款和合作在平台上进行谈判，初步达成合作意向；（2）贷款人将通过网络平台对农业中小企业和农民的信用、营业执照、在线资格和还款能力进行详细审查；（3）借贷双方实现借贷行为，贷款方同时对贷款风险进行量化。通过以上三个步骤完成 P2P 网络信贷融资。

2. 电子商务平台

互联网金融在农村融资方面有着很大的作用，其电子商务平台也为农业生产资料的获得、农产品销售等带来更多的支持。[9]传统的农产品流通方式仅限于农民的市场销售或批发商收购，这给中间商带来了大量的利润。通过电子商务平台引入第三方支付可以直接把产品卖给消费者，农户可以直接受益，消费者也获得物美价廉的产品。例如，淘宝（农村淘宝）、1 号店、京东商城等国内大型电子商务平台已经触及农产品销售。特别是农村淘宝是阿里巴巴集团电子商务平台，阿里巴巴集团与地方政府深度合作的特殊项目，以电子商务平台为前提，搭建县村两级服务网络，农民可以通过服务平台出售自己的农产品，农村淘宝提供服务，在网站上推销农民欲出售的农产品，实现收益。

农村淘宝于 2017 年 6 月 1 日正式升级。升级后的农村淘宝[10]和移动淘宝合并为一体，使用更方便，增加农产品市场流通，深受农民欢迎。

（三）农村互联网金融发展的建议

本文就皖江城市带农村地区如何借助互联网金融发展农村经济提出以下几点建议：

1. 促进农业中小企业与互联网金融组织之间的合作[11]

农业中小企业融资没有大型企业容易，有些还存在一定程度的融资困难，为促进皖江城市带农村经济的发展，特别是农村农业发展水平不高的城市，如池州市和铜陵市，可以将有需要融资的企业集中在一起，与互联网金融公司合作，可以提供资金来源，解决融资困难问题。

2. 建立农业企业信息服务平台

依靠互联网技术，创建农业企业信息服务平台，零门槛吸收农民做会员，无偿为农民提供农作物种植信息、农产品订单、农村金融等系列化服务，这种信息服务平台已经在全国其他地区进行试点运行并且取得了阶段性的效果，皖江城市带可以借鉴其他地区的经验加快农业企业信息服务平台的建立，加强宣传，为农民提供各种服务。

3. 积极吸收互联网金融融资模式

除传统金融外，农业中小企业应加强学习，积极吸收互联网金融融资模式，及时为企业注入资金以保证企业健康运营，同时企业应提高经营管理能力，提高识别风险的能力，提供更透明的信贷容量，并从互联网金融公司获得更多的财务支持。

4. 发展循环型生态农业经济[12]

在资金雄厚的条件下，大力发展观光农业、特色农业、生态农业等，积极发展无公害、绿色、有机农产品生产。扩大生产基地，科学使用化肥、农药，改进种植业的生态环境，做到废弃物综合利用或者废水综合治理达标排放，最大限度降低环境污染，发展适合农村特色的可再生能源，促进农村产业结构优化升级。鼓起农民腰包，依靠技术创新、人才创新和模式创新，实现农业可持续发展。

参考文献

［1］徐广，李泳敏．互联网金融对我国农业农村发展的促进作用研究［J］．改革与战略，2017（9）：84.

［2］范琳，王怀明，沈建新．互联网金融破解农业中小企业融资困难研究［J］．江苏农业科学，2015，43（10）：542－543.

［3］钱力，曹凌燕．中国农村居民收入区域类型的划分——基于聚类分析法的应用［J］．经济问题探索，2013（8）：45－47.

［4］孙丽萍．安徽省农村居民收入区域差距及协调研究［D］．长沙：中南大学，2013.

［5］韩颖．P2P 网络借贷平台综合评价分析［J］．经济论坛，2017（12）：40－41.

［6］江维国，李立清．互联网金融下我国新型农业经营主体的融资模式创新［J］．财经科学，2015（8）：45－48.

［7］张汗青，杨呈．互联网金融对我国农业农村发展的促进作用［J］．阜阳师范学院学报（社会科学版），2017（5）：121－122.

［8］张皓嘉，孙小惠，张培丽．互联网金融风险监管政策有效性研究——基于 P2P 网贷的实证分析［J］．金融理论探索，2018（5）：42－50.

［9］杨凌云．互联网金融模式下中小企业融资与绩效的关联性分析［J］．财会通讯，2018（32）：50－53.

［10］张燕，刘福临．互联网金融下农村征信体系的优化与机制构建［J］．宏观经济研究，2018（8）：132－134.

［11］李媛，兰雨曦，汪洋，刘欢．互联网金融下农产品电商的发展之路——以安徽安庆市为例［J］．商场现代化，2018（17）：34－37.

［12］王海峰．乡村振兴背景下农村区域经济的协调发展研究［J］．农业经济，2018（10）：6－8.

生态经济背景下皖江城市带绿色建筑产业发展研究

姚 航

一、相关概念及背景介绍

皖江城市带地处安徽省中南部，包括滁州、合肥、马鞍山、铜陵、芜湖、安庆、池州、宣城8个地级市及六安市金安区和舒城县，是我国中部地区唯一的国家级的承接产业转移示范区。近年来，皖江城市带的快速发展既离不开其具有明显优势的钢铁、煤炭、冶金、有色金属及电力、水泥、建材等基础资源，也离不开其发展良好的冶金、化工、汽车及零部件、家电、建材等成熟的产业集群。[1]但这种发展模式过于关注经济，逐渐与时代及环境的要求不协调。党的十八大以来，生态文明建设取得良好成果；党的十九大报告再次为生态文明建设提出了新目标、新思想、新要求。良好的区域经济，必须与区域生态环境保护协调统一，生态经济这一概念应运而生。生态经济是实现经济腾飞与环境保护、物质文明与精神文明、自然生态与人类生态的高度统一和可持续发展的经济。[2]皖江城市带的发展也必须遵循生态经济这一发展模式。建筑业作为第二产业的重要组成部分，其高消耗、低产出的传统建筑模式必须由低消耗、高产出的绿色建筑来替代，大力发展绿色建筑是践行节能减排、生态文明建设的需要。此外，建筑产业具有产业链长、关联度高等特点。因此，以绿色建筑为龙头，带动整个绿色建筑产业的发展对促进皖江城市带经济的健康发展具有重要意义。绿色建筑产业的发展不仅能促进区域的科技创新及新兴产业的发展，更能够推动产业结构及经济结构的转型升级，符合生态经济这一发展模式。本文对生态经济背景下皖江城市带绿色建筑产业的发展做了具体研究，以期从绿色建筑产业的角度，寻找皖江城市带经济发展的新动力、新趋势，实现经济发展与生态文明建设相协调。

二、绿色建筑及绿色建筑产业

绿色建筑由欧美发达国家率先提出，随着建筑节能技术迅速发展，绿色建筑评价标准也不断完善。2002年，国际性的绿色建筑组织“世界绿色建筑委员会”的成立，标志着绿色建筑已成为全球性建筑产业的发展目标。绿色建筑在中国的发展经过了两个阶段：一是先导阶段，该阶段的重点目标集中于建筑物的节能减耗；二是起步阶段，该阶段的任务则是建造最大限度的“四节一环保”的绿色建筑。2006 年，住房和城乡建设部颁布的《绿色建筑评价标准》中明确了绿色建筑的正式定义，即在建筑的全寿命周期内，最大限度地节约资源（节能、节地、节水、节材）保护环境、减少污染，为人们提供健康、适用和高效的使用空间，与自然和谐共生的建筑。[3]

绿色建筑的建造是一个周期性的过程，从建筑物的初期设计、建筑材料的选择，到中期的施工建造，后期的建筑绿化，物业管理等都需要进行“绿色化”。绿色建筑所涉及的相关产业种类较多，且自成体系，因此，绿色建筑产业这一概念也应运而生。绿色建筑产业是指涵盖绿色建筑产品的生产和与生产有关的所有服务内容，包括勘察、规划、设计、检测、认证、研发，建筑材料、设备成品、半成品的生产，建筑施工与安装，建成环境的运营与管理，以及相关的咨询与服务，是一个产业体系层面的范畴，分为产业链上游的绿色建筑科技服务业、产业链中游的绿色建筑制造业以及产业链下游的建筑管理及金融服务行业。[4]皖江城市带绿色建筑产业的发展能够促进环保建材业、绿色建筑咨询及评估业、绿色科技产业的快速发展，大大提高建筑效率，节约相应公共成本，促进政府在其他领域（教育行业、公共卫生行业）的投资发展，促进整个皖江城市带经济质量的提高。

三、绿色建筑产业国内外研究的概况

（一）国外关于绿色建筑产业的相关研究

国外对于绿色建筑产业的研究主要包括以下四个方面：一是不同国家对于本国绿色建筑评估体系的研究，研究产生了一系列绿色建筑评价体系及标准。如 1990 年，英国建筑研究机构制定的世界上第一部“BREEAM”绿色建筑评估体系；1995 年，美国形成的“LEED”绿色建筑评估体系；2001 年，日本建筑物综合环境评价委员会制定与国际接轨的“CASBEE”绿色建筑标准及评价体系；2003 年，澳大利亚绿色建筑委员会研发的“Green Star”评价系统。总体来看，国外绿色建筑评估体系逐渐趋向科学性与复杂性。二是围绕绿色建筑组织、协会对于绿色建筑产业发展的引领、促进作用的研究，[5][6]以及国家宏观激励政策对于绿色建筑产业发展的正面影响的研究。[7]~[9]三是对于绿色建筑产业空间分布的影响因素的研究，[10]研究结果表明，人口密度及自然地理特征是影响绿色建筑产业空间分布的主要因素。四是对于绿色建筑产业可能带来的风险范围的研究，[11][12]研究结果表明，绿色建筑产业发展除了带来一系列经济增长的机会之外，还可能带来一系列风险。

（二）国内关于绿色建筑产业的相关研究

国内关于绿色建筑产业的研究主要集中在以下几个方面：一是对于我国绿色建筑产业发展现状的研究。[13][14]二是在我国绿色建筑产业链的相关理论（如循环经济理论、共生理论、模块化理论）的基础上对于绿色建筑产业链的构建、运行机制、投资价值评价指标体系及其未来发展目标、重点发展领域方面的研究。[15]~[22]三是对于绿色建筑产业在我国新型城镇化建设过程中发挥作用的研究。研究结果主要有：绿色建筑产业新城是我国新型城镇化建设的重要模式，[23]绿色建筑产业的发展是新型城镇化建设的重要推力。[24]四是绿色建筑产业发展对于经济结构模式及产业结构转变方面的研究。研究结果表明，绿色建筑产业的发展既有利于自然资源的集约化利用以及生态环境的保护与改善，也有利于实现社会产业及经济结构的升级调整，[25]同时，在“互联网+”背景下，“互联网+绿色建筑”既可以推动绿色建筑的创新发展，也可以促进行业发展模式的转型与升级，全面提升绿色建筑的发展质量。[26]

综上所述，目前国内外对于绿色建筑产业的主要研究方向和内容为：绿色建筑的评估体系与评价标准的形成历史；绿色建筑产业的发展现状、空间分布、影响因素；绿色建筑产业链的构建机制、运行机制、发展趋势、运行风险；绿色建筑产业对于传统产业结构升级改造及对新兴产业孵化的影响；对于新型城镇化建设的影响和推动作用等。然而，目前国内外对于绿色建筑产业发展与生态经济发展之间的对比分析及相关性的研究，如何发展具有地域特色的绿色建筑产业的研究却很少。这也恰好为本文提供了研究方向和研究空间。

四、皖江城市带生态经济发展与绿色建筑产业关系研究

生态经济是指在生态系统所能承载的范围内，运用生态经济学原理和系统工程方法改变生产和消费方式，挖掘一切有用的资源潜力，发展一些经济发达、生态高效的产业，建设体制合理、社会和谐的文化，打造生态健康、景观适宜的生态环境。生态经济是实现经济腾飞与环境保护、物质文明与精神文明、自然生态与人类生态的高度统一和可持续发展的经济。随着生态经济的发展，人们越来越注重可持续性发展思想，各类绿色技术成果也逐渐趋向成熟，绿色建筑是生态经济与绿色技术的具体应用和体现。但是，目前仍存在将绿色建筑作为生态经济的一个“噱头”或“包装”的不良现象，生态意识在建筑领域并未得到良好应用，仅停留在“纸上谈兵”的阶段，要促进皖江城市带生态经济背景下的绿色建筑产业快速发展，必须厘清生态经济与绿色建筑产业之间的关系。本文主要从两者之间的相同点与不同点两个方面来研究。

（一）皖江城市带生态经济发展与绿色建筑产业发展之间的共同点

从生态经济与绿色建筑产业的概念出发，可以看出两者之间具有密切的联系，从概念的提出来看，都是为了保护生态环境、降低环境污染、保持生态平衡，它们之间的共同点可以从以下两个方面来看。

1. 共同的发展思路

生态经济的发展属于一种宏观层面的体系，其主要特征为：在注重经济发展的同时，尽可能减少对化石能源的消耗，增加对于绿色能源的开发利用，减少固体废弃物、气体污染物的排放，降低水资源的污染程度，并将这些污染控制在生态系统能自身修复

的范围内。要实现这个宏观目标，必须由相应的企业主体来参与实施。建筑产业链的企业类型广、数量多，在促进区域创造经济价值的同时，也消耗大量的生态资源并造成一定的生态污染，绿色建筑产业以低碳、环保、绿色为主要目标，也是建筑业实现生态经济目标的主要贡献力量与承载主体，绿色建筑产业相关企业也将环境成本作为衡量生态经济发展的重要指标和核心因素，以环境成本的高低衡量企业对生态资源的消耗度、对环境的污染程度及环境治理的力度，绿色建筑产业企业环境成本控制效率不同，企业的生态经济发展状况也不相同，对于绿色建筑产业中的具体企业而言，环境成本战略与生态经济发展战略具有共同发展的思路。

2. 共同的发展目标

生态经济与绿色建筑产业之间的共同目标是经济的发展不能以超过相应生态环境承载力为代价，要在环境保护的基础上实现经济的良好健康发展，将绿色环保理念渗入经济活动的各个方面。生态经济发展是在战略目标的基础上，将经济发展与生态建设相结合，实现生态效益、经济效益及社会效益的协调统一。绿色建筑产业则是在不同生产领域及企业群落的基础上引入绿色环保理念，使该产业链的上、中、下游都能最大限度地实现节材、节能、节水、节地，减少污染，保护环境，为人们提供适用、健康、高效的建筑空间，以及良好的经济发展环境。

（二）皖江城市带生态经济发展与绿色建筑产业发展之间的不同点

生态经济的发展主要依据生态经济学原理，从宏观层次上研究生产力与生态系统之间的相互影响、相互制约的关系，揭示社会与自然之间的本质联系，加强区域内自然资源的有效配置及高效利用，全面协调本区域经济发展与生态环境保护的关系。就皖江城市带而言，之所以能有效推动生态经济发展，主要得力于以下几个方面的措施：在第一产业领域，皖江城市带逐步由经济效益低、技术水平落后、依靠劳动力作用的粗放型农业，向技术含量较高的生态农业、绿色农业发展。典型的代表城市为池州市、宣城市；在第二产业领域，由传统的重工业向技术密集型的加工型重工业发展，典型的代表城市为合肥市、铜陵市、马鞍山市；在第三产业领域，重点发展方向则趋向物流业、旅游业、金融业、服务业等现代服务业，典型的代表城市为芜湖市、池州市。

绿色建筑产业发展的实施层次主要集中相应的企业、企业集团、区域内的整个建筑产业体系的生态优化，要求单个企业在生产过程中尽可能使用低毒低害或无毒无害的原材料，节约能源使用量、减少有毒废弃物的排放量，保证产品从生产到最终处置整个周期中对生态环境的影响减小到最低。对于区域内相关的企业之间或企业集团之间，应促进其生产过程的耦合，多级利用相应物质及能量，实现生产过程的高效和可持续发展。

五、生态经济背景下皖江城市带绿色建筑产业发展现状、存在问题、发展趋势

本文以2006年住房和城乡建设部正式颁布的《绿色建筑评价标准》和《安徽省绿

色建筑检测技术标准》为依据，科学论证、分析近年来皖江城市带相关城市建筑产业在节能、节水、节地、节材、室内外环境质量方面的执行情况，对皖江城市带不同城市的绿色建筑产业的发展现状、存在问题以及发展趋势作一个基本分析与评价，从而得出皖江城市带绿色建筑产业与生态经济特征之间相辅相成的关系。

（一）生态经济背景下皖江城市带绿色建筑产业发展现状

1. 皖江城市带绿色建筑产业详细分类

皖江城市带绿色建筑产业既包括绿色建筑产业链（建筑前期设计、绿色建筑材料、绿色施工、绿色运营等），还包括该产业链外相关衍生品，如绿色建筑、施工咨询服务业，绿色技术研发、推广及应用。根据相关统计信息，皖江城市带绿色建筑产业企业分类如下：（1）建筑材料及相关设备制造企业，主要是指那些为建筑活动提供相应环保材料及设备的企业。（2）建筑服务类企业，主要是为建筑活动的完成提供相应的知识和技术服务，如建筑的勘察设计、招标代理、咨询培训、检测认证等。（3）建筑施工企业，即具体从事建筑、土木及管道建设的施工企业。

2. 皖江城市带绿色建筑产业现状

绿色建筑标识是评价绿色建筑产业的重要指标，根据安徽省住房与城乡建设厅发布的绿色建筑评价标识项目相关信息，2015～2017 年皖江城市带绿色建筑评价标识项目主要分为公共建筑及居住类建筑两大类，分为一、二、三个星级，项目分布数量最多的为合肥市，其次为安庆、滁州、马鞍山、池州、宣城、芜湖市。2015～2017 年皖江城市带绿色建筑标识评价具体数据如表 1 所示。

表 1　2015～2017 年皖江城市带绿色建筑标识评价情况统计

城市	2015 年	2016 年	2017 年
合肥	公共建筑：1 个三星级 4 个二星级	公共建筑：14 个二星级 7 个一星级	公共建筑：1 个三星级 27 个二星级 6 个一星级
	居住类建筑：1 个二星级 1 个一星级	居住类建筑：2 个二星级 5 个一星级	居住类建筑：2 个三星级 5 个二星级 16 个一星级
安庆	公共建筑：1 个二星级	公共建筑：无	公共建筑：3 个一星级
	居住类建筑：无	居住类建筑：无	居住类建筑：3 个一星级
滁州	公共建筑：1 个二星级	公共建筑：无	公共建筑：3 个一星级
	居住类建筑：无	居住类建筑：无	居住类建筑：5 个一星级 1 个二星级
马鞍山	公共建筑：无	公共建筑：1 个二星级	公共建筑：1 个一星级
	居住类建筑：无	居住类建筑：无	居住类建筑：2 个三星级 1 个一星级

续表

城市	2015 年	2016 年	2017 年
池州	公共建筑：无	公共建筑：无	公共建筑：1 个二星级
	居住类建筑：无	居住类建筑：无	居住类建筑：1 个二星级
宣城	公共建筑：无	公共建筑：无	公共建筑：无
	居住类建筑：无	居住类建筑：无	居住类建筑：4 个一星级
芜湖	公共建筑：1 个二星级	公共建筑：无	公共建筑：无
	居住类建筑：无	居住类建筑：无	居住类建筑：1 个一星级

资料来源：根据安徽省住房与城乡建设厅发布的《绿色建筑评价标识项目》相关信息整理。

在新建建筑节能和既有建筑节能改造方面，安庆市和合肥市值得皖江城市带其他城市学习借鉴。自 2016 年以来，安庆市新建建筑节能措施在设计阶段和施工阶段执行率均达到 100%；2017 年，安庆市新增节能建筑面积 731.03 万平方米，竣工面积 239.54 万平方米。安庆市除新建建筑要求节能之外，还积极对既有建筑进行节能改造，2017 年，结合老旧小区改造项目，安庆市完成了 2 个既有建筑节能改造项目，面积为 8.2 万平方米。此外，安庆市还将绿色建筑实施作为房地产开发项目规划设计、土地出让条件，并在施工图设计审查阶段予以把关，确保新建建筑采用绿色建筑标准设计建造。据统计，2016 年安庆市完成新建绿色建筑开工面积约 444.54 万平方米，占城镇新建建筑面积的 61%；竣工面积约 77.16 万平方米，占城镇新建建筑竣工面积的 32%。2010 年，合肥市南屏小区建筑采用地源热泵供暖制冷节能技术后，越来越多的节能建筑中都采用了这一新型节能技术，该技术发展日趋成熟，不仅供暖制热还能供热水，合肥市投入运营的合肥高铁南站以及位于合肥滨湖的安徽名人馆均采用了地源热泵系统。

在绿色建筑产业上游的规划设计、勘察、使用材料方面，合肥市也值得皖江城市带相关城市学习、借鉴。2013 年，合肥市颁布了《合肥市绿色建筑规划设计方案及施工图审查要点（试行）》，从规划设计和施工图审查源头上加强绿色建筑项目管理，推动绿色建筑发展；2014 年，合肥市又颁布了《绿色建筑设计导则》，完善了绿色建筑标准体系，规范了绿色建筑设计，促进了绿色建筑发展。在建筑材料方面，合肥市在省内率先提出要用绿色建材推动绿色建筑的发展，以装配式建筑推进新型墙材产品转型升级，政府打造相关平台引领绿色建材健康有序发展。

在绿色节能技术实施方面，芜湖市相关企业在节能与新能源开发利用、室内环境质量控制、节材与材料资源合理利用等技术方面作了积极探索。就政府而言，芜湖市及时出台了一系列政策，积极利用节能环保新技术催生绿色建筑，例如，要求芜湖市所有新建建筑全面推行太阳能利用，有效推动太阳能利用与建筑一体化，并将新建建筑太阳能利用系统纳入建筑工程基本建设程序中，做到同步设计、同步施工、同步验收，与建设工程同时投入使用。

在推进绿色建筑发展政策方面，宣城市以建设“资源节约型、环境友好型”社会为目标，着眼于建筑的全寿命周期，遵循“政府引导、政策扶持、分步实施、分类推进”思路，全面推动绿色建筑发展，改善人居环境，实现人与建筑、自然和谐相处，促进经济社会又好又快发展。具体表现在推进绿色建筑规模化、推进新建建筑全装修、推进建筑产业化、推进建筑能效提升为具体目标，积极推进绿色生态示范区和示范项目建设、可再生能源建筑应用、实施既有建筑节能改造、大力发展绿色建材、积极推进绿色农房建设、强化绿色建筑。此外，还通过明确绿色建筑产业各主体的责任、出台一系列激励政策和保障措施来保证绿色建筑产业的良好发展。

（二）生态经济背景下皖江城市带绿色建筑产业存在的问题

1. 皖江城市带绿色建筑及产业发展不平衡

以合肥为代表的经济较发达的城市，建筑节能工作开展较好，绿色建筑产业发展受到政府层面的高度重视，绿色建筑产业的思想易于被接受和推广，因而走在皖江城市带其他城市的前列，而对于皖江城市带中经济发展较为薄弱的城市，绿色建筑产业的发展严重滞后于传统的经济产业。除此之外，绿色建筑产业在城乡之间的发展也不平衡，一些大的绿色节能建筑项目主要集中在市区，县城和乡镇的绿色建筑项目相对较少；绿色节能建筑还存在重设计轻施工的情况，节能标准在设计阶段比较重视，在施工阶段一般都存在监管缺失情况；政府机关和学校等公共建筑的节能开展情况较好，商业住宅建筑节能开展情况较差。

2. 皖江城市带绿色建筑节能技术有待进一步提高

目前，皖江城市带的绿色建筑节能技术一般还相对传统，主要措施体现在建筑的外墙保温、门窗的隔热、建筑的自然通风及自然光照等方面。建筑的节材、建筑材料的循环利用、建筑物的雨水收集再利用、太阳能光伏建筑一体化、浅层地热能热泵建筑一体化等绿色建筑节能技术有待进一步普及和应用。由于绿色建筑节能技术的提高和应用，会带动绿色建筑上下游其他产业的快速发展，会推动皖江城市带区域经济的快速发展和提升，因此需要加强绿色建筑节能技术的创新与改革，使之产生积极影响。

3. 皖江城市带绿色建筑产业节能激励机制有待进一步健全

由于绿色建筑产业的发展量大面广，它与建筑的节能、节水、节材、节地及低碳环保息息相关，皖江城市带绿色建筑产业的发展空间大，市场前景可观。据相关部门统计，绿色建筑的造价要比一般普通建筑的造价高出20%左右，所以，绿色建筑的大力推广与实施需要良好的经济做后盾，更需要政府出台相应的财政激励措施。目前皖江城市带还没有科学合理的财政、税收等经济激励政策，绿色建筑产业的市场服务机构尚未普及，绿色建筑产业的科研经费投入不足，政府对绿色建筑产业的孵化资金相对不足，绿色建筑的上下游产业尚未形成规模化、成片化。

4. 皖江城市带绿色建筑产业宣传力度有待进一步加强

目前，皖江城市带绿色建筑产业的发展更多是停留在政府与企业的层面，面向大众的宣传教育程度还不够，民众对于绿色建筑产业的概念了解程度较低，远远落后于其发展的现状，由此造成绿色建筑产业的消费停留在较低水平。目前还不能通过刺激内需促进绿色建筑产业的发展。

5. 皖江城市带绿色建筑产业发展过程中专业人才短缺

与传统建筑产业相比，绿色建筑产业的发展对从业人员的综合素质要求更高，不仅要有扎实的专业知识，还需要有较强的生态环保意识与创新意识，能够从专业的角度、环保的角度对相关技术积极创新。然而，由于皖江城市带所属的大部分城市经济不够发达，绿色建筑产业的从业人员中农民工群体所占比例较高，综合素质较高的从业人员非常短缺。

（三）生态经济背景下皖江城市带绿色建筑产业发展趋势及对策建议

1. 积极推动既有建筑的绿色升级改造

通过制定既有建筑节能改造的技术标准和实施方案，出台既有建筑节能改造的财政、税收优惠政策，激励建筑企业积极参与既有建筑的节能改造。首先在国家机关、公立学校、公立医院进行既有建筑的节能改造，提升建筑的绿色品质。通过对既有建筑的外墙保温、门窗隔热、屋面保温、太阳能热水，以及建筑的外遮阳等节能技术的实施，提升既有建筑的绿色内涵。通过以点带面、先公后私、逐步推广的工作思路来实现皖江城市带既有建筑的绿色改造，推动皖江城市带区域经济的增长。

2. 建筑节能技术创新与既有技术利用并举

皖江城市带各级政府要发挥好政府部门的职能作用，加大政府对绿色建筑产业的财税支持力度，为高校、科研单位和企业搭建合作平台，合理引导社会资本进入绿色建筑产业中来，参与绿色建筑节能新技术、新产品的研发，形成绿色建筑产业的产学研一体化的社会格局。皖江城市带要因地制宜，对现有的建筑节能技术，如建筑外墙保温、建筑外遮阳技术，太阳能、浅层地热能热泵建筑一体化集成应用技术，建筑节能数据远程传输及控制技术，数字化模拟人工智能技术，建筑绿化降温技术，LED 绿色照明及控制技术进行升级、改造、集成整合。初步形成皖江城市带绿色建筑产业链，将绿色建筑产业做大做强，成为皖江城市带新的经济增长极。

3. 在生态经济背景下推进绿色建筑产业的发展

为了坚持“创新、协调、绿色、开发、共享”的发展理念，践行生态文明建设，实现皖江城市带区域经济的可持续发展，皖江城市带各市要因地制宜，结合各自承接产业转移示范区的建设，以区域性生态建设为重点，科学合理地编制各具特色的绿色建筑设计、绿色建筑材料、绿色建筑施工等地方建筑标准。采取财税激励和政府强制相结合的措施，在低碳生态示范区域内发展绿色建筑，促进低碳生态区域的建筑资源、能源利用的最佳优化，大力兴起皖江城市带的绿色城镇建设，进一步完善皖江城市带的生态城市建设。

4. 提升绿色建筑建设运行质量

将民用建筑执行绿色建筑标准纳入工程建设管理程序。将绿色建筑要求纳入控制性详细规划编制内容，引导开发建设地块落实绿色建筑控制指标，建筑工程按绿色建筑标准进行规划设计。强化绿色建筑执行标准，严格把控施工质量。鼓励大型公共建筑、国家机关办公建筑和政府投资的公益性建筑按二星级及以上绿色建筑标准设计建造，逐步提高二星级及以上绿色建筑建设比例。加强绿色建筑运营管理，确保绿色建筑的实际效果。

5. 加强绿色建筑产业的宣传力度

皖江城市带各市的政府及相关企业应该认识到加强绿色建筑产业宣传的重要性，积极通过网络、传统媒体及讲座等形式向群众普及绿色建筑产业的基本概念、范围及优势，使群众了解、支持绿色建筑产业，并通过消费这一过程刺激、推动绿色建筑产业的发展，同时也应注意收集群众的使用感受及相关建议，改进产业内的相关技术，促进创新，形成产业发展的一个良性循环。

6. 加强绿色建筑产业内人才的培养和吸引

皖江城市带各市应该从战略上认识到专业技术人才在绿色建筑产业的发展中起着重要作用，政府应该通过政策创新、体制创新及观念创新来吸引相关人才，并通过制定一系列政策，营造一个人尽其才、才尽其用的宽松环境，企业及政府应加大对于相关科研项目的投资力度。除了积极吸引人才之外，也应加强对于绿色建筑产业相关就业人员的岗位培训及教育力度，培养本土人才。

参考文献

［1］吴雪萍．皖江城市带产业转移影响因素的实证分析［J］．经济论坛，2010（6）：111－113.

［2］孙玥，程全国，李晔，付佳．基于能值分析的辽宁省生态经济系统可持续发展评价［J］．应用生态学报，2014，25（1）：188－194.

［3］绿色建筑评价标准（GB/T50378－2006）［S］．2014.

［4］张炜．基于区域比较优势的绿色建筑产业集聚研究［D］．上海：上海师范大学，2013.

［5］关瑞麟，Mark Schmidts. 美国绿色建筑产业及其在克利夫兰的实践［J］．建筑学报，2007（7）：46－48.

［6］仇铭华．绿色建筑——世界的大趋势——记2007年第19届加拿大国际建筑展览会［J］．建筑施工，2008（1）：78－80.

［7］袁镔，宋晔皓，林波荣，张弘．澳大利亚绿色建筑政策法规及评价体系［J］．建设科技，2011（6）：64－66.

［8］张明明．新加坡绿色建筑［D］．天津：天津大学，2012.

［9］焦玲玲．新加坡：注重绿色建筑产业链［N］．中国房地产报，2013－10－14（D04）.

［10］Julie Cidell. Building Green：The emerging geography of LEED-certified buildings and professionals［J］．The Professional Geographer，2009，61（2）.

［11］Howard M. Tollin. Green building risks：it's not easy being green［J］．Environmental Claims Journal，2011，23（3－4）.

［12］Patrick X. W. Zou，Paul Couani. Managing risks in green building supply chain［J］．Architectural Engineering and Design Management，2012，8（2）.

［13］李遵白，吴贵生．绿色建筑的演进与中国绿色建筑产业竞争力分析［J］．贵州大学学报（社会科学版），2011，29（2）：50－54.

［14］刘光忱，孙磊，赵曼．基于绿色建筑理念的建筑业可持续发展探讨［J］．建筑经济，2011（11）：100－103.

[15] 刘戈，李雪. 基于博弈分析的绿色建筑激励机制设计与激励力度研究 [J]. 科技管理研究，2014，34 (4)：235 - 239.

[16] 韩立红，陶盈盈，孙建伟. 基于博弈论与神经网络的绿色建筑评价 [J]. 青岛理工大学学报，2016，37 (5)：81 - 89.

[17] 雷俊花. 基于循环经济的绿色建筑产业链构建及发展 [J]. 产业与科技论坛，2015，14 (2)：24 - 25.

[18] 菅卿珍. 绿色建筑产业链构建与运行机制研究 [D]. 天津：天津城建大学，2014.

[19] 陈宝胜，张陆洋. 绿色建筑产业链投资价值评价指标体系的构建及应用 [J]. 广东社会科学，2015 (2)：31 - 37.

[20] 杨德林. 光伏幕墙发展现状与前景 [J]. 科学之友，2010 (18)：19 - 20.

[21] 徐蕴清. 绿色建筑产业集群的国际案例探析 [J]. 中国房地产，2015 (15)：29 - 37.

[22] 梁浩，张峰，梁俊强. 绿色建筑产业新城助力新型城镇化 [J]. 城市发展研究，2013，20 (7)：124 - 132.

[23] 梁俊强，梁浩. 新型城镇化的重要模式——绿色建筑产业新城 [J]. 建设科技，2013 (7)：28 - 35.

[24] 梁浩. "互联网 +" 背景下的中国绿色建筑产业发展模式初探 [J]. 建设科技，2015 (14)：98 - 103，107.

[25] 张峰. 绿色建筑将迎来春天 [J]. 城市开发，2013 (14)：42 - 43.

[26] 唐艳，李丹丹. "互联网 +" 背景下绿色建筑产业发展模式分析 [J]. 科技经济导刊，2016 (33)：94.

生态经济背景下皖江城市带新能源汽车产业发展研究

朱继民 周建龙 李 华 付全安

一、国内外研究的概述

（一）国外新能源汽车产业研究概述

新能源汽车产业既涉及国家能源战略，也关乎全球环境与生态，因此，关于新能源汽车产业早期的研究中多是由政府主导，企业及相关科研机构参与展开的相关基础性研究，其成果多为产业分析、项目分析及评估报告，在此不一一赘述，只就政府补助对新能源汽车产业的影响做一些梳理。莫克（Mock et al.，2014）认为，政府直接补助消费者能够有效减少消费者的购车成本，从而吸引消费者，扩大市场。[1]但聂等（Nie et al.，2016）发现在所有情境下，对充电站等基础设施补助比对消费者购车补助更能促进市场扩张。[2]杨（Yang，2010）指出，政府应在短期内出台政策对新能源汽车进行补贴，并寻找合适时间“退坡”。[3]哈里森等（Harrison et al.，2017）通过对比短期补贴政策和长期补贴政策发现，短期政府补贴政策更能够促进新能源汽车技术提升。[4]

（二）国内新能源汽车产业研究概述

在国内，我国政府也主导相关企业及研究机构对新能源汽车产业进行研究，这里主要收集有关政府补贴部分的研究成果。丁芸、张天华（2014）指出，我国新能源汽车产业补贴政策对研发、私人购买和基础设施建设环节补贴不足，补贴存在地方保护主义，产业链各环节税负不合理。[5]魏淑艳、郭随磊（2014）认为，通过市场化政策工具的增加能够为企业发展新能源汽车提供动力。[6]王显志等（2015）提出减免过路费、限行优惠、免征停车费、解除地方保护等措施建议。[7]刘兰剑、赵志华（2016）提出，应进一步加大技术端财政补贴，市场端的财政补贴应逐步退出。[8]郭艳青等（2017）认为，创新生态系统充分合作创新，政府补贴退出是完全可行的，同时，政府补贴的重点应转向弱生态位种群，对于强生态位种群可以少补贴、不补贴，甚至负补贴。[9]王维等（2017）发现政府研发补助对高成长性企业创新绩效具有显著促进作用，而对低成长性企业无显著影响；政府非研发补助对企业经营绩效均有显著正向影响。[10]高秀萍、彭月兰（2018）认为，税收优惠更能促进新能源汽车企业财务能力以及技术水平等整体经营绩效，而财政补贴有利于促进企业技术创新。[11]

综上所述，中外专家、学者关于新能源汽车产业发展及相关政策补贴已多有研究，但结合皖江城市带新能源汽车产业研究未见文献，而皖江城市带就有奇瑞汽车、江淮汽车、安凯汽车等多家新能源汽车生产厂家，因此，研究后政府补贴时代皖江城市带新能源汽车产业发展就显得很有现实意义。

（三）问题的提出

2015 年 4 月，财政部等四部委发布《关于 2016 ~ 2020 年新能源汽车推广应用财政支持政策的通知》，新能源汽车补贴 2017 ~ 2018 年将在 2016 年的基础上下降 20%，2019 ~ 2020 年补贴标准将在 2016 年基础上下降 40%。2017 年 9 月，工业和信息化部等五部委发布《乘用车企业平均燃料消耗量与新能源汽车积分并行管理办法》（俗称“双积分”）。该办法要求 2019 年和 2020 年新能源汽车比例分别是 10% 和 12%。业内人士普遍认为，“双积分”政策的落地与实施，意味着相关部门开始由大水漫灌式补贴鼓励车企发展新能源汽车变为强制要求车企改变产品结构。面对政府补贴“退坡”这一既成事实，新能源汽车产业怎么办？皖江城市带新能源汽车产业怎么办？本文拟就江淮汽车、安凯汽车、上海汽车等上市公司财务报告，分析上述企业新能源汽车销售占比、政府补贴收入情况、利润构成情况等，进而分析政府补贴“退坡”后给皖江城市带新能源汽车产业带来的挑战和机遇。

二、政府补贴对新能源汽车企业业绩的影响分析

根据中国汽车工业协会的统计数据，2017 年中国汽车产、销量分别达到 2901. 5 万辆和 2887. 9 万辆，同比分别增长 3. 2% 和 3%，连续九年蝉联全球第一。其中，新能源汽车发展势头持续强劲，2017 年新能源汽车产、销量分别达到 79. 4 万辆和 77. 7 万辆，同比分别增长 53. 8% 和 53. 3%，新能源汽车市场占比较上年提高了 0. 9 个百分点，市场份额增至 2. 7%。

2017 年，中央政府继续给予新能源汽车产业强大的政策支持，在延续财政补贴和税收减免的背景下，积极调整支持方式和政策结构。四部委共同发布的《关于调整新能源汽车推广应用财政补贴政策的通知》于 2017 年 1 月 1 日正式执行，在提高准入门槛的同时，大幅下调了补贴金额，短期内给行业内相关企业带来了一定的盈利压力。

从表 1 的数据可以看出，十大车企中，最终实现盈利同比增加的只有 3 家，下降的却有 7 家。虽然目前新能源汽车产销占整个汽车产销微不足道，但对上述大部分企业而言所占比重还是相当重要的，且比重还呈上升趋势。由此我们也可以看出“退坡”政策对相关企业产生的影响。

本文在此选取皖江汽车厂商代表——江淮汽车和全国行业领先的汽车厂商——上汽集团为代表，就上述企业有关新能源汽车补贴及销售情况进行剖析。

表 1　　十大车企 2017 年财报数据

企业	营收（亿元）	同比增减（%）	净利（亿元）	同比增减（%）
比亚迪	1059.15	2.36	40.66	-19.51
宇通客车	332.22	-7.33	31.29	-22.62
广汽集团	715.75	44.84	107.86	71.53
上汽集团	8706.39	15.10	344.00	7.51
吉利汽车	927.61	73.00	106.34	108.00
长安汽车	800.12	1.87	71.37	-30.61
北京汽车	1341.59	15.46	22.53	-64.62
东风汽车	183.01	14.25	2.01	-8.29
安凯客车	54.49	14.54	-2.30	-548.20
江淮汽车	492.03	-6.33	4.32	-62.83

资料来源：企业 2017 年财报。

（一）新能源汽车销售占比趋势分析

1. 江淮汽车新能源汽车销售占比趋势分析

江淮汽车（600418），全称“安徽江淮汽车集团股份有限公司”。2017 年该公司销售各类整车及底盘 51.09 万辆，同比下降 20.58%，营业总收入 492.03 亿元（含已赚保费 0.57 亿元），同比下降 6.33%。与此同时，新能源汽车全年累计销售 2.83 万辆，同比大幅增长 53.86%，销售收入占营业收入同比增加了 10.58%。2015～2017 年该公司新能源汽车销售占比如表 2 所示。

表 2　　江淮汽车新能源汽车销售占比

财务指标	2015 年	2016 年	2017 年
新能源汽车销售收入（万元）	185203	326932	520154
营业收入（万元）	4638591	5249056	4914619
所占比重（%）	3.99	6.23	10.58

由表 2 可知，虽然江淮汽车 2017 年汽车总体销售有较大下滑，同比下降 20.58%，但新能源汽车销售依然保持上升势头，正是由于这一因素，使新能源汽车销售占比由 2016 年的 6.23% 上升到 2017 年的 10.58%，政府补贴政策依旧对新能源汽车销售产生积极影响。“退坡”没有影响销售，甚至存在消费者为获得高额补助提前购车行为。

2. 上汽集团新能源汽车销售占比趋势分析

上汽集团（600104），全称“上海汽车集团股份有限公司”。该公司是目前国内产销规模最大的汽车集团，同时也是国内 A 股市场市值最大的汽车上市公司，故选取该公司做对比分析。而新能源汽车排头兵——比亚迪公司，由于其年报未能提供新能源汽车销售收入数据，故放弃对比。

虽然2017年国内汽车市场增速放缓，但上汽集团实现逆势走强。全年公司实现整车销售693万辆，同比增长6.8%，比总体市场增速高出1倍多，经营业绩再创历史最高水平。然而，该公司新能源汽车发展却实在不能令人满意。2015～2017年该公司新能源汽车销售占比如表3所示。

表3　　上汽集团新能源汽车销售占比

财务指标	2015年	2016年	2017年
新能源汽车销售收入（万元）	297664	649270	1212380
营业收入（万元）	66137393	74623464	85797772
所占比重（%）	0.45	0.87	1.41

由表3可知，上汽集团作为我国汽车行业的龙头老大，传统燃油汽车产销量遥遥领先国内其他汽车厂商，导致该公司新能源汽车发展相对处于落后甚至微不足道的尴尬局面，新能源汽车发展与其行业地位显然是不相称的。2015～2017年新能源汽车销售收入占全部营业收入的比重仅分别为0.45%、0.87%和1.41%。纵向地看，2016年相比2015年，2017年相比2016年，新能源汽车销售收入都出现大幅度增长，分别达到218%和186%，可见，上汽集团正加大新能源汽车的研发，对其他新能源汽车厂家影响巨大。

（二）新能源汽车政府补贴收入占比趋势分析

1. 江淮汽车新能源汽车政府补贴收入占比趋势分析

根据上市公司公开披露的信息，江淮汽车2015～2017年新能源汽车补贴收入占比如表4所示。

表4　　江淮汽车新能源汽车补贴收入占比

财务指标	2015年	2016年	2017年
新能源汽车补贴金额（万元）	218715	357379	213346
新能源汽车销售收入（万元）	185203	326932	520154
所占比重（%）	118.09	109.31	41.02

由表4可知，相比2015年的118.09%和2016年的109.31%，2017年新能源汽车补贴收入占其销售收入比例仅为41.02%，足见下降幅度之大！

2. 上汽集团新能源汽车政府补贴收入占比趋势分析

上汽集团年报对新能源汽车补贴收入披露较为详尽，不仅列示不同类型新能源汽车销售收入及其补贴金额，同时也分别列示不同车型的补贴占比，但本文为了便于案例对比分析，将其数据进行汇总，对补贴占比按总额重新计算。根据该公司年报公开披露的信息，2015～2017年新能源汽车补贴收入占比如表5所示。

表 5　　上汽集团新能源汽车补贴收入占比

财务指标	2015 年	2016 年	2017 年
新能源汽车补贴金额（万元）	110535	223281	268386
新能源汽车销售收入（万元）	297664	649270	1212380
所占比重（%）	37.13	34.39	22.14

由表 5 可知，2016 年对比 2015 年，补贴收入对比销售收入增长趋势基本一致，略有下降，但 2017 年相对 2016 年则有显著下降，“退坡”幅度明显，2015～2017 年补贴收入占比分别为 37.13%、34.39% 和 22.14%。需要注意的是，其年报显示，2015 年公司只有三款补贴车型，但 2017 年有五款补贴车型，可以看出该公司加大了新能源汽车的研发力度。

（三）新能源汽车补贴收入利润贡献度趋势分析

1. 江淮汽车新能源汽车补贴收入利润贡献度分析

由表 6 可知，江淮汽车一直在亏损中前行，完全依靠政府补助在维系运行。其年报显示，2015 年和 2016 年营业利润分别为 -153375 万元和 -264799 万元，2017 年由于会计政策及会计报表格式调整将部分原归属“营业外收入”项目列入“其他收益”项目，方使得当年营业利润为 +19933 万元。如果没有新能源汽车补贴及其他政策补助，该公司报表是相当难看的。此外，我们也可以看出，新能源汽车补贴收入对当年利润总额的贡献度在逐年升高，2017 年竟然达到 1031%，这其中原因固然是 2017 年企业经营业绩有较大下滑，但新能源补贴政策“退坡”导致计入利润总额金额减少也是比例上升的原因之一。

表 6　　江淮汽车新能源补贴收入利润贡献度

财务指标	2015 年	2016 年	2017 年
新能源汽车补贴金额（万元）	218715	357379	213346
利润总额（万元）	100679	134185	20692
所占比重（%）	217	266	1031

2. 上汽集团新能源汽车补贴收入利润贡献度分析

由表 7 可知，上汽集团 2015～2017 年新能源汽车补贴收入逐年增加，但对当年利润总额的贡献度均不超过 5%，可以说是微不足道。这也是上汽集团新能源汽车发展相对滞后其他车企的原因之一。

表 7　　上汽集团新能源汽车补贴收入利润贡献度

财务指标	2015 年	2016 年	2017 年
新能源汽车补贴金额（万元）	110535	223281	268386
利润总额（万元）	4580968	5048955	5426101
所占比重（%）	2.41	4.42	4.94

（四）皖江城市带其他新能源汽车政府补贴对经营业绩影响分析

1. 安凯客车新能源汽车政府补贴对经营业绩影响分析

安凯客车（000868），全称“安徽安凯汽车股份有限公司”。2017 年该公司实现客车销量 8717 台，同比下降 14%。其中，传统燃油客车销量同比增长 18%，大型客车销量同比增长 21%。营业收入合计 54 亿元，同比增长 14.54%，还原新能源补贴后，营业收入同比下降 18.25%。受计提应收款项减值准备等影响，2017 年公司经营亏损。

由于深交所未要求上市公司将新能源汽车销售收入单独列示，该数据无法取得，故本文只能计算分析补贴收入与全部营业收入之比以及新能源汽车补贴收入的利润贡献度。

（1）新能源汽车补贴收入占比趋势分析。由表 8 可知，安凯客车 2017 年营业收入（扣除新能源汽车补贴）比上一年有较大幅度的下降，导致配套的新能源汽车补贴也随之下降，根据其年报换算出 2017 年新能源汽车补贴收入占比与 2016 年基本没有变化。

表 8　安凯客车新能源汽车补贴收入占比

财务指标	2015 年	2016 年	2017 年
新能源汽车补贴金额（万元）	128430	190840	155980
营业收入（万元）	402211	475733	388912
所占比重（%）	31.93	40.11	40.11

注：安凯客车 2017 年年报中新能源汽车补贴收入按照《企业会计准则第 16 号——政府补助》修订要求，将原计入营业外收入的政府补贴收入纳入营业收入。本文为了便于比较分析，2017 年营业收入数据是扣除政府补贴金额之后的数额。

（2）新能源汽车补贴收入利润贡献度分析。由表 9 可知，安凯客车 2015 ~ 2017 年经营业绩严重依赖新能源汽车补贴收入，2017 年由于补贴收入门槛提高，导致大额补贴收入及相关应收款项无法收回，公司计提大额减值准备，进而导致 2017 年亏损近 3 亿元。

表 9　安凯客车新能源汽车补贴收入利润贡献度

财务指标	2015 年	2016 年	2017 年
新能源汽车补贴金额（万元）	128430	190840	155980
利润总额（万元）	186	7877	-29531
所占比重（%）	69048.39	2422.75	-528.19

2. 奇瑞汽车新能源汽车产业分析

奇瑞汽车，全称“奇瑞汽车股份有限公司”。由于该公司目前尚未上市，其有关财务数据无法取得，我们只能根据相关网络媒体公开披露的数据进行分析。有关数据显示，2017 年奇瑞汽车全年累计销量为 55.21 万辆，较前年同期下滑 6.5%；市场占有率为 2.3%，较前年同期相比减少了 0.2%。在奇瑞乘用车一片下滑之中，奇瑞汽车的新能源业务逆势正增长，全年累计销量为 3.69 万辆，同比增长 113%，超过行业 53.3%

的平均增速，超额完成全年3万辆的销量目标。①

对于新能源汽车补贴“退坡”，奇瑞汽车党委书记兼董事长尹同跃表示，2018年国家最新发布的补贴政策调整提高了补贴的技术门槛，这对某些技术不过硬的企业来说的确会有不小的影响。但对于奇瑞新能源来说，因为续航里程、电池能量密度和能耗水平的优势，新车在新政下反而能够拿到相较之前更高的补贴金额。

三、政府补贴“退坡”对皖江城市带新能源汽车产业带来的挑战

（一）政府补贴“退坡”对皖江城市带新能源汽车企业经营业绩影响巨大

正如前文分析所示，皖江城市带新能源汽车企业经营业绩对政府补贴依赖巨大。无论是江淮汽车还是安凯客车，其利润完全靠政府补贴来支撑，企业自身盈利能力非常弱。政府补贴“退坡”对这些企业的生存与发展构成严重的“负面影响”。2015～2017年政府补贴占当年利润总额之比如表10所示。

表10　政府补贴占当年利润总额之比　单位:%

企业名称	2015年	2016年	2017年
江淮汽车	217	266	1031
安凯客车	69048.39	2422.75	-528.19

当然，新能源汽车厂家对政府补贴的依赖不是皖汽特色，国内其他新能源汽车厂家也面临同样的困境。国内新能源汽车厂家领头羊企业——比亚迪（2015～2017年连续三年斩获全球新能源乘用车年度销量冠军），2017年年报显示，受政府补贴“退坡”的影响，当年经营业绩有较大幅度下降，2018年第一季度财报显现该季度实现净利润1.02亿元，同比下降83.09%。

（二）新能源汽车行业竞争加剧

近年来，让众多传统燃油汽车生产厂家焦虑的是多国政府为了保护生态环境，纷纷制定禁售燃油汽车时间表。媒体披露的各国禁售时间如表11所示。

表11　媒体披露的各国禁售时间

燃油车禁售国家（地区）	禁售实施年份	禁售车型
荷兰	2025	传统燃油车
美国加州	2030	传统燃油车

① 根据乘联会数据整理。

续表

燃油车禁售国家（地区）	禁售实施年份	禁售车型
挪威	2025	非电动汽车
德国	2030	传统内燃机汽车
印度	2030	传统燃油车
法国	2040	传统燃油车
英国	2040	燃油车、油电混动汽车

资料来源：http：//baijiahao. baidu. com/s？ id = 1604576045352794478&wfr = spider&for = pc.

当然，其中多国都是表态计划禁售传统燃油车，只是“计划”，尚未正式实施，但各国对传统燃油车发展的态度可见一斑了。同样，有消息表明，中国政府也在研究“禁售”传统燃油车时间表，可见禁售燃油车已是世界各国的趋势。此外，2017 年 9 月，我国工业和信息化部等五部委发布《乘用车企业平均燃料消耗量与新能源汽车积分并行管理办法》（双积分），要求 2019 年和 2020 年新能源汽车比例分别是 10% 和 12%。可见，将有越来越多的车企进入新能源汽车领域，行业竞争全面加剧！

2018 年 7 月，全球新能源汽车生产厂家明星企业——特斯拉在上海建厂协议签署（独资建厂），雷诺 - 日产联盟与东方汽车、福特与众泰汽车、戴姆勒与北汽集团等纷纷合资建厂，布局生产新能源汽车。国内汽车行业龙头老大——上汽集团也发力新能源汽车，其 2017 年新能源汽车销量翻倍增长，全年销售 6. 4 万辆，同比增长 156%，2018 年上半年其新能源汽车产销量依然涨势迅猛。可以预计皖江城市带新能源汽车厂家将面临前所未有的激烈竞争！

（三）缺乏核心技术

客观地说，安徽省新能源汽车起步较早，经过多年的积累和发展，已经在行业建立一定的品牌优势，如江淮汽车的“爱意为”一到七代纯电动轿车、奇瑞汽车的艾瑞泽 5e 纯电动轿车和艾瑞泽 7e 插电式混合动力轿车、安凯客车的 7 ~ 12 米纯电动客车和 10 ~ 12 米插电式混合动力客车等，在国内均具有先进水平。同时，上述皖江城市带汽车厂家在不同的领域也形成自己的核心技术。但是，相比国内外一些著名新能源汽车厂家，如特斯拉、比亚迪、北京汽车、宇通客车等，在品牌建设和核心技术方面还存在较大差距。

根据国家关于新能源汽车产业发展规划，到 2020 年，国内新能源汽车年产销将达 200 万辆。然而，中国流通协会的数据却显示，仅 2015 年至 2017 年 6 月底，国内已落地的新能源整车项目就超过了 200 个，相关投资额达 1 万亿元以上，各类车企已经公开的新能源汽车产能规划则超过 2000 万辆。因此，提高政府补贴门槛，扶优扶强就成为国家产业政策的首要目标。如果皖江城市带新能源汽车厂家不能在电池、电机、电控及整车轻量化、系统集成等关键核心技术取得较大突破，将无法面对未来激烈的市场竞争。

（四）成本高居不下

新能源汽车由于其技术含量高，研发投入大，导致整个产品成本高居不下。虽然通过销量规模可以分摊高额的成本，例如，传统燃油车的研发成本，一般来说销量达到10万辆，基本上就可以分摊成本，但问题是，现有的新能源汽车单车年销突破万辆的都是少数，遑论10万辆。当然，这是整个新能源汽车行业都存在的问题，中外企业均无例外。新能源汽车厂家持续经营严重依赖政府补贴。因此，如何在后政府补贴时代维系企业的生存与发展，努力降低成本就成为不二选择。

（五）去地方保护带来的压力

在对新能源汽车政府补贴过程中，地方政府一直在扮演一个积极的重要角色。地方政府往往按中央财政补贴的0.5甚至1∶1比例配套给予补助，此外，还有一些其他特色的补助与奖励项目。地方政府之所以积极支持新能源汽车产业发展，源于汽车产业（包括新能源汽车）产业链长，对地方经济拉动效果明显。地方政府拿出“真金白银”自然是希望能够促进地方经济的发展，因此，对域外厂家生产、销售的新能源汽车享受的地方补贴就设置一些障碍，肥水不流外人田，因而形成地方保护。这种保护短期是促进了地方企业的发展，维护了地方利益，但长远来看，也不利于地方企业的创新与发展，妨碍全局利益。因此，2018年2月，由四部委联合发布的《关于调整完善新能源汽车推广应用财政补贴政策的通知》（以下简称《通知》）指出，要破除地方保护，建立统一市场。各地不得采取任何形式的地方保护措施，包括但不限于设置地方目录或备案、限制补贴资金发放、对新能源汽车进行重复检验、要求生产企业在本地设厂、要求整车企业采购本地零部件等措施。可见，随着《通知》精神的贯彻与落实，依靠地方保护生存与发展的企业必将面临淘汰出局。

四、后政府补贴时代新能源汽车产业发展的必由之路：创新驱动

正如前文所分析，政府补贴“退坡”对新能源汽车厂家带来巨大的压力，但基于绿色产业发展，致力于生态环保的发展理念已经成为全球共识。新能源汽车必定是未来发展的主流。然而，要在激烈的市场竞争中求得生存与发展，创新驱动则为必由之路。

（一）调整产品结构，实施创新驱动战略发展

众所周知，新能源汽车产业存在技术复杂、制造成本高、使用环境（充电设备布局等）有待完善等因素，在行业发展之初离不开政府大力支持和政策扶持，但如果长期实行普惠新能源汽车的补贴政策，搞大水漫灌式的补助，则极易使企业患上政策依赖症，缺乏技术开发和产品升级的动力和压力，还极易导致行业低水平重复建设。因此，政府补助“退坡”是必然趋势，然而我们从《通知》可以看出，补助“退坡”并不是

全退，而是对续航里程小、能耗大的不补或少补，对续航里程大、环保效果好、技术含量高的新能源汽车还提高了补助标准。《通知》体现了“扶优扶强”的思路。

对此，皖江城市带新能源汽车生产厂家显然要领会政策精神，调整产品结构，主动淘汰落后产品，同时，积极实施创新驱动战略，加大研发力度，精心培育品牌形象，努力扩大市场份额。新能源汽车这样高技术含量的产业，如果缺乏自己的核心技术，未来在市场上是无法立足的。过度依赖市场营销手段，寄托政府补贴，企业自然不可持续发展。

（二）整合地方区域优势，创新产业链结构

传统汽车产业链涉及一百多个产业，新能源汽车只在传统汽车产业链的基础上进行延伸。以新能源汽车中的纯电动车为例，上游主要增加了锂离子电池、电机及控制系统、汽车整车控制系统，下游则增加了充电设施、电池回收等产业。而这些新增的产业技术含量高，研发资金投入大，某一企业独自对产业链各端进行研发显然是困难重重。如果相关的产业链各端各自研发，突出重点，且能相互配合，则能大大提高整体效益。

安徽省新能源汽车产业在这方面具有独特优势。2014 年 2 月，安徽省新能源汽车产业发展联盟成立，共有成员 16 家联盟企业单位。当前安徽省已形成以合肥、芜湖为中心，以江淮、奇瑞、安凯等新能源整车企业以及星凯龙、广通汽车、芜湖宝骐等新能源改装车企业为龙头，以国轩高科、中盐红四方锂电、巨一自动化等关键零部件企业以及国网电力、普天新能源等充电设施建设运营企业为配套的产业链。该联盟的成立对安徽省新能源汽车产业的发展起到极大的促进作用，但该联盟的优势尚未充分发挥出来。前文提到的江淮汽车、安凯客车、奇瑞汽车主要处在产业链中游的整车制造环节，更需要联盟内的上下游企业支持。因此，在联盟内进行资源整合，产业链互助等方面还有巨大发展空间，未来还需进一步创新产业链结构，寻求互利共赢，尽可能发挥联盟优势。

（三）加强企业内部管理，实施成本控制创新

成本控制对任何企业来说都是永恒的话题，通过对年报的解读，皖江城市带新能源汽车厂家毛利率基本都在 10% 多一点，再加上高额的销售费用和管理费用，企业几乎无利润甚至亏损。在高额的政府补助情况下企业尚能生存，面对补贴“退坡”，企业几乎难以为继。可见，努力压缩成本对于上述企业是多么迫在眉睫的大事。企业应当努力加强内部管理，实施成本控制创新，包括供产销各环节成本控制，提升生产效率，增加企业效益。

（四）创新盈利模式，做好售后

根据 2017 年 8 月 15 日安徽省政府发布的《安徽省人民政府关于印发支持新能源汽车产业创新发展和推广应用若干政策的通知》，新能源汽车厂家获取政府补助或奖励可谓是全方位的。从合作引资，到产品研发，到标准制定，到产品销售等，都可以看出安徽省政府的支持力度。毫无疑问，皖江城市带新能源汽车厂家在此具有先发优势，理所应当抓住机遇，拓展、创新企业盈利模式（包括获得相关的奖励与补助）。我们认为，面对新能源汽车市场竞争日益白热化，新品研发、积极促销固然重要，但做好产品售后服务却更应引起生产厂家的高度重视。新能源汽车是生态经济下的产物，节能、环保是

其最大的亮点与卖点。随着时间的推移，有越来越多的新能源汽车进入维修乃至报废高峰期，售后服务，包括汽车电池回收也越来越被消费者所关注，如何解除消费者后顾之忧，也就成为产品供给者所要考虑与解决的问题。这既是企业的责任，也是企业打造优良品牌的有力抓手。

新能源汽车产业的产生与发展离不开政府的大力扶持，这固然是全球生态经济背景下政府的责任，也与新能源汽车产业研发高昂成本有关，同样也与市场消费习惯需要政府引导有关。但是，长期大水漫灌式的补贴，必然会导致相关企业产生依赖症，导致市场调节失灵。政府补贴“退坡”就是必然的选项。但是，“退坡”又不是简单地减少补助，而是“扶优扶强”，淘汰落后产能。本文依据皖江城市带新能源汽车厂家年报披露的有关数据，计算分析企业新能源汽车补贴收入与营业收入、政府补贴收入与利润总额之间的比例关系，指出皖江城市带新能源汽车厂家对政府补贴依赖严重，自身盈利能力又差等问题。同时，也分析政府补贴“退坡”后皖江城市带新能源汽车产业面临的挑战与机遇，指出皖江城市带有良好的新能源汽车产业基础，面对政府补贴“退坡”形成的重重压力，应当积极实施创新驱动战略，利用区域内既有的产业联盟，进一步整合产业链各端，寻求互利共赢，实现皖江城市带新能源汽车产业健康发展。

参考文献

[1] P. Mock, Z. Yang. Driving electrification: a global comparison of fiscal incentive policy for electri vehicles [J]. Experimental Physiology, 2014, 98 (98): 1244 - 1246.

[2] Y. Nie, M. Ghamami, A. Zockaie, F. Xiao. Optimization of incentive polices for plug⁻in electric vehicles [J]. Transportation Research Part B: Methodological, 2016 (84): 103 - 123.

[3] C. J. Yang. Launching strategy for electric vehicles: lessons from China [J]. Technological Forecasting and Social Change, 2010, 77 (5): 831 - 834.

[4] G. Harrison, C. Thiel. An exploratory policy analysis of electric vehicle eales competition and sensiticity to infrastructure in Europe [J]. Technological Forecasting and Social Change, 2017 (114): 165 - 178.

[5] 丁芸，张天华．促进新能源汽车产业发展财税政策效应研究［J］．税务研究，2014（9）：16－20.

[6] 魏淑艳，郭随磊．中国新能源汽车产业发展政策工具选择［J］．科技进步与对策，2014（21）：99－103.

[7] 王显志，郭宏伟，王武宏．基于层次分析法的新能源汽车产业政策评价［J］．道路交通与安全，2015（1）：41－46.

[8] 刘兰剑，赵志华．财政补贴退出后的多主体创新网络运行机制仿真——以新能源汽车为例［J］．科研管理，2016（8）：58－66.

[9] 郭艳青，李磊，姚远．中国新能源汽车产业创新生态系统中的补贴问题研究［J］．经济体制改革，2016（2）：29－34.

[10] 王维，李昊展，乔朋华，桂嘉华．政府补助方式对新能源汽车绩效影响研究［J］．科技进步与对策，2017（23）：1－7.

[11] 高秀萍，彭月兰．我国新能源汽车财税政策效应与时变研究［J］．经济问题，2018（1）：49－56.

细分行业篇

生态经济背景下皖江城市带生产性服务业改革路径研究

周正骏

2010年1月12日，国务院正式批复《皖江城市带承接产业转移示范区规划》，皖江城市带承接产业转移示范区建设正式纳入国家发展战略，是促进区域协调发展的重大举措，为推进安徽省参与泛长三角区域发展分工，探索中西部地区承接产业转移新模式，也为中部地区加速崛起点燃了助推器。

作为国家级产业转移示范区，皖江城市带产业经济区建设的一个根本任务，就是要实现传统经济形态向现代生态经济的转型升级。在这一转型过程中，大力发展生产性服务业，以专业化、市场化、规模化的生产性服务来推进资源节约、环境治理和生态优化，具有特别重要的意义。

一、相关研究与问题提出

（一）生态经济国内外研究

传统经济发展模式导致资源消耗过快、环境恶化加剧、经济增长步伐放缓，一系列现实问题让西方学者不得不反思现有经济发展方式存在的诟病，进而加快探索和倡导生态经济发展模式。美国生态学家蕾切尔·卡逊（Rachel Carson）于1962年发表了《寂静的春天》（*Silent Spring*），作品揭示了生态系统平衡与资本主义工业发展的矛盾冲突，是比较早的生态经济学思想的雏形。[1]美国经济学家鲍尔丁（Boulding）在1966年发表的文章《一门科学——生态经济学》（*A Science—Ecological Economics*）中首次提出“生态经济学”的概念，取自“经济（economic）”和“生态（ecological）”两个英文单词的词头，鲍尔丁认为，在传统的经济发展方式下，人类对生态环境的关注远远低于对经济发展的重视程度，这也就使得人类社会的经济系统和自然界的生态系统之间产生矛盾，即经济发展过程中无一例外地都牺牲了生态环境。[2]美国生态经济学家赫尔曼·戴利（Herman Daly）认为我们已由“空”的世界转变为“满”的世界，提出稳态经济理论，主张保持人口和物质存量的零增长，通过没有数量增加的质来改进增长。[3]20世纪80年代德国学者胡伯（Huber）提出生态现代化，其核心内容是发挥生态优势推进现代化进程，实现经济发展和环境保护的双赢；生态现代化是对环境管理失败而导致生态退化的反应，[4]强调市场经济是生态改革的主导力量，提倡同时发挥市场和政策的导向性鼓励，通过技术创新加强和完善环境保护，转变经济发展与环境保护矛盾的思想，[5]把减少污染作为提高经济竞争力的工具，而不是要求额外地增加和维持昂贵的末端处理技术；[6]同时强调生态现代化是促进生态协调的经济结构转型和升级，而不是一般地提高生态效率，[7]这样才能协调经济增长和环境优化。

国内对于生态经济研究相比于国外起步较晚，开始于20世纪80年代。我国著名的生态经济学家许涤新教授在1980年出版了我国第一部关于生态经济学论文集《论生态平衡》，激起了国内生态经济研究的热潮。该文集论述了生态经济学的研究对象、性质、特点、基本原理以及生态系统结构，支持经济发展与生态环境协调发展的观点，即不能再抛开生态环境单独追求经济发展。[8]研究学者牛文元在开展对于生态环境与经济发展研究的时候提出了可持续发展指标体系。[9]江红莉等（2010）在分析区域经济与生态环境系统交互关系的基础上，建立了区域经济与生态环境系统协调发展的动态模型。[10]张亚连等（2011）以制造业企业为研究对象从环境业绩和经济业绩两方面构建指标体系对企业生态经济效率进行评价研究，对未来的研究作出了展望。[11]张煊等（2014）基于系统论视角从生态、经济、社会三个角度构建网络DEA模型对我国省际生态效率进行了评价。[12]杨青、张彩彩（2015）以陕西省为研究对象从经济发展、环境污染和资源消耗三个方面建立指标体系，运用因子分析法对陕西省生态经济发展情况进行了研究，并提出了建议。[13]孔凡斌、李华旭（2016）以长江经济带2010～2014年的产业发展数据为样本，运用主成分分析法对各省市产业竞争力进行了比较研究，并提出了改进的建议。[14]

（二）生产性服务业国内外研究

生产性服务业的概念目前虽有较为统一的认识，但是并没有统一的标准，而是各个地区制定自己的标准。这种标准的出现可能与当地的经济水平以及生产性服务业在社会中的发展情况有关。布朗宁和辛格曼（Browning & Singelman，1975）提出生产性服务业是“为确保工业生产时的持续性、推动工业技术发展、增加生产效率而给予其相应保障的服务行业，它囊括了金融、咨询、法律知识密集型以及为企业给予专业性服务的行业”[15]。钟韵、闫小培（2005）提出，生产性服务业是为生产、商务行为以及政府单位提供的一种服务，它不会直接加入生产过程中，是所有工业生产中不可代替的一个活动。[16]李佳洺等（2014）提出，生产性服务业是指中间投入的服务，是产业分工专业化之后，服务市场化、外部化的产物。[17]

随着生产性服务业对经济发展的促进作用越来越明显，很多专家对其进行了探究。格鲁伯和沃克（Grubel & Walker，1989）发现生产性服务业是一些发达国家经济增长的主要来源，同时也是增长速度最快的服务业。[18]伦奎斯特、奥兰德和亨宁（Lundquist，Olander

& Henning，2008）发现生产性服务业对瑞典经济增长促进作用极大，并且随着服务业不断分化这种增长一直存在。[19]张亚斌、刘靓君（2008）通过对国内31个省份相关的面板数据分析，发现生产性服务业通过多种途径促进我国经济发展，同时生产性服务业对各地区经济发展促进存在差别。[20]郑少智、晏育文（2012）利用脉冲响应分析的结果表明，短期内经济增长同时对生产性服务行业有很好的促进作用，并且这种促进作用会随着时间而持续。[21]于斌斌（2016）发现生产性服务业集聚模式选择对经济增长的影响效应受到行业结构、地区差异和城市规模的约束。[22]李平等（2017）发现生产性服务业较高的技术进步水平以及对资本要素和劳动要素较强的集聚能力，可以提升宏观经济总体全要素生产率，进而推动中国经济的可持续和高质量增长，完全可以成为新常态下中国经济高质量增长的新动能。[23]

（三）生态经济背景下的生产性服务业发展相关研究

服务业产品具有无形性、知识密集度高、高附加值等特性，因此常被不少学者认为，以服务业为主导的产业经济能有效降低资源消耗、改善环境，实现经济繁荣与生态环境恶化之间的分离。但当前很多被认为是服务型经济的发达国家仍然是各种污染物和温室气体排放的主要来源地。因此，很多学者开始对这一问题展开研究。一份对美国、德国、日本等发达国家的物资消耗的研究表明，从物质经济向服务经济的结构转变，降低了经济单位产出的物质消耗，但是并没有消除经济总产出增加给资源环境带来的巨大压力。[24]阿尔坎塔拉和帕迪拉（Alcantara & Padilla）指出，服务业是一个环境友好型、去物质化的产业的直觉其实是一种错误，服务业对资源环境的间接影响（往往隐藏在其生产供应链背后而不易察觉）通常要比它所表现出来的直接影响大得多。[25]一份研究报告显示，瑞士旅游业温室气体的排放强度是整个经济平均排放强度5倍以上，英国、西班牙等其他欧洲发达国家也存在类似情况。[26]

目前，我国学术界对服务业发展的研究集中于经济层面上的分析，而对于服务业发展的资源环境影响，则不管是理论分析还是经验评估都十分欠缺。在政府政策方面，研究的不足和传统观念的影响，也使得对很多服务部门资源环境影响的规制存在不足或缺失。即使在我国当前应对气候变化和大力发展低碳经济的进程中，节能减排政策措施也主要集中于工业部门，服务业的节能减排问题未能得到应有的关注和重视。因此，有必要从生态经济角度出发，研究生产性服务业如何发展，构建和完善针对皖江城市带生产性服务业的发展策略，促进低碳经济转型和生态文明建设。

二、皖江城市带生产性服务业发展现状

（一）皖江城市带经济发展现状

2016年皖江城市带生产总值16024.70亿元，增速高达9.5%，比全国增速高2.6%。相较于2010年，生产总值增加7796.8亿元，增长94.75%，六年生产总值接近一倍增长。从三次产业来看，2016年第一产业、第二产业、第三产业生产总值分别为

1145.21 亿元、8279.06 亿元、6600.43 亿元，同比增长率分别为 3.3%、6.3%、15.0%，第一产业增速等于全国增速，第二产业比全国增速高 0.2%，第三产业比全国增速高 7.2%。从图 1 可以看出，皖江城市带生产总值及三大产业生产总值的变化趋势呈现持续增长态势，说明皖江城市带示范区建立后，经济发展状况良好。

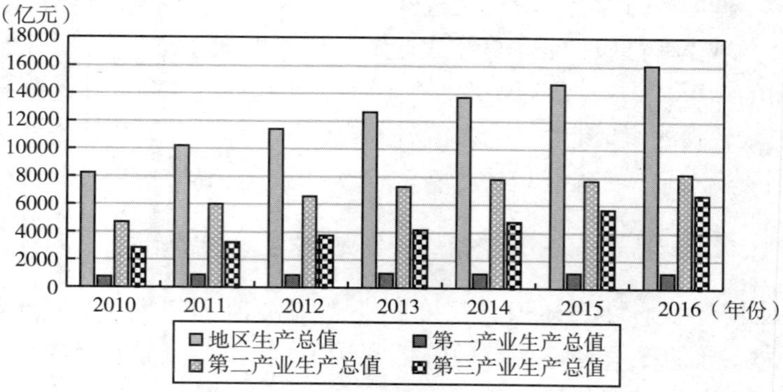

图 1　皖江城市带生产总值和三大产业生产总值

资料来源：根据各市统计年鉴（2011～2017 年）整理所得，未包括六安市的金安区和舒城县。

图 2 表明，皖江城市带社会产出中，第一产业占比总体呈逐渐下降趋势，约占 9%；第二产业总体占比 50% 以上，但 2011 年占比 58.78% 之后，总体占比呈逐渐下降趋势，到 2016 年仅占比 51.66%；第三产业除 2010～2011 年占比下降外，从 2011 年占比 32.28% 到 2016 年占比 41.19%，其总体呈逐渐快速上升趋势，在今后的发展中，第三产业的比重势必会超过第二产业，成为地区生产总值的主导产业。由此可期待，皖江城市带产业结构会在不久的将来，由“二三一”逐步转变为“三二一”。由此可知，2010～2016 年，对于皖江城市带来说是极其不平凡、极其重要的一个时期，经济发展水平越来越高，社会产值不断增加，产业结构不断调整优化，整体呈现出：第一产业与第二产业逐渐下降，第三产业不断上升。

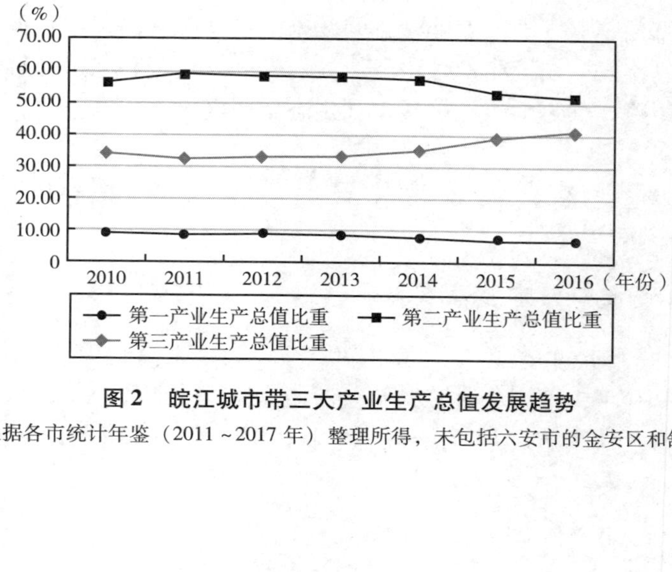

图 2　皖江城市带三大产业生产总值发展趋势

资料来源：根据各市统计年鉴（2011～2017 年）整理所得，未包括六安市的金安区和舒城县。

（二）皖江城市带生产性服务业发展现状

本文对生产性服务业数据的选择依据2015年国家统计局制定的《生产性服务业分类（2015）》统计标准和数据的可获得性原则，选取的数据指标为交通运输、仓储和邮政业，信息传输、计算机服务和软件业，批发和零售业，金融业，租赁和商务服务业，科学研究和技术服务业。

1. 总体发展情况分析

由图3可知，2010～2016年皖江城市带生产性服务业发展迅速。从2010年的1552.34亿元发展到2016年的3745.93亿元，六年期间实现了翻一番。生产性服务业占地区生产总值的比重也在逐年上涨，由2010年的19%上升为2016年的23%。六年时间实现增长4个百分点，所占比重有较大提升。

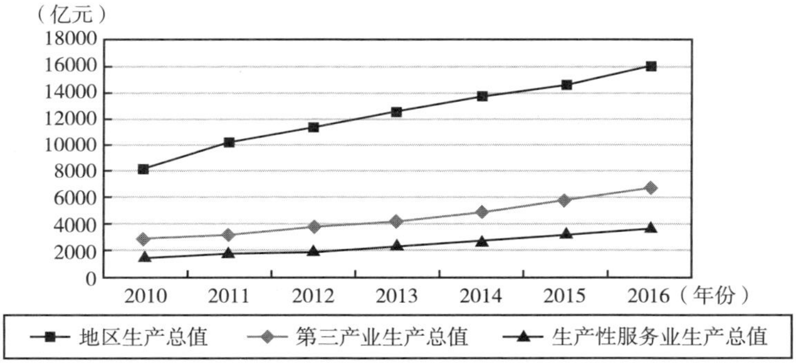

图3 皖江城市带生产性服务业发展趋势

资料来源：根据各市统计年鉴（2011～2017年）整理所得，未包括六安市的金安区和舒城县。

2. 生产性服务业各行业发展情况

由图4可知，皖江城市带生产性服务业各行业发展总体呈增长趋势。2016年批发和零售业生产总值最多，从2010年的500.92亿元发展到2016年的1061.50亿元，六年间产值实现了翻一番。金融业发展迅速，生产总值增幅最大，从2010年的287.82亿元发展到2016年的983.55亿元，六年间增长2.42倍。租赁和商务服务业从2010年的210.97亿元发展到2016年的644.27亿元，六年内增长2.05倍。交通运输、仓储和邮政业从2010年的341.03亿元发展到2016年的549.15亿元，六年内增长0.61倍。信息传输、计算机服务和软件业与科学研究和技术服务业2016年生产总值分别为285.47亿元和221.99亿元，六年内分别增长1.28倍和1.66倍，但总产值占比偏低，仅分别占2016年服务业总产值的4.33%和3.36%。虽然以金融业，信息传输、计算机服务和软件业与科学研究和技术服务业为代表的新兴生产性服务业发展迅猛，但其占地区生产总值的比例偏低，2016年仅占地区生产总值的9.30%左右，说明新兴生产性服务业总体发展水平不高，传统的生产性服务业占比较大。

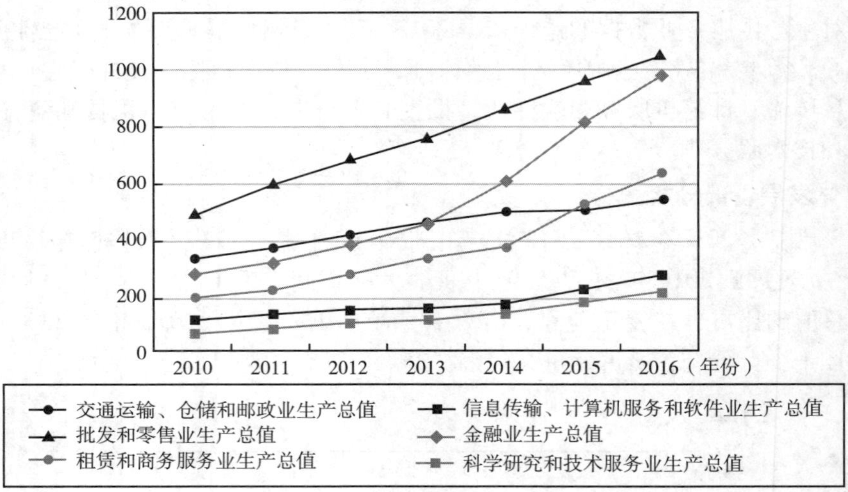

图4　皖江城市带生产性服务业各产业发展趋势

资料来源：根据各市统计年鉴（2011～2017年）整理所得，未包括六安市的金安区和舒城县。

3. 生产性服务业与皖江城市带就业的现状分析

就业是衡量经济发展的重要指标之一，因此有必要研究生产性服务业对皖江城市带就业问题的影响。图5显示了皖江城市带三次产业和生产性服务业各行业的城镇非私营单位就业人员数。皖江城市带生产性服务业从业人员稳步增长，从2010年的349100人增长到2016年的580506人，增加了231406人，增长了66.29%。2016年的580506人解决了第三产业约38.80%的人员就业问题，解决了皖江城市带18.22%的人员就业问题，说明生产性服务业在皖江城市带经济发展中能够带动就业，发展生产性服务业为皖江城市带解决就业问题带来了新的契机。

4. 生产性服务业与皖江城市带固定资产投资的现状分析

由图6可知，2010～2016年皖江城市带生产性服务业的固定资产投资逐年增长，由2010年的814.80亿元增长至2016年的3022.10亿元，增长了约2.71倍。第三产业固定资产投资由2010年的2495.49亿元增长至2016年的9282.68亿元，增长了约2.72倍。皖江城市带社会固定资产投资从2010年的6314.34亿元增长至2016年的18057.55亿元，增长了约1.86倍。皖江城市带的全社会、第三产业和生产性服务业的固定资产投资呈逐年递增的趋势。

由图7可知，2010～2012年皖江城市带生产性服务业占全社会固定资产投资比重和第三产业投资比重呈下降趋势，特别是2011～2012年，生产性服务业固定资产投资比重从33.80%降至19.38%，下降了14.42%。可见在2012年左右发生的全球性金融危机影响了皖江城市带生产性服务业发展，大量投资转向其他领域。从2012年之后，

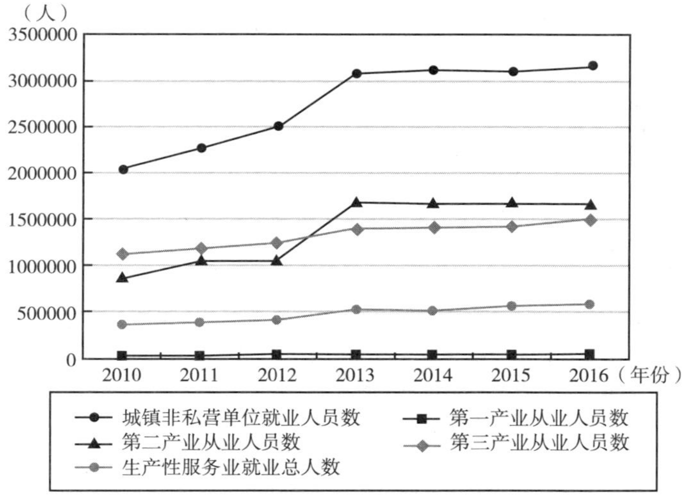

图5　皖江城市带各产业就业人员发展趋势

资料来源：根据各市统计年鉴（2011～2017年）整理所得，未包括六安市的金安区和舒城县。

皖江城市带生产性服务业占全社会固定资产投资比重和第三产业投资比重呈逐年上升趋势，可见皖江城市带第三产业的固定资产投资重新回归生产性服务业，生产性服务业发展形势向好。从整体上看，生产性服务业占全社会固定资产投资比重与第三产业投资比重趋势一致。

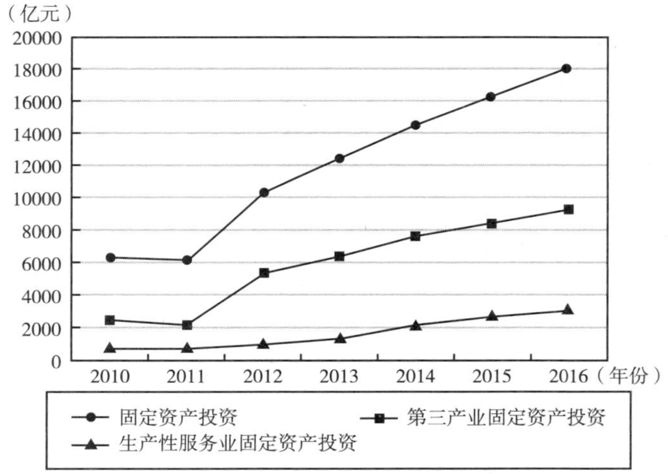

图6　皖江城市带固定资产投资额发展趋势

资料来源：根据各市统计年鉴（2011～2017年）整理所得，未包括六安市的金安区和舒城县。

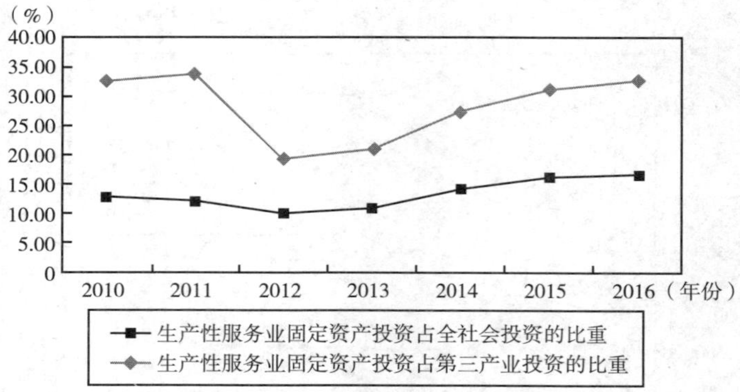

图7 皖江城市带生产性服务业固定资产投资占全社会、第三产业投资的比重

三、皖江城市带生产性服务业发展存在的问题

（一）生产性服务业规模小

世界发达国家（地区）的经济发展都以“双七十”为目标，即在一个稳定的经济体中，服务业产值占地区经济总值的70%，生产性服务业生产总值占服务业总值的70%。自2010年皖江城市带示范区建立以来，服务业和生产性服务业发展迅速，但是所占比重不仅较国外发达地区有较大的差距，与国内其他地方相比有很大差距，距离“双七十”的目标还有很大距离。从生产性服务业整体发展情况来看，2016年我国生产性服务业占第三产业的比重为57.73%，皖江城市带生产性服务业占第三产业比重为56.75%，未达到全国平均水平。2010～2016年生产性服务业增加值呈上升趋势，2016年全国生产性服务业占总产值的29.78%，而皖江城市带生产性服务业占地区经济总值的比例仅达到23.38%，同时期京津冀城市群生产性服务业占地区生产总值的39.29%，占第三产业生产总值的67.52%。相比可知，皖江城市带生产性服务业发展规模相较于经济发达地区较小，处于初级发展阶段，对比京津冀城市群可知其今后还具有广阔的发展空间。

（二）各产业发展水平参差不齐，内部结构有待优化

从生产总值上看，2016年生产性服务业中增加值总量最多的是批发和零售业，为1061.5亿元，约占生产性服务业增加值的28%。增加值总量最少的是科学研究和技术服务业，总产值为221.99亿元，只占到生产性服务业增加值总量的6%。金融业2010～2016年发展迅猛，2016年增加值为983.55亿元，排名第二，约占生产性服务业增加值的26%，说明作为技术密集型和人才密集型的金融业正被社会逐步重视（见图8）。作为高新产业的信息传输、计算机服务和软件业在皖江城市带发展总量偏低，且都属于较

为传统的基本企业，缺少大量龙头企业带动产业发展。皖江城市带内生产性服务业的发展水平参差不齐，有效需求得不到有效供给，很多科学研究成果不能快速实现产业化。各产业间联动效果不足，支撑面窄、支撑方式单一。批发零售、交通运输等依赖能源产业占比过多，必然产生大量污染排放，不利于生产性服务业的可持续发展。

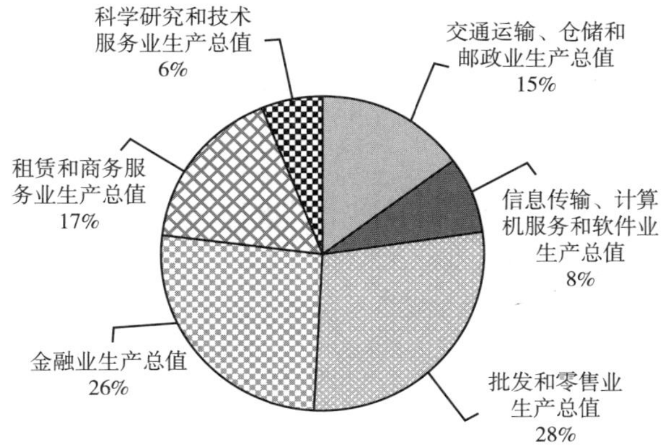

图 8　2016 年皖江城市带生产性服务业各产业生产总值占比

资料来源：根据各市统计年鉴（2011～2017 年）整理所得，未包括六安市的金安区和舒城县。

由图 9 可知，投资排名前两位的产业是交通运输、仓储和邮政业与批发和零售业，这两个产业是吸纳就业人数最多的生产性服务业，是劳动密集型产业，但该行业利润空间小，持续投资将进一步加剧行业竞争，不利于产业的健康发展。作为技术密集型和人才密集型的金融业，科学研究和技术服务业，信息传输、计算机服务和软件业等高科技产业，获得的投资额才占 2016 年总投资额的 20%。虽然很多产业属于轻资产产业，但并不能代表这些产业所需投资就少，投资份额低，产业发展缓慢，动力不足，对于当前

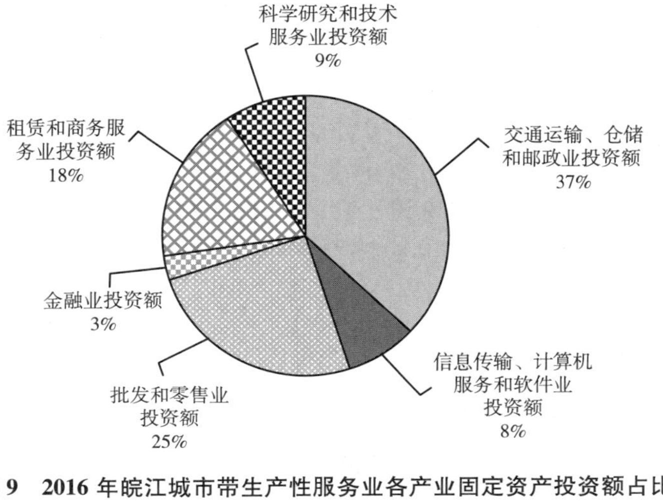

图 9　2016 年皖江城市带生产性服务业各产业固定资产投资额占比

产业结构转型升级不利，必须对当前产业结构的不合理有清晰的认识，根据产业发展规律，加大投资力度，促进产业结构更加合理的发展。

（三）专业人才缺乏

通过对皖江城市带生产性服务业各行业的就业相关数据研究分析，2016 年皖江城市带城镇非私营单位从事生产性服务业的就业人数为 580506 人，在传统的批发和零售业，交通运输、仓储和邮政业与租赁和商务服务业就有 340681 人，占总数的 58.69%，相比之下，金融业，信息传输、计算机服务和软件业与科学研究和技术服务业等高新产业就业人数仅为 239825 人，占总数的 41.31%。这说明了皖江城市带生产性服务业的就业现状，即整体具有一定的规模，但是大多数人从事知识水平与技术要求较低的岗位，属于简单的劳动力生产要素投入，高素质的生产性服务业专业人才短缺，只有充分利用专业的人力资源，才能为生产性服务业又好又快的发展提供人才保障。

皖江城市带生产性服务业发展缓慢的一个原因是缺少完整的、体系化的生产性服务业培养模式。在经济较为发达的地区，已经形成了完整的对生产性服务业各行业专业人才的培养模式，但是在皖江城市带，一方面是本身教育资源的不足，另一方面是对生产性服务业专业人才培养的模式尚未形成。整体教育和培训资源的不足，致使皖江城市带专业人才十分稀少，无法满足行业发展需求，大大地阻碍了皖江城市带生产性服务业的发展。

四、皖江城市带生产性服务业发展路径研究

（一）加大政府政策支持引导

基于生态经济视角，在经济发展与生态保护并重的大环境下，构建政府与行业企业的合作新模式。皖江城市带地区需要一些催化剂来引导发展，此时政府就显示出很重要的作用了。政府的支持是企业发展生态经济的外界环境。企业的发展离不开政府政策的支持，政府的管理直接影响到企业的运营效率、交易成本及投资者信心，所以政府需要营造一个积极向上、有利于发展生产性服务业的和谐环境，以便于整体产业不断扩大。政府意识到了生产性服务业在产业转型升级、区域竞争力方面的重要作用，并且可以推动皖江城市带经济、社会、环境的和谐发展，同时推动皖江城市带可持续发展。政府营造良好的软硬件环境，是行业企业走生态发展的基石，在推动生产性服务业发展方面发挥着重要的作用。

（二）优化产业内部结构

生产性服务业也存在着对能源较为依赖的行业，如交通运输、批发和零售、租赁和商业服务等行业，这些行业在服务经济发展初期最为容易见到发展效果，其对扩大生产性服务业在国民经济中的比重以及解决就业等方面都有较为突出的作用。因此，在生产

性服务业发展过程中其内部产业结构不优良，也导致生产性服务业当前发展处于低端化层面，有较大改进空间。现阶段皖江城市带传统生产性服务业在总产值中仍占有较高的比值，如租赁和商务服务业，交通运输、仓储和邮政业，批发和零售业等，因此今后的发展中要注重优化当前占比较高的生产性服务业的质量和能源消耗，提高技术含量，持续稳定地扩大现有传统生产性服务业的经济影响力，同时降低对生态环境的损害。另外，狠抓新兴生产性服务业，对于高科技、高知识、高技术含量的新兴生产性服务业，则亟须改变其在皖江城市带服务业中所占比重较低的局面，给予大力政策性扶持，制订相应的优先发展方案，努力创造更加适合生产性服务业发展的经济交流平台，以便更好地招商引资、互相交流学习、传递先进理念和技术，尽快实现生产性服务业在皖江城市带标准化、规模化、生态化发展。

（三）注重专业人才的培养

生产性服务业是知识性和专业性非常强的产业，它更多的是满足客户个性化的需求，因此需要与客户进行深层次的沟通和交流，这就需要非常专业、素质非常高的专业性人才来支撑起产业的发展。可以说，高素质的、专业性非常强的人才，对于生产性服务业的发展影响重大。因此，建立完备的多层次、科学合理的人才培训以及开发利用体系是十分必要的。依托当地现有的高校、研究所等培养人才的机构，建立一些专门关于生产性服务业的学科，培养专业性人才；也可通过其他多种途径引进具有高素养、高技术的专业性人才。同时加强对在职岗位人员的培训，制定和完善从事生产性服务业人员的资格认证，保证从业人员的职业素质和业务水平。

（四）引导产业合理布局

皖江城市带目前没有关于生产性服务业的空间布局规划，因此急需规划一个符合国情、符合皖江城市带特色的可持续发展规划。有关其规划布局应紧紧围绕皖江城市带的整体发展战略，统筹各地区的规划，在突出重点的基础上充分发挥地方特色，兼顾行业差异与地区差异，这有助于增进皖江城市带各地区之间的分工与合作。还应当在皖江城市带范围内，在顺应区域经济一体化潮流，积极推动跨区域的生产性服务业协作，打破行政区划的枷锁，在产业规划布局、基础设施建设、资源共享和市场监管等方面，鼓励各地市开展多种形式的区域合作，推动皖江城市带产业生态化和经济可持续发展。

参考文献

[1] [美] 蕾切尔·卡逊. 寂静的春天 [M]. 北京：京华出版社，2000.

[2] Kenneth Boulding. Economics as a Science [M]. London：Mc Graw-Hill，1970 .

[3] Michael E. Porter. The Competitive Advantage of Nation [M]. London：Macmillan Press LTD，1990.

[4] Cohen，M. J. Risk society and ecological modernization：alternative visions for post-industrial nations [J]. Futures，1997，29 (2)：105 - 119.

[5] Christophe P. Ecological modernization [J]. Environmental Politics，1996，5 (3)：476 - 500.

[6] Cohen, M. J. Science and the environment: assessing cultural capacity for ecological modernization [J]. Public Understanding of Science, 1998, 7 (2): 149 - 167.

[7] Andersen M. K., I. Massa. Ecological modernization origins, dilemmas and future directions [J]. Journal of Environmental Policy and Planning, 2000, 2 (2): 337 - 345.

[8] 许涤新. 生态经济学 [M]. 杭州: 浙江人民出版社, 1987.

[9] 牛文元. 可持续发展导论 [M]. 北京: 科学出版社, 1994.

[10] 江红莉, 何建敏. 区域经济与生态环境系统动态耦合协调发展研究——基于江苏省的数据 [J]. 软科学, 2010, 24 (3): 63 - 68.

[11] 张亚连, 张卫枚, 孙凤英. 生态经济效率评价系统设计——以制造型企业为例 [J]. 系统工程, 2011 (8): 91 - 95.

[12] 张煊, 王国顺, 王一苇. 生态经济效率评价及时空差异研究 [J]. 经济地理, 2014 (12): 153 - 160.

[13] 杨青, 张彩彩. 基于因子分析的陕西省生态经济效益评价 [J]. 科技管理研究, 2015 (2): 36 - 39.

[14] 孔凡斌, 李华旭. 基于主成分分析的长江经济带沿江地区产业竞争力评价 [J]. 企业经济, 2017 (2): 115 - 123.

[15] Browning, H., Singelman, J. The emergence of a service society: demographic and sociological aspects of the sectoral transformation of the labor force in the USA [J]. National Technical Information Service, 1975.

[16] 钟韵, 阎小培. 我国生产性服务业与经济发展关系研究 [J]. 人文地理, 2003 (5): 47.

[17] 李佳洺, 孙铁山, 张文忠. 中国生产性服务业空间集聚特征与模式研究——基于地级市的实证分析 [J]. 地理科学, 2014, 34 (4): 385 - 393.

[18] Herbert G. Grubel and Michael A. Walker: service industry growth: cause and effects [J]. Fraser Institute, 1989: 279.

[19] Lundquist Karl-Johan, Olander Lars-Olof, Henning Martin. Swenson producer services: growth and roles in long-term economic development [J]. Service Industries Journal, 2008, 28 (4): 63 - 477.

[20] 张亚斌, 刘靓君. 生产性服务业对我国经济增长的影响研究——基于东、中、西部面板数据的实证分析 [J]. 世界经济与政治论坛, 2008 (4): 76 - 78.

[21] 郑少智, 晏育文. 现代生产性服务业发展的定量研究——基于转变经济增长方式的研究视角 [J]. 产经评论, 2012 (6): 5 - 11.

[22] 于斌斌. 中国城市生产性服务业集聚模式选择的经济增长效应——基于行业、地区与城市规模异质性的空间杜宾模型分析 [J]. 经济理论与经济管理, 2016 (1): 98 - 112.

[23] 李平, 付一夫, 张艳芳. 生产性服务业能成为中国经济高质量增长新动能吗 [J]. 中国工业经济, 2017 (12): 5 - 21.

[24] WRI. Resource Flows: The Material Basis of Industrial Economies [R]. 1997.

[25] 军彭水, 曹毅, 张文城. 国外有关服务业发展的资源环境效应研究述评 [J]. 国外社会科学, 2015 (6): 25 - 33.

[26] S. Percha-Nielsen, A. Sesartic & M. Stucki. The greenhouse gas intensity of the tourism sector: the case of switzerland [J]. Environmental Science & Policy, 2010 (12): 131 - 140.

生态经济背景下皖江城市带快递行业发展研究

刘溢华

20世纪80年代，中国邮政开办了国际、国内特快专递业务，开辟了我国大陆地区快递之先河。30多年来，伴随着电子商务的高速发展，快递业务呈现出井喷式发展，业务规模及服务范围不断扩大。据统计，自2017年5月以来，全国快递服务企业日均快递业务量超过1亿件，标志着我国已经常态化进入单日快递“亿件时代”。然而，当人们享受着足不出户就可以“买买买”，包裹送货上门的便利服务时，因快递包裹及运输而产生的资源浪费、环境污染等问题正逐步侵蚀着我们健康舒适的生活环境。在生态经济建设的大背景下，快递行业必须进行“绿色变革”，才能实现长足发展。

一、皖江城市带快递行业发展现状

快递服务业与区域经济发展水平高度相关。皖江城市带作为我国首个以产业转移为主题的发展示范区，为安徽省的经济发展建设打开了新的大门，更成为推动中部崛起的重要增长极。在电商高速发展的大背景下，皖江城市带快递行业发展势头迅猛。

（一）快递企业数量快速增长

经济普查显示，2006年底，安徽省经营快递服务的法人企业只有34家，而截至2016年底，安徽省拥有经营许可的快递企业数量达464家、分支机构近3000家、营业网点近5000个，快递从业人员近6万人，全省已设立乡镇快递服务网点数量4140个，乡镇快递服务网点覆盖率达100%。由此可见，安徽省快递行业在这10年中实现了飞速发展。

（二）快递业务量增长迅猛

据统计，2016年安徽省快递业务快速增长，稳居全国第12位、中部第3位，快递业务量占邮政行业的业务总量比重为3.94%，快递业务收入占邮政行业总收入的比重为56.95%，快递业务收入在邮政行业中占比持续提升，比上年提高6.96个百分点。2016年安徽省快递服务企业业务量完成6.89亿件，同比增长72.47%，增幅位列全国第3位，其中国内快递业务量（包含同城业务以及异地业务）占比为99.42%，国际及港澳台业务量占比不足1%。全省快递业务收入累计完成70.56亿元，同比增长53.02%，增幅位列全国第11位，其中国内快递业务收入占比为77.44%，国际及港澳台业务收入占比为4.13%，其他增值业务收入占比为18.48%。年人均快递使用量为6.5件，同比增长31.46%；年人均快递支出75.1元，同比增加56.7%。宿州、安庆、池州、铜陵、亳州、马鞍山、淮南、六安、芜湖9市快递业务量实现了80%以上的超常规增长，安徽快递业务正向三四线城市快速扩展。[1]

二、生态经济对快递行业发展提出新要求

社会经济发展带动了快递行业的兴盛，然而，快递行业要实现可持续发展，就必须改变其传统的发展方式。党的十七大报告明确提出了建设生态文明的要求，把生态文明建设纳入全面建设小康社会的重要任务，要"基本形成节约能源资源和保护生态环境的产业结构、增长方式、消费模式。循环经济形成较大规模，可再生能源比重显著上升。主要污染物排放得到有效控制，生态环境质量明显改善。生态文明观念在全社会牢固树立"。在生态文明建设的大背景下，快递行业首当其冲，绿色化发展势在必行。

从快递行业的业务流程来看，各个环节都与生态环境息息相关。首先，在包装快递商品的过程中，需要耗费大量的编织袋、纸盒、胶带、快递单及各种塑料保护制品。《中国快递领域绿色包装发展现状及趋势报告》显示，目前我国快递业的包装主要集中在快递运单、编织袋、塑料袋、封套、包装箱（瓦楞纸箱）、胶带以及内部缓冲物（填充物）七大类。[2]据统计，2016年中国快递行业消耗编织袋44.5亿条、塑料袋123.9亿个、包装箱148.5亿个，其余塑料胶带及各种填充物更是无法估算，资源消耗巨大。[3]而这些包装物最终将被废弃，不仅造成极大的浪费，塑料制品难以被降解，更加剧了环境污染。其次，快递要实现门到门递送就必须依靠公路运输。当前我国大中型城市的道路拥堵严重，车辆尾气排放问题还没有得到根本解决，快递行业巨大的运输及配送量，无疑加重了城市交通拥堵和空气污染问题。

三、皖江城市带快递行业发展存在的问题

（一）过度包装造成浪费

一直被人们所诟病的快递过度包装，在一定程度上和消费者的使用心理有关，多数消费者认为，包装越厚，胶带缠得越多，里面的商品就保护得越好。因此在实际操作过程中，过度包装的情况就会比较普遍。此外，对部分寄件人而言，并没有专业的包装经验，担心物品的安全，会采用层层包装对商品进行保护，从而产生过度包装的问题。对于作为托运人或承运人的电商和快递企业，基于消费者对物品损害问题较为敏感，同时为了让客户满意和吸引消费者，也是为了避免发生投诉纠纷等问题，往往就会选择"里三层外三层"的过度包装。

（二）包装物利用率低

一般快递包装的使用寿命较低，基本上都是使用一次就丢弃，造成的资源浪费是不可估量的。由于缺乏有效的包装回收渠道和途径，快递包装被当成垃圾处理。在快件的众多包装物中，只有纸箱可以回收利用，看起来要环保得多，但纸箱的使用却离不开大量的胶带，这使得快递纸箱的环保性大打折扣。虽然一部分纸箱使用后会被回收，处理后作为再生纸的原料，但其回收价格并不高，因而企业对纸箱回收的积极性不高。

（三）回收再利用机制匮乏

快递包装含内包装（商品原始包装）和外包装。内包装主要有塑料薄袋、纸袋和一些填充物，外包装主要有大小不一的纸箱、塑料袋或其他硬质包装。目前，除了纸箱被当作废品回收外，其余均当成生活垃圾处理。而我国废品回收行业是纯市场化运作，目前正面临回收率低、分拣困难、场地匮乏、人员短缺的局面，整个行业呈现小、散、乱和低水平的无序竞争的特征。由于我国目前化工、造纸等行业产能严重过剩，对原材料的需求萎靡，挤压了废品的收购价格，如废塑料回收价格仅为原来的1/10，废纸的价格不及原来的1/3，除废纸外，其他快递垃圾几乎无回收价值，加上分拣废弃物的成本，有的已经超过了废弃物本身的价值，造成从业人员、废品收购站锐减，让大量本可回收再利用的资源只能当作生活垃圾进行填埋或焚烧。每年数以百亿的快递包装垃圾急需“高效的快递包装回收机制”。虽然有些公司进行快递包装回收的尝试，如2014年某电商平台推出快递纸箱回收利用奖励积分活动，但是效果并不理想。由于缺乏经济效益，且费时又费力，至今尚未建立系统性的、有效的回收机制。建立专门的快递包装回收渠道除了需要投入大量的人、财和物外，还面临其他诸多问题，如相关政策扶持、场地缺失和消费者的配合等。

（四）快递配送效率低下

快递要实现门到门的运输必须依靠公路，而目前皖江城市带内城市交通压力较大，道路拥堵问题严重，车辆尾气排放对空气造成了较大的污染，快递配送业务的急剧增长无疑加重了这些问题。有关数据显示，交通运输工具是空气污染的主要来源，空气中67%的一氧化碳，42%的氮氧化物以及44%的悬浮物质都是来源于车辆排放的尾气，即使大量一线的快递员为避免交通拥堵采用电动车或摩托车来进行配送，也给城市的交通管理带来了很大的麻烦。[4]另外，随着人们对快递配送速度的要求越来越高，多数快递网点会根据快递到货情况一天配送多次，使快递配送的频率大大增加，再加上快递企业的末端站点大多都是采用分片负责制，一名快递员负责一个区域的快递配送，为了追求快速送达，大多实行到货即送，若一次配送不成功还会产生二次配送，降低了快递配送效率，同样造成了大量不必要的资源浪费和环境污染。

四、快递行业绿色发展建议

（一）转变快递包装理念

快递包装与传统商品包装有很大的差异，更加注重抗压抗摔性、自重更轻且能够回收利用。一是在包装设计过程中，应重视降低包装材料使用量，在满足买家要求的同时，确保尺寸设计的合理性，最大限度减少资源的浪费。二是合理选用包装材料。如国外有厂家推出了一种新型减震填充纸制品，即纸球，不仅能够多次利用，还能够当废纸回收再利用。对此我国应学习发达国家的这些做法，选用简单、环保、无危害及能够降解的包装材料，不仅要具备可降解性特点，也能够回收重复利用，不能选用一次性的、非环保的包装材料，防止对生态环境带来污染。三是快递封装期间，应保证封装的合理性，防止过度与不足包装，快递公司与电商合作的过程中，应就包装作出明确规定，同时加强指导。四是派送快递的过程中，由快递员通过有偿、积分等形式对通用包装进行回收。以圆通快递为例，在很多高校委托中国电信校园营业厅当成快递收发点，主要对快递包装进行回收。当然在回收的过程中，还应该对胶带、纸盒等包装材料进行分类，保证回收利用率得到提升。

（二）使用绿色包装材料

从快递包装材料来看，非绿色化体现在以下几点：一是包装材料降解困难；二是包装材料为人体、生态环境等带来危害，很多都是有毒有害的。因此，我们在选择快递包装材料的过程中，要尽量选用对人体、生物系统等无毒无害的包装材料，要满足绿色材料标准，能够回收再利用。在选用无法回收与利用的快递包装材料时，应尽量采用容易降解的、降解周期较短的包装材料。如可以选用玉米塑料，其通过在聚乙烯中加入易溶于水的玉米淀粉制成，通过数月日晒将消失，也可以选择塑料包装聚苯二酸乙烯（PET），这种快递包装材料能够进行清洗，并实现了可循环利用，质量也非常高。[5]

（三）建立回收利用标准

快递包装要使用可循环利用的材料，制定完善的回收体系。政府部门应尽快采取应对之策，实现对快递包装的分类回收，电商、快递公司要在货物自提点、物流配送中心等处设置快递包装回收点，对快递包装箱等包装材料进行分类回收。要通过消费积分奖励、运费优惠等形式，激发群众参与快递包装回收的热情。电商、快递公司通过进行快递包装回收，不仅有利于环保，还能降低成本，政府部门要适当给予财政补贴，激发他们的积极性。此外，对于包装材料而言，也要提升其耐用性、抗腐蚀性等特性，便于实现循环利用，能够满足这些要求的材料有铁质、聚酯塑料以及木质等。

（四）提升标准化、自动化和信息化水平

对快递包装而言，为实现标准化、自动化和信息化目标，必须突破企业之间的界限，

将行业资源充分整合起来，实现配置的最优化，针对快递包装，设计出更加统一化和标准化的快递包装，并将其信息、尺寸等标准统一下来。要在行业内打造共用的网络节点，以此共享网络和共用设施设备，通过共同联手的形式，促使快递行业运营成本有效减少。这样既能推动物流行业的发展，也能保护生态环境，并为客户提供更好的服务。

（五）大力发展绿色投递

绿色投递的关键在于两个方面：一个是环保，另一个是模式创新。（1）大力发展低碳运输。《国务院关于促进快递业发展的若干意见》发布实施以来，国家邮政局会同有关部委在快递末端服务相关领域开展了大量工作，积极推动快递车辆规范升级。现有很多快递企业把末端配送车辆换成了电动汽车和专用的电动三轮车。根据《2016 年中国快递领域新能源汽车发展现状及趋势报告》显示，我国已有 26 个城市应用纯电动快递汽车，共有 3000 辆纯电动快递车投入运营，这比 2014 年多了 5 倍。虽然快递企业普遍反映电动汽车购置成本高，车辆性能有待加强（具体包括续航能力差、车型不多、性能指标不稳定、动力驱动不足、充电时间长）等问题，但随着技术的进步，未来的快递专用电动汽车的普及率会越来越高。（2）末端服务模式创新。目前快递末端服务已经成为制约行业发展的“瓶颈”之一，企业要利用信息化、智能化手段，加强“最后一公里”网络模式创新，推进线上线下联动。快递企业应继续尝试各种方式拓宽派件渠道，与各类商业机构进行深入合作，例如，快递服务站与社区便利店、杂货铺等进行合作。除此之外，在发达国家如美国和日本的末端配送体系非常完善，各大快递公司不再单独派件而是采用共同配送，对此皖江城市带快递行业也可以借鉴。当前皖江城市带的共同配送处于起步阶段，菜鸟驿站和快递自提柜的应用范围比较小，因此在整个城市快递“最后一公里”的配送体系建设中，还需要行业主管部门的统筹协作和各大快递公司的积极支持。特别是在快递业务量相对较少的偏远郊区农村，发展共同配送的意义显得尤为重要。

社会经济的飞速发展，为皖江城市带的快递行业带来良好的发展机遇，但也面临着严峻的考验。在生态经济建设的大旗下，皖江城市带内快递行业必须转变传统的经营思路，引入先进的管理经验和科技手段，减少资源浪费，提高资源利用效率，实现绿色化发展，这样才能在实现经济效益的同时，避免对生态环境造成影响。

参考文献

［1］吴竞鸿，吕能芳．基于 SCP 范式的安徽省快递行业发展研究［J］．西昌学院学报，2018（3）：59－62.

［2］雷静．快递最后一公里绿色发展初探［J］．环渤海经济瞭望，2017（8）：44－45.

［3］吕超，段瑛瑶，王益杰，等．快递包装标准化研究［J］．中国标准化，2015（5）：113－116.

［4］雷静．快递最后一公里绿色发展初探［J］．环渤海经济瞭望，2017（8）：44，114.

［5］何玥．低碳经济下快递包装存在的问题及对策［J］．物流工程与管理，2018（1）：130－131.

生态经济背景下皖江城市带智慧物流发展的路径设计及效应分析研究

张美玲

一、引　言

近年来，随着我国加大了对外贸业务的重视，以及各国间的物流不断加深交流，使得物流业的地位日益提高起来。当前，政府高度重视生态经济发展，而生态经济又强调资源、环境与经济的协调发展。在此背景下，皖江城市带的物流发展必须与绿色循环低碳转型相结合，让物流能够在资源环境约束、生态环境退化、区域经济协调发展等方面发挥应有的作用，智慧物流应运而生。智慧物流的出现能够大幅降低各行业的运行成本，它是基于物流网而发展起来的，能够做到物流自动化、网络化、可视化、实时化、跟踪与智能控制，是一种全新的物流模式，符合新时代的发展要求。[1]皖江城市带在承接国内外产业转移中，承担着合作发展的先行区、中部地区崛起的重要增长极以及全国重要的先进制造业和现代服务业基地的重任。同时，皖江城市带的基础物流设施比较完善，发展智慧物流的条件较为充分，智慧物流对于皖江经济发展具有重要促进作用。[2]

二、智慧物流概述

（一）智慧物流的基本概念

智慧物流的理念出现于2009年，此后很快成为发达国家转变经济增长方式、保护生态环境及资源的新型方式。目前，对于智慧物流的概念还没有统一的界定。大多数学者认为，智慧物流是指将先进的物联网技术，诸如无线射频识别、传感器、全球定位系统等，运用于快递配送、仓储运输等环节中，从而实现物流有关环节的智能化与自动化操作。智慧物流与现代物流相比较，它对信息技术的要求更高，与互联网、大数据、云计算等紧密联系，能够更好地提高相关系统的服务效率。[3]我国当前经济面临新常态，随着供给侧结构性改革进程的不断推进，智慧物流在社会经济活动的作用会愈发凸显。

（二）智慧物流的功能

智慧物流具有强大的功能，主要包括识别感知、计算决策、定位追溯。[4]（1）识别感知。智慧物流会通过射频识别、卫星定位等技术，对物流物品跟踪识别，并将相关信息进行数字化处理，从而能够使得物品流通环节信息更加透明，处理起来更加便捷。（2）计算决策。在物流的配送和管理系统中，使用信息挖掘和数据处理技术，并根据客户的需求对物流数据以及物品信息进行分析，计算决策出最优的仓储位置与配送方案，方便用户进行物流存储与配送。（3）定位追溯。通过卫星定位技术，可以及时跟踪、捕捉运输快递车辆的信息，使顾客和物流工作人员可以掌握物品的最新位置与状态，当物品在哪个环节出现问题，可以及时跟踪解决，如此可以大大降低物流业的成本，提高相关企业利润，并且增加顾客的满意度。

三、皖江城市带物流业发展现状

（一）皖江城市带物流需求不断增大

近年来，安徽省经济发展不断提速，同时，在“大众创业、万众创新”浪潮下，微商行业取得了很大发展，使得安徽省对物流需求不断上升。从安徽省统计局数据来看，2007 年安徽省社会消费品零售总额约为 2875 亿元，2016 年同期，该数据上升到约 10000 亿元，总额增加了 7125 亿元，增幅在全国居于第四位。而在 2017 年上半年，安徽省社会物流总额 29615 亿元，其中农产品物流总额 1790 亿元，工业品物流总额 22059 亿元，其他物流总额（包括进口货物物流总额、再生资源物流总额和单位与居民物品物流总额）5766 亿元，占比最大的是工业品物流总额。[5]另外，2000 年、2005 年、2010 年、2015 年和 2016 年安徽省的快递包裹件数分别是 310 万件、506 万件、1303 万件、2991 万件和 68878 万件，可见安徽省近些年的快递业务量逐步增加。安徽省 2000 ~ 2016 年货运量如表 1 所示。

表 1　安徽省 2000 ~ 2016 年货运量分析　　单位：万吨

指标	2000 年	2005 年	2010 年	2015 年	2016 年
铁路	6473	10386	12091	10158	9244
公路	32740	49614	183658	230649	244526
水运	5320	7125	32355	104947	110776
民航	2	3	2	2	2
合计	44535	67128	228106	345756	364548

资料来源：2001 ~ 2017 年《安徽统计年鉴》。

由表2可知，2016年皖江城市带各市（不包括金安区和舒城县）公路货运量及货物周转量占安徽省的总比重分别是34%及24%，皖江区域的物流业仍然具有很大的发展空间。但是伴随着皖江城市带区域产业转移进程的加快，将会有越来越多的制造业企业进入该区域，如此将会给皖江城市带的物流企业带来新的发展契机。

表2　2016年皖江城市带各市公路货运量及货物周转量

地区	货运量（万吨）	货物周转量（万吨公里）
安徽省	244526	49157085
皖江城市带各区域：		
合肥	28975	3169432
芜湖	6762	872445
马鞍山	6180	379526
铜陵	3090	314341
安庆	12075	1943033
池州	3377	329844
滁州	14690	3537333
宣城	8202	1203713
皖江区域占安徽省比重（%）	34	24

资料来源：《安徽统计年鉴（2017）》。

（二）皖江城市带区域优势良好

皖江城市带具有良好的区域优势，皖江区域位于全国交通网当中，占据有利的地理位置，能够促进当地贸易业的发展，无疑会有利于皖江区域发展智慧物流业。[6]此外，国家与省政府对皖江区域的物流园区发展给予高度关注，目前物流园区的数量已经高达170多个，且发展规模呈现不断扩大的趋势。另外，皖江区域形成了公路、铁路、水路、空运有效连接的交通运输网，其中干线铁路覆盖了全省辖市。2000年，安徽省的铁路和公路营运里程分别为2164公里和44493公里，到2016年分别增长到4243公里和197588公里，分别增长了2079公里和153095公里。可见皖江城市带具备智慧物流发展的良好区域优势。

（三）皖江城市带科技投入不断加大

近年来，一方面，政府加大了对皖江区域科研经费的投入力度，科研人员的积极性得到提高，同时，随着通信网络技术的不断更新升级，也为智慧物流技术的应用奠定了基础。另一方面，物流企业与高校、科研机构加大了研发合作力度，区域内很多高校还专门开设了物流相关课程，这在某种程度上推动了皖江区域物流技术的进一步提升。[7]早在2013年，安徽省省会合肥市便入选成为“智慧城市”的试点，同时，合肥市加大创新力度，大力推进“智慧交通”系统的建设，加大对云计算、大数据、物联网等高端技术的研发与应用，并且逐步辐射到周边城市。2017年，合肥综合性国家科学中心批准设立，这对合肥市乃至皖江区域其他城市科研实力的提升大有裨益，进一步提升了皖江区域智慧物流的发展空间。

（四）皖江城市带物流空间布局日益清晰

1. 形成几个大型的物流区域

首先是合肥物流园区，物流业发展较为完善，具有较高的辐射能力以及集聚效应，可以为周边城市起到带头示范作用。其次是沿江地区，特地是芜湖、安庆、马鞍山等城市，依托其临江优势，建设了多个沿江物流园区。这些园区充分利用水路运输的便利条件，开展大宗货物的集散、中转和配送等业务，提升了皖江城市带的物流效率。例如，安庆地区已有四个大型物流园区，包括大桥物流园、皖江物流园和月山物流园等。

2. 呈现四大物流枢纽趋势

皖江城市带包括四大物流枢纽，分别位于芜湖、合肥、安庆、马鞍山，这些物流枢纽通过完善的交通网络和先进的物流设施，实现了与国内外市场的有效联系，提升了皖江城市带的物流效率和竞争力。同时这些地区经济发展程度较高，经济辐射效应较强。

3. 形成产业特色的物流中心

对于皖江区域来说，已经有很多物流节点城市获得较为全面的规划与建设，如滁州、池州、六安、宣城等地，可以利用当地的相关产业优势起到带头示范作用。同时，安徽省有些地区由于其产业特点形成了具有鲜明特色的物流中心，如芜湖的汽车物流中心、铜陵铜矿矿产资源物流中心、马鞍山铁矿矿产资源物流中心、淮南煤矿矿产资源物流中心、安庆石化物流中心以及亳州中药材物流中心等。

四、皖江城市带智慧物流发展存在的问题

（一）尚未形成一体化的物流服务

皖江城市带在地理范围上占据安徽腹地，位置优越，但是由于安徽行政区划调整和各地经济发展状况差异较大等多方面因素，导致皖江城市带示范区在物流发展过程中，未形成统一的规划布局。另外，由于各地存在的地方产品保护主义，在一定程度上限制了区域物流一体化的形成和发展。现阶段皖江城市物流企业产业链较为初级，多数只为客户提供仓储和运输配送这类单一且附加值低的物流服务，尚未形成全面化的服务模式。此外，皖江城市带少部分物流企业着手使用物联网技术搭建智慧物流系统，但由于这些企业自身经济实力和管理能力的欠缺，使得各部分生产要素未得到充分利用，资源配置效果较差，难以形成统一、开放、有序的物流市场，特别是缺乏强有力的龙头企业，集群带动效应差。大多数中小物流企业对物流信息技术应用较少，由于股东和管理层对信息技术作用的不重视，又因为缺乏相应的人才和专项资金，即使引进了高端的智

慧物流技术，也无法有配套的基础设备衔接，使得企业的经济效益提升不明显。此外，皖江城市带整体的物流网络尚不完善，物流枢纽、物流园区和物流中心等物流基础设施相比其他发达区域还比较落后。而且产品在运输过程中，由于流转步骤的烦琐，流转效率低下，物流整合资源不足，造成缺乏与浪费并存的现象。

（二）物流信息标准制定落后甚至缺失

智慧物流对物流信息的标准化要求较高，所以在编码、文件格式、数据接口、数据交换、定位系统等有关信息处理方面需要实现标准化，从而便于不同企业的信息沟通与交流。然而目前来看，皖江城市带的物流信息尚未实现标准化，处理信息的系统不统一又进一步制约了皖江城市带信息化的发展，且相关企业的物流信息化标准的制定与修改完全跟不上物流信息化发展的步伐与需要，都是根据各自制定的规则来，使得各个企业间难以实现更好的信息交流与共享，物流网络难以兼容，商品在生产、流通、消费环节大大地增加了管理难度与企业成本。

（三）皖江区域物流人才缺乏

皖江城市带物流发展受到约束，还有一个很重要的原因就是专业物流人才仍然缺失，尽管安徽很多高校增设了物流专业，但是皖江区域在物流专业复合人才工作待遇及工作环境上缺乏足够的吸引力。还有很多企业在人员招聘时，降低人员素质和水平要求，很多面试者仅具备高中学历，并不符合智慧物流所需要的相关技术能力，所以皖江区域诸多物流企业对于高素质、熟悉智慧物流信息化运作流程、满足物流企业实际需求的物流一线岗位人才仍然十分缺乏。另外，皖江区域大部分企业的物流管理属于家族式管理模式，不够重视智慧物流人才，导致他们没有较强的企业归属感和责任感，所以皖江区域培养智能物流合格人才的任务十分紧迫。

（四）信息技术落后，缺乏完善的信息化平台

在皖江城市带现有的物流企业中，大多数信息系统的信息处理技术较为落后，功能尚不齐全，货物追踪系统、仓库管理系统、运输管理系统等物流服务体系不完善，物流信息的资源整合能力较弱。对于条形码、射频识别、定位系统/地理信息系统、电子数据交换技术没有广泛的运用。同时，很多企业的物流设备没有及时更新，缺乏引进先进设备的意识，总体来说相比于国外的智慧物流水平落后很多。目前，很多发达国家拥有完善的公共物流信息平台，这一开放式网络信息系统，主要用于向用户提供信息交换与共享服务的。目前，皖江区域的物流信息平台很不完善，仍然停留在传统物流信息平台的层面，应用功能不够齐全，仅用于信息的公开发布，而且发布的信息缺乏有关部门的审核，使得平台的真正作用难以充分发挥。物流企业的信息化进程受到约束，这又增加了相关企业的物流成本，降低了工作效率。这是制约皖江区域智慧物流发展的另一重要因素。

五、生态经济背景下加快皖江城市带智慧物流发展的路径及效应分析

（一）加强市场规范，落实政府政策

虽然近年来皖江城市带对于智慧物流方面出台了很多有利政策，获得显著成效，但是问题依然存在。皖江城市带若想进一步发展智慧物流，政府部门需要进一步加大扶持力度。

1. 制定完善的物流发展规划，健全物流相关的法律法规

皖江区域的很多物流企业规模不大，缺乏有效的管理机制，这就需要政府制定详尽的物流产业规划，引进先进的传感技术、定位技术、移动大数据技术等，建立健全可追溯网络系统、物流过程的可视化操作系统、配送过程中的智能化操作以及智慧供应链。培育并扶持出具有先进技术水平的智慧物流企业，并让这些企业起到带头示范作用，带动其他企业的智慧物流发展。同时，政府部门也需要进一步完善与物流行业密切关联的交通运输基础设施网络规划，起到联动发展的作用。

2. 加强部门协作，规范市场行为

当前皖江城市带的物流市场行为没有形成统一规范，行业通用的法律法规也不具有针对性，对于物流市场的政策没有明确细分。所以经常会发生违约现象以及客户投诉现象，所以政府应该进一步加强监管，同时也要加强部门协作，引导物流企业规范自身行为，并加强社会公众的监督与引导。

3. 规划物流基础设施建设

物流基础设施的建设与完善是智慧物流进一步发展的基础，政府应该充分发挥物流规划的主体作用，做好物流基础设施建设的规划与布局，使得配套物流基础设施能够跟上皖江区域的经济发展水平，使当地企业和居民受惠。对于物流服务市场进入现有的约束与限制可以适当放开，鼓励和引导外资、民间资本进入物流领域，增加物流业的投资主体，为智慧物流增添新鲜血液。此外，还要重点扶持智慧物流项目，减少智慧物流企业税收，设立政府专项扶持基金，对于引进或研发的高新技术项目增加政府的财力补贴与支持，从而进一步提升皖江区域的智慧物流水平。在智慧物流项目建设过程中，可以通过政府与私人合作投资的方式进行。项目初期先由政府带头出资，增加投资者信任度，而后吸引社会资金介入，同时政府仍然给予补贴，实现市场化运作模式，政府主要负责监管。

（二）加快物流信息化标准规范体系建设

智慧物流主要是通过智能化协同管理手段，把供应链中的各个组成部分通过信息数据系统串联起来，从而达到区域内互通共融，物流系统协同运作的目的。这不仅有益于经济资源的优化配置，更有益于社会资源使用效率的提高，实现物流领域协同化、规模

化。要实现这一效果，首先应当建立整个体系的共同标准，进而加以推广；同时在软件及系统领域建立统一的格式标准、相同的操作流程，从而为智慧物流的建设提供基础条件，减少物流企业的沟通成本。[8]现实情况中，皖江区域经济带的物流分配无法达到效率最大化，造成了一定程度的资源浪费。为扭转这一局面，减少重复建设的损失，各级政府应加强协作，共同拟定合理的宏观调控措施，以区域协调发展为起点，合作管理，提升服务型政府的建设水平。增强部门间的合作意识，优化资源配置体系，实现资源配置效率的最大化。综合而言，应从如下角度出发：

第一，尽力研发出先进的物流信息技术，并制定标准化的编码及服务标准。研发物品的分类处理代码、物流区间编码等用于物流信息分类的技术；研究推广物流数据元、物流单证等物流环节的信息标准；统一条形码、射频识别、定位系统等物流信息搜集标准；规范物流相关的业务管理标准。

第二，对于物品仓库存储、配送环节、集装冷链等业务环节需要广泛应用的条形码、射频识别、定位技术，要尽快制定统一规范的应用标准，推动主要行业物流信息化标准体系的进一步优化，如汽车、药品、农产品等行业。

第三，加强衔接数据层、应用层、交换层等物流信息化标准，争取在核心技术上获得突破，进一步推进构建皖江区域物流信息化标准体系。

（三）建立物流信息化平台，降低物流成本

智慧物流是一种全新的现代物流模式，服务更加透明化、高效化。智慧物流的运行需要依靠先进的信息技术的支持，也就是需要一个面向整个物流系统、集成化、智能化的综合物流技术平台，从而实现物流整个环节的高效运作。皖江区域要全面推进综合性物流技术平台的搭建，对于区域内的物流、仓储、配送等基础物流信息进行采集，还要深挖表层数据后面更有价值的信息，并且以便于用户查询的形式呈现出来，方便物流企业管理者及决策者对这些信息的使用。大数据不但能够提供供需之间的基本数据，还能够捕捉一系列市场信息的动态变化，如有关物品的市场销量变化，跟踪目标人群的消费习惯从而为生产新产品提供方向，并且能够更好地帮助企业生产者提前进行库存安排。不仅如此，智能综合物流平台还能够为政府、园区及个人展示综合性较强的公共信息，使得皖江区域能够与周边地区的信息互联，将运力和货源更好的匹配，最大可能地提高物流效率及水平。[9]皖江区域要及时根据市场需求，重点研发最关键的智慧物流技术，获得自主知识产权，降低相关企业的信息使用成本。

（四）培养专业物流管理人才

伴随着皖江区域物流业的不断发展，对于物流高端技术人才的需求越来越大。政府仍然要加大智慧物流相关的政策优惠力度，鼓励并支持物流学科建设，设立更多的产学研基地，给予科研经费支持与税收减免优惠，并且鼓励高校与企业共同合作，开展横向课题研究，将理论知识与实际情况更好地结合起来。第一，需要改善物流人员工作环境吸引高端技术人员进入皖江区域；第二，对现有的物流工作人员要进行专业的物流课程

培训，可以通过与行业协会与民办教育机构合作，将最新的智慧物流技术传导给他们；第三，可以鼓励皖江区域更多地、高效地开设物流课程，并且鼓励大学生参加物流项目的科学研究，提高学生的学习积极性；第四，要多借鉴西方国家的智慧物流经验，进一步优化物流人才的市场机制。总之，要通过一系列手段为皖江区域智慧物流的发展提供人才保障。[10]

参考文献

［1］张建超．我国智慧物流产业发展水平评估及经济价值分析［D］．太原：山西财经大学，2017.

［2］关堂春．皖江城市带物流业升级发展策略研究［J］．牡丹江师范学院学报，2015（2）.

［3］王艳．智慧物流信息系统及其经济性评价研究［D］．合肥：安徽大学，2015.

［4］张春霞，彭东华．我国智慧物流发展对策［J］．中国流通经济，2013（10）.

［5］苏冉．浅析现代物流对区域经济发展的影响——以安徽省为例［J］．物流平台，2018（7）.

［6］林坦，安童鹤．皖江城市带发展现代物流业的 SWOT 分析［J］．研究与探讨，2010（15）.

［7］郑艺．皖江城市带区域物流竞争力研究［D］．合肥：安徽大学，2018.

［8］谢泗薪．中美贸易战视角下我国智慧物流发展策略创新［J］．现代物流，2018.

［9］陆琳．基于大数据的城市智慧物流配送发展研究——以贵阳市为例［J］．中国管理信息化，2018（11）.

［10］李平．“一带一路”背景下河南省现代物流业发展研究［D］．郑州：郑州大学，2017.

生态经济背景下皖江城市带内部审计行业发展研究

郝银辉　李　华　周　燕　葛　雪

一、引　　言

自从国务院正式批复建设皖江城市带承接产业转移示范区以来，安徽广泛参与长三角区域的发展分工。随着区域合作深入发展，互补性产业转移和产业承接逐渐成为区域内合作的热点。由于皖江城市带企业承接的产业是具有高污染、高消耗、低附加值特点的传统产业，产业转移过程中不可避免会存在一定程度的污染转移。在传统产业对环境造成的污染与破坏已在东部沿海地区充分显现出来的情况下，经济的发展不能以牺牲生态环境为代价，不能走先污染后治理的老路，已成为目前社会各界的共识。[1] 习近平总书记在 2017 年 4 月 24 日至 27 日来安徽调研时，指出“良好的生态环境是供给侧结构性改革的题中应有之义，也是评价供给侧结构性改革成效的重要标准”。[2] 因此，为了防止出现经济发展与环境污染相伴而行的后果，皖江城市带承接产业转移示范区的建设要求既要成功引进产业促进经济社会发展，又要兼顾生态环境的安全，实现可持续发展，这必将对区域内企业的治理结构提出更高的要求。本文在提出生态战略导向的内部审计模式的基础上，深入分析了生态经济背景下内部审计行业面临的机遇与挑战，以及皖江城市带企业内部审计行业的现状，并试图提出构建生态战略导向的新型内部审计模式的有效路径。

二、生态战略导向的内部审计模式的提出

在社会和企业对产业承接产生的生态环境问题的认识不断加强并采取了各种措施积极应对的情况下，一方面，皖江城市带承接产业转移示范区完成了“三年见成效”的主要目标任务，成为推动安徽崛起的重要增长极；另一方面，皖江城市带区域生态压力呈现出减少的趋势。需要注意的是，皖江城市带生态压力的下降固然有政府和企业积极应对的原因，但是区域人口的不断增长使得人均生态压力降低也是其中一个不可忽视的因素。因此，当人口增长率不超过生态压力增速时，产业转移导致的生态问题必将逐步凸显。为了更好地解决生态问题，促进皖江城市带生态经济目标的实现，大力推进生态战略是必不可少的举措。然而，皖江城市带人口密布，企业种类、规模繁多，要想使生

态战略不流于口号，仅靠政府与社会的外部监督，显然是不够的。只有在以生态战略为导向的前提下，充分发挥内部审计的作用，加强企业对生态战略的自我监督与自我改进，才能正确、及时地解决其发展过程中遇到的各种各样的生态问题。为了满足生态经济发展对内部审计的这种新需求，使生态战略真正为区域生态经济保驾护航，促进生态经济的可持续发展，构建生态战略导向的新型内部审计模式，将成为皖江城市带企业内部审计行业发展的必然趋势。

三、生态经济背景下内部审计行业面临的机遇与挑战

（一）生态经济背景下内部审计行业面临的机遇

内部审计是成功实施生态战略的有力保障。生态战略的实施，使得企业需要兼顾自身利益和生态环境的安全。区域经济协调发展的需求将使企业面临更多治理问题的挑战。同时，处在瞬息万变的国际大环境中，尤其是在全球贸易战加剧的时代背景下，企业要想实现持续发展，不仅需要在激烈的竞争环境中突围，更需要较好地兼顾生态环境的安全，建立有利的战略生态系统，其战略、制度、组织结构以及工作流程等方面保持持续更新发展，这使得企业对内部审计的需求比以往更为迫切。由于内部审计本身就是企业的组成部分，因此，与外部审计相比，其更加了解企业的内控制度、企业文化，熟悉企业的历史沿革，明了企业的细微变化，从而也能够更加清楚企业的生态战略方向，更加准确地把握企业的生态风险所在。因此，内部审计能够持续审计企业的生态战略，为企业的可持续发展保驾护航。可以说，在生态经济背景下，内部审计具有更加重要的作用，是企业治理结构中不可或缺的组成部分；而内部审计的自身价值，也必将在生态经济背景下得到进一步的提升。

（二）生态经济背景下内部审计行业面临的挑战

内部审计的价值提升面临着新的挑战。实现价值增值是企业内部审计的终极使命。内部审计增值性价值主要体现在企业价值的防护性和提升性两个方面。为了适应持续发展的需求，内部审计需要以生态经济的视角，拓展其防护性和提升性作用的内涵。

1. 拓展防护性作用的内涵

企业要通过内部审计进行自我监督，以生态风险为导向，通过对内控制度、经营管理等的审计，发现涉及生态方面的重要的制度缺陷和主要风险点，及时发现、纠正企业发展中出现的生态影响的问题，进而采取相应的措施完善内控制定、规避风险，提高效率，确保企业依法行政，减少环境的破坏和污染，实现生态经济目标。

2. 拓展提升性作用的内涵

内部审计要想在帮助组织实现生态战略目标的路上走得更远，仅靠充当良医的角色是不够的，还要能够成为企业生态战略目标实现的协助者，通过反映生态保护相关制度的缺失和冗余来提高制度流程的可操作性，即协助最高管理层推动企业在环境保护方面

的不断进步。

以上两个方面可以说是相辅相成的。一方面，通过将确保企业生态战略的正确性纳入防护性作用的范畴，可以防止企业在生态方面向坏的方向发展，少走弯路，在生态压力承受度内经营；另一方面，以企业生态战略为导向，充分发挥内部审计的提升性作用，引导企业向好的方向发展，使其在生态压力承受度内实现价值最大化。与防护性作用相比，充分发挥内部审计在发展生态经济方面的提升性作用更符合企业的长远利益。总之，在全面实施生态战略的过程中，内部审计组织的广泛性、系统性、全面性以及评价结果的行动导向性决定了其不仅是生态战略的内部“免疫”系统，更是实现生态经济目标的助推器。[3]

四、生态经济背景下皖江城市带企业内部审计行业现状

皖江城市带承接产业转移示范区涉及9个市，共59个县（市、区），其中企业繁多，涉及行业多种多样，公司治理水平参差不齐。在生态经济目标对企业治理水平要求不断提升的情况下，作为完善的治理结构不可或缺的组成部分的内部审计，其存在的问题越发突出，具体来看，主要表现在以下几个方面：

（一）先天不足：独立性弱

形式独立难以实现是内部审计无法克服的先天弱点。与政府审计和社会审计相比，由于内部审计隶属于企业，导致其组织地位直接决定了内部审计独立性的强弱程度。[4]而有的企业将内部审计隶属于较低的部门，极大限制了内部审计作用的发挥。即使有部分上市公司较为重视内部审计，专门设置审计委员会作为内部审计机构的直属职能上级部门，但是行政上内部审计依然很难摆脱管理层的直接领导。可以说，审计内部审计独立性弱的缺点是很难完全克服的，这不仅使得内部审计在财务审计领域无法和外部审计竞争，更是内部审计发挥作用时无法规避的天然障碍。组织地位决定了内部审计业务的覆盖面的宽窄。组织地位越低，内部审计业务覆盖面必将越窄。因此，大多数企业的内部审计业务止步于高管层和治理层，而对战略层面的内部审计，目前大体上处于理论先于实践的阶段。

（二）后天失调：高层不够重视，缺少内部审计方面的企业文化

虽然有一部分企业已经意识到并充分发挥了内部审计在公司治理中的基石作用，但更多企业对内部审计的重视仍然不够。许多中小企业基于成本考虑甚至没有设置专门的内部审计机构，有的上市公司虽然基于相关规定设置了内部审计部门，但规模过小，仅仅为了充当“花瓶”来应付外部监管。虽然有部分企业对内部审计给予了充分的重视，但不可否认的是，区域内多数企业的眼里没有内审，这是目前皖江城市带内部审计面临的大环境。由于内部审计业务的特殊性，使得开展内部审计工作需要企业各个部门的协助配合。在高层重视不足的情况下，企业其他部门对内部审计工作实质很难有正确的认

识，往往只看到内部审计的监督职能，忽视了其还具有咨询职能，看不到内部审计的良医身份和发展助推器的作用。在这种情况下，企业内部很难形成配合协作内部审计工作的企业文化。因此，即使在内部审计组织地位比较高的企业，若不受治理层和管理层重视，内部审计工作从立项，到调查取证，到审计建议的落实，都很难顺利进行。更别提那些内部审计部门组织地位原本就很低的企业了。在这种情形下要想充分发挥内部审计的作用，体现其增值的价值，举步维艰。内部审计是否为企业治理层和高管层重视，成为一些内部审计人员入职选择时考虑的一项重要因素。

（三）人员知识结构单一

与外部侧重财务的社会审计相比，内部审计业务面涉及不同行业的方方面面的特殊性，对内部审计机构人员的知识结构组成要求较高，需要各种各样的人才以应对不同的审计对象。然而目前许多区域内企业内部审计机构人员组成的知识结构单一，多侧重于审计和财务，缺乏全面掌握国内外内审理论和实务知识的人才，掌握生态经济相关知识的人才尤为缺乏，这必将导致内部审计机构整体式缺乏应对生态问题的能力，难以深入发现、有效解决企业的生态管理问题。

（四）内部审计与外部审计缺乏沟通，审计资源没有得到充分利用

内部审计、国家审计与外部审计，同属于我国审计系统。如果三者之间能够有效沟通，整合审计资源对三方来说都是十分有利的举措。在关乎全社会的生态问题上，通过整合审计资源，从整个社会的视角发现和解决问题，显然比从单个企业的视角更加有效。然而虽然近年来整个社会对内部审计的重视程度不断提升，目前皖江城市带企业内外部审计缺乏有效沟通的现象仍然普遍存在。

（五）相关政策法规不健全

虽然近年来一系列政策法规的出台，使内部审计工作有了初步的立法规范，为内部审计的发展提供了较之以往更加完善的执业环境，但还应该看到，内部审计的相关法规体系远不够系统、全面。目前，被许多企业作为执业法律依据的《审计署关于内部控制审计工作的规定》，由于法律级次不高，不具备强制约束力，再加上可操作性弱，从而导致内部审计在组织地位上，与国家审计、社会审计存在很大的差异，使得内部审计机构和人员无法得到应有的理解和重视，这其实也是内部审计独立性弱的一个根本原因。总之，相关政策法规体系的不健全，大大降低了内部审计工作的力度。尤其在面对以前较少遇到的生态问题时，内部审计工作更是显得无法可依。

五、生态战略导向的新型内部审计模式的构建

生态战略导向的内部审计，就是将内部审计完全融入企业的治理体系，在实现生态经济这个总目标的共同导向下，实现内部审计和其他部门工作的密切配合以及内部审计

和外部审计的有效协作，建立内部审计协作制度和高效的内部审计管理体系，形成正确的内部审计企业文化，使内部审计真正成为发展生态经济的免疫系统和助推器。构建生态战略导向的新型内部审计模式，需要从两个方面着手。

（一）以生态战略为导向，建立企业审计的协作体系

将内部审计部门和被审计对象统一在生态战略导向之下，这是企业内部审计和外部审计功能的根本区别。通过共同的战略导向，使其他部门正确认识到内部审计的职能和价值所在，消除对审计的误解，认识到内部审计工作和被审计对象目标相同，即实现生态战略目标，从而能够积极主动配合内部审计工作，甚至在出现问题时能够主动请审。通过内部审计人员和被审计部门共同研究问题原因及解决的对策，共同构筑企业生态风险的防火墙，实现内部审计部门和被审计部门的双赢，从而促进企业的健康发展。为此，要以生态战略作为皖江城市带企业内部审计的工作导向，建立企业审计协作体系，能够在很大程度上消除独立性弱这个先天不足之处带来的不利影响，从而使内部审计在促进生态经济的发展上发挥出应有的作用。具体来看，全面的审计协作系统主要包括两个部分：一是内部审计部门与企业其他各部门之间的协作体系；二是内部审计与外部审计的沟通协作体系。

1. 建立内部审计部门与企业其他各部门之间的协作体系

为了建立起有效的企业内部各部门之间的审计协作体系，要做好以下两点：第一，内部审计业务覆盖的所有部门都要和内部审计部门分别签订审计合作协议书。该协议书要明确双方协作宗旨是共同服务于企业生态经济的发展，而不是为监督被审计部门提供便利。通过签订合作书，明确双方各自的职责所在，从而使各个部门对内部审计的认识摆脱传统观念的影响，消除偏见，积极协助企业内部审计工作的开展，从而能够有效解决生态战略实施过程中遇到的各种各样的问题。需要注意的是，如何细分审计部门之外的协议签订单位，需要企业具体情况具体分析。比如，规模比较大或者生态风险较高的企业更加细化协议签订单位，而小规模，或者生态问题不突出的企业可以适当粗放一些。要灵活制定协作制度，增加可行性。第二，设置企业审计协作员职位。如果说签订审计合作协议是成功建立协作体系的基础，那么设置审计协助员职位则是协作体系发挥作用的关键。所有与内部审计部门签订协作协议的单位和部门，都要选派一人或者多人担任审计协作员，作为协议双方的联络员，及时与审计部门口头或者书面沟通生态风险问题，定期向本部门负责人及内部审计机构负责人汇报工作，反馈问题。通过审计协助员职位的设置，可以使企业能够及时沟通任何部门发现的生态问题，并集中协议双方的力量及时进行研究，提出有效的解决对策。同时，内部审计部门作为协议的一方，也应该明确本部门与其他各个部门审计协作员进行沟通联系的具体人员，任务分派到人，为审计协作体系成功运转构建出真正有效的沟通路径。需要注意的是，为了节约成本，增加可行性，审计协作员职位可以由被审计部门中业务经验丰富，对本部门整体情况把握较好的员工担任。

2. 建立企业内外部审计之间的沟通协作体系

生态问题影响的不仅是单个企业，而是社会整体，需要社会各方协同解决。因此，加强企业内外部审计的沟通协作，整合内部审计、国家审计以及社会审计资源，将会使企业生态问题的解决更加及时正确，起到事半功倍的效果。具体来说，就是要建立内部审计与国家审计以及内部审计与社会审计之间的协作关系。

内部审计和国家审计的协同，一般由相应的国家审计机关主导，建立双方的协作制度。考虑到企业数量众多，国家审计机关可以开设专门协作平台，通过此平台，国家审计机关向具体企业出具生态风险治理清单，企业可以定期或者不定期向国家审计机构报告生态问题，反馈困难，提请协助等。该制度的实施，必将促使企业重视内部审计工作，建立健全内部审计机构。为了使双方协助不只是流于表面，对企业在平台提交的报告，要规定国家审计机关最迟的回复期限，必要的时候，国家审计人员要深入企业，实地走访督导，促使生态问题得到及时有效的解决。同时，国家审计能够综合分析各个企业内部审计反映的问题，有利于从整个社会的高度统一部署解决问题的方案，有利于节约资源，更好促进生态经济的发展。在国家审计和内部审计的协同方面，浙江省走在了前列。2018 年 2 月，浙江省审计厅印发《国家审计与内部审计协同机制试点工作方案》，在省农业厅等七个单位建立国家审计与内部审计协同机制，通过建立风险清单督导制度，加强国家审计与内部审计的工作协作，督促指导内部审计按清单内容加强自我监管，有效地整合审计资源、提高审计效率。虽然皖江城市带具体情况不完全相同，但是，可以适当借鉴浙江省这项审计协同机制的经验，在区域内尽快建立起国家审计和内部审计的协同机制，促进区域生态经济的持续发展。

内部审计和社会审计的协作体系的建立，具体来讲，可以从企业和会计师事务所的业务约定书着手。在企业与外审签订协议时，增加要求双方定期沟通的条款。这样，内部审计和社会审计可以互相利用对方的工作，能够节约时间、精力，实现双赢。为了增加该条款的可行性，业务约定书中一定要写明负责双方沟通的具体人是谁。一般可以由会计师事务所审计项目负责人和企业审计机构负责人担负沟通的首要责任。

（二）以生态战略为导向，建立科学高效的企业内部生态审计管理体系

要充分发挥内部审计在经济可持续发展中的促进作用，仅靠审计协作体系还不够，还必须建立企业生态审计管理体系。通过建立生态审计管理体系，将企业治理层、高管层以及内部审计部门全部纳入其中，既能体现高层对生态战略及内部审计的重视，又能建立起一整套的生态审计流程，及时对生态环境的保护、修复和破坏情况进行监督、评价和鉴证，平衡经济发展和生态环境的关系，推动生态文明、实现可持续发展的审计活动。

1. 建立生态审计管理体系的前提：企业高层重视内部审计

建立科学高效的企业内部生态审计管理体系需要企业高层重视内部审计。高层的重视是决定内部审计价值实现的关键。而企业高层只有正确认识了内部审计对企业的重要意义，才会重视内部审计，或者说，高层越了解内部审计的本质，越能给予内部审计更

多的重视。

2. 建立生态审计管理体系的核心：制定三位一体的领导制度

由于内部审计业务的特殊性，需要内部审计执行业务时保持客观公正的态度，而内部审计的出身决定了其不可能跳出企业之外来实现形式和精神上的完全独立。这使得传统的单一的领导模式运用在内部审计管理体系中时很难取得成功。科学高效的生态内部审计管理体系的核心就是建立起三位一体的领导模式。三位一体的领导模式，是指内部审计最高的职能领导者是企业审计委员会或其类似机构，最高行政领导者是企业高层（董事会或者最高管理层），直接领导者是审计机构负责人（首席审计执行官），即审计委员会、高管层以及审计机构负责人三位一体，共同领导内部审计业务的开展。

通过审计委员会的职能领导，提升内部审计机构的独立性，提升内部审计人员的客观性和有效性。审计委员会需要通过了解内部审计工作的重点和所关注的问题，来及时掌控公司的经营环境和可能存在的影响生态战略目标实现的风险，预测公司的发展趋势。通过董事会或者高管层的行政领导，审核、决策和监督工作，以公司战略为目标，为内部审计立项把关，同时也为审计工作的具体实施提供大力支持，确保内部审计工作能在一个良好的环境中高质量、高效率地运行。通过审计机构负责人的直接领导，对内部审计业务计划和预算的分析、制定等过程进行及时督促，并落实审计项目的执行进程。

3. 发挥生态审计管理体系作用的关键：内部审计部门全方位持续提升实力

无论是建立畅通无阻的协作体系，还是建立科学高效的管理体系，都只是为内部审计提供了工作的平台。内部审计究竟能否发挥作用，最关键的决定因素还是内部审计部门自身水平的高低。为此，内部审计人员要做到以下几点：

第一，要拓宽视角，胸怀全局。生态问题关乎全社会，影响广泛，因此内部审计人员执行业务时，尤其需要拓宽视角，胸怀全局。内部审计人员要有全局性的眼光，放眼整个流程或业务领域，不能孤立地看待某一个具体问题；要加强前瞻性和预判力，学会用事后的数据为事前的预测提供信息；要见微知著，保持应有的职业谨慎性，能够敏锐分析个别生态环境事件可能对企业未来造成的长远影响。

第二，要有创新意识，力求自我的突破。生态审计目前属于比较新的领域，经验、技巧、方法有限。因此，要想成功进行生态审计，内部审计人员需要改变知识结构单一的现状，通过持续学习新思路、新方法、新工具，练就透过现象看本质的功力，才能层层深入分析出生态问题产生的根本原因以及有效的解决途径。

第三，要提高审计建议的可行性。内部审计报告最终的价值体现在于审计建议。审计建议只有具备可行性，才能使内部审计工作的价值最终体现出来。内部审计要以管理的视角解决生态问题，大处着眼，换位思考，做到动态、全面、准确地进行思考问题解决途径，努力提高审计建议的可行性。

总之，在皖江城市带承接传统产业转移的企业开始逐步推进生态战略以兼顾自身利益和生态环境安全的背景下，内部审计行业面临着前所未有的机遇与挑战。只有以生态战略为导向，构建新型的内部审计模式，满足生态经济发展对内部审计的新需求，才能使内部审计行业抓住机遇，迎接挑战，促进内部审计行业在新形势下的长远发展，充分发挥出内部审计良医和助推器的作用，促进皖江城市带生态经济的可持续发展。

参考文献

[1] 吴超. 基于能值—生态足迹模型的皖江城市带生态压力研究［D］. 合肥：安徽财经大学，2018.

[2] 秦颖，曾贤刚，许志华. 基于PPP模式推动生态产品供给侧改革［J］. 干旱区资源与环境，2018（3）：7－12.

[3] 张薇. 国家生态文明战略下内部审计的功能拓展［J］. 会计之友，2013（6）：101－103.

[4] 张庆龙. 中国内部审计行业的现实问题调查思考［J］. 中国内部审计，2014（7）：15－21.

生态经济背景下皖江城市带绿色电商行业发展研究

徐向龙

一、名词界定与问题的提出

生态经济是基于环境保护意识的普遍觉醒发展起来的，其主要解决的问题是经济的不当发展带来的生态环境污染问题，侧重于将生态学和经济学结合起来，以实现生态和经济的和谐发展。美国经济学家肯尼斯·博尔丁在1966年提出了“生态经济学”概念，他认为，传统经济学忽略了自然环境对人类经济活动提供的物质基础，以致将经济活动引向只有增长而忽略发展的歧途。国内经济学家许涤新在20世纪80年代初开始发起了对生态经济学的研究。目前，全球能源竞争日趋激烈，生态经济理念已成为实现绿色发展、可持续发展，促进发展转型的目标导向和现实选择。[1]党的十九大报告中指出，要大力推进生态文明建设，推进绿色发展，建立绿色生产和消费的法律制度和政策导向，建立健全绿色低碳循环发展的经济体系，构建市场导向的绿色技术创新体系，推进能源生产和消费革命，推进资源全面节约和循环利用，倡导简约适度、绿色低碳的生活方式。[2]

当前，我国电子商务的总体规模巨大，其对上游产业和下游消费者的影响力都与日俱增，电子商务的运营对整个供应链的节能减排、绿色化都在产生巨大作用。在此背景下，推进电子商务企业绿色发展，积极宣传绿色消费理念，对全面推进生态文明建设和绿色发展战略具有重要的意义。《电子商务“十三五”发展规划》中首次提出绿色电子商务的概念，[3]并提出要探索建立有利于环境保护和可持续发展的电子商务法规、标准、制度和模式。本文在对国内外有关绿色发展理念和电子商务“十三五”规划提出的绿色电子商务概念基础上，认为绿色电子商务是指建立在生态经济理论和绿色发展战略基础上的电子商务发展理念，其内涵包括电子商务活动中的宣传绿色理念、促进绿色消费、引导绿色生产、建立绿色流通以及推动绿色发展五个方面。

二、生态经济背景下皖江城市带绿色电商行业发展现状分析

（一）皖江城市带电子商务发展现状

1. 安徽省电子商务发展现状

近年来，安徽省电商行业保持良好发展态势，电子商务普及进一步深化，发展环境

得到显著提升，电子商务整体发展水平居于全国中等偏上位次。《安徽省电子商务报告（2016）》指出，2016年，安徽电子商务交易额为8000亿元，其中网络零售额同比增长66%，实物商品网络零售额占全省销售总额的9%，电子商务市场规模不断扩大，电商新模式不断涌现，全品类精心化运营成为趋势，电商跨行业、跨品类竞争进入常态化阶段。商务部公布的2017～2018年度电子商务示范企业名单中，全国238家示范企业，安徽省只有7家企业榜上有名，主要集中在网上零售、网上批发、电商服务三类。

电子商务发展环境不断优化，制定一系列电子商务支持发展政策文件。安徽省政府及相关部门先后出台了《安徽省人民政府办公厅关于加快发展电子商务的实施意见》《安徽省人民政府办公厅关于大力发展电子商务加快培育经济新动力的实施意见》。2016年9月，安徽省委、省政府印发《关于推进“电商安徽”建设的指导意见》。2017年3月印发《安徽省电子商务发展专项资金管理办法》。2018年4月，安徽省人民政府印发《推进电子商务与快递物流协同发展的实施意见》。2018年5月，印发《农村电商全覆盖巩固提升行动方案》，强化战略引领，促进全省电子商务健康快速发展。投融资环境进一步改善，“十二五”期间，安徽省电子商务行业的投资、并购、新三板挂牌活跃，市场活力得到释放。网上销售假冒伪劣商品、网络侵权盗版的打击力度加大，互联网交易环境得到净化，市场秩序逐步规范，全省电子商务发展环境不断优化。

2. 皖江城市带电子商务发展现状

皖江城市带电子商务发展在基础设施建设、政策措施、整体规模、电子商务示范建设以及领军企业方面均处于省内领先地位。

政策环境营造方面，皖江城市带各市、县都高度重视电子商务发展，根据安徽省相关政策文件，各自制定了加快电子商务发展的指导意见、农村电商全覆盖行动方案以及推进电子商务与快递物流协同发展的实施意见等政策文件，促进本地区电子商务发展，为本地区电子商务发展提供了良好的政策环境支持。[4]

电子商务整体规模方面，2015年，合肥市电子商务交易总额约为2327.8亿元，实现网络零售额约为330亿元，其中实物商品网络零售额占社会消费品零售总额的12.2%左右；城市快递包裹数2亿件左右。全市各类网络经济主体总数约为7.81万户，其中拥有独立域名的企业网站约3.36万户，淘宝网店约4.34万户，天猫网店约0.11万户。[5]截至2016年底，芜湖市注册电子商务企业3000余家，全市开办网站、网店约3万户，全市限额以上批发零售业实现网上商品零售额99.3亿元，同比增长107.9%。全市纳入限额以上批发零售业实现网上商品零售额企业85家。[6]滁州市2016年度35家电子商务示范企业电子商务交易额突破350亿元，达到350.4亿元。[7]

2017年4月，京东集团与滁州经开区打造“一基地、四中心”，即云计算大数据产业基地、大数据分析应用中心、“双创”服务中心、滁州市电商运营支撑服务中心、“互联网+”培育服务中心。

铜陵市目前从事电子商务经营者（含C店）近1000个，其中八成以上企业是B2C和C2C经营模式。其中，年交易额2000万元以上4个、500万元以上10个、100万元以上30个，年累计成交额近2亿元。[8]

电子商务示范建设方面，2014 年，合肥和芜湖两市入选第二批国家电子商务示范城市。2012 年，合肥（蜀山）国际电子商务产业园入选第一批国家电子商务示范基地，2015 年，安徽青年电子商务产业园、安庆智慧产业园入选第二批国家电子商务示范基地。2016 年 1 月，合肥市获批第二批全国跨境电商试验区。2017 年 9 月，商务部公布的 2017～2018 年度电子商务示范企业中，安徽省有 7 家企业上榜，其中皖江城市中占 5 家，分别是芜湖市的三只松鼠股份有限公司、芜湖凡臣电子商务有限责任公司、合肥荣电实业股份有限公司、安徽省六安瓜片茶业股份有限公司、宣城市的安徽省上街去网络科技股份有限公司。安徽省商务厅公布的 2016 年度 10 家“电商安徽领军企业”均在皖江城市，2016 年度“安徽电子商务 50 强企业”中合肥 17 家，六安、铜陵、安庆各 4 家，宣城 3 家，滁州、芜湖、池州各 2 家，马鞍山 1 家，共计 39 家。[9]

（二）皖江城市带绿色电商行业发展现状分析

1. 国内绿色电商行业发展概况

宏观政策方面，2016 年 3 月，商务部、发展改革委、交通运输部、海关总署、国家邮政局、国家标准委六部门共同发布《全国电子商务物流发展专项规划（2016－2020 年）》中指出，推动电子商务物流企业集约绿色发展，鼓励传统物流企业充分利用既有物流设施，通过升级改造，增强集成服务能力，加快向第三方电商物流企业转型；支持电商物流企业推广使用新能源技术，减少排放和资源消耗，利用配送渠道回收包装物等，发展逆向物流体系。实施电商物流绿色循环工程，鼓励电商物流快递企业利用配送渠道，回收利用废弃包装物；开展电商物流业包装标准化和分类回收利用工作，提高利用效率；通过网络、电视、报纸等媒体加强环保公益宣传，树立理性包装和绿色包装理念。[10]

2016 年 12 月出台的《电子商务“十三五”发展规划》中首次提出绿色电子商务概念，并指出要优化电子商务治理环境，要探索建立有利于环境保护和可持续发展的电子商务法规、标准、制度和模式，降低车辆排放与能源消耗，宣传倡导绿色包装、运输、仓储、快递理念；改善城市网购交付环境，鼓励发展绿色网购模式，化解网络消费新增的环保问题；依托电子商务促进再生资源的回收利用，发挥电子商务对“循环经济、低碳经济”的促进作用。[3]

2018 年 1 月，《国务院办公厅关于推进电子商务与快递物流协同发展的意见》首次提出电商快递绿色发展理念，鼓励电子商务与快递物流企业协同推动绿色发展，开展绿色包装试点，实现供应链绿色流程再造，以价格信号引导绿色消费，探索建立包装回收和循环利用体系。鼓励电子商务企业与快递物流企业开展供应链绿色流程再造，提高资源复用率，降低企业成本。推广绿色包装。制定实施电子商务绿色包装、减量包装标准，推广应用绿色包装技术和材料，推进快递物流包装物减量化。推动绿色运输与配送。[11]

电商平台企业方面，阿里巴巴、饿了么、京东、美团、苏宁等多家企业共同出力，发展绿色电商。

2016年6月13日，菜鸟网络联合国内外32家物流合作伙伴成立了“菜鸟绿色联盟”并启动“绿色行动”，明确提出了量化目标，到2020年，争取行业总体碳排放量减少360万吨，50%的阿里电商平台包裹实现绿色化。菜鸟网络绿色行动计划从绿色供应链视角涵盖绿色包裹、绿色回收、绿色智能、绿色配送四大方面。一是开发和推广绿色包裹，帮助生产商与电商平台商家进行对接，形成规模效应，降低生产成本。二是探索和赋能绿色配送。新能源物流车取代传统燃油车，并通过智能车载终端、算法及大数据的优势，提高车辆利用效率。三是践行和拓展绿色回收。通过在菜鸟驿站逐步开展纸箱回收项目，实现末端再循环。四是创新和应用绿色智能。菜鸟网络积极发挥互联网企业的技术优势开发创新智能的数据服务产品推进物流绿色化。此外，阿里巴巴还通过“绿箱”“绿站”“绿仓”“绿园”“绿城”“绿林”“绿车”“绿色品牌联盟”“中国绿色物流研发资助计划”等行动宣传绿色消费理念，推进绿色行动落实。

京东启动的“青流计划”，从绿色仓储、运输配送、绿色供应链和绿色包装等方面推动绿色环保，已投入新能源车/叉车，光伏发电技术，联合品牌商从源头减少包装使用。通过全面推广使用电子面单，使用瘦身胶带，降低纸箱克重，引入新材料技术，降低缓冲包装厚度等绿色环保减量包装做法，取得了显著的成效。

美团在2017年8月启动了“青山计划”，在减少一次性餐具的使用、引入多样化环保包装供应商、加强垃圾分类宣传及集中回收、优化外卖包装后端处理等方面采取了相应措施，并取得了一定成绩。同时，美团还与政府部门、科研机构、公益组织、环保企业、餐饮行业协会等携手，从推动外卖垃圾源头减量，促进产业协同发展，加强集中回收，优化后端处理等方面探索多方共治新模式。饿了么通过自身平台，一方面上线“无需餐具”备注功能，引导、提升平台商户和用户对一次性餐具的减量化意识；另一方面从包装体积角度切入，禁止过度包装，提升单个包装的利用率以及用餐后整体体量，减少后端处理压力等方式方法来减少外卖领域塑料垃圾污染防治，积极开展绿色消费。

2. 皖江城市带绿色电商行业发展现状分析

绿色电子商务越来越受到国家和地方地方的重视，安徽省出台的《安徽省电子商务“十三五”发展规划》提出，促进电子商务物流绿色发展，降低车辆排放与能源消耗，全面提升节能环保示范的深度和广度，宣传倡导绿色包装、运输、仓储、快递理念。鼓励发展绿色网购模式，化解网络消费新增的环保问题。依托电子商务促进再生资源的回收利用，发挥电子商务对“循环经济、低碳经济”的促进作用。[12]《安徽省人民政府办公厅关于推进电子商务与快递物流协同发展的实施意见》提出电商快递绿色发展理念，鼓励开展供应链绿色流程再造，推广绿色包装、减量包装，探索建立包装回收和循环利用体系。文件中明确了具体工作任务、政府部门责任单位和任务时限要求，对推进电子商务与快递物流协同绿色发展起到积极的推动意义。[13]

皖江城市带电子商务发展水平在省内处于领先水平，在发展绿色电商方面，皖江各城市一方面根据安徽省相关文件制定了符合本地区的电子商务发展促进政策和推动绿色电子商务与快递物流协同发展意见，积极宣传绿色、共享发展理念，推动区域内电商与快递物流企业绿色发展；另一方面则依靠阿里巴巴、京东等电商巨头的绿色计划推动，落实绿色环保行动。

三、皖江城市带绿色电商行业发展存在的问题

（一）商家、快递企业和消费者利益链的博弈，相关法律法规滞后，监管力度不够

随着电商物流的迅速发展，快递包裹的垃圾问题引起了广泛的关注，然而现实中，快递过度包装其实是消费者—商家—快递企业这条利益链上的各方相互博弈的结果。快递“里三层外三层”，商家可以因此得到消费者“包装严实”的好评，消费者也能获得某种安全感和满足感。另外，严实的包装之所以大量出现，还是为了避免快递企业的“暴力”分拣。电商平台商品不给力，消费者就只能在过度包装里寻求安慰；快递行业不规范有序，商家就只能在过度包装里寻求安慰。从这个角度看，过度包装只是问题的部分表象。如果消费者—商家—快递企业构建的商业生态不发生改变，在各自的现实利益面前，无论是消费者还是商家，都很难有太大动力去拒绝“过度包装”。一旦没有了关键主体的参与和推动，再好的计划也难逃被“架空”的尴尬。因此，治理快递垃圾，涵养整个利益链的商业生态，与为消费者提供“绿色包装解决方案”同等紧迫和重要。

虽然国家先后发布了《全国电子商务物流发展专项规划（2016－2020 年）》《关于加快我国包装产业转型发展的指导意见》《关于协同推进快递业绿色包装工作的指导意见》等相关政策意见，分别从包装材料、印刷工艺、信息技术、回收利用、统计和认证等方面，为推进绿色物流和绿色包装发展指明了方向和举措；[14]《电子商务“十三五”发展规划》《国务院办公厅关于推进电子商务与快递物流协同发展的意见》，以及起草中的《电子商务绿色包装材料技术和管理规范》等，对发展绿色电子商务产生了积极的引导意义。然而，在具体实施过程中基本上是市场化行为，在商家—快递企业—消费者利益链环节产生的高耗能、高污染等问题监管上，仍处于空白状态，对产生严重污染和循环利用等方面，相关法律法规建设滞后。

（二）绿色包装制造成本高，应用推广受限

尽管绿色包装能够很好地减少污染，并且我国在绿色包装材料的研发和应用技术的突破上取得了一定的成绩，但在实际应用推广中却受到诸多限制，究其原因，主要是在于现有包装技术的不完善、生产成本高、可食性包装材料性能较差等问题，缺乏合适的绿色包装材料，应用成本较高。[15]

由于大众对绿色环保意识低下，快递成本高居不下，电商商家在利益的驱使下，为了尽可能使用低廉的价格来提高消费者满意度，从而尽量降低绿色包装成本的投入来获得更大的利润，因此对商品和快递包装的成本投入也会减少。在循环包装和回收利用方面，大多数消费者出于自用或保护个人隐私等方面的原因，不愿意将快递包装交给快递

员，导致快递商家得不偿失，无法充分发挥循环包装的优点，也变相增加了包装成本，从而令快递和商家放弃使用绿色包装物。[16]

（三）绿色供应链应用水平不高，绿色生态链尚未形成

绿色供应链包含绿色设计、绿色采购、绿色生产、绿色营销、绿色物流、回收再利用及处置等方面。绿色电子商务的实现，需要供应链上的相关企业共同来思考对策，通过与供应链上下游企业的合作，促进品牌供应商、物流企业、包装生产及耗材供应企业，以及消费者之间高效的协同，从生产、包装、入库、出库、运输、配送等全程供应链上提高资源利用率，从而实现节能降耗和低碳环保的目的。

当前，国家虽然出台了一系列促进企业实施绿色供应链管理工作的政策和措施，不断营造积极的应用氛围，但企业的普遍认知度不高，在实践生产中，主动承担企业社会责任、积极实施绿色供应链管理的企业较少。由于企业在实施绿色供应链管理体系过程中，涉及公司的战略、管理制度、绿色采购、供应商管理以及信息平台建设等多方面的内容，管理体系建设难度较大，增加了企业额外开支，导致绿色供应链应用水平不高。[17]

（四）绿色循环回收体系不够完善，实施难度大

国家邮政局发布 2017 年《中国快递领域绿色包装发展现状及趋势报告》显示：2016 年，全国快递共消耗约 32 亿条编织袋、68 亿个塑料袋、37 亿个包装箱以及 3.3 亿卷胶带，而包装垃圾的总体回收率小于 20%，其中纸盒只有不到一半被回收，快递包装中的填充物、胶带等塑料成分，其回收率几乎为零。[18]

一是消费者的循环回收意识不强，大多数消费者在拆取完快递后，选择将拆掉的包装盒直接丢弃，少数消费者在空间允许的情况下会有意识地将快递包装积攒卖掉，只有极少数的消费者会选择循环利用。二是快递包装循环使用的周期较短，而回收工作量大，利润薄，成本高，往往导致回收成本反而大于新购置材料的成本。三是我国现阶段缺乏完整的快递包装回收体系，很多地方的快递包装回收工作局限于个体收购者走街串巷的自发行为，尽管近年来部分企业开始开展包装回收，但是由于回收渠道单一，成本投入与回报不成正比，也在很大程度上降低了企业对复用快递回收的积极性。[19]

四、推进皖江城市带绿色电商行业发展的对策建议

（一）加大绿色消费宣传的力度，提升社会绿色消费理念

电商、外卖和快递等领域的绿色消费，在很大程度上取决于消费者对该理念的接受程度，在这个方面，政府和企业都大有可为。应建立以政府为主导，企业积极主动承担责任，全社会共同推动的机制，在此框架下，政府可以牵头带动企业发起呼吁，在社会引发强呼应，企业在自身平台上线依不同包装物分类定价、积分回馈、绿色信用等选项

机制，引导和鼓励消费者进行绿色消费，减少包装物使用及提高包装物的循环利用率。

绿色电子商务是一项复杂的系统工程，既涵盖了包装物料供应商、快递企业、电商平台和企业商家等众多从业主体，也关系着全体网络消费者。[20]政府和行业协会对于快递企业和电商平台要加强对快递员或快件包装员进行包装操作的相关培训，规范操作习惯。鼓励快递企业更多地应用可回收材料，并探索快递装配、运送、回收、再利用一体化机制。同时，对于消费者，也要加强宣传教育，并鼓励电商采取快递包装换积分、换优惠等形式，提升快递包装的回收利用率。

（二）积极联合电商、快递巨头企业，大力支持本土电商企业，推广绿色行动

在绿色电商行动方面，阿里巴巴、京东、苏宁等电商平台采取了绿色消费宣传、绿色材料应用、减量包装以及绿色仓储物流等一系列行动，并且取得了较好的效果。大型电商平台的绿色行动给广大消费者和中小企业树立了良好的示范形象，皖江城市应积极联合大型电商、快递企业，对企业的绿色行为予以政策支持和相应资金扶持，通过官方媒体平台等方式，加大对绿色行动的宣传力度。对于本土示范电商企业，既要根据有关政策要求其积极践行绿色发展社会责任，响应电商平台的绿色行动号召，同时应加大对其支持力度，让其切实推行绿色环保包装，向消费者宣传绿色消费理念，推广绿色行动。

（三）加大对上游包装制造行业支持力度

电子商务和快递行业接近消费者端，处于产业链下游的同时自身又是包装材料的消费端，如果仅从产业链下游倒推使用绿色包装，那么下游企业将因为可能承担激增的包装成本而放弃或暂缓使用绿色环保可降解的材料，拖慢绿色产业发展进程，因此需要由政府引导、全产业链共同发力配合。面对绿色材料成本昂贵、技术不娴熟、商家难以普及的局面，政府、有关行业、企业应积极参与联合，攻克包装技术方面的难题。政府应出台更有力的产业政策，为符合规定的企业提供资金支持；有关行业发挥其人才的优势，为绿色包装的发展提供数据分析、指导建议；鼓励环保材料行业的技术创新和技术成果转化，不断更新迭代和改进现有环保材料技术；绿色材料的量产存在很大的技术方面的壁垒，单靠企业或者政府一方努力存在很大的变数，导致政府主导与企业实际脱轨的现象，对于符合当前标准的环保材料的量产给予补贴，在推广试点阶段适度降低下游企业的采购成本。

（四）深入贯彻落实绿色电商、绿色供应链指导意见，加强监管力度

皖江城市要积极响应国家和安徽省制定的促进电子商务和快递行业等绿色发展的政策和意见，并加以贯彻落实。强化政府监管力度，完善监测体系，将绿色发展指标纳入企业常态化考核。加快推动快递业包装环保技术标准、统计监测、信用体系、用品用具管理制度和事中事后监管体系的建设。强化日常监管，建立健全快递业包装统计监测评

估体系。[21]明确快递业绿色包装使用率和回收率标准；制定快递运输环节服务标准，明确流通环节快递包装的损毁率，提高二次使用率；构建快递业包装废弃物回收体系，建立非环保包装的退出机制，逐步实现快递包装全面绿色化。明确快递企业的回收责任，通过税收减免、补贴发放等手段，引导企业实现循环利用。完善回收体系建设，鼓励快递企业自主回收，基层快递网点依托门店和社区优势，实现快递包装的循环回收利用。

规范源头包装生产，鼓励平台型电商通过规则议定引导商家选用绿色环保包装，推动包装使用减量化，避免过度包装，电商平台、卖家或快递企业要严把采购关，杜绝劣质包装。加大对新业态、新模式的深入研究，高度重视与“互联网＋”模式相适应的配套政策、法规及标准办法等方面的前瞻性研究，争取做好政策配套工作，为新技术、新业态创造良好环境。

鼓励新兴业态发展，密切关注新业态、新模式对传统快递包装产业带来的影响和变革。充分利用依托基地资源和技术优势，实施快递业绿色包装产学结合、集约生产的试点工程，推进绿色包装的政策、标准、生产、应用和回收的供给侧试点，提高社会、企业和用户的绿色包装意识。研究推广科技环保包装材料，加强快递包装物料的循环利用、对快件包装减量化，引导全社会重视践行环保理念，实现快递包装的绿色化发展。

参考文献

［1］黄渊基．生态文明背景下洞庭湖区生态经济发展战略研究［J］．经济地理，2016，36（10）：131－136.

［2］习近平在中国共产党第十九次全国代表大会上的报告［EB/OL］．http：//www.gov.cn/zhuanti/2017－10/27/content_5234876.htm，2017－10－27.

［3］商务部中央网信办发展改革委关于印发《电子商务“十三五”发展规划》的通知［EB/OL］．http：//www.mofcom.gov.cn/article/b/g/201702/20170202524207.shtml，2017－02－28.

［4］张晓晴．皖江城市带承接产业转移示范区战略机遇下安徽省电子商务发展分析［J］．宿州学院学报，2011，26（3）：12－15.

［5］关于印发《合肥市“十三五”电子商务发展规划》的通知［EB/OL］．http：//swj.hefei.gov.cn/2028/zcwj/201705/t20170512_2212553.html，2017－05－12.

［6］电商芜湖：喷薄而发的产业新活力［EB/OL］．http：//www.wuhu.gov.cn/content/detail/598ceb6f7f8b9a4b0b658e53.html，2017－08－11.

［7］2016年我市电子商务交易额再创佳绩 突破350亿元［EB/OL］．http：//www.chuzhou.gov.cn/2681519/9221442.html，2017－02－20.

［8］铜陵电子商务发展情况［EB/OL］．http：//www.tl.gov.cn/zxzx/294/zstzzcyz/cyjc/jxhgcy/201705/t20170509_385267.html，2017－05－09.

［9］2016年度安徽电子商务50强企业公布［EB/OL］．http：//www.ah.xinhuanet.com/20170509/3708574_c.html，2017－05－09.

［10］全国电子商务物流发展专项规划（2016－2020年）［EB/OL］．http：//www.mofcom.gov.cn/article/zt_swb135/lanmuone/201707/20170702610374.shtml，2016－03－23.

［11］国务院办公厅关于推进电子商务与快递物流协同发展的意见［EB/OL］．http：//www.gov.cn/zhengce/content/2018－01/23/content_5259695.htm，2018－01－23.

[12] 关于印发《安徽省电子商务“十三五”发展规划》的通知 [EB/OL]. http://www.ahbofcom.gov.cn/XXGK/TitleView.aspx? id = 136690, 2017-03-14.

[13] 安徽省人民政府办公厅关于推进电子商务与快递物流协同发展的实施意见 [EB/OL]. http://xxgk.ah.gov.cn/UserData/DocHtml/731/2018/4/16/188725066633.html, 2018-04-16.

[14] 温丽娜. 电商包装绿色化 [J]. 印刷技术, 2018 (1): 12.

[15] 刘林, 王凯丽, 谭海湖, 谢勇. 中国绿色包装材料研究与应用现状 [J]. 包装工程, 2016, 37 (5): 24-30, 62.

[16] 刘梦旗. 快递绿色包装的现状分析和解决对策 [J]. 物流工程与管理, 2017, 39 (4): 41-42, 56.

[17] 毛涛. 打造绿色供应链面临的挑战及对策 [J]. 中国国情国力, 2018 (3): 15-17.

[18] 国家邮政局发布2017年《中国快递绿色包装发展现状及趋势报告》[J]. 绿色包装, 2017 (10): 18.

[19] 汪佳, 冯径平. 复用快递包装回收现状及改进方法研究 [J]. 中国市场, 2017 (32): 146-147.

[20] 张文淼, 陈曼, 耿文龙, 杨梅, 曾奕棠, 卢红霞. 基于可持续发展理念的快递包装物回收与再利用研究 [J]. 电子商务, 2017 (4): 36-37.

[21] 国家邮政局: 2020年建成社会化的快件包装物回收体系 [J]. 中国包装, 2016, 36 (11): 7.

生态经济背景下皖江城市带生态经济共享产业园研究

——以铜陵市江北港新区为例

张甜甜　邓　涛

安徽沿江城市带承接产业转移示范区自被纳入国家发展战略起，在推进安徽参与泛长三角区域发展分工、探索中西部地区承接产业转移新模式上取得了较大的成果，但是近年来在其发展过程中也遇到了各种问题，尤其表现在产业园的建设运营中资源浪费、生态破坏等问题。随着新发展理念的提出，皖江城市带产业园向生态经济共享产业园转型升级已经成为当下党和政府倡导以及产业园自身发展的趋势。通过探索出一条具有皖江特色的生态经济共享产业园模式，皖江城市带更好地为经济发展作出持续性贡献。

一、相关概念界定与问题的提出

（一）生态经济共享产业园概念的界定

近年来，随着政府创业政策的推动，产业园市场一直处于持续火热的状态，但随着新经济时代的到来，产业园发展将面临转型变革的要求。党的十九大报告指出，必须坚持节约优先、保护优先、自然恢复为主的方针，形成节约资源和保护环境的空间格局、产业结构、生产方式、生活方式，还自然以宁静、和谐、美丽。生态经济产业园是继经济技术开发区、高新技术产业开发区发展的第三代产业园区，生态经济产业园发展成为时代所趋，而共享理念则是其核心内容。

生态经济产业园的本质在于企业间的相互作用以及企业与自然环境间的作用，而生态经济共享产业园的特征则是通过企业内部的整合、企业之间的合作、企业与环境的协调形成产业园资源循环利用、供需关系平衡、能量效率得到最大价值发挥、环境友好和谐共生的社区。生态经济共享产业园是提升皖江城市带产业园的可持续发展能力的重要发展趋势。

（二）问题的提出

目前，学术界对生态经济产业园的研究成果主要集中在以下几个方面：一是对生态产业园战略建设方面的探讨。郭云等学者基于 SWOT – AHP 方法讨论我国生态产业园企业战略分析，指出我国生态产业园企业应主要采取 ST 战略，应尽可能地利用优势减轻劣势所带来的不良影响。[1]二是对产业园生态指标体系的构建。宋丽美等构建株洲市高新技术产业园区生态化建设评价指标体系，包括经济系统、环境系统、社会系统、创新系统 4 个准则层及 22 个具体指标。[2]三是对生态经济产业园的实践研究。如天津子牙循环经济产业区的“子牙模式”。[3]整体来看，学术界对生态经济产业园的研究成果偏少且质量不高，而专门针对生态经济共享产业园的研究却几乎处于空白阶段。本文以铜陵市江北港新区为研究对象，尝试探索皖江城市带生态经济共享产业园模式，弥补学术界研究不足，以期为相关部门制定政策提供一定的参考。

二、皖江城市带示范区产业园发展现状

皖江城市带作为国家区域协调发展的一项重大战略举措，近几年为安徽沿江地区的发展带来了重大的机遇，尤其在国家鼓励创新创业政策以及长三角产业向中部转移的产业背景下，一大批产业落户皖江地带，使皖江城市带产业园得到了快速的发展。然而产业园的发展是机遇同样也是挑战，通过把铜陵市产业园区作为基础的研究对象进行实地调查，对产业园发展现状进行细致的考察，笔者认为现如今皖江城市带产业园发展现状有如下特点。

（一）发展速度快，经济效益明显

由于沿海地区产业向中部转移的趋势，使得产业园成为皖江城市带一项重大需求。2017 年皖江示范区生产总值（不含金安区、舒城县）为 18339.9 亿元，比上年增长 8.5%，增幅与安徽省持平，比上年回落 0.8 个百分点，比前三季度提高 0.2 个百分点。[4]从铜陵市规划来看，每一年度都会有新的工业园区列入规划的进程中，而在已经有的产业园区中，范围涉及农副产业、工业、文化产业园区等。产业园给经济发展带来了巨大的契机，提升了地区在招商引资中的竞争力。从《铜陵统计年鉴（2017）》中对 2016 年皖江城市带承接产业转移示范区主要指标（见表 1）可以看到，产业园的发展给皖江地区产业转移提供了强大的动力，也促进了皖江城市带的经济发展。

表 1　　2016 年皖江城市带承接产业转移示范区分市主要指标

地区	地区生产总值（亿元）	比上年同期增长（%）	规模以上规模增加值（%）	比上年同期增长（%）	固定资产投资（亿元）	比上年同期增长（%）	社会消费品零售额（亿元）	比上年同期增长（%）
安徽省	24117.0	8.7	10081.2	8.8	26758.0	11.7	10000.2	12.3
铜陵市	957.3	9.1	516.2	9.6	1196.9	12.6	305.7	12.3
马鞍山市	1493.8	9.0	627.7	9.0	2064.6	11.0	470.6	12.4
芜湖市	2699.4	9.7	1478.6	9.7	3006.9	11.0	828.2	13.0
安庆市	1531.2	8.0	670.8	8.7	1521.9	9.8	681.7	12.0

续表

地区	地区生产总值（亿元）	比上年同期增长（%）	规模以上规模增加值（%）	比上年同期增长（%）	固定资产投资（亿元）	比上年同期增长（%）	社会消费品零售额（亿元）	比上年同期增长（%）
滁州市	1422.8	9.2	642.3	9.8	1699.2	16.6	515.2	12.7
宣城市	1057.8	8.7	430.7	9.4	1414.3	10.2	475.8	12.6
池州市	589.0	8.1	183.4	9.8	652.6	8.7	222.1	12.2
合肥市	627.3	9.8	2269.1	9.9	6501.2	11.1	2445.7	12.3

资料来源：《铜陵统计年鉴（2017）》。

（二）示范区产业园建设模式以自上而下为主

产业园的建设以及推进主要有两种模式，即自上而下和自下而上模式。自上而下模式是指在产业园的组织与规划、建设与推进过程中，政府起到主导作用，而自下而上模式则是指由企业发起，再形成产业园相关的上层管理模式。皖江城市带产业园的模式中总体来看采用的是政府主导的自上而下的模式，在这种模式下，政府组织规划设计，最后引进相关企业。这种模式与自下而上相比有较大的优势，在资源的利用上，政府可以集中可利用的资源，从宏观视角进行战略规划，除此以外，自上而下可以充分考虑各方面的利益，为未来生态产业园的建设提供可能性。

（三）特色产业园区发展势头迅猛

皖江城市带示范区统筹推进招商引资、项目建设、要素保障和民生改善等，同时地方产业园区呈现蓬勃发展姿态，芜湖江北产业集中区、江南产业集中区、滁州苏滁现代产业园和马鞍山郑蒲港新区四大园区建设发展呈现提速提质提效的良好态势，着重精准招商，聚焦主导产业、战略性新兴产业。安徽省发改委的数据显示，皖江城市带承接产业转移示范区新型显示、智能语音等16个示范区战略性新兴产业集聚发展基地快速成长。2017年前三季度，战略性新兴产业集聚发展基地实现产值3077.2亿元，增长21.6%，增幅同比提高5.9个百分点。示范区战略性新兴产业产值6852.4亿元，增长21.1%；高新技术产业增加值2599.9亿元，增长13.1%。2016年皖江示范区战略性新兴产业产值达到7725亿元，占安徽省76%。[5]

综上所述，当前皖江城市带的产业园发展速度较快，为皖江地带的经济和社会发展提供了巨大的机会，但是在产业园的规划管理过程中，也出现了一系列问题，尤其是产业园发展与生态环境之间的矛盾和冲突。

三、皖江城市带生态经济产业园困境分析

在新时代背景下，资本市场的逐渐成熟、园区自身产业链的深化和园区运营管理专

业度的提升，推动着皖江城市带产业园区建设与经营模式发生相应的转变，生态经济共享产业园发展成为趋势。但是在这一过程中也面临着一系列困境和难题。

（一）生产要素匮乏，矛盾突出

生产要素主要是指进行社会生产经营活动时所需要的各种社会资源，在皖江城市带生态经济产业园的发展过程中，生产要素匮乏是一大困境。一是资源的利用问题。由于缺乏长期科学系统的专业规划，一些产业园区为短暂的经济效益，引进追求低成本、污染严重的产业入驻，生产方式粗放，资源利用率低，忽略良好产业环境的构建。有学者指出，在皖江城市带产业园中，土地紧缺与土地粗放使用并存，土地被占用率较高，发展较为成熟的产业园区已基本用尽原有开发区土地，[6]使得生态产业园落地困难问题日益凸显，这也制约着较多的老产业园的产业升级，导致园区内资源利用率较低，资源浪费和环境污染严重。

二是资金筹集渠道单一，资金链受限制。上文中也有提及，在皖江城市带的产业园建设中，大部分都是采用“自上而下”模式，大多数产业园的建设资金筹集渠道较为单一，主要来自政府财政支持，然而生态经济产业园的发展需要持续的资金支持，但多元化的投资体制以及持续性的市场化运作机制并没有形成，很多有发展前途的生态项目和配套建设基础设施因资金不足受到发展限制。在生态经济产业园的发展过程中，生产要素是第一大需求，园区规划中应整合各项资源，增强自主创新能力，提高资源的利用率。

（二）人才和技术投入匮乏，发展动力不足

专业人才匮乏是皖江城市带发展的一大问题。皖江地区虽然有较多的高校，但是在经济实力上与江浙沪还存在一定的差距，所以在人力资源的开发投入上与邻近的江浙沪相比还存在一定的差距。很多高校毕业生在毕业后为了追逐更多的机会以及更高的待遇水平选择去江浙沪，留在皖江地带的相对较少，目前在皖江城市带高素质的高端科技人才和有经验的经营管理人才较为缺乏。当然这与园区内的产业类型有较大关系，产业主要以劳动密集型和资源消耗型为主，对高素质的人才吸引力不够强。

另外，技术投入不足也使得发展动力不足。生态经济产业园的建设涉及一系列的复杂过程。首先在理论指导层次上，要综合运用各学科理论，要将生态经济理论、建造理论、管理理论等结合起来。但是在具体的建设和运营中，规划者往往缺乏科学理论指导。其次在实际操作过程中，也要综合运用到环境设计、生态优势开发等。因此这就给生态经济产业园提出了较高的技术要求，但是园内自主研究以及环境开发技术明显不足，资金投入也较少，导致生态能力不足。所以皖江城市带打造生态经济产业园必须要有科学的理论指导，并且在生态协调方面给予一定的资金支持，积极地引进国内外领先的技术，结合本土实际开发生态资源。

（三）管理配套不平衡，服务水平亟须提升

皖江城市带产业园主要分布在各个地区的开发区里，开发区政府部门在生态经济产

业园的发展过程中起到了极其重要的作用，在初期的主要职能是主导土地开发，组织招商引资，并且开展企业服务工作。但随着园区内企业的大量集聚，企业的务工人员快速增加，除了在经济管理上的事务，社会事务也越来越重，尤其是就业、卫生、社会治安。一些产业园内管委会承担大量行政事务，多为企业提供行政服务，而未能为企业提供社会服务，行政化的管理体制难以提供优质的服务水平。同时许多产业园为吸引企业入驻，往往重视形式上的硬件设施，而未关注对企业发展有利的软件设施和配套服务体系，对企业来说，园区存在信息系统落后、物流设施跟不上等问题；对企业员工来说，员工关注的日常生活便利条件难以满足，子女教育、日常购物休闲甚至出行都存在困难，严重影响产业园的吸引力和影响力。因此，管理体制与服务水平对生态经济共享产业园的建设与推进有着十分重要的影响。如何平衡政府及开发区配套服务体系及提升园区的自主性是需要着重关心的议题。

综上所述，实现皖江城市带产业园的良性可持续发展，需要在经济发展与绿色发展之间寻求平衡，生态经济共享产业园成为当下趋势和未来发展方向。

四、皖江城市带生态经济共享产业园模式构建

新修订的皖江城市带承接产业转移示范区规划强调牢固树立和贯彻落实创新、协调、绿色、开放、共享发展新理念，适应、把握和引领经济发展新常态，突出坚持生态优先、绿色发展，加快形成绿色发展方式和生活方式，[7]其中共享是生态经济重要理念。共享经济出现在党的十九大报告中，此前连续两年被写进政府工作报告，共享经济也逐步成为人们日常生活的一部分。建设生态经济产业园，共享能力的提升是生态产业园建设中一个不可缺少的关键一步。皖江城市带示范产业园区涉及空间广、要素多，需要各方共享资源信息协同发展。我们通过以铜陵市江北港新区为研究切入点，探讨生态经济背景下共享产业园模式的构建。

铜陵市“十三五”规划指出打造江北港新区为产业新城，依托江北港区，利用跨江通道，统筹产城融合发展江北港新区，加快发展高端制造业、绿色食品加工业和港口物流等现代服务业，加快培育战略性新兴产业集聚基地，[8]把江北港新区建设成为合肥都市圈通江达海便捷的门户，铜陵市跨江发展和南北联动的先导区，港、产、城一体的滨江生态新城。铜陵市江北港新区的准备与建设过程中受到了社会公众广泛的关注，一方面它的建设与铜陵市人民的生活水平以及铜陵未来的发展走向有较大的相关性；另一方面随着国家产业园向着生态绿色的方向迈进，作为皖江城市带一个重要的组成部分，江北港新区的建设无疑会给皖江城市带的其他城市产业园生态升级带去先进的示范作用。我们认为可以将产业园共享的内容概括为“三个方面”“七个层次”，即从空间环境、服务体系、信息资源这三个方面和其中包含的七个层次来具体阐述，使其应用到铜陵市江北港新区的建设中去，提高江北港新区的生态共享能力，构建皖江城市带生态经济共享产业园模式。

（一）共享空间环境的构建

空间环境是所有经济产业园的基础条件，生态经济产业园中尤其重视空间环境的有效整合。但是在很多的产业园中可以看见，企业间许多资源并没有合理地运用至最大化，甚至有时还存在着资源重复这种情况，造成了严重的浪费。通过提出共享空间环境的理念，从产业园基础设施和产业链布局两个方面进行探讨。

1. 产业园基础设施的建设与共享

基础设施建设能力在生态经济产业园中已经达到了相当完善的程度，但是在大部分的经济产业园内，基础设施共享的意识并不强烈，甚至没有被人们所察觉。在开发区规划设计过程中较关注基础设施的量，却忽视了许多产业之间基础设施雷同的现象。许多产业园为吸引企业入驻，提供完整的配套设施，在实际过程中出现基础设施利用率低、配套设施不平衡现象。因此铜陵市江北港新区在基础设施建设与管理中应该通过相关政策鼓励和倡导企业间对基础设施资源进行共享，一方面能够使产业园有效利用好资源达到可持续发展以此回馈企业，最终受益的是企业自身；另一方面在基础设施的管理过程中可以提高管理与使用费用，促进企业之间共享基础设施，减少相关管理费用的支出，从而达到基础设施共享的目标。

2. 共享产业链布局

产业链布局构造是空间环境的重要组成部分，也是共享空间环境的另一个重要的条件。皖江城市带产业园虽然数目很多，但是其中的大部分功能相同，在园区内的产业同质性也较强，容易造成一个区域内的产业园之间的恶性竞争，也导致产业布局分散，一个开发区较难出现产业集群。皖江城市带是长三角地区经济辐射直接受益地区，在中西部产业转移中具有重要战略地位。现阶段皖江地区产业结构调整还处于初级层次，产业结构不平衡，应降低第一产业与第二产业比重，提高第三产业比重并推动其发展速度，对产业结构进行合理布局。在铜陵江北港新区的规划过程中，应该合理安排产业区布局构造，把相关产业布局在一起，使它们具有共享的空间条件，一方面对于产业园管理人员来说可以进行有效管理；另一方面对于企业来说可以互相配合，减少成本，提高经济效益，同时可以强化产业凝聚力，形成品牌效应。通过充分发挥现有企业吸引、衍生项目作用，打造龙头企业，从而着力引进集群化招商引资，依托铜陵区域优势和地方特色，展开产业链统筹布局，让园区产业共享发展，逐步形成大规模产业集群，为示范区发展提供支撑和示范作用，促进相关产业链上中下游的整体转移。

（二）共享服务体系的构建

服务体系一般可以分为两个层次，即服务自身的体系和服务他人的体系。所以在产业园的服务体系中，一方面包括了用以服务产业园自身的体系，主要有基础设施服务体系，另一方面则是产业园服务社会的体系，由生活服务圈、行政服务体系等组成。

1. 打造共享产业园生活服务圈

产业园的建设不仅考虑经济价值和效益，还要注重建设产业园区人员的服务体系，为产业园区工作人员提供强有力的服务保障。建立生态经济共享产业园，要通过建立、管理和维护整个园区内的生活、商业服务，建设园区内所有企业员工的生态经济共享产业服务中心，主要有三类设施的建设、管理和维护工作，包括向生态经济共享产业园内企业有偿提供生活类服务设施（如食堂、宿舍、医院、上下班车、洗衣房、茶吧、健身房、洗车房、幼儿园、花房等）、商务类服务设施（如办公室、会议室、教室、礼堂等）、人力资源代管类服务设施（如保洁保绿服务中心等）。

同时提供公益类政策服务。如针对园区内已成立辅助性就业机构的企业，可由残疾人辅助性就业服务中心安排专业的全职工作人员帮助管理、培训智力或精神残疾员工。园区内的企业在招聘一定数量的智力或精神残疾员工，并与他们签订一年以上劳动合同、支付不低于最低工资标准的薪酬、足额缴纳各项社会保险后，可按国家规定享受"集中安置残疾人优惠政策""土地税减免政策""企业所得税减免政策""辅助性就业机构补贴政策"。而在智力和精神残疾人的管理上则可委托生态经济共享产业服务中心通过安排下属残疾人辅助性就业服务中心提供残疾人培训、就业、托管等服务项目，有效缓解了园区内企业的管理压力。最后形成产业园区内所有产业都有发展的机会，产业园达到可持续发展的能力。

2. 建设产业园共享行政商务服务体系

行政服务体系在产业园的规划与建设、管理与发展过程中发挥着巨大的作用，多地产业园建立一站式共享服务中心，让企业能够便捷完成各项手续，企业在落户产业园的时候能够充分利用产业园提供的基础服务与行政服务。同时生态经济产业园可以建设共享商务服务体系。产业园企业需要洽谈业务往来，共享商务服务中心可以为企业节约成本，提供高端商务服务环境与服务体系。通过划定特定的区域作为共同的商务服务中心，与此同时，还可以安排专门的服务组织来负责产业园内各种商务服务事宜，形成专门团队层层分责，更加有效地完成商务服务，发挥商务服务中心的功能。

（三）建立产业园共享信息资源平台

皖江城市带信息产业和信息化相应也得到较好较快的发展，信息基础设施总体上发展情况良好，体系日趋完善。但也存在着许多问题，如缺乏统一规划发展不平衡、重建设轻应用、信息资源共享程度低。由于缺乏共享理念，各单位应用系统建设来源不同，条块分割，缺乏共享机制，不仅造成资源浪费，而且给今后工作埋下隐患。[9]信息资源作为产业园和企业重要的资源之一，在它们的发展过程中扮演着十分重要的角色。信息资源分为线上和线下资源两个层次，线上信息资源是依托互联网等科技互动传递下的网络资源，线下资源是指在现实之中通过面对面互动传递下的现实资源。但是长期以来生态产业园的信息沟通不畅，致使在产业园内部合作少，所以探索生态经济共享产业园，共享信息资源必不可少。

1. 共享线上信息资源

线上信息资源主要是依靠互联网互动而形成的可利用的资源。随着 21 世纪信息革命的延伸，近几年我国互联网和新媒体的快速发展，大数据分析的广泛使用使得互联网在产业发展过程的作用越来越明显，贯穿整个产业发展的起始。有学者指出，需要由政府牵头构建信息共建共享中心，加强网络基础设施建设，实现行业的有效整合。[10]在产品制造的上层，需要对市场需求、资源获取等方面作出数据分析，在产品的制造阶段可以利用网络和其他配套企业进行联系沟通，在产品销售阶段可以通过网络进行宣传等。

所以不难看出，线上资源的充分利用对产业园的发展是一个有利的机会，而线上资源的共享是达到充分利用的基础，铜陵市江北港新区的规划建设中可以引入网络资源，设计专门的网页来宣传产业园，并且做好产业园与外界信息的沟通与联系，扩大企业市场，并且吸引更多的企业入驻产业园。

2. 共享线下信息资源

线下信息资源是在实际的生产销售等环节可利用的非网络资源，在产业园的发展过程中，线下资源作为信息资源的最重要的组成部分，常常发挥着线上资源所不能替代的功能，主要体现在招商引资引技信息的传递上，通过资金、先进的技术和科技人才信息资源共享，有利于产业园和其中企业的健康发展，并且在企业生产与销售阶段线下资源都有着一定的影响。打造生态共享产业园模式，有效整合线上和线下信息资源尤为重要，在不同的细节上合理有效地运用线上和线下这两种方式，使得有用信息能够及时地被关注，使其发挥到最大的作用。

随着社会和经济的发展，生态经济与共享发展成为新兴产业园流行趋势，生态经济产业园不仅是现代新兴产业的发展载体，还是民众生活化城镇化建设的载体。产业园优惠政策制度、基础设施与配套完善的服务体系同等重要。皖江城市带的生态经济共享产业园模式的探索是一个多方参与、多方协调的过程，在这一建设过程中困难也是不可避免的，但是向前发展的趋势也同样是确定的。基于生态经济背景下皖江城市带共享产业园发展研究，通过以铜陵市江北港新区为例，探讨梳理生态经济产业园发展模式，提出共享理念，厘清生态经济共享产业园空间、服务、信息体系构建，摒弃传统物业式、行政式服务体系，重建人性化、专业化、精细化发展路径，强调科学、生态、人文的经济发展目标，从而为政府决策和企业转型提供思路和方向。通过人才、物质、信息资源的优化配置，提供专业化服务与精细化管理，为园区产业发展提供全面支持，有利于拓宽税收渠道、优化环境、提升就业能力，为皖江城市带经济的良性运行和协调发展提供有效动力。通过开展关于皖江城市带生态经济共享的理论研究和实践研究，为皖江城市带乃至于全国产业园的转型升级提供更加宝贵的意见和经验。

参考文献

［1］郭云．基于 SWOT－AHP 的我国生态产业园企业战略分析［J］．科技进步与探索，2011（1）：63－67.

［2］宋丽美．株洲市高新技术产业园区生态化建设评价［J］．湖南工业大学学报，2016（5）：57－63.

［3］天津子牙循环经济产业区．打造循环、生态、智慧、便捷、宜居的“子牙模式”［J］．再生资源与循环经济，2012（6）：8－10.

［4］2017 年皖江示范区经济运行情况［EB/OL］. http：//ah. people. com. cn/n2/2018/0223/c376711－31274118. html.

［5］皖江示范区：战略性新兴产业集聚发展态势初步形成［EB/OL］. http：//district. ce. cn/zg/201712/14/t20171214_27260515. shtml.

［6］秦柳. 长江经济带建设背景下皖江地区开发区转型发展研究［J］. 重庆理工大学学报（社会科学版），2015（8）：60－66.

［7］皖江城市带承接产业转移示范区规划（修订）解读［EB/OL］. http：//xxgk. ah. gov. cn/UserData/DocHtml/731/2016/11/29/439611595378. html.

［8］铜陵市“十三五”规划纲要（全文）［EB/OL］. http：//zw. anhuinews. com/system/2017/02/27/007570170_02. shtml.

［9］皖江城市带承接产业转移示范区信息化研究报告信息中心［EB/OL］. http：//www. ahpc. gov. cn/pub/content. jsp？newsId＝F017EDB1-0CBD-4298-BA82-A25744109C62.

［10］徐华洋，等. 皖江城市带承接产业转移示范区信息资源共享机制构建研究［J］. 现代情报，2011（10）：117－120.

生态经济背景下皖江城市带美好乡村建设研究

郭　梅　潘光仕

一、研究背景

2012年9月，安徽省委、省政府发布了《关于全面推进美好乡村建设的决定》，指出在做好县域城镇体系规划和村庄布点规划修编的基础上，按照“培育中心村、整治自然村、提升特色村”的要求，以“生态宜居村庄美、兴业富民生活美、文明和谐乡风美”为总目标，全面推进美好乡村建设。党的十九大提出实施乡村振兴战略规划，是以习近平同志为核心的党中央，着眼党和国家事业全局，深刻把握现代化建设规律和城乡关系变化特征，顺应亿万农民对美好生活的向往，对“三农”工作作出的重大决策部署。规划以习近平总书记关于“三农”工作的重要论述为指导，按照产业兴旺、生态宜居、乡风文明、治理有效、生活富裕的总要求，对实施乡村振兴战略作出阶段性谋划。美好乡村建设与当前我国提出的乡村振兴战略指导思想是一致的，是乡村振兴的重要组成部分。美好乡村建设惠及农村千家万户，对提升农村人居环境、改善农民生产条件、焕发乡村社会活力将起到积极的推动作用。[1]

二、美好乡村建设概述

（一）美好乡村建设的内涵

美好乡村，是中国共产党第十六届五中全会提出的建设社会主义新农村的重大历史任务时提出的“生产发展、生活宽裕、乡风文明、村容整洁、管理民主”总目标在安徽省的具体实践。建设美好乡村主要以增加农民收入、提升农民生活品质为核心，以村庄建设、环境整治和农田治理为突破口，协调推进产业发展和社会管理，加快建设资源节约型、环境友好型乡村，努力打造宜居宜业宜游的农民幸福生活美好家园。美好乡村是规划科学、布局合理、环境优美的秀美之村；是家家能生产、户户能经营、人人有事干、个个有钱赚的富裕之村；是传承历史、延续文脉、特色鲜明的魅力之村；是功能完善、服务优良、保障坚实的幸福之村；是创新创造、管理民主、体制优越的活力之村。[1]

美好乡村建设包括两层意思[2]：一是硬件设施的建设，以改变村容村貌为主。村庄建设应合理利用现状地形，保持原有田园风光，结合当地民俗民风，体现乡土气息，营造体现村庄自身特色与标志性风貌的独有景观。疏通堵塞河道和水面，改善原有水质环境，以村庄入口、主要道路、公共服务建筑、广场为绿化重点，鼓励村民美化自家庭院，营造整体与局部相协调的村庄环境。二是精神层面的建设，摒弃陈旧落后的思想观念，用全新的生活理念占领农村市场，注重营造和谐、开放的邻里交往空间，丰富村民的文化生活，让人们感受到生活的美满幸福。

（二）美好乡村建设的意义

1. 建设美好乡村是生态文明建设的内在需要

农村生态文明建设有助于生态安徽的实现。皖江城市带的经济发展水平在全省处于领先地位，但也面临着巨大的生态环境压力。在开展新农村各项工作的同时，要注重农村环境保护，协调推进城乡生态文明建设。农村生态环境的好转，将有助于改善整个地区的环境状况。[3]

2. 建设美好乡村指明了农村经济的发展方向

由于受城市工业发展的影响，皖江城市带农村环境恶化以及资源过度利用情况比较严重，制约了该地区农村经济社会长远发展。美好乡村建设要求广大农村必须节约资源和加强环境生态保护，改变以往粗放的发展模式，调整农村经济发展的结构和转型升级，为农村经济的发展指明了方向。

3. 建设美好乡村是乡村振兴的重要内容

我国乡村振兴的总方针是“产业兴旺、生态宜居、乡风文明、治理有效、生活富裕”。美好乡村建设是我国乡村振兴战略的重要支撑，只有加快建设美好乡村，将其指导思想、发展理念融入农村社会的各方面，才能把乡村振兴战略落到实处，才能实现我国农村发展的伟大复兴。

4. 建设美好乡村是建设美好安徽的主要任务

安徽的崛起离不开皖江城市带，该地区面积、人口和 GDP 分别占全省的 54%、45% 和 66%。皖江城市带是促进中部地区崛起战略的重点开发区域，是泛长三角地区的重要组成部分，在中西部承接产业转移中具有重要的战略地位。皖江城市带美好乡村建设的成功实现，将为美好安徽的建设打下良好的基础，同时对安徽其他地区也有很好的辐射和带动作用。

三、皖江城市带美好乡村建设存在的主要问题

（一）建设资金缺乏支撑

皖江城市带绝大部分农村地区较为落后，尤其是基础设施与美好乡村的标准差距较大。美好乡村建设是一项长期工程，省财政对美好乡村建设的资金投放逐年加大，但财

政的资源配置不均衡。即便如此，对于农村的基础设施建设所需资金来说也是杯水车薪。而在村一级，皖江城市带绝大多数村几乎没有集体经济来源。农民外出务工能够提升家庭收入，也是农民家庭收入的主要来源，但农村收入来源单一，外出务工的收入除去支付子女的教育、父母的养老、医疗住房等所剩无几，农民家庭收入难以成为美好乡村建设的资金来源。因此，农村建设的资金来源，除了政府财政拨付、乡村自筹等渠道之外，在很大程度上需依托各种金融机构的信贷资金来解决。[4]然而事实上，金融机构给予的扶持力度不大。目前，皖江城市带农村金融机构主要有：中国农业银行、邮政储蓄农村网点、中国农业发展银行、农村信用社以及村镇银行。其中，中国农业发展银行是中国农业领域唯一一家政策性银行，主要针对农村的服务对象是粮食收储企业、农业产业化龙头企业等。而中国农业银行、邮政储蓄农村网点、农村信用社等都属于商业性金融机构，对农村的贷款条件要求高、难度大，严重制约了农村融资的发展。

随着美好乡村建设项目的逐渐推进，资金使用量不断增加，但缺少相关的法律法规对资金的使用进行监管约束，导致建设资金疏于法治化管理。资金使用过程浪费的现象比较普遍，部分地区仍然存在贪污腐败现象。很多村民对项目资金拨付、社会各界捐款、村集体资产、以奖代补资金使用透明度与运行成本不清楚。[5]美好乡村建设，应当保持长远发展的观念，对资金投向进行更为专业化、科学化的管理。

（二）建设规划不科学

美好乡村建设具有周期长、任务重的特点，为了更好地推进皖江城市带美好乡村建设，必须制定科学合理的建设规划，规划在美好乡村建设中居于龙头地位。然而，在实际执行中，很多基层管理者觉得工作没有头绪，任务的开展主要遵从上级主管部门的指示，不同部门的意见不统一，对美好乡村建设的观念也不尽相同，甚至是相反意见，基层管理者经常面临着拆了建、建了拆，浪费了稀缺的美好乡村建设资源，也失去了宝贵的发展机遇，老百姓反应也比较激烈，规划的缺失导致基层工作非常难以开展。[6]规划的不科学还表现在不同地区之间的规划的差异性与协调性。皖江城市带包括合肥、芜湖、马鞍山、安庆、滁州、池州、铜陵、宣城8个地级市全境以及六安市的金安区和舒城县，地域比较广泛，有丘陵有山区，有经济基础较好的发达地区，也有经济基础较差的落后地区，地区情况的差异决定了乡村规划不能“一刀切”，可现实并非如此。有些地方照搬硬套其他地区的规划，脱离了地方的实际，造成很多美好乡村建设项目难以实施，同时也给今后的发展埋下隐患。有些地方行政主管部门为了硬件设施形式上的美观，不顾当地的风俗习惯、地方的经济实力和老百姓的反对，强行实施建设项目，既浪费了资源，又影响了政府在老百姓心中的形象，违背了国家关于美好乡村建设的初衷。由此可见，科学的建设规划对美好乡村的重要性。

（三）建设主体参与不足

群众积极性高低决定着美好乡村建设工作推进的难易程度，最大限度地发挥群众自我参与、自我决策、自我管理、自我投入和自我建设，对推动美好乡村建设的发展是至关重要的。农民是当仁不让最重要的美好乡村建设主体，但实际情况并非如此。由于皖江城市带地处长三角腹地，农民有非常便利的条件外出务工，留守在农村的主要是老人、妇女和儿童。农民文化水平较低，没有公共空间的概念，更没有维护公共空间秩序或卫生的品德。在美丽乡村建设过程中，大都只在乎自家的建设问题，对公共空间的建设，一律漠不关心。而且，大部分有一定文化水平的中年妇女为了孩子上学，在城镇租房陪读，根本不关心美好乡村建设。老人由于习惯或故土情节，也不愿意改变目前的居住现状，甚至出现抵制情绪。[7]不仅如此，农民对美好乡村建设的理解也非常简单，掌握的信息极其有限，认为这是政府的事，老百姓只是被动接受。政府的政务信息不公开、宣传不够，是导致这种信息不对称性的主要原因。部分地区的基层政府，把美好乡村建设看成是一项政治任务，按时按量完成上级交代的各种指标是其考虑的首要问题，不会花太多时间去考虑农民的需求和农民的参与性。加之农民本身的素质问题，许多政府人员认为根本没必要听取农民的意见。少数地方或个别领导全然不顾实际情况和农民意愿，搞面子工程和形象工程，盯着村容村貌作表面文章，结果劳民伤财，有了面子失了里子，有了外形没了精神，引起农民的反感。在政府层面缺少可操作的手段，以推动农民参与乡村建设的积极性。皖江城市带地域较为广泛，各地之间的民俗民风、传统文化差异较大，部分设计单位没有考虑到这种差异性，对当地农民的生活生产了解不够，在设计调研阶段不负责任、不严谨的工作态度，让设计单位和农民之间隔着一层膜。加上农民本身的冷漠和不关心，导致设计单位和农民之间的信息交流与沟通不畅，在后期项目执行中，农民群体缺乏配合，甚至出现了不少执管部门与农民群众发生冲突的情况，这都是没有做好沟通协调工作的结果。

此外，当地的杰出人士、民营企业家的作用发挥也非常有限。自古以来，徽商都有在外闯荡成功之后，心系家乡建设的情节，他们关心家乡的发展，非常愿意参与家乡建设，可是苦于没有途径。这部分群体见多识广，文化知识水平较高，对政策内涵也有较深的理解，让他们为美好乡村建设献计献策，才是真正的价值所在。帮扶单位的作用发挥也很有限，没有站在美好乡村建设的高度来关心农村的发展，少数帮扶单位购买一些当地老百姓的土特产，大多数是每年出点钱就算完事。

广大的新闻媒体也是不可或缺的力量，对美好乡村建设有着宣传引导和舆论监督的作用。

（四）乡风文明建设有待提高

皖江城市带农村地区的政治、经济、文化等方面较前几年有了一定的改观，但总体来说农民思想文化素质与美好乡村建设的目标还有不小的差距。部分农民的思想观念由于受到市场经济负面影响的冲击，享乐主义、拜金主义盛行，中华民族尊老爱幼、自强不息、勤劳节俭的传统美德日益淡薄。小富即安的思想比比皆是，有的经济情况较好的村民，家里长年供奉财神，大事小事选择黄道吉日，建祠堂、修神庙，相信风水，各种愚昧落后的封建思想泛滥。[8]“文明和谐乡风美”是美好乡村建设的重要内容，但多数农民对乡风文明建设缺乏热情。由于我国农村的保障水平非常有限，大部分农民的生活质量还比较低下，提高自身的经济收入是农民最为关心的问题，对乡风文明建设等精神生活方面的问题不闻不问，更谈不上出钱出力了。有些村干部对乡风文明建设的积极性也不高，将工作重心放在应付上级文明创建活动检查与评比上，不关心农民的实际需求。[9]很多乡风文明建设的设施徒有外表，没有实际内容，难以为农民所接受。外出务工农民对乡风文明建设是一把“双刃剑”。他们外出务工，学习城市先进的技术、文化和管理经验，带来了城市发达的现代文明和生活方式，推动了乡村文化的进步，改变了农村贫困的面貌。但由于他们长年外出务工，缺少家庭的约束和管制，外加有了可自由支配的经济收入，道德观念和价值取向发生了方向性的改变，丢失了延续千年的农村淳朴文化，将沾染上的赌博等各种恶习带回农村，对乡村文明建设有很大的消极影响。农村基层干部对乡村文明建设也存在认识上的误区，认为经济建设才是硬道理，经济搞上去了，工作成绩就有了，乡风文明建设是虚的，短时间内难以改变乡村文明退化的现状，也没有很好的方法来解决，因而主观上对乡风文明建设不重视。

四、进一步推进美好乡村建设的建议

（一）多方筹措资金，加大政府的财政投入

美好乡村建设需要大量资金的投入，但是皖江城市带面临着承接长三角产业转移的重任，其资金主要流向城市建设和工商业的发展，农村落后的公共基础设施长时间得不到根本性改善，农村生态环境的治理本身就面临着资金的巨大压力，又因承接产业转移而雪上加霜。因此需要政府增加财政补贴的额度，避免因资金短缺而导致美好乡村建设项目的搁浅，保证工程建设的连续性。筹足大量资金对美好乡村建设的意义毋庸置疑，但是资金来源渠道的多元化问题也应引起高度重视，不仅可以减轻政府财政的压力，还可以调动其他各方力量投入乡村建设中，为美好乡村的建设增光添彩。因此，在融资渠道上要坚持以财政拨款与市场化相结合的原则，鼓励城市工商业和社会闲散资金的投入，以减轻各级地方政府的资金压力。要建立资金的筹措机制，加大金融机构对乡村建设的投资力度，主管部门在保持金融市场稳定性的前提下，赋予县级金融机构更为宽松的贷款条件，扩大对农村地区的融资规模。广泛吸引社会各界闲散资金支持美好乡村建设，引导合适的企业以及经济条件较好的农户，在一定的利益和荣誉驱动下，将资金注入美好乡村建设中。充分利用好社会各界的捐款以及帮扶单位的资助，拓宽乡村建设所需资金的渠道，解决资金“瓶颈”难题。在大力筹集建设资金的同时，也应加强对美好乡村建设资金的管理。不仅要设立各种专项的建设资金，还应从法律法规或制度上保证资金的专款专用。通过追踪管理、投资问效，对资金的申请、来源、使用进行严格的审核。全程监督使用过程，保障资金的使用效率，避免和减少资金使用失误的情况发生。

（二）注重产业支撑，大力发展美好乡村经济

乡村经济的发展和壮大是美好乡村建设得以持续的必要条件。在建设初期需要政府

的投入和各方资金的支持，从长远来看，仍需要乡村内部发挥推动作用，因此要大力发展美好乡村经济，激活乡村产业。皖江城市带地域差异较大，农村资源丰富且特色各异，经济基础较好，各地应结合当地的资源禀赋，大力发展特色经济。主要靠民营经济，寻求具有特殊经济价值的独特自然和人文环境因素与条件，本着以经营乡村的原则，大力推进休闲农业和乡村旅游发展。推动多元特色的现代化农业，以市场为导向，扩大皖江城市带特色农业的生产面积。走品牌战略的道路，培育一批有较强区域特色、有竞争优势的专业特色村和特色产业，并将其做大做强。要大力发展农业循环经济，涉农企业应加大技术研发，以新的工艺设计进行清洁生产，尽可能地做到零排放和无害排放。政府应引导企业间、产业间、区域间进行废物交换和循环利用，即最大限度和最有效地利用资源及环境保护。

（三）统筹兼顾，编制科学合理的乡村建设规划

美好乡村建设是一项复杂的系统工程，需要制定科学的规划体系来指导。结合皖江城市带各地的差异，在尊重农村原有特色的基础上，兼顾好统一性与多样性，村庄整治与环境保护并重的原则。不能将城市的规划标准套用到美好乡村建设上来，在美好乡村建设规划编制之前，要进行大量的调研，充分了解乡村特点，熟悉乡村情况。应充分认识到农民的主体地位，在强调美好乡村建设的整体性原则的同时，工作中心放在村民最现实、最直接、最关心的实际问题上，让农民能够充分表达自己的想法和建议，充分尊重村民意见。但政府作为乡村建设的推动者会从全盘出发寻求实现目标的最优路径，而村民多是从自利的角度无法理性思考村庄整体的发展秩序。因此，规划在指导思想上要充分尊重政府理性。

美好乡村建设涉及面太广，资金压力非常大，所以在编制规划时要重点考虑危房改造、道路硬化、给排水设施、垃圾收集系统、医疗设施、教育设施、便民超市、通信设施、公共服务中心等，从群众最急需的方面入手，大力提升基础设施和公共服务水平，让村民真正感受到美好乡村建设带来的生活质量的提升。在危房改造中，资金要向农户的“最基本住房”需求倾斜，尤其要关照困难地区和困难农户。规划中还要体现政治、经济、文化中心、农产品深加工、旅游基地等经济平台的建设，扩大美好乡村建设的资金来源，提高村民的收入。

（四）充分发挥农民的主体地位，调动社会各界的建设力量

农民是美好乡村建设重要的参与者和最大的受益者，需充分调动农民的建设热情，发挥农民的主体作用。可是很多农民不能理解美好乡村建设的真正内涵，认为是一个普惠型的政府扶贫项目，被动地等着收益就可以了。可见要做好美好乡村建设的宣传引导工作。将美好乡村建设的目的、意义、政策等宣传到位，将美好乡村的宏伟蓝图展现出来，让农民真实地感受到国家的建设决心，转变“等、靠、要”的思想，让其明白农民建设主体地位的重要性。充分调动农民在美好乡村建设中的积极性和主动性。因为农

民祖祖辈辈生活在自己的家乡，对家乡的了解比任何人都清楚，所以要尊重农民的各种想法，收集农民的各种建设意见并认真加以研究，将一些合理化的建议吸收并融合到政府的工作计划中来，并积极付诸实施，让农民体会到他的主人翁地位。此外，为了更好地让农民参与到美好乡村建设中来，就要重视农民素质的提高。过低的农民素质制约了他们对美好乡村建设的理解，影响了他们对美好乡村建设的热情和投入。所以政府要大力培养新型的农民，帮助他们更好地行使自己参政议政的权利。

此外，应发挥当地杰出人士、民营企业家、乡村能人的作用。他们大多数在外闯荡多年，见多识广，在家乡群众中有较高的威信，同时也有较强的经济实力参与美好乡村建设。政府应搭建能接纳这部分人回乡创业的平台，在政策和融资条件上要向这部分群体倾斜。要充分发挥帮扶单位的作用，将帮扶单位接入美好乡村建设，而不仅仅是解决一两个困难户的脱贫。资金扶持只是一方面，为乡村建设贡献智慧力量才最为关键。应建立长期机制，将帮扶对象的命运与之长期捆绑在一起，让帮扶单位对乡村资金和智力的输出常态化。加大新闻媒体的舆论监督作用，对于好的经验与做法要大力宣传报道，对其工作进行正面肯定，从而形成激励，同时也为落后地区提供学习的榜样。对于面子工程，对环境造成破坏、违背农民意愿的项目以及贪污腐败等事件，也要进行深度曝光，起到监督和警示作用。

（五）努力提高农民的文化素养，推进乡风文明建设

乡风文明作为社会主义新农村建设的重要目标，必须立足于皖江城市带农村的现实情况，探索乡风文明建设新思路，不断提高农民的科学文化素养和思想道德素质，实现乡村社会风气的根本好转。首先，要提高农民的思想道德素质。坚持社会主义核心价值观，努力创造团结和睦、奋发向上的精神局面。定期对广大农民进行国情和政策教育，不断增强对全面建设美好乡村的信念和信心。教育农民自觉履行公民基本道德规范，开展以“家庭和美、邻里和睦、人际和谐”为主要内容的“三和”行动，以及社会主义荣辱观宣传教育活动。其次，要提高农民的科学文化素养。重视农村基础教育，结合农民的需求，利用附近城市的中职、高等学校和科研院所的科技资源，在节假日期间大力开展农村职业教育和各级各类成人教育，为农民群众提供多种形式的免费技能培训，以提高农民的整体的科学文化素养。此外，应加快农村公共文化基础设施建设，提高公共文化的服务能力。要实现乡镇和有条件的中心村有综合文化站、文化馆、图书馆，行政村有文化活动室，加快农村的信息化建设，提供数字化文化信息服务的功能，努力为农民群众提供多样化、多层次文化产品和文化服务。还应积极开展农村群众文化活动，丰富农村精神文化生活。皖江城市带农村历史文化悠久，内涵丰富，灿烂辉煌。但近几十年来受改革开放的影响，很多优秀的农村传统文化在逐渐衰败。各级政府部门应组织专门的机构和文化队伍，挖掘民间传统艺人，培育内容积极健康且具浓厚乡土气息的群众文化活动。打造特色文化品牌，扶植农村业余剧团和各种形式的农民自办文化活动，尤其要鼓励农民利用农闲时间积极参加各种文娱活动。

参考文献

［1］中共安徽省委、安徽省人民政府关于全面推进美好乡村建设的决定［EB/OL］. http：//www.ahpc.gov.cn/pub/content.jsp.

［2］彭建涛. 对美好乡村建设的思考［J］. 合作经济与科技，2013（5）：4－7.

［3］伍万云. 安徽省美好乡村环境整治实证研究［J］. 理论建设，2014（3）：74－80.

［4］王颖. 新型城镇化背景下安庆市美好乡村建设问题研究［D］. 合肥：安徽农业大学，2015.

［5］汪芳琳，等. 皖江城市带承接产业转移中生态环境保护研究——以池州市为例［J］. 宿州学院学报，2015（11）：21－24.

［6］陈叶龙. 面向可操作性的村庄规划管理探讨——以铜陵市美好乡村建设为例［J］. 规划师，2012（10）：22－25.

［7］张万杏. 舒城县美好乡村建设中的问题与对策研究［D］. 合肥：安徽大学，2016.

［8］郑百灵，周龙仁. 欠发达地区乡风文明建设的调查与思考［J］. 求实 2006（11）：42－45.

［9］赵增彦. 当前经济欠发达农村乡风文明建设存在的突出问题及对策建议［J］. 前沿，2010（13）：116－120.

生态经济背景下皖江城市带经济与环境会计研究

张　艳

近年来，皖江城市带承接产业转移示范区对拉动安徽经济发展的作用日益显著，皖江城市带已成为安徽经济发展的引擎。但经济的发展不能牺牲环境，皖江城市带当前的重要任务就是要把保护环境作为价值取向，把提升环境实力作为重要竞争力。会计是人类社会经济的管理活动，会计有天然的着眼于生态环境的大视角。会计活动必须要考虑自然环境和人类社会经济活动的各种相关因素。要发展生态经济，就意味着需要建立能够全面反映企业与环境关系的核算体系，对各地区自然资源总量进行平衡核算。

为了皖江城市带能够更好地平衡承接产业转移与可持续发展这两者关系，使皖江城市带能够走环境友好型和资源节约型的发展道路，研究皖江城市带经济与环境会计问题显得尤为重要。

一、生态经济的内涵

生态经济，指的是在生态环境可以承受的范围内发展经济，在自然资源可以不断再生的基础上扩大生产，这样不仅可以发展经济，也可以保护生态环境，实现共赢，从而建成经济、社会、环境友好发展的生态系统。

生态经济需要达到这样一个目标状态：人类活动与自然环境之间相互和谐，科学技术与自然环境之间相互协调，只有这样才能改善人类的生活环境、保护人类的身心健康。[1]简单来说，生态经济就是实现人类协调、有效率、可以持续发展的栖息地。生态经济的本质是以人为本，生态经济不是靠人类不断的植树造林或者保护花草树木这种单一的手段来保护生态环境，也不是过分地强调人类活动对自然环境造成的影响。相反，它强调人类自身的发展，追求人的自我价值的实现，只是同时强调要建立在社会、经济、自然持续发展的基础之上，实现既能满足今世及后代生存与发展的需要，又能保护人类的生存环境。

二、环境会计的基本内容

（一）环境会计的概念

环境会计，也称为绿色会计，是为了适应当今经济形势新设立的一门会计学科，用来计算、记载并且披露经济活动对自然环境造成污染，对环境污染进行预防和治理，对自然环境进行开发利用的成本费用，这样就可以反映出环境绩效和环境活动对企业财务状况和经营成果的影响。企业通过这些信息，有利于企业经营方向的把控，也有利于为企业内部提供决策所需的信息。

（二）环境会计的性质与职能

党的十八届三中全会提出将生态文明建设摆在突出地位，而生态文明建设离不开会计与会计信息的支撑。由于现在生态的破坏以及环境的污染问题日益严重，导致相关政府部门以及社会各界人士在对待环境污染的问题上越来越重视，这也就使所有企业在自身的生产经营中，不能只注重自己产权利益的实现，更要了解并且综合采用多种方式方法来降低自己在生产经营过程中对生态环境所造成的“负外部性”，这实质上是产权关系随着产权制度的变化而变化，也是当今经济形势下，企业在生产经营过程中自身权利和义务关系的一种平衡。所以，环境会计的性质就是通过一系列量化的数据来反映企业的生产经营过程对环境造成的影响，以此来监督企业改善经营方式、绿色生产。

党的十八届三中全会提出将生态文明建设摆在突出地位，而生态文明建设离不开会计与会计信息的支撑。环境会计的发展势在必行。环境会计包含两个方面的基本职能：一是环境会计在对待企业生产经营过程中，企业为了减少自身对生态环境的“负外部性效应”，采取了哪些措施，付出了多少投入，这些需要真实地通过数据反映出来，并对这一过程进行监督；二是环境会计需要客观实在地描述出企业通过在生产经营过程中的环境管理，最终该企业的“环境绩效”到底达到什么程度，这样可以方便监督控制企业今后的环境管理活动。[2]这两个环境会计职能，一个主要负责的是环境的财务会计方面，另一个主要负责的是环境的管理会计方面，两者之间相互协调配合，构建出环境会计的完整体系。

环境会计的总目标服从于可持续发展战略，而具体目标则是提供有用的环境会计信息，实现经济效益、社会效益和生态效益的提高。[3]当今世界已经从大量消费社会向循环型社会过渡，环境会计是一个可以计算环境成本与效益的独立体系，如图1所示。

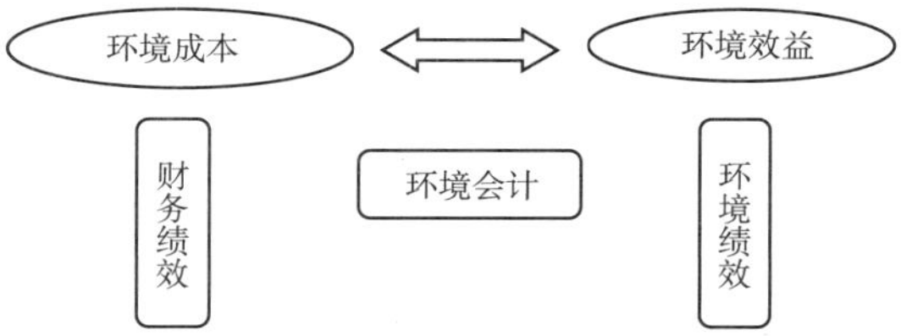

图1　环境会计体系：成本越高越关注效益

资料来源：［日］井上寿枝，等．环境会计的结构［M］．贾昕，孙丽艳，译．北京：中国财政经济出版社，2004.

（三）企业环境成本的归类

对企业的环境成本，确认分类并没有统一的标准，结合皖江城市带重污染企业的特点，归纳出六种主要的环境成本类型，如图2所示。

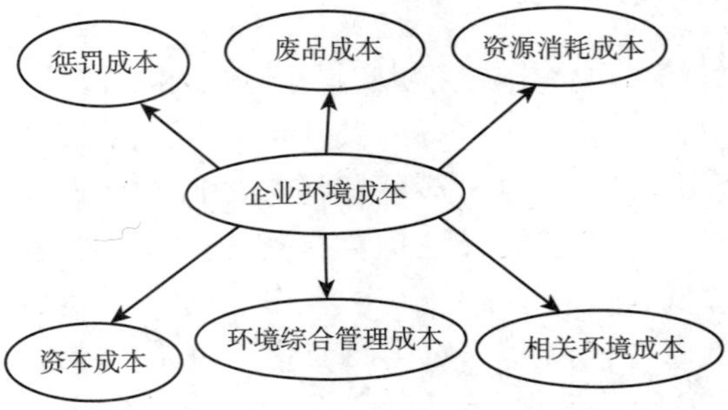

图2　企业环境成本归类示意

1. 企业环境成本的重要性

市场经济中，由于价值规律无法应对生态平衡、资源利用、环境保护等一系列问题，因此生态平衡被打破，生态环境被严重破坏，资源枯竭愈发严重。维持生态平衡、优化生态环境等问题均属于环境成本反映和可控的对象。[4]反映和监督企业通过一定的社会生产活动去优化生态环境，保护不可再生的环境资源。企业环境成本是完善国民经济核算体系的具体表现。现行国民经济核算体系尚不成熟，还达不到重视资源基础和环境条件这个要求，没有考虑资源的铺张浪费，环境遭受严重破坏。必须要加强国民经济核算，建立环境成本会计制度。

2. 企业环境成本的不可预料性

企业的环境成本是一种资源，为了解决环境污染和找出制约生态破坏的根本原因，必须确定环境成本，只有这样产品的成本才不会被扭曲，才能发挥资源价格优化配置的作用。但是，环境成本和其他成本项目是不一样的，它不以平衡的方式在生产过程中发生，而是具有不可预料性，如违反环境法规受到的罚款就具有很大的不确定性。

3. 企业环境成本的延续性

环境治理过程不是一次性的，也无法独立存在。它是在企业环境成本全过程中拓展的。在环境会计核算中，环境成本在整个产品生命周期，从生产、开发、销售过程，环境费用遍布整个产品生命周期，因此具有延续性。

4. 企业环境成本的内部性

企业环境成本的内部性意味着要把环境要素纳入生产环节，把成本、劳动、资源、技术等要素与环境要素并列为同等重要的生产要素，由生产者和消费者自己承担产品生产或消费的环境成本，并由市场来补偿，消除因市场失灵造成的对环境的外部影响，换来市场和价格作为配置资源的有效手段。

三、皖江城市带经济发展与生态环境现状

（一）皖江城市带经济发展情况

2010年1月12日，国务院发布相关文件，正式成立皖江城市带承接产业转移示范区（以下简称皖江城市带），皖江城市带包括合肥、芜湖、马鞍山、铜陵、安庆、池州、滁州、宣城8市全境和六安市金安区、舒城县，共59个县（市、区）。在中央以及地方政府对皖江城市带的发展不断提供政策以及相关方面支持的条件下，皖江城市带经济快速增长，各项经济指标不断提高，皖江城市带的发展带动了整个安徽地区经济的发展，推动了安徽地区更快更好地融入长三角经济圈，但是正是由于经济过快的发展，导致资源的快速消化，以及环境的破坏，环境污染问题日益突出。皖江城市带要实现可持续发展，必须处理好经济发展带来的环境问题，实现经济和生态协调发展。

皖江城市带成立以来，各方投资逐年增长，累计投资金额不断扩大，当地人均收入、人均支出这些人均指标以及当地经济发展增速也远高于中部其他地区。我们通过威尔逊模型计算可知，上海、南京、杭州三个城市的经济辐射半径分别为450千米、280千米、280千米，其中上海距离皖江城市带最西边的安庆只有430千米，而南京距离安庆仅230千米，杭州距离皖江城市带最北边的滁州也只有280千米，所以可以说整个皖江城市带都在长三角的经济辐射范围内。

2017年，安徽省生产总值达到2.7万亿元，相比2016年增长8.5%，增幅位于全国所有省份前列，皖江城市带在其中的作用不言而喻。近些年，皖江城市带在承接产业转移的同时，不断融入长三角地区，与长三角地区的经济合作不断加深，皖江城市带作为泛长三角地区的城市集群，拥有很大的发展空间，很好的发展前景。皖江城市带现在已经形成了汽车生产、钢铁加工、新能源等一批支柱性产业，为承接长三角地区相关产业转移提供了坚实的产业基础。皖江城市带2017年上半年和2018年上半年的GDP情况如表1所示。

表1　2017年和2018年GDP情况

地区	2017年上半年（亿元）	2018年上半年（亿元）	增速（%）
合肥	2896.9	3410.9	17.70
芜湖	1379.9	1558.4	12.90
马鞍山	782.8	903.8	15.50
铜陵	513.0	575.0	12.10
安庆	807.3	894.8	10.80
池州	298.2	336.7	12.90
滁州	697.1	859.6	23.30
宣城	475.9	583.8	22.70
六安	590.2	633.3	7.30

（二）皖江城市带生态环境现状

目前，工业化、城市化已成为中国国民经济和社会发展的重要载体，也是全国实现小康生活水平的必由之路，但目前我国城市化和城市发展也面临着重大难题——发展经济与保护环境的双重挑战。皖江城市带经济快速发展的代价是生态条件的不断恶化，具体表现在如下方面。

1. 固体废弃物污染严重

一是由于皖江城市带在初期承接的大部分企业都是生产加工类型，造成了产业结构的不合理，这些企业在生产经营过程中产生了较多的固体废弃物，而且每年都在增加，增速达到12%；二是皖江城市带随着经济的不断发展，外来人口不断涌入，生活垃圾增多；三是很多固体废弃物不能回收利用，甚至一些固体废弃物是有毒、危险品，导致很多固体废弃物不得不掩埋处理。可以想象，这样发展下去，不断产生的固体废弃物将难以处理，危害环境。

2. 水污染严重

皖江城市带水资源丰富，不仅有长江流过，而且河流以及湖泊众多，但是由于皖江城市带以重工业、冶金业、加工业为主，这些企业在生产加工过程不仅需要大量水资源，也会排放大量废水，很多企业排放的废水未经处理，达不到排放标准，种种原因导致了该地区极易造成水污染。以巢湖为例，作为皖江城市带第一大淡水湖泊，巢湖水质的富营养化非常严重，而造成这一污染的源头，就是流入巢湖的支流都被沿岸企业排放的废水所污染。

3. 大气污染严重

空气质量的好坏直接关系到人类的身体健康，这也是近些年国民关注的焦点问题，但是由于其自身的特殊性，大气污染也是环境问题中最难治理的。皖江城市带承接转移的企业多以重化工企业为主，这些企业生产运作都需要煤炭，排放的废气严重污染了当地大气环境，同时导致酸雨在皖江城市带也较为普遍。随着承接转移的产业越来越多，产业规模越来越大，生产需要的煤炭会越来越多，排放的废气同样会递增，皖江城市带的大气污染急需治理。

习近平总书记在2013年考察海南时指出，生态环境保护的成败，归根结底取决于经济结构和经济发展方式。经济发展不应是对资源和生态环境的竭泽而渔，生态环境保护也不应该是舍弃经济发展的缘木求鱼。只有贯彻落实创新、协调、绿色、开放、共享的发展理念，在经济核算领域推行环境会计才能有效推动绿色发展，实现“绿水青山就是金山银山”的愿景。

四、皖江城市带企业实施环境会计的必要性

（一）实施环境会计有助于皖江城市带经济的内在发展

环境会计是企业绿色生产经营管理系统中的环境财务经济子系统，随着市场经济的

不断发展，企业面临的市场竞争越来越激烈，如何在市场竞争中胜出，也成为每个企业必须思考的问题。环境会计在皖江城市带企业中的实施，一方面可以解决企业内部和外部员工对于企业在生态环境等方面存在的信息不对称的问题；另一方面也有利于为企业管理层提供相关信息，有助于管理层的决策，降低企业的市场风险，同时有利于企业生态建设与管理方面的加强，制定环境方面规章制度，引导企业内外部人员进行更为合理的投资。

（二）实施环境会计有助于促进皖江城市带可持续发展战略的实行

实现企业的可持续发展，使企业立于不败之地是每个企业发展的终极目标，而企业是可持续发展的基础，环境问题是关键。在社会经济发展如此迅速的今天，不少企业为了谋取更多的经济利益，不惜丢掉基本的绿色环境理念，放弃经济、生态与社会效益之间质与量的协调性，一心追求企业的快速发展，以此将会斩断企业的可持续发展。[5] 为呼应企业的可持续发展战略的实施，一种以适应这一需要的会计子系统的环境会计便发展起来，只有通过环境会计如实反映企业的经济社会效益以及生态环境的取得情况与履行情况，才能及时、准确、完整地向政府、企业以及社会公众提供决策有用的信息，更好地解决问题，从而实现微观、中观以及宏观层面的可持续发展。

（三）实施环境会计有助于督促皖江城市带环境行为的落实

企业一旦按照规范落实自身的环境行为，那么可以尽可能地减轻环境的污染。我国的环境会计有三个特性：一是可以反映出企业的经营情况；二是可以反映出生态和社会效益及其相互联系；三是可以定期提供环境财务报告以及具有众多的信息使用者。正是由于环境会计的这三种特性，使政府部门、企业领导以及社会民众认识到实施环境会计的重要性和迫切性，实施环境会计不仅有利于企业自身环境行为的落实，也有利于推动全民一起保护生态环境，推动皖江城市带经济与环境的协调发展。

（四）实施环境会计有助于皖江城市带企业的发展

企业通过进行环境成本管理可以降低环境成本、改善环境绩效。这样环保活动将与经营计划、收益管理、预算管理等相结合，企业通过引进环境会计可以有效披露环境绩效的改善程度及环境效率等信息。[6] 如果企业某个部门的环境成本与其经营规模相比不匹配的话，应及时查明原因，对环境成本和为减少环境成本所需的费用进行比较，有步骤地推行削减计划。有效地进行环境会计核算可以让企业更好地提供绿色产品、绿色服务。在减少自身环境负荷的基础上，产品将更受消费者欢迎，也将促进环保型生活方式的变革。

五、皖江城市带企业实施环境会计的方法

日益严重的环境问题让企业主动选择施行环境会计。从产品生命周期理论可知，企

业环境会计的施行需要体现在产品生产的每一个环节，加大环境成本控制力度，实现环境效益最优化。产品的生命周期分为六个阶段：研发设计、获取原材料、制造和材料加工、产品销售、产品使用和废物回收。在环境会计中，将以上阶段的环境成本进行汇总统计，就能计算出产品生命周期成本。能够得到这些与环境相关的成本，就是产品生命周期成本法理论在企业环境成本控制中的运用。

本文构建了产品生命周期及企业环境成本的全过程控制图，图 3 以产品生命周期成本法为理论依据，并与事前控制、事中控制、事后控制分类方法相结合，形成一个完整的生产过程的企业环境成本控制方法。

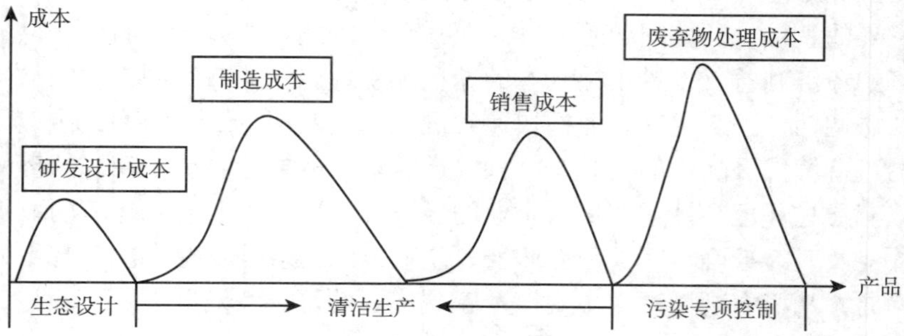

图 3　产品生命周期及企业环境成本的全过程控制

由图 3 可知，环境成本数据在采集前的控制即事前控制，环境成本数据在核算过程中的控制即事中控制，环境成本数据在统计结果出来后的控制即事后控制。

（一）事前控制

事前控制被称为生态设计，该阶段充分考虑产品相关的环境问题的研究和产品开发，把环境保护和人类健康考虑到产品的设计中去。由于产品的研究开发是从设计产品开始，即使设计产品活动不会产生相关的环境成本，但它决定了产品的功能和用途。

（二）事中控制

事中控制，即在产品制造阶段的环境成本控制。这个阶段产生的环境成本在整个企业环境成本中所占的比重是最大的，事中控制的控制手段主要表现为清洁生产。清洁生产的过程，是采用无废的工艺、物料的再循环利用。清洁的产品在使用后不会危害人体的身心健康，不会破坏生态资源，产品报废后易于回收处理。由于生产过程决定了产品本身的特性，所以清洁的产品主要包括产品的品牌、包装和服务。

（三）事后控制

事后控制是企业在污染的环境成本发生的特殊待遇。此时，污染已经产生，只能进行治疗，尽可能减少污染环境的影响，这一阶段的环境成本一般无法计量，对于该阶段的环境成本控制主要是对环境污染的控制，事后控制就是对环境污染的遏制采取不同的措施。

六、皖江城市带企业实施环境会计的具体路径

（一）建立健全企业环境管理制度

实行环境管理目标责任制是发展生态经济的重要条件。在企业的经营管理上，必须做到“一个杜绝，两个坚持，三个到位，四个达标”。“一个杜绝”即杜绝重大环境污染与破坏事故的发生；“两个坚持”是指坚持评价建设项目对环境影响程度的制度，坚持“三同时”的环境制度；“三个到位”是指在环境工作上必须做到投入到位、责任到位、措施到位；“四个达标”意为坚持做到废水、废气、废渣、噪声四项排放达标。建立健全环境管理制度为企业对环境的管理提供依据，按规矩办事，引导企业快速走上低碳经济发展的道路。

（二）构建全面有效的低碳控制体系

企业环境会计的实施需要政府和企业的共同努力来实现。政府应当加大对生态经济在社会发展中的战略意义的重视程度，提高对低碳技术和低碳产品研发的力度，建立相关法律，约束企业行为，来完善对环境的管理。企业应努力研发新技术，提供更多的低碳产品，并积极配合政府，共同为实现生态经济而努力。[7]政府应当积极宣传生态经济能为人民带来好处，增强人们的环境保护意识和发展生态经济的理念。

（三）使用无污染的清洁生产工艺

清洁生产，是一个相对的概念。随着生产技术的发展，现有的生产过程中，清洁生产表现为一种更清洁、更少污染的生产。《中华人民共和国清洁生产促进法》将清洁生产定义为“不断采取改进设计、使用清洁的能源和材料，采用先进的工艺技术与设备，改善管理、综合利用等措施，从源头上削减污染，提高资源利用效率，减少或者避免生产、服务和产品使用过程中污染物的产生和排放，以减轻或消除产品对人类健康和环境的危害”。从清洁生产的定义看，清洁生产包括清洁能源，清洁生产过程和清洁的产品，其成本控制的关键是环境的清洁生产工艺。对于那些高污染、高消耗、高成本的生活必需品的生产项目，企业应加强管理，使资源、能源的利用率提高到最大限度，关键在于使用无污染的清洁生产工艺而淘汰落后的生产技术。

（四）完善环境税制

目前，我国在企业环境监管方面，主要采取对污染物超标排放的企业收取罚款的处置方法，是一种事后弥补的方法，而没有从源头上进行管理，缺乏强制性。国家应从源头上加强对资源使用和环境污染的控制，专门针对碳排放开征环境税，对生产节能产品的企业和高能耗企业分别实行不同的税率。积极鼓励企业生产节能产品，实行低税率，甚至可减免环境税，引导企业为减少成本积极研发低碳技术进行生产。由此看来，完善

我国的环境税制势在必行。我国应积极参与国际上对于环保制度的制定，学习并借鉴国际上环境会计核算方法，积极与国际接轨。

实施环境会计、规范企业环境行为的落实，对皖江城市带经济的发展大有裨益，有利于皖江城市带经济的可持续发展，就像习近平总书记所说，既要金山银山，也要绿水青山，实现经济发展与生态保护的协调统一。习近平总书记的“两山论”既是对我国环境与经济发展关系状况及规律的深刻揭示，更是处理好环境与经济融合发展的指导原则，只有大家齐心协力，才能早日实现习近平总书记“鱼逐水草而居，鸟择良木而栖”的美好生态家园。

参考文献

[1] 彭容，贺曲夫，徐习景．“十三五”规划下开展环境会计对绿色生态发展的影响［J］．河北地质大学学报，2017（4）．

[2] 孟召博，徐步朝．基于生态发展视角下的矿产企业环境会计披露研究［J］．企业经济，2017（9）．

[3] 刘焕峰，魏玮．环境会计发展相关问题研究［J］．财会通讯，2010（9）．

[4] 王琳，肖序．我国环境会计研究：现实困惑与前景展望［J］．财会月刊，2010（3）．

[5] 相福刚．企业环境会计核算体系的构建研究［J］．会计之友，2018（18）．

[6] 由晓琴．生态文明视域下煤炭企业环境会计核算体系的构建路径［J］．商业会计，2018（10）．

[7] 周志方，欧静．生态会计：发展动态综述与框架体系设计［J］．财会通讯，2016（4）．

生态经济背景下皖江城市带特色小镇发展研究

丁　波

一、生态经济与特色小镇发展的关系

生态经济在某种程度上和特色小镇有着内在的一致性，特色小镇的建设与生态经济相辅相成，具体表现在五个方面：一是作为新型城镇化的发展模式和有效载体，特色小镇始终保持“五位一体”的发展原则，即经济效益、政治效益、社会效益、文化效益和生态效益，因此其相应地具有传承文化、调节结构和调节要素的功能，可以较为有效地处理好眼下城镇化产生的一些不协调、不恰当的难题。二是特色小镇是经典传统文化的继承载体，它具有传统小镇无可匹及的先进性与创造力。三是文化旅游产业作为特色小镇的重要组成部分，其发展状况必然会影响其他新兴产业的注入动力，即如果文化旅游产业发展得较好，则会促进城镇化；如果发展得不好，则无法吸引新兴产业加入，从而不利于城市经济的快速发展。四是特色小镇建设以生态经济视为发展的核心主线，尤为强调生态特色，并将其打造为特色小镇的建设支撑。五是特色小镇的建设不但可以很好地满足群众的基本生活需求，还能较大幅度地提升他们的生活质量，进而有利于整个国民素质的提高。[1]

二、皖江城市带特色小镇的基本评价

（一）皖江城市带特色小镇发展现状评价

皖江城市带是安徽经济社会发展程度较高的地区，皖江城市带内的城市有合肥、池州、马鞍山、滁州、芜湖、安庆、宣城、六安市的金安区和舒城县，其经济发展水平高。同时，皖江城市带内的自然环境和旅游资源优越，拥有黄山、天柱山、九华山、太平湖等一系列国内外著名的景点，围绕这些优越的自然环境和旅游资源打造的生态经济，具有一定的前提条件和发展前景。在生态经济发展基础上的特色小镇，拥有经济、社会和生态环境等多种内涵，能够作为巨大动力推动皖江城市带内的特色小镇快速发展。但是目前皖江城市带特色小镇发展水平不高，鲜有著名特色小镇，其中以生态经济发展主题的特色小镇更是少之又少。对于此种现状，我们分析认为，主要是皖江城市带特色小镇发展对生态经济理解不够深入，社会大众对特色小镇发展的认可度不高，导致特色小镇的市场动力不足。同时，缺乏支撑皖江城市带特色小镇发展的相关产业，往往会形成“空壳化”特色小镇，没有足够人员前往消费。在特色小镇规划设计上，缺少科学性和地方性，并没有结合当地的风土人情进行建设。最后，皖江城市带特色小镇发展普遍缺少专业人才支持，在特色小镇运营和管理上，相关专业人才缺口较大。

（二）基本结论

针对皖江城市带特色小镇上述现状和问题，皖江城市带的特色小镇发展重点导向应是以生态经济为导向，着重体现生态可利用、可持续发展以及突出特色小镇生态主题的价值导向。同时，还应让广大小镇居民了解特色小镇的发展价值导向，从而让价值导向真正贯穿到小镇居民的日常生活中去。毫无疑问，皖江城市带特色小镇的发展，只有坚持生态经济的发展价值导向，才能最大效果地发挥皖江城市带生态环境的优势，真正驱动皖江城市带特色小镇的“特色”发展。特色小镇的多方建设主体有政府、企业、居民等，让行动各方的价值导向趋向一致，达成特色小镇发展目标的趋同，有利于各方行动主体发挥各自优势，推动行动效用的最大化。“一言以蔽之”，只有特色小镇的建设各方行动逻辑达成一致，才会积极朝着生态经济这个特色小镇发展主题迈进。

三、皖江城市带特色小镇发展的路径选择及政策性建议

（一）皖江城市带特色小镇发展的路径选择

1. 增强特色小镇建设的规划指导

皖江城市带特色小镇要坚持总体规划的引领，注重政策制度保障是皖江城市带特色小镇建设的重要特点。皖江城市带特色小镇的设计规划和实施方案，要注重将生态环境的保护纳入特色小镇的长期发展规划中，创新生态环境保护的思路，将特色小镇的发展规划与生态经济和谐发展相适应，使特色小镇的发展规划兼具可行性和发展性，同时还考虑到皖江城市带特殊的自然地理区域，将特殊的地理位置和人文环境融入在特色小镇的长期发展规划，体现地方独有的特色，使得特色小镇的规划能够突出特色，增强特色小镇对外的吸引力和知名度。例如，黄山风景区周边的旅游特色小镇，以生态旅游为发展主题，突出自然环境对游客的吸引力。在旅游特色小镇的建设过程中，坚持生态旅游的长期规划设计，形成独具特色的小镇规划和实施方案，为特色小镇的长期可持续发展奠定了基础。此外，皖江城市带特色小镇的规划指导，还需要邀请国内外具有重要资质的著名规划机构，运用科学的手段对特色小镇与生态环境融合的发展进行长期的规划指导，力求特色小镇规划指导的远见性和长期性。

2. 强化生态相关产业支撑力度

皖江城市带特色小镇的发展，不仅需要规划指导上突出生态经济的特色，更要在特色小镇的配套产业上突出生态经济的产业特色。同时，发展规划上坚持特色小镇的发展

主题，且配套产业项目的建设，也应该围绕生态经济的可持续性和环保性。特色小镇的产业项目建设，在建设初期要严格筛选符合小镇发展主题的产业项目，对于污染环境或者不符合小镇发展主题的项目采取“一票否决制”，坚决杜绝污染生态环境的产业项目进入特色小镇的长期发展规划。在特色小镇配套产业项目建设中，要吸引一批可持续发展的产业项目，带动周边居民就业，提高居民生活水平，从而使特色小镇能够达到产城融合的发展态势。此外，特色小镇的发展还可以借鉴高科技企业等，发展创新特色小镇，以增强特色小镇的经济竞争力，激活特色小镇对周边居民的吸引力。对于具有竞争力的高科技企业，可以采用税收减免的方法，吸引其入住特色小镇，从而形成产业项目的规模效应，促进特色小镇产业经济的快速发展。

3. 加强特色小镇生态基础设施建设

皖江城市带特色小镇的建设，基础设施是推进小镇长期发展的关键。特色小镇基础设施的建设，一方面能够方便外来游客进入小镇进行观光和旅游；另一方面也方便小镇居民的日常生活。首先，特色小镇的基础设施建设要突出生存性建设的前提，路的硬化、水的洁净等都要达到国家的标准和要求，确保生存性基础设施的有效性和安全性。其次，发展性基础设施建设要体现推动小镇进一步发展的目的，例如，特色小镇停车场建设、绿化景观建设等，要全面服务于特色小镇的长期发展，使得特色小镇的基础设施建设符合其生态主题的发展规划。最后，特色小镇基础设施建设还应添加科技元素在其中，打造人工智能的基础设施，体现出特色小镇的高科技元素，利用人工智能等设备，提升特色小镇对周边生态环境的保护力度。皖江城市带特色小镇的基础设施建设除了上述考虑之外，还应该融入地方性的文化资源，例如，将徽文化的一些重要元素融入在特色小镇的基础设施建设中，使得基础设施的建设不仅具有现代性的智能化特征，还具有传统性的地方文化特色，从而既宣传了拥有传统文化特色的徽文化，又建设了各具特色的基础设施。

4. 突出特色小镇生态环境保护工作

皖江城市带特色小镇的建设，重点是生态环境的保护。生态环境是皖江城市带特色小镇发展的生命所在，没有生态环境的特色小镇，将会没有长期发展的前景。为此，需要将生态环境的保护作为特色小镇建设的关键指标予以考核和检查。对于特色小镇与周边生态环境和谐发展的典型给予表扬和奖励，对于污染生态环境的特色小镇建设应给予通报和批评，且限定一定的时间让其进行不同程度的整改。首先，特色小镇建设还应将周边的传统文化、民俗文化等重要文化旅游资源纳入特色小镇的生态保护范围内，重点促使特色小镇获得长期发展的基础，改善过去人与自然那种相处局面。其次，皖江城市带特色小镇的建设，应将公园绿地、人行绿道等面积纳入考核，使得特色小镇在建设中能够给居民创造美好的生活环境。最后，根据特色小镇建设的具体实际情况，要制定地方性法规，利用法律的手段强制性保护生态环境。在特色小镇建设过程中，严重污染周边生态环境的企业和个人，必须严格运用法律对其进行惩罚，以强有力地保护生态环境。

5. 营造特色小镇生态文化氛围

皖江城市带特色小镇建设的主体不仅要由政府主导，还要推动广大民众参与特色小镇的建设，发挥小镇居民的主体性角色。生态经济下的特色小镇建设，必须让居民提高生态经济的公共意识。首先，居民应改变传统的消费模式，更加关注生态环境友好型的消费方式，增强自身对生态环境的保护能力。[2]其次，当地政府要通过各种形式的宣传和推广，促使特色小镇及周边的居民能了解到特色小镇建设的主题，即生态经济和特色小镇的和谐发展。增强特色小镇的社区居民对生态经济的理解程度，努力将生态环境保护的理念践行在其具体的行动中去，同时政府应利用各种社会舆论手段，积极向社区居民灌输环境保护对特色小镇发展的重要性，让特色小镇营造出积极保护生态环境的文化氛围。通过创新机制、借力宣传教育等手段推动特色小镇的生态建设的同时，要引导社会力量加入建设过程中。这就需要相关政策予以支持，更为关键的是需要激发群众的主动性、积极性。在特色小镇生态建设的具体过程中，皖江城市带的各建设主体就着力强化社会公民的生态环保意识，通过典型宣传，借力自媒体、地方新闻等舆论手段，助力宣传特色小镇的相关政策，以此促成并营造良好的生态文化以及较为浓厚的环保氛围。

（二）政策建议

皖江城市带特色小镇的发展，需要切合两个主要内容：一是皖江城市带特殊的地理位置和生态环境；二是特色小镇生态经济发展的主题。因此，皖江城市带特色小镇的建设从规划指导到产业支撑、基础设施建设再到生态环境保护、生态文化氛围宣传，理应符合皖江城市带特色小镇建设的主要内容。简言之，皖江城市带生态经济的发展，要求特色小镇建设的生态内涵为适应皖江城市带城市的发展战略，促进创新创业，扩大有效投资，统筹城乡发展、加快转型升级，皖江城市带大力推进旅游小镇、创业小镇、科技小镇等一批特色小镇建设。特色小镇建设要坚持生态与经济和谐发展的重要原则，不能只追求特色小镇经济的发展，而忽视对生态环境的保护，要注重特色小镇的可持续性的长期发展。同时，要发展循环经济，努力改善过去只重视经济的产出，而不重视循环经济所带来的效用。在特色小镇建设过程中，努力提倡居民低碳生活、低碳出行，把特色小镇打造成为生态保护的模范小镇。此外，特色小镇建设的基础设施和产业项目也必须符合生态环境的要求，重点开发零污染的清洁能源，促使居民的能源消费逐渐降低。特色小镇的产业项目应选择符合生态环境保护的第三产业，一方面能够吸引周边居民进厂工作；另一方面又推动了对皖江城市带特色小镇周边生态环境的开发，使得人与自然能够和谐相处。“一言以蔽之”，皖江城市带特色小镇应在生态经济背景下发展，辅之以基础设施、产业项目、市场活力、专业人才等方面加强，推动生态经济背景下皖江城市带特色小镇发展的新步伐。

参考文献

［1］李志强．特色小镇“全域化”生态治理：政治语境、系统建构与政策路径——基于苏浙案例的分析［J］．城市发展研究，2018（2）：100－110.

［2］鲁丰乐，俞婷瑜．特色小镇的生态内涵和生态建设［J］．浙江经济，2016（1）：56－57.

生态经济背景下皖江城市带酸雨环境对石林岩溶地貌的溶蚀机理研究

——以芜湖市丫山为例

胡嫣然

一、安徽地区酸雨概况

（一）安徽地区酸雨分布及主要成分

酸雨属于空气污染，是指 pH 值小于 5.6 的雨雪或其他形式的降水。雨水被大气中存在的酸性气体污染。酸雨主要是人为地向大气中排放大量酸性物质造成的。我国的酸雨多为硫酸雨，少为硝酸雨，主要是因大量燃烧含硫量高的煤而形成的，此外，各种机动车排放的尾气也是形成酸雨的重要原因。近年来，我国一些地区已经成为酸雨多发区，酸雨污染的范围和程度已经引起人们的密切关注。

在工业经济迅速发展的今天，酸雨已成为全球性的环境问题。我国早在 1981 年就首次开展了全国性酸雨普查，结果表明 80% 以上的地区均出现不同程度的酸雨，目前酸雨也已成为我国严重的区域性环境问题。[1]安徽的酸雨也引起了不少学者的关注，他们研究了安徽不同地区的酸雨状况及影响因素，并进行了对策分析，对安徽酸雨的预防和控制起到了积极的作用。

根据相关资料，安徽省降水酸度和酸雨频率自北向南逐渐加重，主要分布在长江以南地区，其中芜湖市、铜陵市酸雨污染最为突出。根据安徽省主要监测站降水化学组成成分统计资料分析，安徽省降水污染主要受 SO_4^{2-} 和 NO_3^- 的前体物 SO_2 和 NO_X 的影响。全省降水中的 SO_4^{2-} 和 NO_3^- 平均浓度比为 6∶1，说明安徽省降水中阴离子主要成分为 SO_4^{2-}，降水污染受硫化物影响较大，这与安徽省以煤为主的能源结构有关。其中芜湖市和合肥市的 SO_4^{2-} 和 NO_3^- 的浓度比例约为 4.7∶1，说明芜湖市和合肥市燃油比重较高。总的来说，安徽省的酸雨是硫酸型，主要是人为排放 SO_2 污染造成的。

（二）芜湖地区酸雨概况

芜湖市是综合性工业城市，随着改革开放后经济的发展，酸雨问题逐渐显现出来。20 世纪 80 年代初期芜湖市只是偶尔有酸雨发生，频率在 4% 左右，90 年代初以来酸雨越来越严重。主要是随着经济发展，燃煤量增加，工厂企业排放的 SO_2 的总量增加。另外，汽车尾气排放的 NO_X 也不可忽视。

芜湖市地处副热带北缘，属北亚热带湿润气候类型，具有四季分明，季风显著，气候温和，冬夏长，春秋短的特点。常年主导风向为东风，出现频率为 13.2%；其次为东北风，出现频率为 7.8%；而静风频率较高，约占 15%，年平均风速每秒 2.4 米。该区同时还为多逆温地区，年出现频率为 35.5%，大气稳定度分布以中性偏稳定为主。总的气象要素对大气扩散、稀释和自净能力有一定的抑制作用。

二、丫山石林概况

（一）丫山石林风景区介绍

芜湖丫山花海石林风景区位于安徽省芜湖市南陵县何湾镇，地处南陵、青阳、铜陵三县交汇之地，是安徽“两山一湖”旅游经济圈的重要景点之一。丫山风景优美，早在 1987 年即被评为首批省级风景名胜区，并通过国家 4A 级旅游区和省级地质公园验收。丫山石林作为其中著名的景点之一，是石灰岩在长期岩溶作用下形成的由高 5 米以上的石柱组成的地貌景观，是华东地区最大的以喀斯特地貌为观赏点的景区。

石林是由于地区性的构造抬升引起侵蚀基准面下降，导致地表径流通过开放式的垂直节理快速下泻，正是这种强烈下渗的水体不断地下切，拓宽垂直节理，使节理间的岩块逐渐孤立、缩束、拔高、耸立，最后相互分离而形成挺拔的石柱。

石林是地球演化的杰作，经历了近 3 亿年沧桑巨变。最初的石灰岩形成于大海之中，后因地壳变动，海洋变陆地，平地变高山，石灰岩也匪夷所思地被塑造成了石林地貌。这期间石林还被炽热的火山熔岩烘烤过，也被广阔的湖水淹没过，石林的形成是一部真正的地质传奇。

石林的形成是在有利的地质、气候和水文条件下，可溶性岩石——碳酸盐岩被两组以上垂直裂隙切割，又经水、生物等沿裂隙溶蚀，随着溶沟的加深加宽，石柱被分隔出来而成为形态万千的石林奇观。

这类喀斯特地貌系统是一个远离平衡态的开放系统，内部以及与周围环境之间有着极其复杂的物质流、能量流。在酸雨的环境下物质及能量交换的结果会使其受到破坏，即显示了极高的脆弱性，且一旦破坏就难以甚至不可能恢复。

（二）丫山石林的地层岩性介绍

丫山在中三叠纪前为浅海，沉积厚逾万米的沉积岩，在地质运动的作用下逐渐抬升成陆地。3 亿多年前，丫山露出海平面，岩层中夹煤层。受印支运动的影响，产生了丫山褶皱，长 24 千米，核心部门较为狭窄，宽约 1 千米，这样就形成了旅游区西北低山、东南丘陵的山川地势。丫山拥有二叠—三叠系标准地层剖面，下三叠统出露完好，沉积特征明显，是研究下扬子地区早三叠世地层及沉积环境特征的理想剖面之一。

该地区的下三叠统由殷坑组、和龙山组和兰陵湖组构成，三组之间整合接触。殷坑组厚 133.92 米，主体为灰、灰黄色薄层微晶砾屑灰岩与黄绿色钙质页岩，两者组成韵律层，共十一层，下部含砾石灰岩，砾石分选性较好，磨圆一般，呈现正粒序特征。灰岩中发育透镜状交错层理、斜层理，发育小型冲刷界面。上部含砾灰岩，砾石成分与围岩相同，分选性差，略有磨圆。和龙山组厚 297.15 米，主体为灰色薄—中厚层瘤状灰岩夹薄板状微晶灰岩及灰绿色泥钙质页岩。下部为水平层理白云质灰岩，偶见石膏盐假晶。自下而上灰岩含量增加，泥质含量减少，顶部局部见蠕虫状构造，发育水平层理，可见微小冲刷界面及生物扰动构造。南陵湖组厚大于 100 米，主体为灰、灰黄色中厚—薄层微晶蠕虫状灰夹少量瘤状灰岩、钙质泥岩。灰岩层中发育生物扰动构造，偶见薄壳堆积。上部中厚层灰岩层内可见同沉积砾岩、冲刷界面及正粒序沉积构造等典型的风暴沉积，并含化石碎片。

三、丫山石林石灰岩与酸雨反应机制研究

由于我国降水以硫酸型酸性雨水为主，硫酸根离子占总阴离子的 70% ~90%，[2][3] 且硫酸造成石灰岩的腐蚀损失是硝酸 13 ~17 倍。[4] 目前国内研究者对石灰质文物和景观影响的研究一般也集中在用浸泡法和普通淋溶法，[5][6] 而利用循环泵，可以更好地考察石灰质文物受酸雨腐蚀随时间变化的规律。[4] 酸雨可能使石灰质文物或景观腐蚀，形成可溶性的 Ca^{2+}、SO_4^-、HCO_3^-，造成文物或景观发生破坏。[7][8]

本实验样品取自芜湖丫山石林，用的酸溶液为硫酸和蒸馏水配制并稀释成 pH 值分别为 4.0 和 5.6 的酸雨原液，体积为 1 升，并以此淋溶样品。对照溶液为 pH 值 6.2 的蒸馏水，这主要是考虑到无污染的雨水，由于大气中 CO_2 气体与雨水作用，从理论上计算 pH 值约为 5.6。

（一）分析方法

ARL－9800 X－射线萤光光谱仪（瑞士 ARL 公司）、XTRA X－射线衍射仪（瑞士 ARL 公司）测定石头样品的化学成分；SOLAAR M 原子吸收光谱仪（美国 Thermo 公司）测定溶液中 Ca^{2+} 离子变化；TR200 粗糙度仪（北京时代公司）测定样品的粗糙度；LEO1530VP 扫描电子显微镜（德国 LEO 公司）观察样品腐蚀前后的颗粒形貌。

（二）pH 和 Ca^{2+} 浓度变化

每隔 1 小时测定溶液 pH 值变化，淋溶时间共 8 小时，洛克漫（Lokman）指出石灰岩溶解主要由以下几个反应引起：[4]

$$CaCO_3 + H + \rightarrow Ca^{2+} + HCO^{-3} \quad (1)$$

$$CaCO_3 + H_2CO_3 \rightarrow Ca^{2+} + 2HCO^{-3} \quad (2)$$

$$CaCO_3 + H_2O \rightarrow Ca^{2+} + OH^- + HCO^- \quad (3)$$

结果表明在淋溶前 4 小时，pH 变化比较显著，后 4 小时溶液的 pH 值趋于稳定，

变化不大，表明 H^+ 对石灰岩的前期腐蚀是严重的。随着酸度的降低，易溶的 $CaCO_3$ 溶出后，不易为酸所溶解的石英和其他酸不溶物质使石灰岩表面溶蚀变得困难。

在测定 pH 的同时，测定 Ca^{2+} 浓度，与对照蒸馏水（pH =6.2）相比，在淋溶 3 小时前，Ca^{2+} 浓度增加比较缓慢，后 Ca^{2+} 浓度增加速度加快，几乎随时间呈线性关系。这可能是由于在前 3 小时，造成石灰岩的溶解起初主要是由于 H^+ 的作用，随着 H^+ 浓度的降低，造成石灰岩的溶解主要是水的作用。酸雨对 Ca^{2+} 的释放产生较大的影响，具有明显的促进 Ca^{2+} 的释放作用。模拟酸雨的 pH 值越低，Ca^{2+} 的释放越高。

（三）重量损失率变化情况

与对照蒸馏水（pH =6.2）相比，酸雨对石灰岩重量损失产生较大的影响，明显促进石灰岩溶解。模拟酸雨的 pH 值越低，石灰岩重量损失越高。

（四）表面粗糙度变化能反映样品的腐蚀情况

对样品在反应前后的表面粗糙度在反应前后进行了测量，酸雨对石灰岩表面粗糙度产生较大的影响，具有明显的增加石灰岩表面粗糙度作用。模拟酸雨的 pH 值越低，石灰岩表面粗糙度变化越大。

（五）扫描电镜观察情况

扫描电镜放大 5000 倍，扫描 pH =4.0 的硫酸溶液淋溶 24 小时前后石灰岩的表面。经过硫酸淋溶后的石灰岩，晶体结构被腐蚀了，孔隙变得越深越宽。

上述结果表明，不同 pH 值模拟酸雨溶液淋溶石灰岩后，结果石灰岩受到一定程度的腐蚀，随着模拟酸雨酸度的增大，Ca^{2+} 的释放量呈上升趋势，酸雨的 pH 值越低，Ca^{2+} 的释放越高，石灰岩重量损失越高，石灰岩表面粗糙度变化越大。酸雨淋溶后增加了石灰岩的表面粗糙度，表面结构被腐蚀，孔隙变深、变宽，并在一定程度上缓解了酸雨的进一步腐蚀。

四、预防酸雨对丫山石林损害的相关措施研究

丫山石林是典型的喀斯特地貌，喀斯特环境（系统）是一个远离平衡态的开放系统内部以及与周围环境之间有着极其复杂的物质流、能量流。物质及能量交换的结果是使其受到破坏，即显示了其脆弱性的本质，主要表现如下：

第一，生态系统变异敏感度高。在喀斯特环境中，由于土层薄、土层不连续成土慢，而且由于垂直溶蚀和水平溶蚀非常发育容易造成水土流失，使得许多喀斯特景观失去特色，甚至遭受破坏，显示出其脆弱性。

第二，环境承载容量低。喀斯特环境可利用的土地单位面积比重小，质量差，植物种群简单，生物生产量不高，生产潜力小，所以能供养的人口也较少，环境容量小。

第三，灾变承受阈值弹性小。由于喀斯特水循环交替强烈，污水缺乏一定容量的缓

冲空间和净化作用的足够时间，造成污染浓度大和污染源迅速扩散，使喀斯特环境易遭受污染，治理难度大。此外一些灾变如污染、塌陷、洪水、地震等，易使喀斯特旅游资源遭受破坏。如大气污染形成的酸雨加速对灰岩的溶蚀，烟尘、粉尘等对景观色彩的破坏。

控制酸化的根本途径是减少或消除酸沉降的污染源，控制酸雨污染最根本的途径是控制 SO_2和 NO_X的排放。由于中国的酸沉降是硫酸型的，因此硫沉降量的控制在中国酸沉降控制中占主导地位。中国政府主要围绕对 SO_2的控制来进行酸雨的防治。

（一）完善环境法规，加强监督管理

要加强对酸雨和 SO_2 污染的控制工作，必须强化环境监督管理，强化环保执法。制定严格的大气环境质量标准，健全排污许可证制度，实施 SO_2排放总量控制；[9] 同时，运用经济手段也是促进 SO_2 污染治理的一个重要措施，使用经济刺激的方法，其手段有征收 SO_2排污费、排污税费、产品税（包括燃料税）、排放交易和一些经济补助等，充分运用经济手段促进大气污染的治理；建立酸雨监测网络和 SO_2排放监测网络，以便及时了解酸雨和 SO_2污染动态，从而采取措施，控制污染；推行清洁生产，强化全程环境管理，走可持续发展道路。

（二）调整能源结构，改进燃烧技术

中国长期以来一直以煤为主要能源，煤炭消费中有相当数量的高硫煤，而且大多数是直接燃用原煤，燃烧方式落后，清洁能源比例很小，与发达国家相比，在消费同样数量能源情况下排放更多的 SO_2。因此，国家应调整工业布局，改造污染严重的企业，淘汰落后的工艺与陈旧的设备，限制高硫煤的生产和使用，限制、淘汰现有煤耗高、热效低、污染重的工业锅炉和炉窑；使用低硫煤、节约用煤。减少 SO_2排放最简单的方法就是改用低硫煤。

（三）改善交通环境，控制汽车尾气

制定各类汽车的废气排放标准，加强对汽车尾气的控制。在形成酸雨的主要成分 SO_2和 NO_X中，交通车辆的排气占很大比重，尤其是机动车辆的排气中含 NO_X浓度特别高。随着中国国民经济发展和人民生活水平的提高，各类汽车的数量将会迅速增加，所以控制各种车辆的排放对改善大气质量、减少 NO_X排放量相当重要。

（四）加强植树栽花，扩大绿化面积

植物具有调节气候，保持水土，吸收有毒气体等作用。植物体有巨大的吸附表面和庞大的地下根系，对有毒物质有较强的吸收能力。据统计，10000 平方米的柳杉每年可吸收 720 千克的 SO_2；一株树的叶片吸收 SO_2的能力是它所占土地吸收 SO_2能力的 9 倍。因此，根据城市环境规划，选择种植一些较强吸收 SO_2和粉尘的如石榴、菊花、桑树、银杉等花草树木，可以净化空气，美化城市环境，这也是防止酸雨的有效途径。

（五）划分酸雨控制区和二氧化硫污染控制区

按照《中华人民共和国大气污染防治法》的规定，在酸雨控制区内排放二氧化硫的火电厂和其他大中型企业，属于新建项目不能用低硫煤的，必须建设配套脱硫、除尘装置，或者采取其他控制二氧化硫排放、除尘的措施。属于已建企业不用低硫煤的应当采取控制二氧化硫排放、除尘的措施。1995 年 8 月，全国人大常委会通过了新修订的《中华人民共和国大气污染防治法》，规定要在全国划定酸雨控制区和二氧化硫污染控制区，以求在双控区内强化对酸雨和二氧化硫的污染控制。

通过淋溶实验，从 pH 值、Ca^{2+} 浓度、重量损失率、表面粗糙度和扫描电镜观察等方面模拟研究酸雨环境对丫山石林地貌景观的影响，揭示丫山石林岩溶地貌的溶蚀机理，提出相应的改善措施，实现丫山旅游资源的可持续发展和利用。

参考文献

[1]《中国环境年鉴》编辑委员会．中国环境年鉴（1998）［M］．北京：中国环境年鉴社，1998：234 – 235．

[2] 凌琪．酸雨的形成机制研究进展［J］．安徽建筑工业学院学报（自然科学版），1995，3（1）：55 – 58．

[3] Wang T. J.，Jin L. S.，Li Z. K.，et al. Modeling study on acid rain and recommended emission control strategies in China［J］．Atmospheric Environment，2000（34）：4467 – 4477．

[4] Lokman T. Laboratory experiments of the investigation of the effects of sulphuric acid on the deterioration of carbonate stones and surface corrosion［J］．Water，Air，and Soil Pollution，1999（114）：1 – 12．

[5] 周骏一．乐山大佛基岩酸雨影响评价及防治对策［J］．乐山师范学院学报，2004，19（2）：107 – 110．

[6] 蓝俊康．模拟酸雨对灰岩的侵蚀性研究［J］．桂林工学院学报，1997，17（2）：164 – 168．

[7] H. Bravo A.，R. Soto A. Effect of acid rain on building material of the EI Tajin archaeological zone in Veracruz，Mexico［J］．Environmental Pollution，2006（144）：655 – 660．

[8] Xie S. D.，Qi L.，Zhou L. Investigation of the effects of acid rain on the deterioration of cement concrete using accelerated tests established in laboratory［J］．Atmospheric Environment，2004（38）：4457 – 4466．

[9] 迟光宇．中国酸雨问题现状及其对策［J］．杭州环境科学，2005，11（1）：42 – 47．

生态经济背景下皖江城市带老字号发展研究

王增武

老字号是经济和社会发展中长期积累的商业品牌，也是传统文化的一种表现形式，更是一个地区推介自己的亮丽名片。在激烈的市场竞争中，特别是生态经济被广泛关注并成为发展理念的当下，老字号企业发展面临着严峻挑战，同时也迎来前所未有的机遇。皖江地区城市地理位置优越，历史悠久，商业曾高度繁荣，产生了大量的老字号企业，探索一条符合本地区老字号企业在生态经济背景下的发展路径，无疑具有重要的理论和现实意义。

一、概念界定与问题的提出

党的十九大报告指出，发展是解决我国一切问题的基础和关键，发展必须是科学发展，必须坚定不移贯彻创新、协调、绿色、开放、共享的发展理念。我们要在继续推动发展的基础上，着力解决好发展不平衡不充分问题，大力提升发展质量和效益，更好满足人民在经济、政治、文化、社会、生态等方面日益增长的需要，更好推动人的全面发展、社会全面进步。不难发现，党和国家在新时代尤为重视经济发展中的生态保护问题，强调生态经济是保障发展和社会长治久安的基础，老字号经济是国家和地方历史、技艺和文化的象征，在新时代背景下面临前所未有的困境和机遇。如何利用生态经济的创新理念、技术和方法等来保护和开发是当前重要议题。

（一）生态经济概念界定

生态经济是在20世纪60年代初期提出的一种旨在摆脱现实社会面临的诸多困境的新的经济理论。它通过研究自然生态和经济活动的相互作用，探索生态经济社会复合系统协调和可持续发展的规律性，并为资源保护、环境管理和经济发展提供理论依据和分析方法。[1]由此，有学者认为，生态经济是指在生态系统承载能力范围内，运用经济学原理和系统工程方法改变生产和消费方式，挖掘一切可以利用的资源潜力，发展一些经济发达、生态高效的产业，建设体制合理、社会和谐的文化以及生态健康、景观适宜的环境。[2]毋庸置疑，生态经济学既是新兴学科——是在资源危机、环境危机、气候危机的大背景下成长起来的新兴学科，又是交叉学科——是自然科学与社会科学的交叉、生态学与经济学的交叉、生态产业与生态消费的交叉、生态科技与生态制度的交叉。刘思华认为，生态经济学是从生态学和经济学的结合上，围绕着生态系统和经济系统之间的相互关系这个中心，研究人类社会经济活动（包括生产和生活）的需求与自然生态环境系统的供给之间的矛盾运动过程中发生的经济问题和所体现的经济关系这个主题，阐明产生它们的生态经济原因及其解决办法的理论原则，从而揭示生态经济运动和发展的客观规律，旨在协调人类社会经济活动和自然生态环境的关系，寻求生态、经济两个系统之间的相互平衡和协调发展。[3]多数学者认为，其研究对象是生态经济系统。[4]人类社会发展至今，已经达到生态保护与经济增长又好又快的发展模式还十分少见。所以产生生态经济问题较为常见，即在经济社会发展中所出现的生态非经济化、经济逆生态化以及生态系统和经济系统之间的相互对抗的状况。[5]因此，生态经济强调资源、环境和经济协调发展，这不仅是经济社会发展的必然要求，也成为当代经济社会发展的基本背景，任何经济形态或类型的发展必须尊重与生态协调发展。总而言之，与传统经济相比，生态经济是一种新型和创新型的经济形态，是将经济系统纳入自然生态系统，实现经济活动的生态化。

（二）老字号概念界定

通常，被称为老字号都具有深厚的历史和市场积淀，都是经过几十年、上百年甚至几百年市场竞争优胜劣汰之后留下的商业珍品（有些知名老企业统领着某个行业），各自具有艰苦奋斗的发家史和宝贵的商业经营经验。[6]它是国家或地区的传家宝，蕴含着丰富的商业传统和智慧。作为民族经济社会发展实践中商贸文化与民族品牌的集中体现，中华老字号探索并形成了独具中华民族传统意蕴的品牌管理理念与企业经营哲学，其几经风雨而延续至今，文化价值、社会价值、经济价值及品牌价值自不可估量。[7]老字号研究专家张继焦认为，老字号历史悠久，拥有世代传承的产品、技艺或服务，具有鲜明的中华民族传统文化背景和深厚的文化底蕴，取得社会广泛认同，形成良好信誉的品牌。老字号不仅是一种商贸景观，更是一种历史传统文化现象。[8]不难发现，老字号不仅积淀了深厚文化底蕴，也是消费者对其的可信度和认可度的体现。对于老字号自身，则承担着传承历史、传承文化，提升城市知名度和美誉度的重要责任。近年来，国家有关部门非常重视老字号企业的生存与发展问题，并予以一定的政策支持加以保护。目前，老字号称号主要有中国商务部认定的“中华老字号”和各省商务厅认定的省级老字号两种，部分地级市也会评定本市的老字号，本文研究的老字号范围限定于前两类。

商务部对中华老字号的界定并为其认定有一定的条件，除企业发展的一般条件外，还包括品牌须创立于1956年（含）以前；传承独特的产品、技艺或服务；具有中华民族特色和鲜明的地域文化特征，具有历史价值和文化价值。[9]换言之，“中华老字号”至少有一甲子之长，并经历了公私合营的社会主义改造阶段。安徽省认定的“安徽老字号”标准是必须在省内登记成立的企业和组织，拥有商标所有权或使用权，或国家工商总局商标局已受理该单位提出的与申报字号一致的商标注册申请；其品牌创立已有

40年，并累计经营30年以上，具有独特的产品、技艺或服务，具有中华民族特色和鲜明的安徽地域文化特征，得到广泛社会认同和赞誉，且经营状况良好，具有较强的可持续发展能力。

（三）问题的提出

皖江城市带的老字号发展具有悠久的历史，以及良好的口碑和丰富的文化资源。如胡玉美酿造食品有限责任公司于1907年报清朝农商部核准注册登记，已有110余年的历史。为扩大其知名度，多次参与清廷劝业部在各地举办的展销会。1910年，安庆“胡玉美”振风古塔牌蚕豆辣酱和枸杞菊花酒在南京举办的商品劝业会上，与参展的420余种商品比试高低。经评委评议，最后由总审查长张謇终审，安庆“胡玉美”振风古塔牌蚕豆辣酱和枸杞菊花酒分别获得“国光”“日月”金奖、银奖，首次跻身中国名牌国货之列。1915年振风古塔牌蚕豆辣酱等产品，被举荐参加在美国旧金山举办的国际巴拿马赛会，“胡玉美”获得国际巴拿马赛会大奖，也因此跃上国际名牌的排行榜。“胡玉美”的这种宣传方式使得企业享誉国内外。同样，改革开放以来，在党和国家的支持下，老字号企业重焕新生，其发展也走向多元化，通过改制和导入现代流通方式，有的继续走公有制道路，有的脱离体制迎接市场的怀抱，部分老字号企业有所发展。但老字号企业发展整体形势不容乐观，都不得不面临市场经济的新环境，以及社会环境的变迁，例如，几乎所有的老字号都面临过因城市拓展空间而发生的拆迁搬离，这对在闹市区靠口碑生存的老字号企业而言是致命的。规模、资金、人才短缺和管理等每一项对老字号企业来说都可能面临生死考验，如今即使是已经被评上“中华老字号”品牌的部分企业，有的勉强维持，有的甚至已经危机四伏或名存实亡。

诚然，老字号企业发展面临的困境多元，原因错综复杂，且众说纷纭。但总体而言对老字号的研究关注度不高，从文献看，目前老字号研究具有以下特点：其一，地方性研究以北京、上海等特大城市为主，出版了如《京商论》《京商文化研究》《生态场·传承链——北京商业非物质文化遗产传承研究》等专著，以及《北京商业》专业期刊定期刊发相关文章，而其他研究则较少，尤其有过辉煌商业史的皖江地区几乎没有老字号研究，实属缺憾；其二，研究范畴多以经济管理视角考察老字号发展中遇到的问题和出路等，老字号的传承与创新、发展与管理、品牌建设与知识产权等方面是研究重点；其三，从企业文化角度来探讨老字号的异军突起，代表人物是中国社会科学院张继焦教授，其研究表明，以企业人类学这门世界性的交叉学科为研究视角，将老字号企业作为其主要研究对象，深入探索影响老字号企业发展的社会、文化和政治等各种非经济因素，并提出著名的政府与老字号的“伞式关系”，即全聚德、同仁堂等老字号得到中央和地方政府的大力支持，在其“庇护”下扬名中外，从而提升其市场竞争力。[10]从而重新审视老字号企业，提供了分析的新视角，值得我们关注。总而言之，目前老字号研究正向广度和深度递进，随着经济社会需求和发展面临前所未有的机遇。当前生态经济发展理念深入人心，并上下达成一致共识，成为经济社会发展的前提和基础。老字号企业在发展中同样也面临该议题的考验，其困境与此的关联度，以及如何应对等，正是本文所要探讨的核心内容。

二、皖江城市带老字号发展现状

截至2018年10月，商务部先后于2006年和2010年认定了两批“中华老字号”企业，安徽省拥有25家，其中皖江城市带占据13席，超过总量的半数，可见皖江城市带物产丰富，商业氛围浓郁，经济活力显著，积淀了深厚文化，彰显在安徽省经济社会发展中的特殊地位。具体企业如表1所示。

表1　皖江城市带“中华老字号”企业

企业名称	注册商标	所属城市	所属行业	获批批次
中国宣纸集团公司	红星	宣城	制造	第一批
安徽同庆楼餐饮发展有限公司	同庆楼	芜湖	餐饮	
安庆市胡玉美酿造食品有限公司	胡玉美	安庆	食品	
芜湖市耿福兴酒楼	耿福兴	芜湖	餐饮	
安徽寿春堂大药房有限公司	寿春堂	合肥	医药、批发零售	
安徽安科余良卿药业有限公司	余良卿号	安庆	医药、批发零售	
马鞍山市采石矶食品有限公司	采石矶	马鞍山	食品	第二批
安庆市麦陇香食品厂	麦陇香	安庆	食品	
合肥公和堂食品厂	公和堂	合肥	食品	
合肥市糖业烟酒有限责任公司张顺兴食品厂	张顺兴号	合肥	食品	
芜湖市四季春大酒店	四季春	芜湖	餐饮	
安庆市柏兆记工贸实业发展有限公司（2017年更名为安徽柏兆记食品股份有限公司）	柏兆记	安庆	食品	
芜湖市老余昌钟表眼镜有限责任公司	老余昌	芜湖	批发零售	

资料来源：根据商务部业务系统统一平台：中华老字号管理系统的数据整理。

安徽省于2014年、2016年和2018年认定了三批“安徽老字号”共203家，其中皖江城市带8市占半数以上，以2018年通过的68家为例，皖江城市带共占39家，占总量的57.4%，基本与皖江城市带的“中华老字号”在安徽省分布吻合。总体而言，目前皖江城市带的老字号企业具有以下特征。

（一）空间分布不均衡

皖江城市带老字号企业数量明显多于安徽省其他地区，但内部差异非常大，不集中、不均衡现象凸显。绝大多数的老字号企业位于设区的地级市，广大的县级和农村地区分布可以忽略不计。以“中华老字号”为例，从表2中不难发现，芜湖和安庆两市各占据4家，相加超过6成，而滁州、铜陵和池州均无此殊荣。相对而言，城市规模较大、历史悠久的商贸中心和文化中心的老字号数量较多。安庆作为安徽省仅有的5座国家级历史文化名城之一，以及芜湖一直作为皖江商贸中心，其拥有的国字号和省级老字号数量远多于其他城市，新兴城市的老字号数量明显较少，甚至没有。表3的2018年获批的“安徽老字号”基本也符合上述特征。可见，皖江城市带老字号在城市间的差距显著，也反映出分布零散中又相对集中。

表2　　皖江城市带“中华老字号”企业空间分布

城市	频次	频率（%）
合肥	3	23.07
滁州	0	0
马鞍山	1	7.70
芜湖	4	30.77
宣城	1	7.70
铜陵	0	0
池州	0	0
安庆	4	30.77
总计	13	100

资料来源：根据商务部业务系统统一平台：中华老字号管理系统的数据整理。

表3　　2018年皖江城市带获批的“安徽老字号”企业空间分布

城市	频次	频率（%）
合肥	7	17.95
滁州	5	12.82
马鞍山	1	2.56
芜湖	5	12.82
宣城	9	23.08
铜陵	2	5.13
池州	4	10.26
安庆	6	15.38
总计	39	100

资料来源：根据安徽省商务厅网站关于“安徽老字号”评审结果的公示（2018－04－25）的数据整理。

（二）以餐饮食品行业为主

企业的行业类型在一定程度上体现了企业的发展方向或是企业的特点，皖江城市带的老字号企业类型多样，有餐饮食品业、制酒制茶业以及手工工艺等，但是从各类企业的数量分布上来看，餐饮食品行业占大多数。例如，“中华老字号”称号的企业中皖江城市带仅有13家，其中餐饮食品类型的企业有9家，占比69.2%，其他企业为与生活相关。2018年获得“安徽老字号”称号的33家企业中，其中餐饮食品类型的企业有27家，占比高达81.8%，不难发现，皖江城市带所获批的老字号多为餐饮食品行业，其他企业也多与居民的日常生活起居相关。

（三）社会影响力有限

如前所述，皖江城市带区域广阔，并沿江呈带状分布，老字号企业呈现出不集中、不均衡，且分布较为零散。在数十年甚至百年历史上，因交通和信息不发达，老字号通常成为所在城市的少数居民了解和认可，吸引力和受众面有限。且在经济不发达的传统自给自足的农业社会，消费能力不高，而老字号通常是逢年过节或特殊场合才会光顾，并不完全是大众的紧缺消费品，即使在传统社会中其影响力也不足以成为人人皆知、人人光顾，是家门口的老字号。[11]在市场经济条件下，消费多元化和竞争加剧，“酒香不怕巷子深”已成为过去，加之很多老字号在城市发展中经历过拆迁，导致其丧失大量顾客，难以形成规模效应，社会影响力有限。“店老字黄”，很多老字号已经消失，部分被认定的老字号发展也存在诸多困难。

（四）生存环境改善提速

随着政府和社会对老字号关注度提升，老字号的生存环境正得以改善。如2006年7月7日，由安徽省商务厅牵头，举行了“振兴老字号”座谈、研讨会，为老字号发展建言献策。[12]基于此，部分城市如安庆和芜湖正着力打造“老字号一条街”，提升老字号商业氛围，规避拆迁造成的复位难问题。老字号本身的价值也带来了体制和观念的转变，如芜湖“耿福兴”即是转让商标权后得以重焕新生，旅游业和老字号天然亲近，通过旅游业带动老字号繁荣和复兴。[13]通过种种渠道，改善老字号经营环境，促进其健康持续发展。

三、生态经济背景下皖江城市带老字号面临的困境

皖江城市带老字号在现阶段发展中遭遇前所未有的困境，内容较为繁杂，既包括时代变迁，也包括自身发展思维和管理等僵化，但与其在生态背景下的发展策略不无关系。具体而言，在此背景下所形成的发展困境如下。

（一）食物与营养变迁导致老字号认可度下降

文化生态学先驱斯图尔德认为，生产技术和文化是获取、利用能源或资源的核心方式。[14]毋庸置疑，所有动物都是靠摄入食物作为能量和营养而生存。皖江城市带老字号诞生于传统社会，食品类占据多数。而在自给自足的农耕社会中，蛋白质的摄取量是不成问题的，[15]但他们也有补充营养缺陷的传统方法，通过购买特殊的食品来予以弥补。

农业社会能量的90%是从淀粉质类的食物获取的，因此要确保足够的蛋白质，就必须有动物性的食物。因深受地域和市场发展水平限制，老字号商铺成为区域内这类特殊营养的提供者，经历时间洗礼，具有较高的声誉。由于老字号企业多是手工作坊式，例如，安庆的多个食品品牌长久保持着前店后坊式的经营模式，以传统秘制著称。不过，随着经济社会的发展，人们对食品的获得难度降低，其选择面大大拓宽，食物摄入不仅是弥补其营养成分，更加关注其健康因素，传统生产方式的缺陷则较为显著。客户从关注温饱到关注其食品成分、质量和安全，甚至部分老字号因制假售假，如皖江城市带下游的南京冠生园于2001年爆出“月饼风波”，首次揭开了节后剩余月饼再利用的“行规”，[16]被称为“失信第一案”。目前的研究成果多认为老字号衰落原因是资金、品牌管理等，而客户对营养需求变化让老字号的认可度下降则易被忽略。换言之，社会文化生态发生变迁导致经济生态环境变迁的直接后果值得正视。

（二）技术水平滞后

有学者认为，企业的竞争力甚至存亡将越来越取决于它们能否应对可持续发展的要求。大量研究表明，生态技术创新企业由于生态效率提升及形象塑造，通常比其竞争对手具有更强的竞争优势。[17]由此可见，技术创新是生态经济的必然路径。法国人类学家纳丹·施朗格认为，“技艺”通常应用于原始的、传统的、小范围的，或者其他熟练的和司空见惯的现象，而“技术”则指向那些被认为是现代的、复杂的、精巧的、基于知识的客观现象。[18]综观皖江城市带的老字号企业，因体制改制进展不一致，人才和资金短缺等，且多为家庭作坊式，生产技艺又以“祖传秘方”著称，导致技术更新较慢，难以将现代科技融入企业发展中，生产耗能大、成本高，不仅给生态环境带来直接损害，也直接影响了企业自身的发展。毋庸置疑，老字号拥有其独特的技术，是其安身立命和享有较高声誉的基础，正是其独特性在发展中成为打破惯性思维的障碍。

（三）城市生态位变迁

城市生态位是将生态位的概念引入城市生态系统研究中，王如松是最早将其引入的，他指出，城市生态位是指一个城市提供给人们的或可被人们利用的各种生态因子（如水、食物、土地、建筑、交通等）和生态关系（如生产力水平、环境容量、生活质量等）的集合。[19]实质上反映的是城市居民在生存条件和生活质量上的满足程度，有学者还将其运用于城市群中，强调城市生态位是城市之间的社会经济与生态关系的综合，并将其分解为：资源生态位、环境生态位、经济生态位、社会生态位等多个向量，是制定城市及城市群发展战略的出发点。[20]通常，老字号企业诞生于城市或城镇繁华的中心区域，客流量较大，优越的地理位置或显著的坐标是享誉于世的符号。然而，随着城市发展，街道和街面改造频繁，尤其是进入21世纪以来，皖江城市带城市化加速，老字号企业面临前所未有的店面拆迁风潮，从而导致原有购物环境和文化韵味被破坏，加之前店后坊、规模较小，[21]其生存环境堪忧。拆迁升级改造带来的溢价使再返回原处希望渺茫，如曾为芜湖餐饮业中“大哥大”的“同庆楼”，1996年在中山路改造中被拆除。

回迁时，开发商提高了建筑标准，加上房地产开发中的自然升值，拆迁时评估的资产残值，连原面积的1/3也买不回。[22]不难发现，城市规模扩展给老字号带来机遇的同时也面临较大的生存危机。

（四）生态消费模式的变更

生态和消费存在天然联系，消费者对生态产品的消费以及消费者的消费方式是生态的。生态消费理论，就是从生态的角度阐述消费者的消费行为和消费方式，使得消费符合生态要求的理论。[5]从消费角度看，随着市场愈加繁荣，居民消费选择范围更大，市场亦由买方转变为卖方，消费时代已经来临，并且强调消费品牌、质量等，符号消费也正经历大变革。老字号以销售传统生活服务类商品为主，符合当时居民的消费习惯，成为此时的消费符号。但在消费时代，消费者的生态需求递增值得关注，成为物质需要、精神需要外的第三种需要，从而在产品消费上尤为关注如健康因素考虑的低脂低油、营养结构合理等需求，生态真空包装也受到重视。基于此，老字号不足较为明显，在生态符号消费中竞争力大大降低。

与传统经济相比，生态经济是一种新型的、先进的经济形态，它将经济系统纳入自然生态系统之中，实现经济活动的生态化。皖江城市带老字号企业在生态经济背景下的困境不仅来自经济社会环境的需要，也有本身特性所决定其难以掩盖在竞争中的不足。

四、生态经济背景下皖江城市带老字号企业对策

皖江城市带老字号企业以日常生活的轻工业商品为主，历史悠久，具有一定的社会记忆功能，但目前面临的困境无不与生态经济的背景相关，如何在此背景下保护和开发好老字号具有较强的社会价值和文化价值。

（一）转变思路，瞄准生态产品开发

在之前的老字号研究成果中，认为其发展遇到的困境多与品牌管理、营销方式等相关，并由此提出相关的对策。诚然，这些方面确实制约了老字号的发展，但从皖江城市带老字号的分析来看，现有成果忽略了生态经济这一发展背景。秘方对于部分老字号企业而言非常重要，但并没妨碍如何运用新的技术和理念改造升级。另外，皖江城市带的老字号企业传统工艺优势明显，如何应对市场需求是未来发展的方向和动力。从上述分析不难发现，皖江城市带老字号的消费群体多为中老年群体，消费的潜力不大，对年轻人和中产群体的吸引力不足，市场较为狭窄，甚至对老字号存在一定的误解，如食品口感、卫生和健康等，从而导致“酒香不怕巷子深”失灵。除转变思想观念，树立竞争意识，注重传统与现代的结合，不难发现，其市场发展困境也是基于生态背景发生显著变化导致的。所以，在企业发展中应积极改变思路，以生态经济发展路径作为企业经营方向，重视产品创新，契合社会需要，尤其是生态和健康方面的诉求。

（二）积极探索科技创新，努力实现企业转型

如前所述，皖江城市带的老字号企业多以劳动力和资源密集型的加工制造业和服务业为主，且多分布在传统产业之中，其使用传统的技术生产产品且技术含量低，有些产品的生产过程以手工为主，生产方式较为粗放，经验和“秘制配方”是主要竞争手段，缺乏科学化的标准，和现代企业相比，其技术含量较低。而生态经济发展离不开技术的革新，如何引进技术，并在此基础上有所创新是皖江城市带老字号共同面临的问题。目前，有的企业已作出一定的创新值得鼓励，如芜湖的“同庆楼”于1996年因中山路改造被拆，商标权于2005年初转让给安徽省餐饮龙头之一的梦都大酒店，得到现代企业的技术和管理得以焕发新春。同样芜湖具有近200年历史的张恒春制药厂，当年与北京同仁堂、杭州胡庆余堂、汉口叶开泰等齐名，近年来完成了企业改制，通过技术创新，被评为国家中成药生产优秀企业、安徽省高新技术企业。[23]安庆柏兆记工贸实业发展有限公司非常关注食品的质量问题，针对每一个生产环节都设立产品质量管理要求以及产品的合格标准，致力于作出健康营养的食品。

另外，在销售渠道上也应紧跟社会需求，如作为生态产业的标志性行业——旅游业，需要提升其内涵，挖掘地方文化特色，而老字号则与其具有天然的契合性，这需要行业协会积极研究、链接资源，企业间讲求信誉、紧密合作，更需要政府通过政策的推动并加以协调。皖江城市带旅游资源丰富，交通便利，将老字号文化纳入旅游发展必将促成双方的优势互补，共赢发展成为可能，从而真正实现皖江城市带老字号企业的生态经济发展转向。

（三）建立城市老字号空间发展规划和实施

从皖江城市带老字号企业发展历程看，城市生态空间的每一次大变迁对老字号而言都是一次生死考验，因为老字号即是靠长久、稳定的位置吸引客源的。目前，皖江城市带的城市空间均处于快速扩张期，并在未来一段时间有延续趋势，基于此，政府和老字号企业必须正视城市空间变迁对其发展的影响，并予以积极应对。在皖江地区，已有部分城市注意到此，如芜湖市在城市改造后整合餐饮类企业，以老字号为龙头，打造商业街，营造了良好的商业氛围，老字号企业的收益也得到显著提升。但是，整体而言，皖江城市带的老字号企业较为零散，分布不够集中，还要加大潜在老字号企业的挖掘与保护，并从战略高度上予以整合，协同如旅游业等予以规划，在城市地理空间上给予一定的支持，形成集团式发展格局，营造城市老字号氛围。

（四）构建符合社会需求的生态消费模式

如前所述，老字号企业在市场经济条件下，对市场敏感性不足，调整经营模式难度较大，对消费群体的把握不够准确，尤其年轻群体对生态、健康的需求难以满足。不难发现，老字号企业强调优秀传统文化和工艺，尤其对外宣传方面更是如此，却忽略了消费群体的实际需求，从而形成生产者和消费者的信息不对称，是造成企业困境的重要原

因。基于此，皖江城市带老字号企业应该加强对市场的调研，分析消费者对生态健康的需求内容，制定相关的策略并加以研发和销售，强化生态消费理念并予以大力宣传，从而实现自身特色和生态特色相结合，适应消费者需求，提升市场占有率。

当前皖江城市带老字号企业发展面临来自自身和市场环境两个方面的困境，不难发现生态经济背景的把握不足不容忽视。基于此，企业需要转变发展思路，突出自身特色，并有针对性地加以调适。政府应关注老字号企业的需求，尤其从法规与政策等方面给予规范，引导和鼓励企业在生态经济方向发展和创新。另外，我们还要关注行业协会在生态经济背景下的作用，目前商务部和安徽省商务厅均成立了老字号协会，极大地促进了老字号企业的认定、保护和发展，而皖江城市带各市均没有成立，缺乏专业的社会组织参与其中。皖江城市带各市应该加强协同合作，可以联合成立一个区域性的老字号社会组织，为区域内的老字号发展提供智力、信息和资源等，尤其关注生态经济方面的发展，可以和其他相关的生态环保企业、社会组织衔接，从而实现资源整合和互补，为老字号企业发展提供支持和动力。

参考文献

[1] 李周．中国生态经济理论与实践的进展［J］．江西社会科学，2008（11）：7－12.

[2] 沈满洪．生态经济学的定义、范畴与规律［J］．生态经济，2009（1）：42－47.

[3] 刘思华．刘思华可持续经济文集［M］．北京：中国财政经济出版社，2007：353.

[4] 许涤新．生态经济学［M］．杭州：浙江人民出版社，1987：2.

[5] 沈满洪．生态经济学（第二版）［M］．北京：中国环境出版社，2016：11，240.

[6] 张继焦．企业人类学的创新视角：老字号的研究现状、现实意义和学术价值［J］．创新，2015（1）：11－16.

[7] 房凯，秦宗财．品牌生态与中华老字号的品牌演化［J］．工业经济论坛，2015（5）：81－88.

[8] 张继焦．老字号、老商街如何重拾竞争力［N］．中国民族报，2014－09－12（6）.

[9] 商务部商业改革司．“中华老字号”认定规范（试行）［Z］．中华人民共和国商务部，2006－04－10.

[10] 张继焦．“伞式社会”——观察中国经济社会结构转型的一个新概念［J］．思想战线，2014（4）：54－61.

[11] 陈麟，王政．老字号：安庆的“结”［N］．安庆日报，2005－07－29（005）.

[12] 张铧．安徽立足徽文化打造“中华老字号”［N］．中国商报，2006－08－18（002）.

[13] 张理想．“老字号”驶入旅游快车道［N］．安徽日报，2018－08－10（012）.

[14] 夏建中．文化人类学理论学派［M］．北京：中国人民大学出版社，1997：229.

[15]［日］秋道智弥，市川光雄，大塚柳太郎．生态人类学［M］．范广融，尹绍亭，译．昆明：云南大学出版社，2007：42.

[16] 盛人云．卖剩的月饼不能去向成谜［N/OL］．人民网，2016－09－19. http：//lxjk.people.cn/n1/2016/0919/c404177－28724684.html.

[17] 游达明，朱桂菊．不同竞合模式下企业生态技术创新最优研发与补贴［J］．中国工业经济，2014（8）：122－134.

[18]［法］纳丹·施朗格．技术之承载：马塞尔·莫斯和法国社会科学的技艺研究［A］．［法］

莫斯，涂尔干，于贝尔，纳丹·施朗格．论技术、技艺与文明［C］．蒙养山人，译．北京：世界图书出版公司，2010：2.

［19］王如松．高效和谐——城市生态调控原则和方法［M］．长沙：湖南教育出版社，1988：12.

［20］肖杨，毛显强．城市生态位理论及其应用［J］．中国人口·资源与环境，2008（5）：41－45.

［21］王似宝．从品牌营销视角看安庆百年老字号企业品牌的振兴［J］．安徽电子信息职业技术学院学报，2011（3）：79－81.

［22］何芬兰．老字号：想说爱你不容易［N］．国际商报，2004－06－11（001）.

［23］晓春．老字号新品种——奇圣胶囊［N］．中国妇女报，2000－09－13（007）.

市县篇

铜陵市生态经济发展研究

姚　伟

一、生态经济的内涵与特征

（一）何为生态经济

改革开放以来，我国社会经济发展取得显著成绩，但是这些成绩的取得，很多时候是以粗放式发展为支撑，其基本特征是依靠单纯增加生产要素量的投入来扩大生产规模，实现经济增长。这种增长在很大程度上以破坏生态环境为代价，造成严重的资源浪费和环境污染。当前我国经济发展正处于新常态，如何保持经济处于适当发展速度，使经济发展与环境保护相协调是一个重大的现实问题。以往的历史经验表明，珍惜自然资源，保护生态环境，满足当前需要而又不削弱子孙后代满足其需要之能力，走绿色生态经济发展的道路，才是解决经济发展与环境保护矛盾的关键。

生态经济是建立在生态可承受基础之上，在保证自然再生产的前提下扩大经济的再生产，形成产业结构优化、经济布局的合理，资源更新和环境承载能力不断提高，经济实力不断增强，集约、高效、持续、健康的社会经济自然生态系统。[1]发展生态经济也是在传统发展基础上的一种模式创新，是建立在生态环境和资源承载容量的基础之上，将绿色发展作为可持续发展的有效途径；是以生态环境良性循环发展为约束条件，追求经济发展与生态环境保护并重、双赢的社会再生产过程；是实现经济效益、生态效益和社会效益高度协调统一。

（二）生态经济的特征

生态经济并不是简单的“生态＋经济”，它一方面要求在发展经济的同时注重保护环境，实现经济效益与环境保护的良性循环；另一方面也希望在不断改善提升环境质量同时，尽可能发展经济，使生态效益与经济效益都得到提高，从而实现环境优美，经济发展，人民生活富足。关于它的特征，可以从以下几个方面来理解。

第一，以人为本。以人为本，着力保障和改善民生是我们发展经济的根本归宿，也是促进经济结构优化，推动经济社会协调发展的必由之路。生态经济正是注重以人为本，从人类社会长远发展出发，实现人民生活富裕，生存环境改善。在不破坏生态环境前提下发展经济，进而实现经济结构不断优化，人类社会全面发展。

第二，整体协调。经济活动与自然环境存在紧密联系，人类经济活动影响自然环境的生态系统。如果保持在一定承受范围之内，那么经济收益会以健康稳定趋势增长，反之，若超过生态环境承载范围之内，那么经济收益就会停止甚至倒退。生态经济强调合理利用现有资源，维护发展好人类生存环境，追求社会、经济与环境的整体统一协调发展，实现经济增长与环境保护、物质文明与精神文明、自然生态与人类社会高度统一，其追求的是整个生态圈的系统循环发展。

第三，持续发展。生态经济是一种可持续发展，它不仅可以满足人类现在的需求，也不会危及后代发展需要，从根本上来说要求经济发展必须符合人类社会发展规律，并在自然资源可承受范围之内。生态经济是人们在面对资源枯竭、环境恶化的威胁下，为了解决生存危机而寻求的一种新型发展模式，是对人类社会与自然环境重新认识的结果。

二、铜陵市生态经济发展基本判断

（一）铜陵市生态经济发展的基础

铜陵市地处安徽省中南部，是皖江城市带重要的工业城市，北接合肥，南连池州，东邻芜湖，西临安庆，介于北纬30°45′～31°09′、东经117°35′～118°09′，属亚热带湿润季风气候，四季分明，气候宜人。境内万里长江穿境而过，拥有天井湖、浮山、旗山汉武文化生态园等国家4A级旅游景区3个，拥有天然湿地543.8平方千米，白荡湖、菜籽湖、枫沙湖、陈瑶湖和市区东湖、西湖等湖泊水质优良、星罗棋布。铜陵市境内低山、丘陵和平原交错分布，境内探明的铜、金、银、硫、铁以及与之伴生的各类稀有金属矿种有30多种，其中，铜储量占全省70%，硫铁矿居全国第二、华东第一。全市土地面积2991.3平方千米，年平均气温17.4℃，市区绿地建设面积7.21平方千米，人均公园绿地面积13.46平方米，森林覆盖率25.08%。

在拥有出众生态环境资源基础上的铜陵市，先后荣获全国文明城市、国家园林城市、国家卫生城市、中国优秀旅游城市的称号。当前，铜陵市正不断把自身生态优势转化为发展优势，努力成为全省生态文明建设和经济发展的排头兵。2012～2017年，铜陵市地区生产总值跨过千亿元台阶，年均增长9.5%，服务业增加值占生产总值比重由24.4%提高到33%。2017年财政收支双双超过160亿元，规上工业主营业务收入突破3500亿元，是2012年的1.6倍，累计增加规上工业企业166家，增长四成以上。开工亿元以上项目601个，竣工511个，完成投资近2400亿元。[2]

（二）铜陵市生态经济发展存在的问题

良好生态环境是实现中华民族永续发展的内在要求，是增进民生福祉的优先领域。尽管铜陵市的生态经济发展具有较为优越基础，但是作为因铜而兴、依矿建市的资源型城市，铜陵市在为国家经济发展作出重大贡献的同时，由于历史观念和现实发展等因素影响，造成了长期采用的粗放式经济发展模式，给地区生态环境带来较大压力，出现了一系列生态环境破坏问题，直接制约了铜陵市经济社会持续保持高速增长势头。

1. 思想观念落后，环保机制不健全

思想是行动的先导，观念落后是当前铜陵市发展生态经济的一大障碍。尽管党的十八大以来，国家不断加大对生态经济发展投入，社会各界对此思想认识不断深化，但是还有一些人没有辩证看待生态环境保护和经济发展关系，有的仍然受到先污染再治理、先破坏后修复的旧观念影响，认为经济发展以一些环境破坏为代价还是可以接受的，没有形成强烈的生态环保意识，还是用单纯 GDP 来衡量发展成绩。对什么是生态经济，怎么发展生态经济基本停留在概念认知层面上。部分领导干部在生态环境保护工作上，主动性不足、创造性不够、原则性不强，对生态环境治理工作经常以缺少资金、治理难度大等理由推诿敷衍。

铜陵市因矿得名、因企设市，是我国重要的有色金属工业基地，同时，铜陵市又是典型的资源枯竭型城市，在长期的矿产开采以及工业化进程中积累形成的污染问题日益凸显，环境污染治理任务艰巨，综合治理推进缓慢，特别是在治理和防范环境污染管理体制上还有待完善。这些主要表现在生态经济发展产权制度不明晰，管理体系不完善，环境与经济发展综合决策机制和全社会参与机制尚未建立，环境执法成本高、违法成本低，监管监督机制不完善，尚未形成全社会关注和推动发展生态经济的强大动力和社会氛围。

2. 产业结构单一，工业布局亟待调整

铜陵以铜为名，因铜而兴，铜采冶有 3000 多年历史。建市 60 年来，已发展成为中国最大的电解铜生产基地，重要的硫磷化工、电子材料和建材生产基地，被誉为中国古铜都、当代铜基地，但是这种经济发展高度依赖资源产业和重工业，第一产业和第三产业发展滞后，区域社会经济结构发展失衡严重。2013 ~ 2016 年铜陵市地区生产总值如表 1 所示。

表 1　2013 ~ 2016 年铜陵市地区生产总值　　单位：万元

年份	地区生产总值	第一产业	第二产业	第三产业
2013	6805900	125700	4933800	1746400
2014	7163069	132200	5128900	1902000
2015	7212852	131800	4931931	2149121
2016	9572538	489400	5695869	3387269

注：2015 年及以前年份均不含枞阳县。

资料来源：根据历年《铜陵统计年鉴》整理。

在长期的计划体制下，铜陵市经济产业结构单一，三大产业比例失调，即第一产业薄弱、第二产业比重过大、第三产业发展迟缓，同时受制于发展思路、资源禀赋差异、路径选择等因素，第一产业生产技术总体落后，以传统农业为主；第二产业当中，高精尖所占比重较低，企业生产出来的产品附加值不高，新兴产业发展尚未形成规模；第三产业以经营传统服务业为主，对于市场吸引不强。继而造成了整个经济结构内生性增长动力不强，特别是在资源枯竭、劳动力成本上涨等因素作用下，经济发展成本不断上涨。2016 年皖江部分城市生产总值结构比如表 2 所示。

表 2　2016 年皖江部分城市生产总值结构比

城市	第一产业（亿元）	第二产业（亿元）	第三产业（亿元）	第二产业构成（%）
合肥	270.17	3181.24	2822.97	50.7
六安	189.37	490.63	428.15	44.3
马鞍山	83.79	827.49	582.48	55.4
芜湖	126.90	1506.32	1066.22	55.8
铜陵	48.95	569.59	338.72	59.5
池州	71.15	257.84	260.04	43.8
安庆	192.16	727.18	611.84	47.5

资料来源：根据《安徽统计年鉴（2017）》整理。

“重工偏重”的工业结构依然存在，工业总产值中的重工业占比偏高，产品也多处于产业链的底端。产业结构单一、一铜独大、一企独大、一业独大的局面没有根本性改变，多数企业和产品处于产业链和价值链中低端。产业结构以铜加工业为主，其中铜的采选及相关加工业是主导产业，同时由于是资源型城市，造成产业结构单一，继而绝大多数劳动力集中于资源产业及其附属行业，第一产业与第三产业劳动力所占比重偏低。

3. 城乡环境亟待改善，污染治理任务艰巨

作为一座典型工矿型城市，多年来，铜陵市主要污染物排放总量居高不下，环境污染比较严重，以 2016 年为例，铜陵市工业污染排放涉及企业 253 家，工业废水排放 3935 万吨，工业废气排放总量 3024 亿标立方米，一般工业固体废物产生量 1865 万吨。同时铜陵市最初不是作为一座城市规划起来，而是作为矿场自然发展起来的，各个矿山上的居民区各自发展，最终连成了一片城市。因此，部分区域工业区、居住区和公共设施用地混杂，土地权属交错。工业区内集聚了化工、冶炼、钢铁、电力等多家重工业企业，不利的工业布局导致废气集中排放问题突出，单位面积排放强度大，尤其在夏季西南风向情况下，对周边区域大气环境会产生一定影响。此外，市区及近郊分布着一批污染较严重企业，限制城市整体规划发展，占据较多土地资源，严重影响城市其他功能（商业、居住），也极大限制企业自身外延式发展。2016 年安徽省部分城市空气质量指标如表 3 所示。

表 3　　2016 年安徽省部分城市空气质量指标

城市	可吸入颗粒物（微克/立方米）（PM10）	二氧化硫（微克/立方米）（SO_2）	二氧化氮（微克/立方米）（SO_2）	空气治理达到及好于二级的天数比例（%）
全省平均	77	21	38	74.3
合肥	83	15	46	69.1
六安	73	13	35	81.4
马鞍山	75	20	34	74.3
芜湖	75	21	45	80.3
铜陵	78	44	43	77.3
池州	66	20	33	79.3
安庆	71	20	39	73.4

资料来源：根据《安徽统计年鉴（2017）》整理。

在农村地区，由于环保监管能力和资金投入不足，生态环境保护也面临严峻形势。一些小矿山、小选厂、小作坊分布较散，工艺水平不高，特别是污染处理设施缺乏，造成环境污染和生态环境破坏严重。在农业生产中，农民在土地上投入的有机肥料大幅度减少，过度使用或者滥用化学肥料，造成土壤板结、耕作质量差、肥料利用率低。农村生活垃圾和污水不能有效统一管理，随意倾倒，流向田间地头、池塘、路边，大量有毒有害废弃物质严重破坏农村生态平衡。

三、铜陵市生态经济发展路径选择

目前，我国正处于中华民族伟大复兴的中国梦征途中，保持经济健康、可持续增长已然是一项政治任务。[3]进入新时代，解决人民日益增长的美好生活需要和不平衡不充分的发展之间的矛盾对生态环境保护提出许多新要求。当前，生态文明建设正处于压力叠加、负重前行的关键期，已进入提供更多优质生态产品以满足人民日益增长的优美生态环境需要的攻坚期，也到了有条件有能力解决突出生态环境问题的窗口期。

对于谋求转型发展的资源型城市的铜陵市，生态经济建设是一个涵盖经济、生态、社会等多方面的复杂工程，要在其历史发展背景下，综合考虑铜陵市自身社会、经济、文化等方面因素，推动铜陵市生态经济发展。着力从自身实际情况出发，以习近平新时代中国特色社会主义思想为指导思想，以构建生态文明为目标，制定科学合理发展措施，即要加强生态文明宣传教育、完善制度体系建设，大力发展生态科技，提高生态经济发展创新能力，按照资源优化配置原则，积极稳妥调整产业结构，改变过去高投入、高消耗、高污染的经济增长方式，科学规划城乡社会发展，加快生态环境修复，大力发展绿色循环经济。

（一）加快思想观念转变，推动制度体系建设

发展生态经济，首先必须要打破束缚，解放思想，改变观念。要不断加强全民生态环保意识提升，实现由“要我做”向“我要做”，在全社会范围内树立生态环保绿色发展理念。其次要提升绿色生态执政理念，各级政府在决策规划过程中突出生态环保意识，体现在政府施政的各个方面；作为企业，要积极承担起生态环境保护的责任，在追求高效益的同时也要注重节约能源资源，积极推广使用绿色环保技术。最后，走“低碳环保”之路，不仅是政府和企业的责任，也是每一个公民应尽的义务。政府部门应该通过各类媒介平台，加大宣传力度，对广大民众进行节能环保等方面宣传、教育、培训，吸引公众参与，增强大节能低碳意识。充分利用社会舆论力量，鼓励公众参与生态经济建设和环境保护，并采取奖励措施，对生态经济或者环境保护工作有突出贡献的个人和社会团体给予奖励，加大对破坏生态环境行为的处罚力度。

制度体系建设是区域社会生态经济建设的根本性问题，就铜陵市而言，要不断改革完善环境管理制度，加快构建政府为主导、企业为主体、社会组织和公众共同参与的环境治理体系，加快推动实现生态环境领域治理体系和治理能力现代化。要以增强可持续发展能力为目标，加强制度体系创新，按照政府投入为主、污染者付费、受益者补偿的原则，建立完善生态补偿机制，制定实施环境资源区域补偿办法，加大对重点生态保护类型区的生态补偿转移支付力度。要建立监督监管机制，健全领导干部的生态问责制，对于失职渎职行为严惩不贷，建立生态补偿机制，调节生态环境保护者与受益者之间的利益关系，让受益者付出代价，让保护者得到补偿。实行生态绩效考核机制，增加生态效益在考核指标体系中所占比重。落实好政府主体责任，强化企业责任，按照谁污染、谁治理原则，把生态环境破坏的外部成本内部化，激励企业加快技术升级改造。

（二）提升科技创新能力，助推产业结构调整

人类社会发展经验告诉我们，科技创新是经济增长的关键动力，科技是第一生产力。当制度一定时，随着自然资源的减少，技术创新更成为经济增长不可缺少的推动力。[4]因此实现生态经济发展，必须依靠科技创新，只有技术创新、产品创新、工艺创新的重大突破，才会有生态经济的大发展。通过科技推动生产技术提升，避免不必要资源浪费，为经济利益创造更大空间。要建立以政府部门为引导、科研院所为基础、企业为主体的科技创新体系，加强高端创新人才培养和引进，加大对科技投入力度，加快相关技术攻关和科研成果转化。严格执行淘汰高耗能、高污染企业政策，加大污染治理力度，促使企业加强研发和运用低耗能、低污染生产工艺和设备，引导企业广泛应用绿色科技。加快建立企业技术创新体系，鼓励企业加强与高校科研院所“产学研”合作，增强企业技术创新能力。鼓励企业加快生产技术改造升级，提升技术装备水平，推进传统产业升级和产品更新换代。

生态环境保护和经济发展不是矛盾对立的关系，而是辩证统一的关系。生态环境保护的成败归根到底还是取决于经济结构和经济发展方式，经济发展不能对生态资源环境

竭泽而渔，生态环境保护也不能放弃经济发展缘木求鱼，要在发展中保护，保护中发展，实现经济社会发展与自然生态环境协调，使绿水青山产生巨大生态效益、经济效益和社会效益。作为皖江流域重要的工业城市，铜陵市必须加快培育战略性新兴产业，整合资金等要素资源，高水平推进铜基新材料产业集聚发展，努力抢占产业发展制高点。要以资源合理开发和高效利用为目标，推动产业结构优化升级，形成以高效生态农业为基础、环境友好型工业为重点、现代服务业为支撑的现代产业体系，促进资源优势转化为竞争优势，实现产业经济高起点跨越发展。依托铜加工优势，加快发展高端制造业，向全产业链、低碳、多元循环制造发展，以产业园区建设为载体，按照关键项目带动、配套企业跟进、产业集群发展的思路，创新产业组织形式，培育特色优势产业集群；加强创新型人才和团队的培育建设，增强产业发展的创新能力，实现产业经济由资源依赖、投资拉动、规模扩张为特征的发展方式向科技依托、创新驱动、内涵增长为特征的发展方式转变，切实提高经济发展质量和持续发展后劲。

（三）强化生态环境修复，促进绿色循环经济发展

人与自然的和谐发展，必须首先使生态环境得到改善，才可以使可持续发展不断增强，最终使人类社会走上生产发展、生活富裕、生态良好的文明发展之路。强化生态环境修复，这是改善人居环境的必然，也是实现生态经济发展的根本前提。因此，铜陵市应该按照“生态、自然、宜居、现代”理念，加强科学规划、统一管理，加快城市基础设施建设，促使由矿业城市向现代都市转变。把治理环境污染和生态环保建设作为推动铜陵市经济社会发展的重要工作来抓，加强水土环境保护、大气污染防治、固体废物和重金属污染治理，进一步提升生态环境监测保护修复。坚持节约用地，落实单位用地投资强度规定，推进低效用地再开发和工矿废弃地复垦。严格落实水资源管理制度，实行用水计划和定额管理，巩固全国节水型示范市建设成果，提高水资源配置和利用效率。要切实加强农村环境保护，杜绝污染严重企业向农村转移，实施农村小康环保行动计划，大力推广生态农业、生态能源和生态经济，解决农村环境“脏乱差”状况。深入开展矿业秩序治理整顿，严格实行矿山分类、分区管理，调整优化矿业结构和布局。建立矿山生态建设保证金制度，多渠道筹集资金，加快治理修复废弃矿山生态环境。发展绿色矿业，加快推进绿色矿山建设，促进矿产资源高效利用，提高矿产资源综合利用率和开采回采率。

发展生态经济需要实现可持续健康发展，还需坚持绿色低碳与循环经济的发展。绿色经济是按照物质循环规律运行的一种经济发展方式，以资源再利用、再循环为原则来发展经济，其特点是低消耗、低排放、高效率，本质上是一种生态经济。因此发展绿色经济，提高资源利用率，能够缓解当前铜陵市工业生产中的废弃物回收利用，减少污染排放，改善自然环境，是促进资源节约型、环境友好型社会建设的有效途径。要全面实施“互联网+铜产业”工程，推进设计、研发、生产、管理、交易等环节的信息化应用，探索信息化条件下生产新方式。支持企业实施技术改造，推广应用高端工艺技术，提升先进产能比重，实现铜产业绿色低碳循环发展。支持企业加强现有矿山的勘查、开

发和利用，提高矿山回采率、选冶回收率和综合利用率，促进铜矿供给内涵式增长。

铜陵市地处皖中南核心区域，本身具有良好的环境资源优势，也是皖江城市带重要的经济发展中心，对其进行可持续发展的生态经济研究，不仅有利于认清铜陵市目前的生态经济发展形势，加快城市转型发展探索，也有利于对整个皖江城市带区域社会发展，在生态经济与经济发展的研究中提供重要参考作用。在生态环境可承受范围之内，加快经济转型升级，大力发展生态经济，这将是铜陵市可持续发展的必由之路，对于整个皖江区域社会经济发展也有着重要的参考借鉴意义。

参考文献

[1] 陈民. 生态经济在我国的发展及对策探讨 [J]. 商业经济，2009 (9)：5-6.

[2] 2018 年铜陵市政府工作报告 [EB/OL]. http：//www.tl.gov.cn/xxgk/zfgzbg/201801/t20180111_433385.html.

[3] 侯子峰. 习近平生态经济思想研究 [J]. 湖州师范学院学报，2018 (3)：7-8.

[4] 周璞，刘天科，王昊. 我国资源型城市经济转型升级路径思考 [J]. 资源与产业，2017 (5)：9-14.

合肥市生态经济发展研究

谢国根

随着我国社会经济的快速发展和城市化水平的不断提高，雾霾、水质污染和绿地减少等环境污染问题日趋严重。《中国城市统计年鉴（2014）》显示，2013年我国地级以上城市GDP平均增长率在10%以上，但《2013中国环境状况公报》表明，74个主要城市的空气质量达标率仅为4.1%，由此可见，我国社会经济发展与生态环境保护极不协调，人居环境堪忧。在全球倡导生态文明可持续发展的背景下，经济发展与生态环境的协调发展作为生态文明建设的核心，近年来受到政府和学术界的重点关注，并在党的十八大报告中首次将“生态”作为主题进行阐述。

由于生态经济协调发展的研究涉及面较广，学者们从地理学、生态学、经济学及管理学等不同视角进行了研究。格罗斯曼（Grossman）等研究发现生态环境与经济发展存在倒U型关系，也就是环境库兹涅茨曲线（EKC）。[1]斯特因（Stern）和科尔（Cole）利用能值分析法和生态足迹模型进一步对EKC曲线进行验证。[2][3]1980年8月，我国著名经济学家许涤新召开的首次生态经济座谈会，拉开了国内对于生态经济研究的序幕，国内学者对于生态经济的研究虽相对较晚，但仍然取得了丰富的研究成果。熊传合等利用生态足迹模型探讨了新疆各州市生态经济系统可持续性的时空演变过程；[4]高乐华等基于能值来源结构、经济子系统、生态子系统、社会子系统和可持续发展能力5个方面，对中国沿海11个省市的生态经济系统进行分析；[5]张煊、郑德凤等构建了生态经济系统评价指标体系和体现其协调性的耦合协调度模型；[6][7]张芳、杨青和刘承良等分别对北疆、陕西和武汉城市圈经济发展与生态环境的协调发展状况进行了实证研究，提出了促进生态经济协调发展的对策建议。[8]~[10]

综上所述，大部分研究侧重于经济发展、环境保护等单方面分析，关于生态保护与经济发展两个子系统协调发展研究也不少，但缺乏对各个子系统发展机理和结构特征进行深入挖掘，指标选取较为单一片面，无法客观准确地反映出生态环境和经济发展的发展状况。鉴于此，本文以合肥市为例，基于系统耦合理论，深入分析生态经济系统耦合作用机制，构建生态子系统与经济子系统耦合协调模型，对合肥市2000~2016年生态和经济两个子系统耦合度和协调发展度进行测度，以期科学分析两系统间发展现状和协调发展水平，为合肥市生态经济可持续发展提出政策建议。

一、生态经济系统耦合作用机制分析

国外对于“生态经济”（ecological economy）的研究始于20世纪60年代中后期，

由美国著名经济学家肯尼斯·鲍尔丁在《一门科学——生态经济学》一书中正式提出，但时至今日学者们对于"生态经济"核心内涵仍未形成一致的认知。多数学者认为生态经济是指在生态系统可承载能力范围内，运用生态学等原理改变生产和消费方式，在充分挖掘可利用的资源潜力的基础上，发展经济和生态高效的产业，建设生态健康、景观适宜的环境，力求生产发展与环境保护、自然生态与人类生态可持续发展的经济。鉴于此，本文认为生态经济系统是由生态子系统和经济子系统构成的复合系统。生态子系统是指生物群落与其生态环境相互作用、彼此影响的有机整体，反映了生态经济系统的自然再生产过程；经济子系统是指生产、交接、分配和消费等环节所构成的统一体，反映了生态经济系统的经济活动再生产过程。在整个生态经济系统中，生态子系统与经济子系统间存在着物质和价值的转换。生态子系统决定着自然生产力，为经济生产力自然资源和能源动力；经济子系统决定着经济生产力，反映着自然生产力转化为经济生产力的能力，为生态环境优化提供资金保障和技术支撑。可见生态子系统与经济子系统间既彼此独立运作，又具有很强的内在关联性，与物理学中的"耦合"概念类似，是指两个（或两个以上）系统或运动方式之间，通过各要素间相互作用、相互影响进而形成互动发展的格局。

二、研究区概况与数据来源

（一）研究区概况

合肥市地处中国东部地区、长江下游、巢湖之滨、濒江近海，2000~2016 年合肥市人口从 438.18 万人增加到 786.90 万人，GDP 从 369.16 亿元增加到 6274.38 亿元，三次产业结构从 11.1∶47.7∶41.2 调整为 4.3∶50.8∶44.9，经济发展迅速，人民生活水平显著提升。

合肥市地跨淮河、长江两大流域，环抱五大淡水湖之一的巢湖，市内有多条河流穿城而过，生态基础较好，然而随着经济快速发展和城镇化深入推进，生态环境破坏问题也十分严峻，雾霾现象频发，水环境方面如南淝河、板桥河、十五里河水质均为劣Ⅴ类，主要是总氮、总磷和化学需氧量超标，呈富营养化状态，其中合肥市饮用水源的塘西水域尤为严重，最新监测数据显示巢湖耗氧量为 18 毫克/升，水质情况堪忧，严重损害了城市的生态功能，制约了合肥市经济社会的可持续发展，引起了合肥市政府的强烈关注，特别是 2017 年《合肥市党政领导干部生态环境损害责任追究实施办法（试行）》的出台，进一步明确了底线思维，提出了生态环境损害的追责主体、追责形式、责任情形、追责程序以及终身追究制等规定和措施，对推动合肥市生态环境领域依法治理，推进生态文明建设，建设美丽合肥具有重要的意义。

（二）数据来源

选取 2000~2016 年为研究时段，为保证数据的准确性和可获取性，评价指标原始数据均来源于2001～2017年的《合肥统计年鉴》和《安徽统计年鉴》。

三、指标体系构建与研究方法

（一）指标体系构建

生态经济耦合协调度的测算主要衡量生态环境和经济发展两个因素，本文在借助相关文献的基础上，从生态功效和经济功效两个方面选取指标。在生态环境方面主要衡量资源富裕程度、生态环境污染情况和响应程度，在经济发展方面主要衡量经济总体规模、经济结构和人民生活水平等，具体如表1所示。

表1 合肥市生态经济系统耦合协调发展评价指标体系

子系统	一级指标	二级指标	单位	权重	指标性质
生态子系统	生态基础	人均耕地面积	亩/人	0.1318	正
		森林覆盖率	%	0.1037	正
		人均水资源	立方米/人	0.0600	正
	生态压力	工业废水排放量	万吨	0.0682	负
		工业废气排放量	亿标立方米	0.1119	负
		工业固定废弃物排放量	万吨	0.1189	负
		城镇生活污水排放量	万吨	0.0932	负
		单位GDP能耗	吨标准煤/万元	0.0720	负
	生态响应	工业固体废弃物综合利用率	%	0.0749	正
		城镇生活污水处理率	%	0.0607	正
		营造林面积	公顷	0.1049	正
经济子系统	经济规模	GDP	亿元	0.0981	正
		人均GDP	元	0.0881	正
		财政收入	亿元	0.0964	正
		进出口总额	亿元	0.1116	正
		零售消费品总额	亿元	0.0973	正
	经济结构	第一产业增加值	亿元	0.0571	正
		第二产业增加值	亿元	0.0425	正
		第三产业占GDP比重	%	0.0883	正
	生活水平	农村居民人均可支配收入	元	0.0928	正
		城镇居民人均可支配收入	元	0.0930	正
		农村居民恩格尔系数	%	0.0587	负
		城镇居民恩格尔系数	%	0.0762	负

注：上述指标权重均用熵值法计算得到。

（二）指标权重的赋值

为避免人为确定权重的主观性，本文采用熵值法为各指标权重赋值。具体步骤如下：

（1）数据标准化处理。由于各指标度量单位不尽相同，同时每个指标对系统存在正向作用和负向作用。为消除度量单位和正负作用的影响，对所有原始数据进行标准化处理，公式如下：当 x_{ij} 为正向指标时，$x'_{ij}=\frac{x_{ij}-\min x_{ij}}{\max x_{ij}-\min x_{ij}}$；当 x_{ij} 为负向指标时，$x'_{ij}=\frac{\max x_{ij}-x_{ij}}{\max x_{ij}-\min x_{ij}}$。式中，$x_{ij}$ 表示第 i 个地区第 j 个指标值；$\max x_{ij}$ 和 min 分别表示原始指标的最大值和最小值。

（2）指标 j 比重计算：$P_{ij}=\frac{f_{ij}}{\sum_{i=1}^{m}f_{ij}}$。

（3）指标 j 熵值计算：$e_j=-\frac{1}{\ln m}(\sum_{i=1}^{m}P_{ij}\ln P_{ij})$，为保证 $\ln P_{ij}$ 有意义，令 $f_{ij}=1+x'_{ij}$。

（4）指标 j 的差异系数计算：$g_j=1-e_j$，指标 j 值的差异越大，对方案评价的作用就越大，其熵值就越小。

（5）计算权重：$w_j=\frac{g_j}{\sum_{j=1}^{n}g_j}$。

（三）数学模型

本文借用耦合度概念，采用容量耦合系数数学模型定量分析合肥市生态子系统和经济子系统的耦合关系，具体计算公式为：[10]

$$C=2\times\left[\frac{U_1U_2}{(U_1+U_2)(U_1+U_2)}\right]^{\frac{1}{2}} \tag{1}$$

式中，C 表示生态子系统与经济子系统耦合度，$C\in[0,\ 1]$，C 值越大，表明两系统之间耦合性越好，系统趋于有序发展；U_1 表示生态子系统综合评价值，U_2 表示经济子系统综合评价值。

为计算两系统间耦合度，本文采用线性综合评价模型计生态子系统和经济子系统综合评价值，具体计算公式为：

$$U_i=\sum_{l=1}^{n}w_l\cdot\omega_{lj}\quad l=1,2,\cdots,n \tag{2}$$

式中，U_i 表示 i 系统在第 j 年的综合评价值，用以衡量该系统综合发展水平的高低，w_l 表示第 l 项指标的权重，ω_{lj} 表示第 l 项指标在第 j 年的效用值。

由于耦合度仅能反映出各系统间相互作用的大小，很难衡量出系统间整体协调状况。为此，本文进一步引入耦合协调度模型，协调度模型不仅能度量系统间协调状况的好坏，还能衡量出系统间耦合良性程度，文中耦合协调度反映生态子系统与经济子系统的协调发展程度。具体计算公式为[10]：

$$D = \sqrt{C \times T} \quad T = aU_1 + bU_2, \text{且 } a + b = 1 \tag{3}$$

式中，D 表示耦合协调度，$D \in [0, 1]$，D 值越大，表明两系统之间耦合协调度越高；T 表示发展综合评价值，a、b 为待定系数，分别表示生态子系统和经济子系统对两系统间耦合的贡献率；在生态文明建设过程中，经济发展与生态环境保护同等重要，故本文取 $a = 0.5$，$b = 0.5$。在参考相关文献基础上，给出耦合协调度等级划分标准（见表2）。

表2　耦合协调度等级划分标准

协调度范围	协调类型	协调度等级	协调度范围	协调度类型	协调度等级
$0 \leq D < 0.1$	失调	极度失调	$0.5 \leq D < 0.6$	协调	勉强协调
$0.1 \leq D < 0.2$		严重失调	$0.6 \leq D < 0.7$		初级协调
$0.2 \leq D < 0.3$		中度失调	$0.7 \leq D < 0.8$		中级协调
$0.3 \leq D < 0.4$		轻度失调	$0.8 \leq D < 0.9$		良好协调
$0.4 \leq D < 0.5$		濒临失调	$0.9 \leq D < 0.1$		优质协调

四、结果与分析

根据熵值法计算所得权重，结合式（1）、式（2）、式（3）及耦合协调度划分标准，分别得出2000～2016年合肥市生态子系统和经济子系统综合评价值、耦合协调发展程度，如表3所示。

表3　2000～2016年合肥市生态经济系统耦合协调结果测算结果

年份	生态子系统综合评价值 U_1	经济子系统综合评价值 U_2	综合评价值 T	耦合度 C	耦合协调度 D	协调类型
2000	0.4141	0.1161	0.2651	0.8270	0.4682	濒临失调
2001	0.4538	0.1592	0.3065	0.8769	0.5184	勉强协调
2002	0.4769	0.1806	0.3288	0.8927	0.5417	勉强协调
2003	0.4850	0.1983	0.3417	0.9077	0.5569	勉强协调
2004	0.5397	0.2296	0.3847	0.9151	0.5933	勉强协调
2005	0.5406	0.2110	0.3758	0.8987	0.5811	勉强协调
2006	0.4998	0.2252	0.3625	0.9255	0.5792	勉强协调
2007	0.5063	0.2690	0.3877	0.9520	0.6075	初级协调

续表

年份	生态子系统综合评价值 U_1	经济子系统综合评价值 U_2	综合评价值 T	耦合度 C	耦合协调度 D	协调类型
2008	0.6343	0.3322	0.4833	0.9499	0.6775	初级协调
2009	0.5835	0.3366	0.4601	0.9633	0.6657	初级协调
2010	0.5530	0.4259	0.4894	0.9915	0.6966	初级协调
2011	0.4258	0.4884	0.4571	0.9977	0.6753	初级协调
2012	0.4208	0.5784	0.4996	0.9875	0.7024	中级协调
2013	0.3940	0.6299	0.5120	0.9731	0.7058	中级协调
2014	0.4239	0.7292	0.5766	0.9643	0.7457	中级协调
2015	0.5402	0.8249	0.6826	0.9780	0.8170	良好协调
2016	0.6452	0.8822	0.7637	0.9879	0.8686	良好协调

为了更加直观地对合肥市生态子系统和经济子系统耦合协调发展状况进行综合分析，将2000～2016年耦合协调测算结果绘制时序变化图如图1所示。

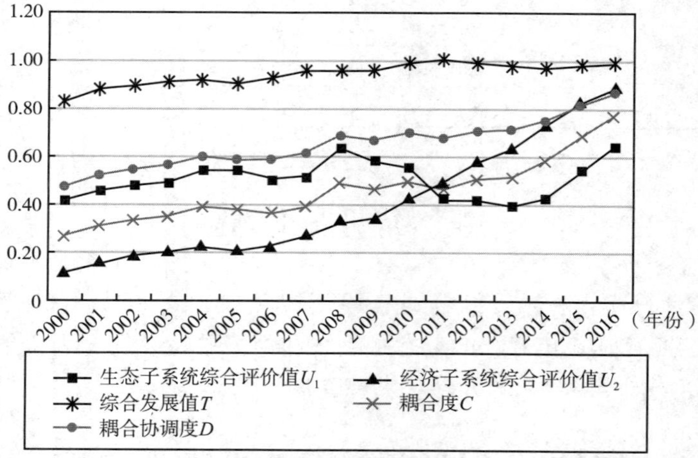

图1　合肥市2000～2016年生态经济系统测算结果绘制时序变化

从图1可以看出，2000～2016年合肥市生态子系统综合评价值总体呈波动上升态势，表明合肥市生态环境总体在改善。具体来看：2000～2005年综合评价值上升，在此期间人类活动对生态环境造成的压力相对较小；2006年出现大幅度下滑，通过指标数据发现在2006年营造林面积创历史新低，同时工业废气排放量高达600亿立方米，但是在2008年生态子系统综合评价值迅速上升到0.6343；2008～2013年，在国家4万亿元刺激背景下，合肥市部分重污染企业死灰复燃，生态环境压力骤然加大，在2013年生态子系统综合评价值下降至样本期间最低值0.3940；2014～2016年，生态子系统综合评价值大幅度上升，在2016年升至0.6452，原因是党的十八大以来，合肥市成为国家首批生态文明建设试点城市，大力加强了环境保护和生态修复力度，生态环境明显改善。经济子系统综合评价值在2000~2016年基本呈上升态势，从2000年的0.1161大幅度上升至2016年的0.8822，经济发展水平显著提升。

从生态子系统和经济子系统发展状况来看，2000年合肥市生态子系统综合评价值为0.4141，明显高于经济子系统综合评价值0.1161，可见当时生态环境较好，生态压力较小，经济发展滞后于生态环境建设。在随后发展中，生态子系统综合评价值波动缓慢上升，但是经济子系统综合评价值迅速上升，在2016年达到0.8822，明显高于生态子系统综合评价值，生态环境建设滞后于经济发展。通过分析指标体系中的原始数据，从生态环境来看，在2000~2016年，合肥市森林覆盖率增加了12%，随着环保力度的不断加大，城镇生活污水处理率和固体废弃物综合利用率均超过92%，万元GDP能耗下降至0.347。但是2000~2016年由经济发展所带来的生态环境压力也迅速上升，仅工业固定废弃物排放量这一项就由2000年的105.4万吨上升至2016年的992万吨，增加了将近9倍。从经济发展的规模和结构来看，2000~2016年合肥市GDP总量由369.16亿元增加到6274.38亿元，增长近20倍，农业占GDP比重从11.1%下降至4.3%，相反工业占GDP比重从47.7%上升至50.8%，工业产值从155亿元增加到2562亿元，特别是工业给生态环境带来的压力最大，尽管政府和民众对生态环境的保护措施和保护意识越来越强，但人类活动给生态环境带来的压力仍在加大，造成合肥市雾霾天气频发、水质环境及土壤环境进一步恶化。

从耦合协调发展度来看，合肥市2000~2016年生态子系统与经济子系统耦合协调度从0.4682增加到0.8686，协调类型也从濒临失调变为良好协调，耦合协调水平呈现不断提升的发展态势，合肥市经济发展与修复生态环境进入良性耦合阶段，生态经济系统走向有序发展。

五、结论与政策建议

本文借助系统耦合理论，构建合肥市生态子系统和经济子系统耦合协调发展评价指标体系，利用耦合度和耦合协调度模型，对合肥市2000~2016年生态经济系统综合发展水平、耦合度和耦合协调度进行测算。结果显示：合肥市在2000~2016年生态经济系统协调发展水平总体呈不断提升态势，从2000年的濒临失调、2001~2006年的勉强协调、2007~2011年的初级协调、2012~2014年的中级协调，提高到2015~2016年的良好协调。从各子系统发展状况来看，尽管合肥市生态基础相对较好，但是经济的快速发展仍然给生态环境带来了巨大的压力，经济发展与生态环境保护之间的矛盾依旧是制约合肥市生态经济发展的主要原因。

根据上述研究结果，为实现合肥市生态经济高度协调发展，提出如下政策建议：

第一，充分利用合肥市在交通区位、经济基础、资源要素、生态基础等条件上的优势，基于生态经济可持续发展的视角，转变经济发展方式，加大产业转型和技术升级力度，大力推进节能减排战略的实施。同时加强区域合作，注重资源共享和优势互补，着力构建生态环境治理联盟，深入推进资源节约型建设，实现经济效益和生态效益共赢。

第二，彻底摒弃唯 GDP 政绩观，推进绿色考核机制建立。几十年来的实践表明，片面强调 GDP 的增长，是引发生态环境破坏问题的本质根源。在升迁压力的引诱下，盲目引进一些高污染、高能耗的项目，睁一只眼闭一只眼，不顾生态环境是否受到破坏。要改变上述现状，必须将生态指标纳入地方官员政绩考核体系，完善生态责任机制，严格监控污染企业，切实加强保护生态环境。

第三，完善环境监管部门考核机制，明确划分生态监督责任。在生产活动中，要约束和及时发现企业违法排污行为，在加强对产污企业监督和加大处罚力度的同时，需通过财税政策将企业排污外部成本内部化，有效控制企业的排放水平。同时建立一套制度以激励和约束环境监管部门的行为，做到奖罚分明，杜绝环保部门腐败现象的发生。当然，这也需要社会上的组织和个人进行广泛监督。

第四，完善环保法律法规，鼓励公众参与和监督环保。一方面，为保障环保政策的有效实施，需加快环保法的修改进度，进一步明确规定各方的权利和义务，加大对污染者的处罚力度，以便保障公民的环境权；另一方面，鼓励公众对环境监管部门的失职行为和企业的违法排污行为予以监督和举报，并给以适当物质奖励。同时监管部门要及时对环境信息进行依法公开，保障公众的环境知情权、监督权，最大限度发挥公众舆论对环境污染行为和监管部门的监督作用。

参考文献

[1] Grossman G. M., A. B. Krueger. Economic growth and the environment [J]. The Quarterly Journal of Economics, 1995, 110 (2): 353 – 377.

[2] Stern D. I., M. S. Common, E. B. Barbier. Economic growth and environmental degradation: the environmental Kuznets curve and sustainable Development [J]. World Development, 1996, 24 (7): 1151 – 1160.

[3] Cole M. A., A. J. Rayner, J. M. Bates. The environmental Kuznets curve: an empirical analysis [J]. Environment and Development Economics, 1997, 2 (4): 401 – 416.

[4] 熊传合，杨德刚，张新焕，等. 新疆生态经济系统可持续发展空间格局 [J]. 生态学报，2015，35 (10)：3428 – 3436.

[5] 高乐华，高强. 中国沿海地区生态经济系统能值分析及可持续评价 [J]. 环境污染与防治，2012，34 (8)：86 – 93.

[6] 张煊，王国顺，王一苇. 生态经济效率评价及时空差异研究 [J]. 经济地理，2014，34 (12)：153 – 160.

[7] 郑德凤，臧正，孙才志. 改进的生态系统服务价值模型及其在生态经济评价中的应用 [J]. 资源科学，2014 (3)：584 – 593.

[8] 张芳，段汉明，张婷. 北疆城镇区域社会经济与绿洲生态系统协调发展评价 [J]. 干旱区资源与环境，2014 (5)：7 – 12.

[9] 杨青，张彩彩. 基于因子分析的陕西省生态经济效益评价 [J]. 科技管理研究，2015 (2)：36 – 39.

[10] 刘承良，段德忠，余瑞林，等. 武汉城市圈社会经济与资源环境系统耦合作用的时空结构 [J]. 中国人口·资源与环境，2014 (5)：145 – 152.

铜陵市生态环境与经济协调度发展研究

崔琚琰

改革开放以来，我国的经济发展进入快车道，随着改革与对外开放的不断扩大，政治、文化以及生态环境保护等建设也齐头并进。在党的十九大报告中，全面阐述了加快生态文明体制改革、推进绿色发展、建设美丽中国的战略部署。党的十九大报告明确指出，我们要建设的现代化是人与自然和谐共生的现代化，既要创造更多物质财富和精神财富以满足人民日益增长的美好生活需要，也要提供更多优质生态产品以满足人民日益增长的优美生态环境需要。党的十九大报告为未来中国全面推进生态文明建设和绿色发展指明了路线。铜陵市是一个先矿后城、因铜而生的资源型城市，位于安徽省中南部，长江之滨，是长三角经济带和武汉经济圈的交界处，交通便利，京福高铁、宁安城际在此交会，是安徽旅游胜地黄山、九华山的北大门。1956 年建市以来，铜陵市依托雄厚的矿产资源、优越的地理区位，成为一座以铜加工业为主的重工业型城市。然而，在经济发展的过程中，尤其是对铜矿资源的大规模开采，使得这个地处中原、生态本底脆弱的城市生态环境不断恶化，日趋严重的环境问题不仅制约其经济进一步发展，更是严重危及人们的生产生活。因此，文中将基于区域可持续发展的理念，对铜陵市近年来生态环境与经济发展的协调程度及水平进行定性与定量研究，以揭示铜陵市近些年来生态环境与经济发展的动态演变轨迹，以期为当地政府及相关部门对生态环境建设及经济发展的决策提供参考。

一、研究区概况

铜陵市位于安徽省中南部、长江下游，介于北纬 30°45′～31°09′、东经 117°35′～118°09′，北接合肥，南连池州，东邻芜湖，西临安庆，总面积 3008 平方千米。地处北亚热带湿润季风气候，特点是季风明显，四季分明，全年气候温暖湿润，雨量丰沛，湿度较大，日照充足，雨热同季，无霜期长。

铜陵市位于长江中下游平原与皖南山区的交接地带。整体地势南高北平，境内南部低山、丘陵纵横交结，呈北东向展布，海拔 300～500 米为主，山势由西南向东北逐渐下降，北部平原，由长江及其支流的冲积作用发育而成，海拔小于 15 米。铜陵市地处长江铜铁成矿带上，内生成矿条件有利，以有色金属铜矿著称。已发现的矿产地 115 处。

铜陵市下辖 3 区 1 县，户籍总人口 170.85 万人。2017 年，全年地区生产总值（GDP）1163.9 亿元，比上年增长 8.2%。全员劳动生产率 99511 元/人，比上年增加

18763 元/人。按常住人口计算，全年人均生产总值 72539 元（折合 10744 美元），比上年增加 12579 元。近几年，全市固定资产投资、社会消费品零售总额和城镇居民收入水平均有所增长，经济势头良好，但空气污染程度、固体废弃物及工业废水排放量等生态环境问题不断增加。

二、研究方法

（一）评价指标体系的构建

协调度研究的前提是构建科学的评价指标体系，本文对铜陵市经济发展及生态环境两个子系统综合分析的基础上，考虑到指标体系选取所遵循的科学性、可行性、可获得性、相对独立性、系统性及合理性等原则来构建铜陵市经济发展与生态环境发展评价指标体系。体系由经济发展子系统与生态环境子系统组成，其中，经济发展子系统包括 9 个指标，生态环境子系统包括 10 个指标表征，如表 1 所示。文中采用的数据是 2007 ~ 2016 年的《铜陵统计年鉴》《安徽统计年鉴》，以及对应年份的政府工作报告、环境状况公报等。

表 1　铜陵市经济发展与生态环境协调发展评价体系

系统	指标	单位	权重	指标正负
经济发展子系统	人均 GDP	元	0.10859	+
	地区财政总收入	亿元	0.11421	+
	固定资产投资总额	亿元	0.10697	+
	城镇居民人均可支配收入	元	0.11071	+
	第二产业占 GDP 比重	%	0.12080	+
	第三产业占 GDP 比重	%	0.10907	+
	外贸进出口总额	亿美元	0.11530	+
	社会消费品零售总额	亿元	0.10404	-
	城镇居民恩格尔系数	%	0.11029	+
生态环境子系统	年平均气温	℃	0.11333	-
	年降水量	毫米	0.07649	+
	森林覆盖率	%	0.10560	+
	工业固体废物排放量	万吨	0.10731	-
	SO_2 排放量	吨	0.08142	-
	COD 排放量	万吨	0.09161	-
	城镇生活污水排放量	万立方米	0.11514	-
	人均公园绿地面积	平方米	0.10539	+
	建成区绿化覆盖率	%	0.10803	+
	噪声平均值	分贝	0.09569	-

（二）指标标准化与权重的确定

为了消除各指标量纲、缩小指标间的数量级，需要对原始数据进行标准化处理，[1]从而使所选取的各指标之间具有可比性。文中采用极差变换法，[2]具体公式如下：

正向指标：

$$X_{ij} = (x_{ij} - \min x_{ij}) / (\max x_{ij} - \min x_{ij}) \tag{1}$$

负向指标：

$$\bar{X}_{ij} = (\max x_{ij} - x_{ij}) / (\max x_{ij} - \min x_{ij}) \tag{2}$$

式中，X_{ij}为某项指标标准化值，且$0 \leqslant X_{ij} \leqslant 1$；$x_{ij}$表示系统中第 i 项指标第 j 个指标的原始值；$\max x_{ij}$表示某项指标的最大值，$\min x_{ij}$表示某项指标的最小值。

文中采用客观赋值法中熵权法。该法客观评价信息指标有序度的规律性差异，减少了主观赋权法的不足。[3]具体步骤如下：

第一步，计算指标的信息熵：

$$E_i = -\ln(n)^{-1} \sum p_{ij} \ln p_{ij} \tag{3}$$

第二步，计算各指标的权重：

$$W_i = (1 - E_i) / (k - \sum E_i) \tag{4}$$

式中，$p_{ij} = Y_{ij} / \sum Y_{ij}$，$n$ 是某项指标的个数，Y_{ij}是某项指标的标准值；k 为各系统的指标数。

（三）协调度与协调发展度模型的构建

为了更好地度量区域经济发展与生态环境协调发展程度的好坏以及发展水平的高低，文中将引入协调度的概念，运用协调度与协调发展度模型[4][5]进行研究。

设 x_1，x_2，x_3，…，x_n 为描述某地区经济发展的 n 个指标；y_1，y_2，y_3，…，y_n 为描述某地区生态环境的 n 个指标。

综合经济发展评价函数：

$$F(X) = \sum w_i x_i \tag{5}$$

综合生态环境评价函数：

$$E(Y) = \sum w_j y_j \tag{6}$$

式中，w_i、w_j 分别为经济发展系统与生态环境系统中各项指标的权重值。x_i、y_j分别为经济发展指标和生态环境指标的标准化值。

协调度模型：

$$C = \left\{ F(x) \times \frac{E(y)}{[0.5F(x) + 0.5E(y)]^2} \right\}^2 \tag{7}$$

协调发展度模型：

$$D = \sqrt{C \times T} \tag{8}$$

式中，$T = \alpha F(x) + \beta E(y)$，$\alpha$、$\beta$ 为待定权数，通常认为地区的经济发展与生态环境、环保事业同等重要，故而 $\alpha = \beta = 0.5$。

（四）协调发展度判别标准

文中采用廖重斌（1999）所研究的协调发展度分类体系及判别标准（见表 2）。表 2 中按照协调发展度数值将经济发展与生态环境协调发展状况分为协调发展类、协调过渡类、协调衰退类三类，细分为 10 个层次；再按照经济发展、生态环境的综合评价函数值，即 $F(x)$ 与 $E(y)$ 的比较关系分为 30 种协调发展基本类型。

表 2　协调发展度的判别标准

第一层次		第二层次		第三层次类型
类型	协调发展度	类型	$F(x)$ 与 $E(y)$ 对比关系	
协调发展类	0.90～1.00	优质协调发展类	$F(x) < E(y)$	优质协调发展类经济滞后型
			$F(x) = E(y)$	优质协调发展类环境经济同步型
			$F(x) > E(y)$	优质协调发展类环境滞后型
	0.80～0.89	良好协调发展类	$F(x) < E(y)$	良好协调发展类经济滞后型
			$F(x) = E(y)$	良好协调发展类环境经济同步型
			$F(x) > E(y)$	良好协调发展类环境滞后型
	0.70～0.79	中级协调发展类	$F(x) < E(y)$	中级协调发展类经济滞后型
			$F(x) = E(y)$	中级协调发展类环境经济同步型
			$F(x) > E(y)$	中级协调发展类环境滞后型
协调过渡类	0.60～0.69	初级协调发展类	$F(x) < E(y)$	初级协调发展类经济滞后型
			$F(x) = E(y)$	初级协调发展类环境经济同步型
			$F(x) > E(y)$	初级协调发展类环境滞后型
	0.50～0.59	勉强协调发展类	$F(x) < E(y)$	勉强协调发展类经济滞后型
			$F(x) = E(y)$	勉强协调发展类环境经济同步型
			$F(x) > E(y)$	勉强协调发展类环境滞后型
	0.40～0.49	濒临失调衰退类	$F(x) < E(y)$	濒临失调衰退类经济损益型
			$F(x) = E(y)$	濒临失调衰退类环境经济共损型
			$F(x) > E(y)$	濒临失调衰退类环境损益型

续表

第一层次		第二层次		第三层次类型
类型	协调发展度	类型	$F(x)$ 与 $E(y)$ 对比关系	
协调衰退类	0.30～0.39	轻度失调衰退类	$F(x)<E(y)$	轻度失调衰退类经济损益型
			$F(x)=E(y)$	轻度失调衰退类环境经济共损型
			$F(x)>E(y)$	轻度失调衰退类环境损益型
	0.20～0.29	中度失调衰退类	$F(x)<E(y)$	中度失调衰退类经济损益型
			$F(x)=E(y)$	中度失调衰退类环境经济共损型
			$F(x)>E(y)$	中度失调衰退类环境损益型
	0.10～0.19	严重失调衰退类	$F(x)<E(y)$	严重失调衰退类经济损益型
			$F(x)=E(y)$	严重失调衰退类环境经济共损型
			$F(x)>E(y)$	严重失调衰退类环境损益型
	0～0.09	极度失调衰退类	$F(x)<E(y)$	极度失调衰退类经济损益型
			$F(x)=E(y)$	极度失调衰退类环境经济共损型
			$F(x)>E(y)$	极度失调衰退类环境损益型

资料来源：廖重斌．环境与经济协调发展的定量评判及其分类体系——以珠江三角洲城市群为例［J］．热带地理，1999，19（12）：171－177.

三、铜陵市经济发展与生态环境协调度研究

（一）经济发展与生态环境评价结果

整理2010～2016年相关评价指标数据，首先，按照分析步骤先对原始数据进行标准化处理；其次，采用熵值法确定各项指标权重系数；再次，运用多指标加权综合评价模型构建经济发展评价函数与生态环境评价函数并计算函数值；最后，通过协调发展度判别标准得出铜陵市2010～2016年经济协调发展与生态环境发展的基本类型及演变轨迹（见表3），并由此绘制折线图（见图1）。

表3　铜陵市经济发展与生态环境协调发展评价结果

年份	$F(X)$	$E(Y)$	D	协调发展基本类型	协调程度
2010	0.3941	0.4539	0.6479	初级协调发展类经济滞后型	过渡 ↓ 发展 ↓ 过渡
2011	0.4617	0.6261	0.7206	中级协调发展类经济滞后型	
2012	0.5588	0.5383	0.7404	中级协调发展类环境滞后型	
2013	0.6891	0.5004	0.7518	中级协调发展类经济滞后型	
2014	0.7394	0.6074	0.8127	良好协调发展类环境滞后型	
2015	0.7634	0.4477	0.7253	中级协调发展类环境滞后型	
2016	0.7538	0.3964	0.6852	初级协调发展类环境滞后型	

由图1可以看出，2010～2016年铜陵市经济发展稳步上升，但生态环境状况呈“M”形波动式发展，呈现出“上升—下降—上升—下降”的趋势。7年间，生态环境从2010年的0.4539下降到2016年的0.3964，经济发展水平一路“高唱凯歌”从0.3941上升到0.7538，增长了200%。自2014年以后，铜陵市生态环境质量不断下降，经济发展水平持续上升，两者发展趋势表现明显，表明铜陵市过度重视经济发展，而忽视了生态环境的治理和保护。

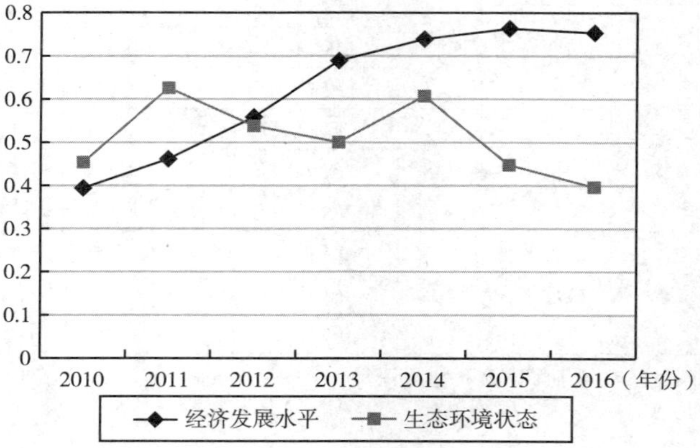

图1　铜陵市经济发展与生态环境状况的时序变化

（二）经济发展状况与生态环境协调性分析

应用Excel软件对铜陵市2010～2016年经济发展水平与生态环境状况进行非线性曲线拟合，在保证最佳拟合优度的前提下，得到经济发展水平与生态环境状况之间的曲线方程（见表4）。

表4　铜陵市经济发展水平与生态环境状况拟合曲线函数关系式

子系统	函数关系式	拟合优度
经济发展水平	$y=-0.0109x^2+0.0203x+0.7588$	$R^2=0.9751$
生态环境状况	$y=-0.0042x^5+0.0804x^4-0.5711x^3+1.8228x^2-2.4837x+1.5506$	$R^2=0.9387$

由表3可以看出，7年间，铜陵市经济发展与生态环境的协调度关系大致分为三个阶段：（1）2010～2012年，经济发展与生态环境的协调从初级协调发展类经济滞后型发展到中级协调发展类经济滞后型再到中级协调发展类环境滞后型，经济在发展同时，生态环境也在治理和改善中。（2）2013～2014年，从中级协调发展类经济滞后型到良好协调发展类环境滞后型，协调度达到顶峰。（3）2015～2016年，从中级协调发展类环境滞后型下降到初级协调发展类环境滞后型。

（三）经济发展水平分析

评价结果表明，铜陵市7年来经济评价指数呈上升趋势，由2010年的0.3941增加到2016年的0.7538。这说明铜陵市7年来在经济社会发展方面取得了进步，人民生活质量水平显著提高。表征经济发展指标的第二产业占GDP比重权重最高，为0.12080，说明铜陵市的经济发展主要依赖第二产业。外贸进出口总额和地区财政总收入权重也较高。人均GDP从2010年的63054元上升到2015年的97491元，由于枞阳县从2016年开始划归铜陵市，人口数量激增，而经济实力较低，故2016年人均GDP下降为59960元。城镇居民人均可支配收入从2010年的18690元增加到2016年的30633元。

经计算发现，第三产业占GDP比重指标的权重较低，铜陵市一直以来三次产业结构为“二、三、一”。2016年GDP实现1150亿元，分产业看，第一产业增加值48.9亿元，第二产业增加值569.6亿元，第三产业增加值338.7亿元。按常住人口计算，2016年人均生产总值59960元。截至2017年，按可比价格计算，分产业看，第一产业增加值49.1亿元，增长3.3%；第二产业增加值733.2亿元，增长8.5%；第三产业增加值381.5亿元，增长8.2%。三次产业结构由上年的5.1∶59.5∶35.4调整为4.2∶63.0∶32.8。第三产业占比下降，说明政府应当发挥引导作用，拓展第三产业发展空间，让第三产业发展对资源型区域经济转型起到促进作用。

（四）生态环境状况分析

评价结果显示，铜陵市生态环境评价指数从2010年的0.4539下降到2016年的0.3964，两个高点在2011年的0.6261和2014年的0.6074，说明2010~2014年铜陵市对环境保护工作投入力度较大，取得了显著成绩，使生态环境得到明显改善。指标加权测度得出，城镇生活污水排放量权重最高，为0.11514，其次为年平均气温0.11333，建成区绿化覆盖率0.10803，森林覆盖率0.10560，人均公园绿地面积0.10539。

2010年，市环保局召开十大污染减排项目对接会，针对“三废”问题进行目标责任考核。取缔新桥矿区四家洗矿点，推进石料矿山专项整治。2011年“城区扬尘污染综合治理”列入市“民生工程”。2012年，铜陵金昌冶炼厂等十企业签订环保承诺书，铜陵有色金属控股公司等17家单位签订年度污染减排目标责任书。2013年制定了《2013~2017年清洁空气行动计划实施方案》，推进九大防治工程。推进环保民生工程。2013年，铜陵市成为全国首批循环经济示范创建市和国家节能减排财政政策综合示范城市。2014年，铜陵市环境保护工作取得了不俗成绩，全面完成了25个项目减排目标任务，扎实推进大气污染防治工作，有效保障饮用水水源地环境安全，切实加强重金属污染治理，不断提高危险废物规范化管理水平，积极推进农村环境保护，全面加强环境执法监管，着力强化环境监测科研基础支撑，“圈区管理”园区验收、选矿行业专项整治、秸秆禁烧、企业环境信息公开、环保新机制建设工作亮点。2015年，安徽省环保厅三次致函通报表扬铜陵市在总量减排、大气污染防治、秸秆禁烧工作中的突出表现。

重点加大对重金属的污染防治工作。铜陵市被列为第二批环境总体规划编制试点城市。2016 年，PM2.5 和 PM10 浓度实现“双降”，铜陵市被国务院办公厅表彰为“环境治理工程项目推进快，重点区域大气、重点流域水环境质量明显改善市”，并同时被安徽省政府办公厅表彰。树立“绿水青山就是金山银山”的理念，正确处理经济发展与环境保护的关系。以节能减排和大气污染防治为重点，持续把高能耗行业、产能过剩行业和烟粉尘排放量较大的企业作为清洁生产的重点。

铜陵市成为全国首批工业绿色转型发展试点城市、全国首批循环经济示范创建市、全国第二批节能减排财政政策综合示范城市，在 2015 年度全国知识产权试点城市工作考核中获得优秀。2017 年成功蝉联全国文明城市；连续三年获得全国资源枯竭城市转型年度绩效考核优秀等次，其中 2013 年和 2014 年连续两年名列全国资源枯竭城市转型年度绩效考核优秀等次第一名，被国务院作为 2015 年大督查中的先进典型予以通报表扬，并在项目、资金、发债、用地、免检等方面获得国家政策支持。

四、结　论

本文从生态环境的 10 个指标对铜陵市的生态情况进行评价分析，未考虑到生态效益、污染治理等指标体系，经济发展的指标较多，选取以正向指标为重，因此对于生态环境和经济发展评价指标的选取的全面性还需进一步完善与斟酌。生态环境与经济发展是唇齿相依、相互独立又依存的关系，经济的发展离不开生态环境，生态环境的保护又依赖于经济发展的支撑。

铜陵市作为一座典型的金属型资源枯竭城市，资源产业发展既存在对生态环境影响的共性，又有其自身发展路径的特性。这主要是因为铜矿物质中除含有铜金属以外，还含有大量的铁、硫、稀有金属以及非金属矿物成分等伴生资源，铜资源产业发展的同时还会衍生出伴生资源产业与之共生，进而又加剧了城市产业对生态环境的胁迫。因此，坚持绿色发展，走产业生态化之路，是铜陵市资源型城市转型的必由路径。

在实施循环经济过程中，铜陵市突出“节能减排项目系统化建设、主导产业循环化改造、老工业区生态化整治和资源型城市绿色化提升”，形成了节能减排“四个一”模式，即突出一个顶层设计，构建一套指标体系，提炼一批典型案例，打造一个铜陵模式。作为资源枯竭型城市，铜陵市在立体转型过程中大力发展循环经济，并形成了具有铜陵特色的循环经济模式——“吃干榨尽”的“铜陵模式”。[6]

从总体趋势来看，铜陵市经济发展与生态环境呈逐年上升趋势。协调发展状况经历了从初级协调发展类到中级协调发展类再到良好协调发展类，总体上是良性的转变。7 年来，经济发展明显优于生态环境，呈现生态环境滞后型。地方政府还应当加强生态环境的建设和保护，且不断强化环境整治的力度。

参考文献

［1］唐晓丹，等．江苏省经济与环境协调发展时空格局分析［J］．世界地理研究，2015，24

(2)：68 - 76.

[2] 李美娟，等．综合评价中指标标准化方法研究［J］．中国管理科学，2004（12）：45 - 48.

[3] 李亮．评价中权系数理论与方法比较［D］．上海：上海交通大学，2009.

[4] 杨士弘．广州城市环境与经济协调发展预测及调控研究［J］．地理科学，1994，14（2）：136 - 142.

[5] 廖重斌．环境与经济协调发展的定量评判及其分类体系——以珠江三角洲城市群为例［J］．热带地理，1999，19（12）：171 - 177.

[6] 循环经济"铜陵模式"——"吃干榨尽"［N］．经济参考报，2016 - 09 - 06.

铜陵市农村闲置房屋规范化管理及盘活利用研究

邵晓芬

近年来，随着城镇化的发展，不少农民进城后，农村原有住房长期闲置，成为体量较大的沉睡资源，盘活利用潜力巨大。党的十九大提出“走中国特色社会主义乡村振兴道路，实施乡村振兴战略”，而盘活利用好农村闲置房屋这类现有宝贵资源则是乡村振兴的重要保障。2017 年《中共中央　国务院关于深入推进农业供给侧结构性改革加快培育农业农村发展新动能的若干意见》明确提出要“完善农民闲置宅基地和闲置农房政策，探索宅基地所有权、资格权、使用权三权分置，盘活利用空闲农房及宅基地”。就是在坚持宅基地所有权属于农民集体、资格权属于集体经济组织成员的基础上，适度放活宅基地的使用权。通过多种方式，使闲置的农房能够更好地利用起来。这是中央首次在正式文件中提出宅基地“三权分置”，不仅为新时期宅基地制度顶层设计奠定了基础，也为城乡资源更充分配置、实现融合发展创造了条件。

形成农村房屋闲置的原因主要有：一是农村人口市民化；二是农民长年外出务工经商；三是农村人口自然减少；四是管理不到位；五是流转不畅。[1] 根据课题组实地调研，结合相关研究表明，闲置农房农户有出租（合作）意愿的，占被调查有闲置农房农户总数的 75% 以上。因此，盘活利用农村闲置房屋，既有利于增加农民和村集体收入，又有利于优化农村产业结构、促进城乡统筹发展，对推动农村“三变”改革、建设美丽乡村都具有重要意义。

一、政策背景

盘活利用农村闲置房屋在省内外都受到高度关注，目前包括北京、安徽、浙江、湖北、贵州、陕西等多个省份已经对此进行了不同程度的探索。2015 年起，北京市怀柔区田仙峪村探索农村闲置房发展养老产业，该村采取“农户 + 合作社 + 企业”的经营模式，农民将闲置房屋流转到农民专业合作社，获得租金收入并参与收益分配。由合作社与社会资本合作，发展乡村休闲养老产业，在壮大农村集体经济实力、促进农民增收的同时，缓解城市养老压力过大的问题。2017 年 9 月起，推出“共享农庄”，首期投入 2000 套农村闲置住房向市民开放租赁。

浙江省正开展“千村示范，万村改造”工程，逐步探索在不改变宅基地集体所有制的前提下，允许符合条件的宅基地及农房突破村级集体经济组织的边界进行置换、转让、继承、入股。绍兴市于2018年1月颁布《关于实施“闲置农房激活计划”的指导意见》，要求各区县创新闲置农房开发利用路径，大力发展农村新业态，培育新型经营主体，鼓励社会各界人士投身乡村建设，盘活闲置资源，全面激发农村活力。

武汉市从2017年4月开始启动“市民下乡、村民进城”活动，出台20条激励措施，从加大补贴、减免税费等方面支持鼓励市民下乡活动，引导市民下乡利用农村空闲农房，以租赁、合作方式创业创意、休闲养老养生，增加农村集体经济组织和农民财产性收入。

贵州省开阳县联合企业，通过“三改一留”模式（即农户将闲置房改经营房、将自留地改体验地、老百姓改服务员、保青山留乡愁）推进民宿产业发展，将农户闲置房屋、自留地、特色服务、农产品进行入股，共同打造水东乡舍乡村旅游示范点。[2] 在该项目中，每户参与的农户，将1亩土地入股给企业打造体验地，体验地收益由企业统一收取，按100%返还农户，预计每年每户增加收入5000元；民宿服务员工资由企业统一发放，预计每年每户增加收入30000元。

安徽省在盘活利用农村闲置房屋方面起步较早，成效也较明显。2012年，安徽省就在黄山等市启动农村集体产权制度改革试点，为实现农村资源向资产转变、激活农村生产要素市场进行积极探索。2013年10月发布《安徽省人民政府关于深化农村综合改革示范试点工作的指导意见》，坚持“试点先行，风险可控”的原则，实行宅基地占用农用地备案核销制度，探索建立宅基地退出激励机制和流转制度。2016年9月，安徽省确定在10个区县的12个村开展以“资源变资产、资金变股金、农民变股东”为主要内容的农村“三变”改革试点，探索集体经济有效实现形式，创新农民财产性收入增长机制。

2017年起，安徽省利用农村闲置房屋实施危房改造、发展乡村旅游等实际举措向更深层次推进。2017年6月，省住房和城乡建设厅拟定《安徽省利用闲置农房实施农村危房改造管理办法（征求意见稿）》，创新农村危房改造工作方法和补助方式，规定同一集体经济组织内村民，一方为经批准的危房改造农户，经双方自愿协商，可通过购置村内闲置农房方式实施农村危房改造。2017年11月21日，省政府办公厅出台《支持利用空闲农房发展乡村旅游的意见》，鼓励各地通过盘活利用空闲农房，促进乡村旅游发展，增加农民财产性收入。

二、工作成效

闲置农房是农村沉睡的巨额资产，盘活利用潜力巨大。据铜陵市住建委初步统计，铜官区、义安区、郊区闲置农房较多，14个乡镇6353户有闲置农房，闲置面积653870.16平方米。铜陵市于2017年8月23日在全省率先出台《关于盘活农村闲置房屋促进农民增收的意见（试行）》，从打通租赁通道、优化外部环境、加强政策扶持和租赁管理等方面提出一系列举措。该意见出台后，市住建委、市农委（美丽乡村办）、市文旅委、市民政局、市公安消防支队、市科技局等部门通力合作，制定了相关配套扶持政策，全力推进农村闲置房屋盘活工作取得阶段性实效。

（一）明确闲置房屋试点范围

试点方案印发后，各区县政府积极行动，认真组织开展调查摸底工作，结合各区实际，确定试点范围。截至目前，市辖三区共选择10个乡镇、25个村庄、531套农村闲置房屋纳入首批试点范围，其中铜官区100套，郊区101套，义安区330套。特色乡村旅游民宿23套，133张床位。

（二）搭建信息发布服务平台

按照试点方案要求，结合农村闲置房屋的村庄特色、房屋类别、地理位置等属性及租赁双方的需求，市住建委在全省率先研发铜陵农村闲置房屋租赁信息发布平台。该平台包括工作动态、政策法规、农房求租、农房出租四个板块。平台采取“线上线下”相结合形式，实现信息采集、审核、发布、竞价、成交等功能，采用“产权淘宝”模式，实现闲置农房供需双方交易对接，网上激活，为闲置房农户和租客之间搭建了方便快捷的供需平台。截至目前，闲置农房已上线房源531户，租赁农村闲置房屋36套，其中乡村民宿短期租赁13套。

（三）出台配套政策细则

市住建委、市农委（美丽乡村办）、市文旅委、市民政局、市公安消防支队、市科技局等部门聚焦农村闲置房屋盘活，促进农房租赁交易，制定了相关配套扶持政策12项，主要涉及工作制度、扶持政策、服务指南、示范文本等方面。尤其结合农村房屋特殊属性及租赁关系的特殊性，制定《农村闲置农房房屋租赁合同》示范文本，除明确了合同基本要素外，对安全使用、改造装修、鉴证参与等方面也作出约束性规定，旨在引导规范签约，稳定租赁关系。

（四）加强宣传推介工作

“酒香也怕巷子深”，各地市积极打造乡村旅游精品线路，利用电视、报纸、杂志等传统媒体，宣传农村闲置房屋相关政策和房源信息，营造良好环境；利用微信、网络、手机客户端等新媒体平台，开展“互联网 +”招商，及时发布相关热点信息，加大网络宣传力度；在服务窗口和重点区域，利用宣传栏、电子屏等宣传阵地，结合各地区旅游推介会、乡村文化旅游节等开展“节庆赛事 +”招商，深化宣传效果，营造浓厚舆论氛围。

经过前期试点工作开展，各级各部门明确分工，职责明确，在工作推进、组织实施、政策协调等方面协作，合力推进，并出台相关产业扶持政策，通过产业带动，推进试点工作，如文旅部门给予民宿每张床位5000元补贴政策，大大提升了农户改建民宿对外租赁的积极性。

在试点工作中，不少乡镇和村集体围绕产业带动主线，结合自然禀赋和特色资源盘活农村闲置房屋，打造美丽乡村升级版。如义安区胥坝乡以“村集体＋旅游公司＋农户”的统一运营模式，发展乡村旅游产业带动农村闲置房屋利用；铜官区西湖镇结合美丽乡村建设和区域优势，挖掘乡村特色，打造农林村精品乡村休闲游和农家乐；郊区以资源性资产作为改革重点的农村集体经济组织，结合闲置农房点多面散、全域旅游起步发展的特点，瞄准现有农村闲置住宅，在全市率先试点探索“共享农房”模式，让闲置农房与当地旅游特色项目资源结合，充分运用“互联网＋资源”，形成旅游共享组合，有效盘活农村闲置资源。

由于区位条件、经济基础、资源禀赋和产业特点不同，开发利用的时间和程度也存在差异，各地区盘活利用空闲农房所取得的效果也有较大区别。但经过前期试点，工作成效已经初步显现。各地通过对农村闲置房屋的开发利用，在不同程度上增加了农民收入，也为农村集体经济发展闯出了一条新路，对促进农村“一二三”产业融合发展具有重要作用，有利于推动农村产业结构转型升级。同时，盘活农村闲置房屋，既有利于农村风俗民情等传统文化实现活态传承，又有助于吸引、促进城市资金、技术、人才的“下沉”。

三、存在问题

课题组通过走访相关职能部门和农户、现场调研、座谈讨论等方式，从配套政策、产业发展、信息收集等方面，认真查找梳理了铜陵农村闲置房屋盘活利用工作中存在的问题，主要有以下几个方面。

（一）配套服务及政策有待加强

配套服务方面，如建设民宿农家乐，经营涉及工商、税务、特种行业许可、卫生许可、消防验收等方面，申请的条件、标准、流程等有待进一步简化。配套政策方面，不少农村闲置房屋状况较差，租赁时需要投入装修和维护等较高的前期成本，影响农户或承租人的意愿，有待出台奖补政策，加大激励引导力度。

（二）产业发展难以规模化

盘活农村闲置房屋试点工作中，各区县积极探索发展乡村旅游、农家乐、民宿等产业，但是，由于农村闲置房屋点多面散，不易整合，在空间布局和开发重点上，缺少整体规划和长远规划，尤其是如何有效衔接相关产业发展的规划，导致发展模式升级难、复制难，每个村庄或农户单兵作战，未能形成“闲置房屋＋特色产业”有机结合的规模化效应。

（三）租赁信息收集难

许多村民受传统观念影响，宁愿房屋闲置也不愿出租，而承租方又担心泄露个人隐私，对涉及税收也抱有担忧，不愿报送已经租赁的农村闲置房屋信息，上述因素综合作用导致闲置房屋租赁信息不能做到应统尽统，影响了统计数据的全面性，弱化了工作成效。

（四）经费人员不足

部分试点范围的乡镇、村受经济发展水平和基础条件限制，没有专项经费补助此项工作，工作人员多为兼职人员，基层宣传力度不够，部分农户对试点工作相关政策了解不够透彻，导致各试点村工作推进参差不齐。

四、利用模式

如何合理有序开发利用农村闲置房屋，是当前农村发展面临的一项重要课题。综合资料查阅和实地调研，大致归纳为以下四种模式。

（一）“股份合作”模式

主要代表有山东淄博市博山区池上镇中郝峪村、陕西咸阳市礼泉县烟霞镇袁家村等。特点是由村“两委”引导村民成立股份制公司，村民自愿入股，盘活利用空闲房屋发展旅游等特色产业。淄博市中郝峪村对这一模式进行了形象概括，即“坚持以农民为主体、让农民共同致富的原则，实现全村人人是股东，个个是老板，齐心合力奔小康”。

（二）“能人带户”模式

主要代表有江苏溧阳市戴家埠镇李家园村、浙江湖州市安吉县余村、安徽岳西县黄尾镇黄尾村等。特点是由当地企业家牵头成立合作社或协会，农户自愿入社或入会，由合作社或协会统一规划和改建、统一对外营销，如溧阳市李家园村的富民资产专业合作社、岳西县黄尾村的“彩虹之约”农家乐协会，都是由本地富有名望和实力的企业家牵头成立，已成为盘活空闲农房、促进农村产业集聚发展的重要纽带。

（三）“政府引导＋农户”模式

主要代表有浙江桐庐县合村乡岭源村、安徽淮南市田家庵区曹庵镇宋王村等。特点是由乡政府及村“两委”搭台，市场唱戏，将农户闲置房屋租赁给城市居民，并签订长期租赁合同，明确村民、城市租客、村集体三方的权利义务，吸引有经济基础和意愿的城市居民前来入住。

（四）“招商引资＋农户”模式

主要代表有安徽巢湖市合巢经开区“三瓜公社”、旌德县白地镇洋川村等。特点是当地政府引进资本实力较为雄厚的公司进行投资，在保留和盘活原居民房屋基础上打造特色产业集聚区。如“三瓜公社”倡导“把农村建设得更像农村”理念，由合巢经开区引进安徽淮商集团进行投资，对原居民生活的村庄和留存的农房进行整体风貌设计、改建装修，形成品牌特色，发展融旅游、餐饮、电商为一体的特色产业集聚区。

在盘活农村闲置房屋工作中，应遵循政府引导、市场运作的原则，积极鼓励和引导四类人参与农村闲置资源优化：一是能人回乡。鼓励热爱家乡、有经济实力的乡村贤达、社会名人等，返回家乡利用农村闲置房屋创业，反哺家乡美好乡村建设。二是企业家下乡。有理想抱负、经济实力雄厚的企业家，运用先进的企业化管理理念，利用农村闲置房屋创业，增加农民财产性收入。三是知识分子下乡。有一定职业技能的知识人才，利用农村闲置房屋等资源，运用思维创新、谋略创新、行为创新，发展农村创意经济，提升城乡居民生活品质。四是城镇居民下乡。有一定经济实力、追求田园生活情趣的城镇居民，利用农村闲置房屋和土地资源，发展乡村休闲、养生养老等产业，实现“劳动变运动、居住变休闲”。

五、对策建议

（一）压实主体责任，提升试点成效

各区县作为乡村振兴的桥头堡，要加速探索农村闲置房屋所有权、资格权、使用权的“三权分置”政策，适度放活农村闲置房屋的使用权，让农村集体经济组织在征得农民意愿后，能以出租、合作、合资等方式盘活利用闲置房屋，从而为引入工商资本，吸引创业人才提供坚实保障；充分发挥主体作用，从政策扶持、经费投入、人员保障等层面加大力度，统筹抓好各乡镇、村盘活农村闲置房屋试点工作的推进和落实，引导乡镇和村结合“城乡用地增减挂钩”等政策，集约利用宅基地资源，对试点村在基础设施建设、公共服务配套、简化审批手续等方面给予一定支持，实现村集体增收，同时对出租农户给予一定的基础设施建设补贴；有效置换和整合农村闲置房屋资源，组织农户以房入股、统一经营的模式组建农村闲置房屋合作社，并结合农村闲置房屋的特色和状况，进行修缮或装修，以民宿体验、乡村旅游、居家养老等产业为突破口，引导市民创办乡村合作社、休闲农业、创客中心等新型经营主体，实现农村闲置房屋盘活规模化，推动农村闲置房屋租赁工作向纵深发展。[3]同时，建立健全信息通报、考核评价管理机制，对辖区政府试点工作开展情况，通过月通报、季考核的方式，促进各辖区政府主体责任落实落细。

（二）加强部门联动，形成推进合力

农村闲置房屋租赁试点工作是一项系统工程，涉及部门多，必须创新机制，一以贯之形成合力加以推进。建议市农委（美丽乡村办）、财政、金融等部门继续深化配套相关扶持政策，引进市场资本参与乡村路网、水电通信、垃圾处理等基础配套设施改建，为农村闲置房屋租赁创造硬件支持。利用财政、税收、产权、要素等政策引导实施盘活农村闲置房屋试点工作，对闲置农房激活方式、租赁期限、收储模式、流转对象、经营产业等进行规范引领。按照市场化原则，采用议价、竞价、挂牌、拍卖等方式流转闲置

农房，培育市场中介组织，维护公开、公平、公正、透明的市场环境。针对实施农村房屋资源改革及盘活的个人和经营实体，建议铜都农商银行专门推出特色金融产品，利率实行优惠。[4]同时，对利用农村闲置房屋经营办证难等“瓶颈”问题，应积极借鉴省内外成功经验，加强沟通和协调，简化工作流程，降低准入门槛，确保农村闲置房屋产业经营者引得来、留得住。

（三）强化政策支持，加大奖补力度

结合农村闲置房屋试点工作，建议出台适度的奖补政策，提高各区县租赁人的积极性，进一步加大农村闲置房屋试点工作推进力度。一是对试点期间租赁农村闲置房屋的租赁双方实施必要的财政补贴政策，即在试点期间租赁农村闲置房屋，每户 80 平方米以上者，房屋租赁合同经村级鉴证并报乡镇备案后，由财政部门给予一次性奖补；二是按照工作进度，对已完成房源上线推送的各区县，由财政部门给予奖补，并根据实际租赁比例实行逐级递增的层级式奖补，鼓励各区县工作积极性；三是各区县参照市级奖补政策，配套奖补资金，以用于试点范围内基础配套设施建设、产业发展等。此外，有条件的村也可以实行以奖代补，农户将闲置房屋出租给村统一经营，凡达到村级规定标准且验收合格的给予补助。乡村民宿项目在电、水、气使用方面，给予适当减免。[5]

（四）总结试点经验，拓宽盘活范围

及时总结试点经验，适时召开试点工作总结会，及时研究解决试点工作中出现的问题和不足，对开展效果较好的经验和做法，认真加以提炼和总结，以利于下一步工作深入开展。推出一批具有样本性质的成功案例。如胥坝乡群心村依托美丽乡村建设，新建渡江文化广场、徽州居民建筑、老年文化活动中心、村办幼儿园、家风家训一条街、喜庆堂和铁锚洲湿地等景观，配备专业导游、旅游观光电动车，食宿代购明码标价、统一管理。同时，认真组织全市范围内农村闲置房屋调查摸底工作，掌握房屋基础数据。对符合租赁、合作条件的农村空闲农房，免费发布市场供求信息；对以租赁、合作方式签订利用农村空闲农房协议的，免收服务费。同时，放宽租赁空闲农房作为住所（经营场所）的登记条件，对“市民下乡”租赁农村空闲农房创业创新免收登记类、证照类等行政事业性收费。在房源展示上，充分借助 GIS 和 VR 等新技术，将闲置房屋可视化，使其更为立体直观地在网上进行展示。将试点工作由美丽乡村建设省级中心村、省乡村旅游示范村、4A 级景区及特色小镇周边村等基础较好的特色乡村扩展至全市范围，加大盘活力度，拓宽盘活范围。

（五）集聚产业带动，创新盘活模式

结合村庄布局和产业发展定位，围绕特色打造“一村一品”，利用农村闲置房屋发展乡村旅游、居家养老、休闲民宿、农产品生产加工等产业，以产业带动创新农村闲置房屋经营模式。

一是“线上共享”模式，利用已上线农村闲置房屋房源资源，吸引市民下乡、能

人创业，实现农村闲置房屋盘活利用。二是“专业合作社”模式，通过组建闲置房屋运营专业合作社，农户将持有的农村闲置房屋采取入股或长期租赁的方式，由专业合作社统一装修、统一招商、统一经营，定期获取股份分红或租金。三是“乡村旅游+”模式，引导农户将闲置房屋投放农村产权交易等平台，鼓励旅游公司等市场主体积极参与，利用和盘活闲置房屋开发乡村旅游产品。四是“农业科技+”模式，鼓励科技人员、大学生和农业科技企业、农村合作组织，利用闲置房屋开展技术指导和创业服务。对租赁闲置房屋创业创新的，享受农业科技示范户待遇，按国家基准利率给予全额贴息。鼓励利用空闲农房发展农村电子商务、开设农村生产、生活资料服务网点。五是“传统文化+”模式，鼓励市民下乡租赁闲置房屋，开办民间博物馆，传播优秀传统文化，创办农村实体书屋、农耕记忆馆、乡贤文化馆，开展非遗项目的保护和传承，并享受相关优惠政策。

（六）简化办事流程，提升服务质量

降低利用农村闲置房屋发展产业经营准入门槛，进一步简化证照、行业许可、消防验收的申请条件和流程，建立一张服务事项清单、统一服务窗口受理的服务模式；选择专业的房地产中介服务机构，为农村闲置房屋租赁双方提供信息对接、业务咨询等服务；优化盘活农村闲置房屋前期服务，编制闲置农房装修样板图集，建立品牌装饰公司项目库，为闲置房屋量身打造不同风格的标准化装修服务；打通基层服务“最后一公里”，各乡镇要确定农村闲置房屋服务机构和专业工作人员，全程为下乡创业的各类市场主体提供农房租赁、证照办理、政策咨询等精准服务；完善农村土地确权登记颁证工作，积极开展农村集体资产股份合作制改革试点，探索“资源变资产、资金变股金、农民变股东”三变试点。

（七）发展农村企业，培育职业农民

企业用地难是目前招商引资工作中的“瓶颈”之一，制定优惠政策，鼓励和引导乡村企业和有条件的农民购买或租赁闲置房屋，将其改造成生产加工车间，引导企业将生产车间搬到农村。这样既可缓解用地难题，又盘活了农村闲置资源、增加集体和村民收入，还解决了企业用工难和农民就业难的问题，实现了多方共赢。[6]

“三农”的关键环节是农民，他们是发展现代农业、建设现代农村的主体；而在新的起点上，新型职业农民是“三农”的核心资源。对于利用农村闲置房屋的现代青年家庭农场主、新型农业合作社骨干、新型农业经营主体带头人要作为新型职业培训的重点培养和轮训对象，有效利用中央财政专项资金，深入实施新型职业农民培育试点工作，与在铜高校、中职中心合作开展新型职业农民进高校和新兴职业农民学历教育提升行动。积极打造农业科技服务云平台，实现上线专家、农技人员、新型职业农民的有效对接，以大数据、云平台为基础，改变了传统农民教育培训“面对面、手把手”模式，使广大农民可以享受“点餐式”精准、及时的服务，既可以促进农民自主创业能力，减少人口流动，让农民真正地留在农村，真正地利用土地资源致富，又可加强农民科学

文化技能的培养，让农民拥有能够在城市生存立足的技术和能力，有稳定的收入，建立相应的社会保障体系，让农民真正地“离土离乡”，摆脱对土地的依赖，真正融入城市生活，促进闲置房屋利用。

（八）立足本地实际，建立长效机制

各级各部门要进一步解放思想，优化服务，形成以农村闲置房屋集聚产业，以产业盘活农村闲置房屋长效机制。

一是适时组织农村闲置房屋专场推介会，组织乡村旅游、健康养老、农产品推广等涉农活动，开发铜陵农村闲置房屋 App 移动终端，设立云租赁服务、政策资讯、农业电商等模块，充分发挥互联网信息推广的媒介作用，通过线上网络销售、线下产品体验，让广大市民更好地了解农村闲置房屋资源，吸引能人和企业家下乡实施“整村改造”、知识分子下乡带动“个性化改造”、城镇居民下乡优化“农业供给侧改革”，促进农村闲置房屋规模化利用。二是各区县要通过“走出去、请进来”的方式，组织学习借鉴浙江省湖州市、绍兴市，湖北省武汉市等外地先进经验、引进专业团队，充分盘活试点区域各类农村闲置优质资源。三是利用农村闲置房屋资源分散但各具特色的优势，立足本地的经济状况、资源特色和产业特点，合理确定村庄布局和产业发展定位，将闲置房屋盘活与关联产业发展有机结合，着力打造“一村一品”等亮点品牌，发展特色旅游经济，形成乡村旅游、居家养老、观光休闲农业、农产品生产加工等产业链，以农村闲置房屋和相关产业来聚集人气，让市民下得去、留得住、记得牢。

盘活农村闲置房屋、增加农民收入是农村改革工作的一项重要任务，其出发点和根本宗旨是让农村闲置资产成为增加农民收入的来源。开发利用空闲农房，必须从实际出发，与培育特色产业、塑造特色品牌相结合，才能实现可持续发展。要因地制宜，不搞“一刀切”，立足本地资源禀赋和产业发展实际，精准施策，分类开发，宜商则商、宜游则游、宜租则租，走出各具特色的盘活利用之路。通过让农村空置房屋、闲置房屋“活”起来，把农民的“负资产”变成“富资产”，真正把农民的“财产”转化成真金白银的收入，实现村民“生产生活不离村，创业增收不出村，脱贫致富依靠村”的目标。

参考文献

［1］方志权．上海探索放活农村闲置房屋使用权的调研报告［N］．东方城乡报，2018-08-14.

［2］吴青蔓，唐宏，尹奇．农村闲置房屋市场化动力机制研究——以四川省为例［J］．中国市场，2017（7）．

［3］吕熠晨，唐鼎尧．盘活农村闲置房屋 发展养老产业［J］．西部皮革，2016（12）．

［4］潘献涛，邢万明，郭海增．林州地区农村闲置房屋的循环利用［J］．当代经济，2016（8）．

［5］杨遂全，张锰霖，钱力．城乡一体化背景下农村闲置房屋的出路［J］．农村经济，2015（1）．

［6］程良，黄万连，陈根，等．贵州省农村闲置房屋现状的调查——以遵义地区新南乡为例［J］．时代金融，2012（12）．

安庆市生态经济发展与教育研究

彭廷廷　安一瑾

一、名词界定与问题的提出

（一）生态经济

随着工业化进程不断推进，人类对自然环境的影响力不断增强，生态系统服务功能受到损害，生态与经济间的代际可持续发展问题越来越得到重视。20 世纪 60 年代后期，美国经济学家肯尼斯·鲍尔丁在《一门科学：生态经济学》论文中首次正式提出生态经济学的概念，从此，围绕生态经济的研究迅速展开。1980 年，联合国环境规划署召开了主题为“人口、资源、环境和发展”的会议，并决定将“生态经济”作为《环境状况报告》的第一主题，生态经济的概念不断完善。21 世纪初，美国著名思想家莱斯特·R. 布朗，出版了《生态经济：有利于地球的经济构想》（*Eco-economy*：*Building an Economy for the Earth*），在本书中布朗呼吁经济原理与生态原理同构，经济学家与生态学家共建有利于可持续发展的经济模式——生态经济，标志着以生态经济为主旋律的全球经济运动开始。[1][2] 中国的生态经济学是由著名经济学家许涤新于 1980 年提出，是在生态时代为可持续发展服务并促进自身学科发展的一种交叉学科。

生态经济是对生态系统和经济系统关系的深刻阐述，是可持续发展思想的理论基础，是人们生态环境保护意识觉醒的自觉行为。生态经济的内涵应包括：（1）在农业经济、工业经济后的一种新型经济形态，生态经济发展的根本落脚点应是促进经济增长；（2）经济发展的逻辑起点应是遵循生态系统内部发展规律，在生态可承受范围内；（3）构成了一种复合系统，即生态经济系统。

（二）生态的教育

1. 环境教育

环境教育是以人类与环境的关系为核心，以解决环境问题和实现可持续发展为目的，以提高人们的环境意识和有效参与能力、普及环境保护知识与技能、培养环境保护人才为任务，以教育为手段而展开的一种社会实践活动过程。[3] 环境教育有普通环境教育和专业环境教育两个方面，在这里我们主要指的是普通环境教育，即帮助人们了解有关环境方面的基本知识，激发他们保护环境、爱护环境的积极性，改善环境问题带来的紧迫感和责任感。环境教育具有全民性、终身性、全球性及学际性等特点。1968 年巴黎生物会议圈首次提出关于环境的教育计划，从而唤醒人们对环境教育的意识。[4] 1977 年第比利斯会议上，首次提出环境教育的目标是意识、知识、技能、态度和参与五个方面，突破了简单地以知识为主的特点。《21 世纪议程》中明确环境教育的重要任务是重新确定教育方向，以适应持续发展的需要，提高公众的意识，进行培训等，从而对整个人类社会的环境教育提出了更高的要求。自 1992 年联合国环境与发展大会以来，中国加强对环境教育的重视，提出“加强对受教育者的可持续发展思想的灌输”，并将可持续发展思想贯穿于基础教育到高等教育的整个过程。

2. 绿色教育

1994 年联合国教科文组织提出将环境教育与发展教育、人口教育融合为可持续发展教育。在环境教育发展为可持续发展教育的过程中，绿色教育应运而生，换句话说，环境教育是绿色教育的基础，绿色教育是环境教育的生态化发展。同时，生态经济理论的发展推动了生态革命的发生，促进了生态文明的建立，“经济生态化”趋势日渐明显。新时代，在生态经济理论的发展过程中，绿色发展作为一种可持续发展的战略理念被提出，进一步催生了“绿色经济”“绿色战略规划”“绿色城市基础建设”等一系列围绕经济发展的概念。而这一切目标的达成需要社会全体成员的共同努力，这就要求全社会形成绿色意识、绿色知识、绿色技能和绿色素质，这些价值观念和能力的达成是基于教育的培养。因此，绿色教育在促进绿色发展的过程中承担着重要的角色。《21 世纪议程》中更进一步指出：教育是促进可持续发展和提高人们解决环境和发展问题能力的关键。[5] 对于绿色教育的内容，有学者认为包括生态教育、素质教育、终身教育，以及向各专业、各学科渗透的实践活动。[6]

3. 生态教育

生态教育是在新的社会经济发展背景下产生的一种新的教育思想，是以生态学为依据，以传播生态文化，提高生态素养，塑造生态文明为目的的教育。生态教育主要包括生态文明观念教育、生态法制教育、生态道德教育、生态审美教育及合理利用科学技术的教育。[7] 生态教育与环境教育最大的区别是以资源为中心，是以促进生态、经济与社会和谐发展为目的的教育，其内涵更深远。

（三）生态的教育促进生态经济发展

服务社会发展是教育的重要职能和使命。教育通过传播科学知识，培养健全的人格，提高人的能力，改善人力资本，促进经济的发展。新时代，我国教育发展一方面是实现人自身生命价值；另一方面是人对社会的贡献，即为社会主义发展和建设做贡献。在生态经济发展的新形势下，以生态价值为引领，提高人们的生态意识，培养完整的“生态人”，为生态经济发展提供充足的人力、科研、服务等综合资源，促进安庆市区域经济可持续发展。

二、安庆市教育促进生态经济发展的现状

（一）安庆市三次产业发展情况

根据《三次产业划分规定（2012）》和《国民经济行业分类（2011）》，安庆市历年统计年鉴中的产业分类与行业分类为：第一产业是指农林牧渔业（不含农林牧渔服务业）；第二产业是指采矿业（不含开采辅助活动），制造业（不含金属制品、机械和设备修理业），电力、热力、燃气及水的生产和供应业，建筑业；第三产业是指除第一产业、第二产业以外的其他行业。采用2013～2016年安庆市三次产业发展数据，安庆市生产总值位居皖江城市带各城市较靠前位置（2016年第3名），2016年产业总值1531.2亿元，比2013年增加286.3亿元，说明经济发展总体实力与发展态势较好。第三产业以近4%的年增长率发展，而第二产业的比重则以年平均近3%的比重减少，第一产业发展相对较为平稳，没有出现较大幅度增减。2016年较2013年产业结构、产业发展更加合理。2013年，第二产业与第三产业产值相差220亿元，比重相差近25%。2016年，第二产业与第三产业比重仅相差7.5%。具体变化情况见表1。

表1　2013～2016年安庆市生产总值及三次产业值情况

项目	2013年		2014年		2015年		2016年	
	生产总值（亿元）	产业结构（%）	生产总值（亿元）	产业结构（%）	生产总值（亿元）	产业结构（%）	生产总值（亿元）	产业结构（%）
第一产业	171.7	14.1	179.5	13.3	185.9	13.1	192.2	12.5
第二产业	644.6	55.3	705.4	52.1	685.8	48.4	727.2	47.5
第三产业	428.6	30.6	468.0	34.6	545.7	38.5	611.8	40.0
总生产值	1244.9	100.0	1352.9	100.0	1417.4	100.0	1531.2	100.0

资料来源：2014～2017年《安庆统计年鉴》。

三次产业对社会经济发展的推动情况呈显著变化。第一产业、第二产业的拉动率呈下降趋势，第三产业呈增长趋势。由表2可知，第一产业的拉动率较低，而且从2013年的0.88%降至2016年的0.36%，拉动率减少超过一半。第二产业从2013年的6.70%降至2016年的4.08%，拉动率大幅下降。第三产业拉动率不断提升，从2013年的2.86%提升至2016年的3.57%。2013～2016年第二产业对安庆市经济发展的推动效果不断下降，第三产业逐渐成为安庆市经济发展的新动力。

从2014～2017年《安庆统计年鉴》可知，政府对三次产业固定资产投资总额逐年增加，第一产业、第三产业呈加快增长趋势，但第二产业的投资额从2015年的920.2万元下降至2016年的830.5万元，产生较大波动。从2013～2016年投资结构来看，第一产业投资占比虽然增加，但比重较小，最高仅为2016年的5.4%。第二产业比重较大，尤其在2015年达到58.4%，比第一产业与第三产业之和还高，2016年两者差距缩小，第三产业的投资比重呈明显增长趋势。具体情况见表3。

表 2　　2013～2016 年安庆市三次产业拉动率*　　单位:%

年份	第一产业	第二产业	工业	第三产业
2013	0.88	6.70	6.24	2.86
2014	0.53	6.43	6.11	2.42
2015	0.44	3.58	3.21	3.42
2016	0.36	4.08	3.67	3.57

注：*产业拉动率指 GDP 增长速度与产业贡献率之乘积。

资料来源：2014～2017 年《安庆统计年鉴》。

表 3　　2013～2016 年安庆市三次产业固定资产投资情况

项目	2013 年		2014 年		2015 年		2016 年	
	投资总额（万元）	投资结构（%）	投资总额（万元）	投资结构（%）	投资总额（万元）	投资结构（%）	投资总额（万元）	投资结构（%）
第一产业	31.3	2.5	43.4	3.1	69.1	4.5	82.8	5.4
第二产业	408.4	55.3	811.7	58.2	920.2	58.4	830.5	54.6
第三产业	369.6	42.2	539.7	38.7	588.2	36.1	608.6	40.0

资料来源：2014～2017 年《安庆统计年鉴》。

2013～2016 年第一产业和第三产业的能源消费呈增长趋势，在一定程度上说明产业规模和数量的增加，第二产业的发展具有波动性。从能源消费总量来看，第一产业和第三产业的比重较小，第二产业比重较大，这与第二产业的发展性质存在一定关系，但主要还是第二产业在安庆市经济发展的比重较大，其规模和数量也较大。具体来看，2013～2014 年安庆市能源消费基本呈增长趋势，第二产业比重较大，2015 年第二产业能源消费有些许降低，但至 2016 年又呈增长趋势。单位 GDP 能耗逐年减少的现状说明第二产业的投资规模有增无减。但是，与第一产业和第二产业的增长速度相比，第三产业的增长速度较快。虽然从数字上看，相差并不大，考虑第三产业发展特点，我们认为第三产业的发展速度要远远快于第二产业。单位 GDP 能耗的下降说明生产技术的提高，创造同一产值的能耗消费降低，能源的利用率得到提高。具体情况见表 4。

表 4　　2013～2016 年安庆市能源消费与单位 GDP 能耗情况

项目	2013 年	2014 年	2015 年	2016 年
第一产业能源消费（万吨标准煤）	13.70	13.71	14.52	14.93
第二产业能源消费（万吨标准煤）	534.74	549.27	547.91	553.76
第三产业能源消费（万吨标准煤）	92.05	100.09	107.96	115.53
单位 GDP 能耗（吨标准煤/万元）	0.61	0.57	0.54	0.51

资料来源：2014～2017 年《安庆统计年鉴》。

随着社会经济的发展，安庆市三次产业发展结构不断优化，第三产业的发展速度迅猛，其中一大批新兴产业、绿色产业崛起，需要转移大量的劳动者，这就要求调整劳动者的技能和知识结构。安庆市教育为其发展提供了必要的人力保障。

（二）安庆市毕业生情况

在知识经济时代，科技化、智能化逐渐成为社会经济发展的主流，社会经济的发展离不开物质与技术的支持，同时对高层次人才的需求也在不断增加，因此有必要对安庆市高等教育和职业教育毕业生情况进行研究。由表 5 可知，2013 ~ 2016 年安庆市高等教育和职业教育毕业生总数呈波动性变化。2014 年毕业生总数为 25572 人，降至 2016 年的 20264 人，毕业总人数呈下降趋势。研究生毕业生数逐年增加，由 2013 年的 52 人增加至 2016 年的 99 人，占毕业生总数比例由 0.25% 上升到 0.49%。普通高校毕业生人数呈上升趋势，从 2013 年的 11262 人增加至 2016 年的 13328 人，2016 年占毕业生比例为 65.77%。劳动者的素质得到了较大改善和提高，为安庆市生态经济发展提供了优秀的人力资源和强大的智力支持。

表 5　　2013 ~ 2016 年安庆市毕业生情况

年份	研究生		普通高校		中等专科学校		毕业生总数（人）
	毕业生数（人）	占毕业生比例（%）	毕业生数（人）	占毕业生比例（%）	毕业生数（人）	占毕业生比例（%）	
2013	52	0.25	11262	54.69	9278	45.06	20592
2014	79	0.31	12044	47.10	13449	52.59	25572
2015	67	0.30	12082	54.25	10121	45.45	22270
2016	99	0.49	13328	65.77	6837	33.74	20264

资料来源：2014 ~ 2017 年《安庆统计年鉴》。

（三）安庆市科技成果情况

教育一方面培养学生成为有知识、懂技术的劳动者，另一方面将开发和研制的高科技成果转化为社会经济发展的新动力。从表 6 可知，安庆市专利申请受理量、授权量和科技成果呈直线上升趋势，从 2010 年的 564 件、334 件和 26 件上升到 2016 年的 17022 件、3712 件和 613 件。科技贡献率的不断提高，最大限度地促进了安庆市生态经济发展，加快了科技安庆建设。

表 6　　2010 ~ 2016 年安庆市专利申请受理量、授权量和科技成果　　单位：件

项目	2010 年	2011 年	2012 年	2013 年	2014 年	2015 年	2016 年
申请受理量	564	840	1593	3948	5060	11754	17022
申请授权量	334	532	873	1286	2266	3155	3712
科技成果	26	27	27	150	199	439	613

资料来源：2014 ~ 2017 年《安庆统计年鉴》。

三、安庆市教育在促进生态经济发展方面存在的问题

改革开放40多年来，我国教育发展规模不断扩大，教育在社会经济发展中的作用日益显著，各方利益主体对教育投以期待，教育为深化经济改革提供了积极的促进作用。但是，安庆市教育对生态经济发展的作用尚处于初级阶段，依然存在一些问题。

（一）教育模式缺乏区域特色

教育发展的特色主要由服务于地方经济发展决定，地方学校在专业、课程等设置上要以为地方经济发展培养人才为目标。当前，安庆市教育在培养人才定位时存在一些问题：一方面专门从事生态经济发展的人才比重不大。以安庆师范大学与安庆职业技术学院为例，安庆师范大学现有17个二级学院，80个本科专业，其中涉及生态教育的学院为资源环境学院，其中环境科学专业培养目标是从事环境监测、环境评价、环境规划与管理、污染环境修复、环境科学研究等工作的应用型高级专门人才，为新时代中国特色社会主义生态文明建设以及长江经济带生态产业化、产业生态化服务。安庆职业技术学院现有35个专业，其中在园林园艺系开设了环境监测与治理技术，主要培养能胜任环境监测与治理岗位第一线需要的高端技术技能型人才。从现有的全校专业设置比重和学校招生人数比重来看，专门的生态经济人才培养规模较小。另一方面，与第三产业尤其是高端产业的发展速度相比，安庆市教育发展的规模、高端人才培养的速度要明显滞后于经济的发展速度。虽然学校设置了一些与新兴产业相关的专业，但受各方面影响，其成效一般。同时安庆市对教育行业固定资产投资总额较小，尤其是2014年、2015年两年比重均未达到1%，在一定程度上阻碍了教育为促进地方经济发展（见表7）。

表7　　2013～2016年安庆市全社会分行业部分固定资产投资

项目	2013年	2014年	2015年	2016年
教育投资额（元）	185610	115249	133865	171688
总投资额（元）	8093930	13947517	13855788	15219181
占比（%）	2.30	0.82	0.96	1.12

资料来源：2014～2017年《安庆统计年鉴》。

（二）学校科技成果转化率不高

科技成果转化是教育促进经济发展的直接动力和主要形式。安庆市近年来加大对科研投入力度，以固定资产投资在科研领域总额为例，2015年为2.88万元，2016年为17.90万元，增长近8倍。安庆市教育，尤其是高校科研水平显著提高，科研成果转化率有所增长，推动了安庆市生态经济的发展。但是，总体上来看，一是科研成果形式较单一，这主要由于科研人员从事科研时以评职称为目的，科研成果以论文的形式较多，

即使有一些调研报告，往往缺乏深入的实际调研，缺乏市场需求，数据选择、分析上也缺乏准确性。二是科研成果转化率低。由于科研项目缺乏实证性和市场调查，往往禁不住市场的检验，其实用价值也就不高，转化为经济发展实际需要的比率也就不大。

（三）教育与产业融合性不足

教育促进产业经济发展的主要途径是为其培养需要人才，但由于有限的教育经费投入等原因，教育培养的人才不适应安庆市生态经济发展需求。从2013～2016年安庆市从业人员数量变化情况可知，第三产业的从业人员比重增长较快，2016年达到35.38%，2013年第三产业从业人员比重仅为29.08%（见表8）。经济生产结构的调整，对高层次、高技术人才需求量较大，由于区域位置的局限性，人才引进的困难性，更加要求教育培养服务地方发展的人才，但从教育的专业结构和人才培养数量来看，安庆市教育基本没有做实质性调整。另外，虽然各方面政策支持校企合作向纵深发展，但合作的力度和效度并不明显，科研服务经济发展的作用并未很好发挥。

表8　2013～2016年安庆市三次产业从业人员结构情况　单位：%

项目	2013年	2014年	2015年	2016年
第一产业	48.04	47.80	33.70	32.81
第二产业	22.87	22.80	31.33	31.81
第三产业	29.08	29.40	34.97	35.38

资料来源：2014～2017年《安庆统计年鉴》。

四、安庆市教育促进生态经济发展的策略

（一）完善制度建设，为经济发展提供保障

提升教育质量保障的功能，首先要完善制度建设。第一，转变政府职能，完善高校管理体制。高校管理体制改革首先要求政府及教育主管部门转变职能，由管制转变为服务，严格履行立法与执法职能，逐步放开对高校的限制和干预。合理整合行政权力与学术权力，实行集权管理与分权管理相结合的新机制，实现学校内部权责分配的科学化和制度化，以适应高等学校作为学术机构的特点。[8]高校管理体制改革是一项复杂的系统工程，需要各个部门之间的通力合作，协调实施。只有这样，才能取得高校管理体制改革的成效。

第二，建立和完善激励机制、绩效考核机制。现阶段高校对教学和科研人员的考核激励往往只顾当前、忽视长远，缺乏长期和持续性激励。长期单纯以发表论文数量、获得各类科研项目、出版著作等作为判别教师水平的标准，这种做法过于注重考核绩效，但违背了科研工作周期性长的特点，迫使很多教师不得不围绕考核转，忽视了重大课题

的持续研究。高校应实施动态开放的管理模式，建立科学的人才评估体系，把绩效考核与报酬和奖惩结合起来，充分调动人才的积极性和创造性，使高校人才建设实现良性循环。[9]高校应将科研和行政管理工作分开，将行政职务与科研职务分开，使高校科研人员全身心地投入科研活动。同时加强建设各类人才队伍，加大培养高层次人才的力度，努力提升高校教学和科研水平。

第三，建设和完善投资、融资机制，扩大筹资渠道。高等教育的发展离不开资金支持，安庆市高等教育投入不足一直是制约高等教育发展的重要因素。因此，政府应扩大融资渠道，开辟新的投资渠道。以市场为导向，实现高等教育投资主体多元化，拓宽高等教育经费投资渠道。政府号召企业进行高等教育事业的投资建设，利用教育债券，吸引企业投资高等教育事业的发展。积极参与社会公共活动，吸引社会捐赠，积极与企业合作，通过科学技术研究，吸引企业对高校科研项目的投资。充分利用政府的各项科研项目研究，吸收科研经费的投资，开源节流，将成本降到最低。高校利用科研优势，建立校办企业，通过经营企业，增加教学经费来源。

（二）优化育人体系，为区域发展提供人才保障

在人才培养方面，以立德树人为根本任务，以职业能力提升为核心，以人才培养模式为突破口，以高水平产教融合项目为抓手，[10]培养高质量的应用型人才。在统筹优化的基础上，尤其加强职业教育的发展，突出实践教学，强化过程考核。

在师资队伍建设方面，加强双能型教师的培养力度，打造双能型教师团队，鼓励专职教师到企事业单位挂职锻炼学习，柔性设立流动岗位，选聘优秀的企业经营管理者和技术能手到校授课，不断提升教师的实践教学能力。

（三）专业对接产业，促进安庆市产业结构调整

从学校层面来看，应用型高校和职业院校的发展都离不开地方经济发展，要扎根于地方。这就要求教育主体在设置专业、课程时要围绕地方主导产业开展，主动对接区域产业结构调整，建立专业评估与动态调整机制，将专业设置与地方经济发展规划、产业转型规划有机结合，充分发挥教育促进区域经济发展的功能。[10]安庆市要顺应皖江城市带的发展趋势，立足于现实，办地方特色教育。

安庆市要充分发挥立足皖江城市带和长江经济带的区位优势，促进主要生产力重新布局。因此安庆市的发展迫切需要一批能源技术、电子信息、互联网贸易、高端设备制造业和新材料产业方面的高层次、高技术、高素质人才，这些人才除了大力引进外，主要还是地方高校的培养。因此高校应适时开设与新兴产业相关的新能源技术、生物技术、新材料科技、互联网等高科技的新型专业，因地制宜地调整已有学科结构，培养跨学科的复合型应用人才，培养在现代物流、对外贸易、电子信息、高端装备、能源、钢铁等方面的急需人才。

从政府层面来看，教育主管部门要从顶层设计统筹管理专业设置，科学制定专业集群建设规划，要改变“大而全”的专业普遍存在现象，突出产教融合和跨界整合，发

挥好院校特色专业发展。要根据区域经济发展的实际情况，统筹协调各高校之间的专业设置问题，使教育发展的专业链与区域经济发展的产业链、需求链精准对接。[11]安庆市高等教育发展应重新定位，将院校分为两个层次：安庆师范学院为第一层次，定位是应用研究型高校，以“研究”为主，为国家培养具有研究和创新能力的人才，以科技和创新成果促进社会经济的发展；以安庆职业技术学院等4所职业院校为第二层次，以“职业”为主，主要为社会培养合格的技能者，以提高从业人员的素质，促进社会经济发展。安庆市院校两层次的划分能为经济建设提供不同层次和不同类型的人才。

（四）深化校企合作，驱动安庆市生态经济增长

充分发挥校地合作是发挥教育经济功能的关键。校企合作本质上是利益的合作，是以“双赢”为目的的市场行为，不能实现“双赢”就不能称为合作。[12]对于安庆市高校来说，没有任何学习方式会比进入企业实践操作更加有效，充分的实践机会可以让学生学以致用，在增强学生实践动手能力的同时解决就业问题，更增加了高校的知名度。而对于安庆市企业来说，与高校合作有助于企业招收到需要的技术人才，定向、定量和订单式培养，节约了企业的招聘成本。由于是为企业定向培养人才，使得企业乐于协助学校培养学生，使学生有更多参与实践的机会，从而提高高校教育质量，形成了一种“双赢”的局面。因此，政府应该制定相应鼓励政策，支持行业协会、企业与职业院校密切合作。大力推进订单式教学培养，建立校企共赢的利益链，实行过程考核和弹性学分制，企业参与人才培养大纲制定，合理分配理论教学和企业定岗实习时间，学校和企业共同参与教育管理。通过校企合作，使院校不断深入市场，充分发挥教育对经济的促进作用，驱动安庆市生态经济增长。

（五）加快产学研合作平台建设，提高科技成果转化

科学创新产品大部分来自高等院校，应该积极发展科技创新，为国家科学技术和社会经济的发展提供动力，加快社会进步，促进经济增长。为了整合安庆市的教育资源，加强科研成果转化，需要创建“产学研”合作平台，使企业、高校和科研单位相互配合，互惠互利。政府层面应出台相关促进高等院校和科研院所科技成果转化相关办法，调动高等院校和科研院所科技人员创新创业的积极性，大力推动科技成果资本化、产业化。高校和企业分别为科技成果的开发者与接受者，两者的资源优势互补，就会使产学合作发挥最佳的经济效果。高校与企业间的信息不对称是安庆市科研成果转化率低的重要原因之一。为了达到双方信息的传递及信息的及时反馈，需要建立完善的科技成果信息共享平台，以此减少因信息不对称造成的合作困难。

参考文献

［1］莱斯特·R. 布朗. 生态经济：有利于地球的经济构想［M］. 林自新，等译. 北京：东方出版社，2002：1－21.

［2］周立华. 生态经济与生态经济学［J］. 自然杂志，2004（4）：238－242.

[3] 卢风．环境教育的三个层面［J］．环境教育，2016（5）：21－23.

[4] 古德森．环境教育的诞生［M］．贺晓星译．上海：华东师范大学出版社，2001.

[5] 国家环保局．21世纪议程［M］．北京：中国环境科学出版社，1993.

[6] 叶峻．关于绿色教育的生态化进程［J］．太原师范学院学报，2006（5）：160－163.

[7] 刘静．生态教育的内涵、意义及实施路径［J］．哈尔滨市委党校学报，2010（6）：92－95.

[8] 刘见芳．中国高等教育发展水平地区差异研究［D］．北京：清华大学，2004.

[9] 查永军．对我国高等教育研究的反思［J］．中国高教研究，2007（2）：48.

[10] 张音宇．合作共赢是职业教育与区域经济协调发展的终极目标［J］．江苏教育，2018（9）：77－78.

[11] 刘晓军．错位与连接：供给侧改革视角下江苏省高职教育与区域经济发展研究［J］．中国职业技术教育，2018（29）：63－67.

[12] 何杨勇．高等职业教育工学结合、校企合作的制度反思［J］．中国高教研究，2009（2）：70－72.

宣城市生态经济发展研究

赵春艳

社会越发展，人类越文明，改革开放以来，社会经济的高速发展给人类带来了丰富的物质享受，人类幸福指数快速提高。然而，当经济发展到一定程度，人类对环境、生态的需求越来越“原生态”，在经济飞速发展和环境矛盾日益突出的背景下，“生态经济”概念的提出水到渠成，近几十年来我国对于生态经济理论和实践创新研究硕果累累，特别是党的十七大提出的“建设生态文明社会”把生态经济研究又推向了一个新的高潮。[1]本文选取宣城市作为调研对象，对宣城市生态经济发展模式进行评价，拟提出有利于宣城市生态经济发展的路径。

一、宣城市生态经济发展简介

宣城市位于安徽省东南部，介于北纬29°57′~31°19′、东经117°58′~119°40′，与杭州、湖州、黄山、南京等城市毗邻，属于热带湿润季风气候。宣城市总面积12355.67平方千米，辖宣州区、宁国市、旌德县、绩溪县、广德县、泾县、郎溪县。2017年宣城全市生产总值1188.6亿元，净增120.6亿元，比上年增长8.5%，增幅与全省持平。总量继续保持全省第10位，增幅第8位，比上年前移2位。2017年末，宣城市户籍人口283.4万人，常住人口265.1万人。宣城市有着丰富的土地资源、水资源、动物资源等生态资源，具体情况如表1所示。

表1　2017年宣城市自然资源分布

种类	数量	单位
土地资源	1235566	公顷
水资源	93.16	亿立方米
动物资源	400	种
植物资源	1492	种
矿产资源	55	种

宣城市生态环境质量较好。全市空气质量长期为一级，空气污染指数大部分位于50以下；境内主要水系监测断面水质基本达到各功能区标准要求，全市的饮用水质量

状况良好；生态环境现状良好，2017 年全市森林覆盖率达 59%，位居全省前列，并在 2017 年印发了《宣城市全面推进林长制工作方案》的通知，全面实施“生态立市”战略。但近年来，宣城市生态环境污染状况也比较严重，环保基础设施建设落后，尘类污染和噪声污染日益严重，农村水污染问题也亟待解决。为此，宣城市政府联合各部门开展了积极的环境治理工程，生态保护和环境综合治理成效显著。[2]

二、宣城市生态经济发展模式

（一）生态农业发展模式

为响应“生态文明”建设号召，宣城市积极推进生态农业发展，已摸索出水稻立体种养、休闲观光农业、小流域农业生态治理、经果林立体种养、畜禽—沼—粮（菜、果、茶等）等经典生态农业模式。宣州区积极推进畜禽—沼—菜及水稻立体种养；宁国市以休闲观光农业为龙头，实施现代农业“六化”（规模化、标准化、科技化、生态化、休闲化和艺术化）提升活动；绩溪、旌德、广德大力推广绿色健康生态技术，形成了经果林立体种植与休闲观光并重的生态农业发展景象，郎溪打造种养结合模式，重点发展水稻立体种植、猪—沼—菜及休闲观光模式。[3] 2017 年，宣城市建立了 25 个生态农业示范点，示范面积 0.45 万公顷，创建了省级现代农业示范主题 110 多个。宣城市生态农业的发展充分利用了生态优势，经过部门的突出规划指引、鼓励种养结合、“三产”融合的发展战略，宣城市生态农业效益凸显。

（二）生态工业发展模式

宣城市生态工业发展相对较慢，宣城市可以从企业、园区、区域三个层面推动生态工业综合发展。生态工业型企业强调环境保护和生态效率，在企业的日常经营活动中贯彻落实生态经营理念。宣城市拥有大规模的传统企业并不多，近几年来在生态文明理念的推动下，宣城市积极创建国家级的生态市，在 2010 年度全省淘汰落后产能工作中，表现突出，荣获第一名。宣城市积极引进先进技术与创新生产方式，制定了装备制造、钢铁、轻工、纺织、化工和有色金属六个产业的调整和振兴方案，加快产业结构调整，对高能耗、高污染的资源型行业设立了高门槛。生态工业园发展在国内外都有着十分成熟的基础，也是诸多地区发展生态工业的首选模式。生态工业园可以分成虚实两种：虚是指虚拟工业园区，借助现有的互联网、计算机和智能化等手段，建立网络综合体，形成信息关系网；实是指实体生态工业园，包括改造现有的工业园和重新开放新型产业园。

宣城市生态工业园数量一般，大多集中在宣州区，大型企业较少。但宣州区生态工业园的集中为宣城市生态工业发展提供了良好的契机，也为其他县市生态工业园区的建设提供了较好的参考，这些生态工业园以实体工业园为主体，而且大多是化工类企业，区域集中发挥了集聚效应，但宣城市工业园也需要延伸其地理辐射范围，利用资源整合，把相近的或者在价值链上的企业也尽可能地涵盖进来，这样有利于价值链管理，从而发挥产业链条效应，节约交易成本，推动经济发展。从未来的发展方式上，宣城市生态工业园区可以积极推荐虚拟工业园，加快运用互联网和智能化手段，引导生态工业数据化、智能化和信息化。[4]

（三）生态旅游业发展模式

生态旅游是一种兼顾人类自我需求、生态可持续发展和地方经济发展的新型旅游态势。循环经济、绿色发展方式理念下，生态旅游越来越被公众所接受。宣城市有着丰富的旅游资源，自然旅游资源和红色旅游资源都吸引了诸多游客，2018 年仅国庆期间，宣城市实现了旅游收入超 20 亿元，同比增长 26. 15%。自驾探险游、徽州古镇古村文化游及农家乐采摘、垂钓的体验式旅游项目极受广大公众的欢迎。根据已有的研究，不同性质的生态旅游业可归类为如表 2 所示的模式。

表 2　　生态旅游模式

类型	内容	模式
经济水平	自然资源发展迅速，国民经济较为落后	超前型
	自然资源发展滞后，国民经济较为发达	滞后型
调节机制	市场机制推动旅游	市场型
	政府主导旅游规划	政府型
发展次序	先国内旅游、出国旅游，再国际接待	延伸型
	先国际接待、国内旅游，再出国旅游	推进型

结合生态旅游发展模式和宣城市现有的旅游资源，宣城市宜采取“政府主导 + 市场导向”的综合发展模式，具体来说：（1）宣城市政府整合、开发旅游资源，积极打造徽州文化旅游、乡村旅游。重点推进“皖南川藏线”项目和古村古道旅游项目。（2）打响特色旅游品牌，资源驱动。依托山湖、生态、文化，有针对性地开发特色旅游产品。发挥联动效应，形成点线面结合的开发体系，打造宣城精品旅游。（3）发挥市场导向，完善旅游产业链条。大力发展旅游相关的配套服务，丰富旅游视角和选择，挖掘旅游产业链效益。

三、宣城市生态经济发展模式的评价

生态经济发展模式评价方法比较多，有基于宏观经济发展的视角、侧重于生态环境的视角、侧重于资源能源的视角以及包容性的绿色发展视角等。限于篇幅，本文选取生态效率指标分析评价宣城市生态经济发展模式。

（一）宣城市生态效率评价指标体系构建

本文利用超效率的数据包络分析模型计算宣城市生态效率值，数据包络分析方法可以对多投入和多产出的多个决策单元的效率作出评价，超效率的数据包络分析可以在一段连续的时间内了解生态效率的变动情况。

基于数据的可获得性和持续性，构建宣城市生态效率评价指标体系如表3所示。

表3 宣城市各县市生态效率评价指标体系

一级指标	二级指标	三级指标	指标含义	单位
投入指标	环境污染	废水排放量	区域全社会废水排放总量	万吨
		化学需氧量	水污染指数	吨
		二氧化硫排放量	排入大气中的二氧化硫总质量	吨
		烟尘排放量	烟尘和工业粉尘排放质量总和	吨
		固体废弃物排放量	工业固体废弃物排放量	万吨
	资源消耗	能源消耗量	区域能源消费总量	吨标准煤
		电力消耗量	区域全年用电总量	亿千瓦时
		水消耗量	区域全社会用水总量	亿立方米
		土地消耗量	城市建设用地面积	平方千米
	社会投入	人力消耗	区域就业总人数	万人
		资金消耗	区域固定资产投入	亿元
产出指标	经济效益	经济发展总量	地区生产总值	亿元

（二）实证研究

本文以2009～2017年宣城市宣州区、宁国市以及5县的生态效率为研究对象，指标数据来源于历年《宣城市统计年鉴》《宣城市统计公告》《宣城市水资源公报》以及宣城市各县市统计年鉴和社会发展统计公报。

本文利用DEA-Solver软件测算出宣城市2009～2017年5县1区1市的生态效率，其结果如表4所示。

表4 宣城市2009～2017年生态效率分布

县市区	2009年	2010年	2011年	2012年	2013年	2014年	2015年	2016年	2017年	平均值	排名
宣州区	0.79	0.82	0.83	0.85	0.88	0.95	0.96	1.01	1.01	0.90	1
宁国市	0.75	0.77	0.78	0.82	0.83	0.85	0.88	0.91	0.89	0.83	2
绩溪县	0.61	0.63	0.67	0.66	0.69	0.76	0.77	0.78	0.80	0.71	3
郎溪县	0.64	0.66	0.60	0.61	0.63	0.65	0.67	0.73	0.75	0.66	4
旌德县	0.58	0.48	0.49	0.57	0.58	0.59	0.60	0.61	0.62	0.57	7
广德县	0.62	0.61	0.62	0.59	0.60	0.63	0.63	0.65	0.67	0.62	6
泾县	0.58	0.58	0.60	0.65	0.68	0.69	0.65	0.70	0.71	0.65	5
全市	0.65	0.65	0.66	0.68	0.70	0.73	0.74	0.77	0.78	0.71	

（三）结果分析

结果显示，2009～2017年宣城市生态效率平均值居于0.65～0.78，全市的生态效率平均值先缓慢上升，2013年后上升趋势加快，这得益于宣城市2011年4月市委、市政府召开全市创建国家生态市暨环境保护模范城市动员大会，出台《关于全面推进生态市建设的决定》和《关于创建国家环境保护模范城市的决定》，全市上下进一步确立了“生态强市”发展理念，把生态优势定位为宣城市的立市之本和核心竞争力。在这期间，宣城市转变经济发展方式，践行绿色经济、循环经济发展，追求环境友好型社会，提高区域经济发展质量，降低人类生产经济活动对环境的负面影响。从2014年开始，宣城市各县市生态效率值呈现稳步上升趋势，全市经济发展质量较好，生态文明建设成果显著。

从宣城市各县市的生态效率分布情况可知，各县市生态效率值居于0.57～0.90，呈现波动性变化。宣州区、宁国市和绩溪县位于全市前三名，这三个县市区，属于宣城市经济较发达地区，宣州区依托生态经济园，大力发展规模经济，并注重转变传统经济增长方式，淘汰落后产能，关闭环境污染严重企业，逐步推进工业转型和产业升级。宁国市和绩溪县依托丰富的生态旅游资源大力发展第三产业，促进经济快速发展的同时，注意保护生态资源和环境。2013年，宁国市和绩溪县均已通过国家级生态县市审批并公示。旌德县、广德县生态效率平均值处于全市的末端，生态效率不高，主要在于旌德县、广德县经济发展比较落后，第二产业发展受到区域、资源、人力、资本等多种因素的限制。这两个县特别是旌德县经济的发展对环境和区域生态资源的依赖性比较大，所以经济发展主要得益于生态旅游和生态农业的发展，但相对来说，这两个县的生态旅游和生态农业的发展也是亟待开发整合的，区域人民对生态意识的薄弱导致生态环境日益恶化，特别是乡村，垃圾处置问题严重，水域污染随处可见，所以对经济发展又起到了一定的限制作用。产业转型、产业优化是区域的必选之路，同时，经济发展中，要注意环境保护和生态养护措施，实现二者的相互促进和相互转化。

从宣城市各县市2007～2019年生态效率平均值可以看出，最低值和最高值之间的差距是0.33，差值较大，位于生态效率值第二梯队县市（郎溪县、泾县、广德县、旌德县）的差距比较小，说明这些县市的情况比较相似，政府等部门要高度重视这些县市的发展，对于这些县市生态经济发展的“短板”要采取有效措施进行规避，并突出发挥其优势，向标杆城市靠近，这些县市生态经济效率的提高对整个宣城市的生态经济发展有着重要的意义。

综上所述，宣城市生态效率值呈现逐年平稳上升的趋势，说明宣城市近期生态政策的有效落实，生态经济效应有所凸显，从县市排名来看，宣州区生态效率最高，旌德县生态效率最低。这说明经济发展和生态环境之间具有一定的相关性。[5]

四、加强宣城市生态经济发展的路径分析

结合上述分析，宣城市生态经济发展模式需要选择和发挥主导产业优势作用，结合

现有的宣城市三大生态产业发展现状和综合评价，本文建议宣城市选择“三次主导产业系”发展模式，其是指宣城市利用其特色或优势第一、第二和第三产业组成产业系，集中了优势资源，加强优势互补、资源协同，促进整个产业系的发展。宣城市“三次主导产业系”生态经济发展的总体思路是：转变经济增长方式，采用高效、清洁、绿色的生产方式，牢牢树立并践行“生态立市、生态强市”战略。以“经济生态化，生态经济化”为内涵，加强生态产业发展，以建设环境友好型和资源节约型社会为目标，实现宣城市人民的“经济持续发展、环境美好和生活幸福指数持续提高”的和谐宣城生态经济发展目标。

（一）加强政府宣传和引导，全民树立“生态促经济、经济促生态”的理念

生态经济发展是一个系统工程，政府相关部门应该做好顶层设计，做好全市行政规划，加大对各县市的投资力度，加强市、县、乡镇生态建设的联动机制，鼓励各级政府联创生态强市、生态文明市县。对于第一产业，宣城市各县市需要积极利用各自区域的优势自然生态资源，引导有能力的农户发展绿色规模农业，加强特色、绿色农产品生产和宣传，发挥生态农业的经济效益。对于第二产业，政府应该加强引导，对于绿色、高效、低耗的工业企业应给予政策扶持和优惠，对于环境破坏型、污染型企业应加大监管和惩罚，宣城市生态产业园区目前比较集中的仍是传统的化工企业，宣城市政府应引进先进技术、加强宣传生态理念，利用互联网和智能手段，将生态工业定位迈上一个新台阶。对于生态旅游业政府应强调旅游在带来经济效益的同时，应注意保护和培育旅游生态资源。

（二）强化生态保护措施

生态经济发展需要把生态 GDP、绿色 GDP 作为考核的首要选择，在经济发展过程中，宣城市要特别注意生态保护措施的强化和实施。在宣城市生态农业经济发展过程中，要处理好农用废弃物的转化和处置，对于农用灌溉水利资源要加强保护和挖掘，加强河道整治等。对于宣城市生态工业经济发展过程中，要特别加强对排污企业的管控，企业要建立生态保护措施考核机制，建立生态保护措施问责机制，切实把企业经济效益和生态保护紧密联系起来。对于生态旅游业的发展，特别要做好区域旅游资源的保护，杜绝破坏和毁损，有严格的职责划分。对于宣城市中比较有名的农村旅游，特别要做好农村垃圾的处置工作，避免垃圾倾倒河流，造成水域资源的污染和破坏。同时，加强宣城市植树造林工程建设，积极开展生态公益林的保护工作，加强宣传义务造林和打击树林破坏活动等。

（三）转变经济增长方式

随着经济的发展，宣城市人民的消费需求日益增长，这与有限的环境和生态容量的矛盾日益突出。在全市生态发展战略的要求下，节能减排和绿色发展成为宣城市所有产业发展的必选。在生态农业发展中，宣城市要加大引入科学技术手段，积极发展绿色高

效无污染的现代新型农业，减少农药化肥的投入，减少焚烧行为。在生态工业的发展中，宣城市要加快淘汰落后污染产业，对传统化工企业和建筑业加大科技投入，引入先进技术和设备，转变生产方式，提高产出效率，延伸产业链条，增加链条价值，实现产业结构优化。在生态旅游业发展方面，利用一切可能的手段加强旅游客户和旅游企业生态教育，不能一味追求暂时的经济利益和短暂的感官享受，要把生态旅游业的发展和人类的后代福祉联系起来。

（四）选择适宜的生态经济发展模式

宣城市所辖地区大部分自然资源和地理区位条件虽然比较相似，但具体到每个县市还是有自己独特的发展优势，各县市要发挥自己的核心竞争力，积极进行资源整合，发挥品牌效应，在各种产业结构调整和产业结构升级过程中，把生态保护和环境规制放在突出位置，鼓励各县市发展自有的特色生态经济发展模式，发挥县市联动效应，打造宣城市、安徽省甚至全国生态经济发展强县。[6]

参考文献

[1] 陈志琴. 关于中国县域生态经济发展模式探究 [J]. 经济研究刊，2015 (2)：34 - 37.

[2] 王如松，贾敬业，等. 生态县的科学内涵及其指标体系 [J]. 生态学报，2013 (5)：120 - 127.

[3] 王元仲，李建军. 生态农业评价指标体系及评价方法研究 [J]. 农业环境保护，2014 (10)：35 - 40.

[4] 刘朝瑞. 我国县域生态经济发展模式探究 [J]. 南阳师范学院学报，2015 (2)：23 - 28.

[5] 屠凤娜. 发展生态工业推进生态城市建设 [J]. 环渤海经济瞭望，2016 (8)：12 - 17.

[6] 徐颖. 生态经济发展模式研究——以霞浦县创建生态县为例 [D]. 福州：福建农林大学，2014.

巢湖市生态经济发展研究

孙燕云

一、生态经济简介

“社会主义生态文明观”是习近平总书记在总结第十九次全国代表大会以往做法的基础上首先提出的。牢固树立生态文明意味着保护环境，保护生产力发展，改善生态环境就是发展生产力，更有意识地促进绿色经济发展、循环经济发展和低碳经济发展，永远不会以牺牲环境为代价来换取短暂的经济增长。从本质上讲，它倡导一种新的经济增长方式，大力发展生态经济，改变过去粗放型经济增长方式，粗放型经济增长方式主要是高投入，高消耗，高排放，难以循环，效率低下。因此，生态经济发展成为一个热门话题，生态经济发展的研究正在逐步深化。

1972 年，罗马俱乐部发表的《增长的极限》指出，人类社会生产的增长受到有限资源和地球生态系统的限制，揭示工业文明下以人类征服自然为特征的经济增长模式的不可持续性，它为人类社会的传统发展模式敲响了警钟。同年，“人类环境宣言”澄清了人类尊重自然和保护自然的责任。在日益严重的生态危机和对传统工业文明的不断反思下，可持续发展的概念应运而生。这一概念首次出现在国际环境与发展委员会（WCED）的报告中，“我们共同的未来”反映了对经济社会发展与环境保护关系的重要新认识，是思想的重大飞跃。

陈志琴（2011）提出以绿色环保为方向的生态农业、以循环经济为目标的生态工业、以生态资源为依托的生态旅游业三种发展模式。[1]

段娟（2014）指出“毛泽东思想”中的生态经济思想及其对中国特色社会主义生态文明建设的启示，发展经济的同时要注意资源的综合利用，坚持全面开发，注重大江大河的综合治理。坚持经济、社会和生态效益的统一。[2]

黄渊基（2016）认为，生态文明是对传统工业文明的超越，需要与社会和谐发展，需要可持续发展。文中以洞庭湖生态区为着眼点，提出大力发展农林业、循环经济以及生态旅游业。[3]

人类在不同的生产阶段经历了两种经济的发展模式。首先是传统的经济发展模式。其次是末端治理模式，它开始关注经济活动对环境的负面影响，并在生产过程结束时采取措施解决环境问题，具体操作是“先污染，后治理”，其中的经济过程是“资源到产品到污染排放最后到治理”。[4] 在这两种模式中，人与自然的物质转换主要是以人为本。

在末端治理模式下，虽然人类为了污染控制而将一定的资源回归自然，但成本高，效果不明显。

发展生态经济是在根本上需要探索密集和绿色的新经济发展模式，只有这样才能解决经济和生态问题。循环经济就是在物质循环的基础上再发展经济，遵循减少、再次循环和再利用的“3R”原则。其中，减少是指减少资源利用和废物排放，而回收是指实施材料的回收系统。循环经济在本质上是力求以最小的环境资源成本为代价，来实现最大的经济和社会效益，是一种集约化的绿色发展模式。循环经济的发展体现的是对大自然的尊重、适应和保护，从而减少对大自然生态环境的破坏及污染。在大力发展循环经济中，经济活动的价值链可以得到充分的补充和大力的扩展，生产和消费过程中产生的大量废物将得到重新资源化和再利用。“资源—产品—废弃物—再生资源”物质的非线性闭环流动最终回归到了人与自然的正常物质转换，从而实现了生态系统与经济系统的辩证和谐与统一。[5]当前有关生态经济发展的研究不在少数，但是针对区域性的，特别是在皖江经济带中欠发达地方的生态经济发展却没有一个深入的分析与讨论。因此，本文将从巢湖市入手讨论有关生态经济发展的问题。

二、巢湖市生态经济发展现状及存在的问题

皖江地区有着连接南北、贯通东西的优越地理位置，成为了实施中部崛起战略的重要开发区域。随着全国经济的快速发展，它们之间的矛盾越来越明显。自 2011 年巢湖市归属合肥市管辖，成为合肥市内湖以来，一直紧跟建设“生态安徽”的步伐。从 2014 年 7 月开始，我国六部委就正式批准将先锋湖生态示范区纳入 57 个国家生态文明示范区（首批）范围。此后，围封湖生态示范区建设进入了国家层面，巢湖也是全国“三江三湖”之一。合肥、南京和杭州被列为长江三角洲的中心城市。根据《安徽城市发展研究报告》，合肥在皖江经济带中，各项经济指标位列首位，城市综合实力得到显著的提高，但不可否认的是，它与杭州和南京之间的差距仍处于工业化的中后期阶段。如何发展巢湖市生态文明第一示范区的生态经济已经成为了当务之急。下面从农业、工业以及旅游方面分析其现状并指出存在的问题。

（一）农业方面

（1）农产品的深加工发展滞后，产品好销路不好的问题一直存在，没有品牌优势。农业本身的基础就很薄弱。众所周知，农业经济的发展与其相关的基础好坏尤为紧密，但就目前的巢湖市农业经济发展而言，相关的基础设施仍然相对比较薄弱、不完善。与此同时，由于设备的使用时间较长，导致设备本身老化，功能相对较差，以及长期失修对设备的影响，阻碍了农业经济的发展。

（2）农业的生产成本进一步提高，劳动力素质不能从根本上满足生产需要。农村剩余劳动力如何转变一直是个值得关注的问题，尤其是在广大的农村地区。低素质的劳动力占有较大的比重，对农业经济的发展提高有一定的约束。如何解决农村剩余劳动力

问题是农业经济发展中的重要问题。但是，中国市场农村剩余劳动力供大于求，部分地区劳动力较为短缺。由于农村剩余劳动力素质普遍较低，专业技能水平差，也难以从源头上解决其工作问题。

（3）巢湖自古就是"鱼米之乡"。农业生产的投资比不上工业的投入，投入较少，这也是阻碍农业经济发展的一个重要因素。由于缺乏资金，也将对农业经济的可持续发展产生一定的约束。同时，农业经济发展中没有相对应的合理管理机制。政府在农业投入方面也具有一定的随机性，直接导致资金供应不足，对农业生产产生一定的不利影响。

（二）工业方面

（1）产业结构不合理，新能源、新材料、生物制药等新兴产业发展势头强劲，但总产值仍落后于传统产业。2017 年 1～11 月，巢湖市累计完成工业总产值 408.25 亿元，同比增长 12.31 个百分点，占年度评估目标 440 亿元的 92.79%。1～11 月，全市累计完成工业增加值 91.2 亿元，同比增长 5.6%，在合肥市 13 个县（市）排名第七，四县一市排名第三。2018 年 1～11 月，工业总产值 371.4 亿元，增长 17.2%，全市工业增加值 83.1 亿元，增长率为 7.8%，比目标增幅低 1.2 个百分点，比上年同期高 2.2 个百分点。与 2016 年上半年相比，它反弹了 0.4 个百分点，与第三季度相同。全社会固定资产投资增长 25.9%，工业投资增长 35.2%，技术改造投资增长 48.7%，分别超年度目标任务 0.9 个、17.2 个、8.7 个百分点。三大投资指标的增长率连续两个月在合肥、四县一市中排名第一。①

（2）资源的消耗量大，投入产出比低，竞争力不够；高排放，对环境不够友好。截至目前，高投入、高能耗、高污染、低效率的粗放型增长方式仍然是巢湖市的经济增长方式。由此，寻求经济发展方式的转变成为首要任务，发展循环经济成为现实的需要。大量的资源和能源消耗以及环境污染物的排放凸显了这一点，这超出了资源和环境的承载能力，造成了生态环境的破坏和不可持续的经济和社会发展。

（三）旅游方面

（1）加快发展的工作机制有待完善。没有形成统一的巢湖周边旅游业发展的思想。旅游规划缺乏"一个蓝图"管理，存在多头规划、过度混乱、相互联系困难等问题。这导致了低水平的重复建设，困难的投资项目以及资源的低效整合。尚未建立各级领导体制和工作机制，实施全面协调和进步。

（2）旅游资源丰富，开发不够充分，宣传力度不够，形式较为单一，规模小缺乏高品位旅游景区景点。巢湖的旅游资源总量相当大，但总体水平较低，体积较小。巢湖的旅游形象不够清晰，主题不够突出，国内外声誉不高。没有足够的休闲和度假产品，并且几乎没有度假村，与建设一流的国家级风景名胜区和国家级旅游休闲度假

① http://www.chaohu.gov.cn/Index/news/details/id/21812.html。

区之间仍存在较大差距。地域文化内涵挖掘利用不够。巢湖周边的人力资源和社会旅游资源保护存在问题，如保护和开发利用不足。环巢湖自行车比赛的规模很小，不成气候。尽管这几年来，巢湖市旅游局大力开发旅游资源，包括巢湖古温泉、银屏牡丹节、桃花节等，但相比国内其他著名的文化节仍然存在较大的差距。

（3）当前旅游相对落后，服务设施不足，旅游基础设施建设需要加强。巢湖大道及高速公路出入口缺乏统一的景区指示牌。旅游站、旅客配送中心、旅游终点站、旅游公共厕所等仍需加快速度建设起来。旅游饭店和饭店没有有效整合，整体接待容纳能力有待提高，夜生活市场和大型旅游购物中心尚未形成。

三、大力发展生态经济的措施

（一）优化产业结构

在“社会主义生态文明观”理念的指导下，要求我们继续推进产业结构优化升级。不断地提高产业水平，大力促进发展各个不同的绿色产业，包括粮食、果蔬以及渔业和林业，优化产业结构。充分发挥品牌优势，形成自己的品牌效应。积极拓宽产品市场，形成自己的销售渠道。促进农业产业化，坚持绿色生产，引进现代科学技术，加强环保理念建设。

（1）大力发展林业、农牧业。森林是大自然生态系统中最重要的组成部分，对整个生态系统的良性运行具有重要的意义，并为人类的生存与发展提供生态保护。因此，要大力发展林业和第二、第三产业，形成比较完整的林业产业链，促进林业产值升级。农牧业的发展依赖于土地资源，受土地资源的影响，对土地资源也有一定的影响。一方面，生态农牧业可以通过提高技术水平，在特定的土地资源条件下避免不利因素；另一方面，可以与土地建立正常的物质交换关系。巢湖市开启“植绿护绿 +”新模式，多举措促进林业发展。打造“天蓝、地绿、水净”生态宜居福地。不断扩大绿色森林面积，持续提高森林的质量，让山水名城更加的舒适宜人、生态美丽。巢湖市将义务植树尽责率先纳入林长制考核，护绿向 365 天延伸，县乡村 451 名林长率先履行法定义务，都有自己的“责任林”，都是“责任人”。不仅如此，巢湖市 74 株古树名木也实行挂牌保护，确定责任人或责任单位。另外，20 个副林长单位还发挥各自优势，创建“八一林”“工会林”“共青林”“巾帼林”等基地共 12 个，自发组织成立 56 个志愿服务队，活跃在 17 个乡镇街道、国有林场、绿化公司 25 个义务植树点，开展关爱自然、美化家园、保护母亲湖等学雷锋志愿主题服务活动 3000 多人次，栽植、抚育各类绿化、经济苗木 10 万多株。①

（2）发展高新技术战略性新兴产业。电子信息产业代表着高科技产业和节能环保产业，高端装备制造业和新能源产业代表的战略性新兴产业是第二产业中的技术密集型

① http：//www. chaohu. gov. cn/Index/news/details/id/95979. html。

和知识密集型产业。它的特点是能耗低、污染小、附加值高，所以具有很大的发展潜力。因此，第二产业内部结构的转变是一个重要的方面，逐步降低第二产业中高能耗、高污染严重的重工业的比重。提高新技术产业以及战略性新兴产业所占的比重，从而进一步提升第二产业的生态文明，大力促进生态经济的建设。

(3) 大力发展第三产业。众所周知，第三产业是天然的清洁工业，能源和资源消耗相对比较低，生态和环境的污染较少。第三产业发展的速度快慢直接关系到产业结构的优化升级以及生态文明建设的推进。巢湖市经济发展是第一产业占主导地位，旅游业为辅，高新技术产业发展缓慢，产业水平相对较低，在未来的发展中，要努力推动高新技术产业和战略性新兴产业的发展。推进第二产业内部结构优化，积极发展生产生活服务业，逐步提高第三产业在 GDP 中所占的比重。充分发挥农业对工业的反哺作用，不断地用先进的科学技术来武装农业，提高农业的生产效率，解放大量的农村劳动力。推动生态化、现代化转型，为产业优化升级提供空间，大力发展林业产业。巢湖市在大力发展第三产业的情况下，与其他地方相比，积极保持现有的优势，发现自己的不足，借鉴别人优势的地方，促进产业的不断优化升级。

（二）大力发展循环经济

想要从根本上减少对资源以及能源的需求，就要求大力发展循环经济，逐步消除资源和能源的过度消耗，这是促进循环经济发展的首要保证。由于经济增长方式具有一定惯性，不是说转型就转型的，需要花费很长的一段时间，短时间内是无法实现的。这就要求在想方设法推进经济增长方式转变的同时，开展节能减排工作，争取把粗放型经济增长方式对资源环境造成的不利影响努力降到最低。在资源能源利用上，坚持开源节流原则：在开源方面，开发和利用太阳能、风能、水能、地热能和生物质能等可再生资源。巢湖所管辖的槐林镇—散兵镇之间已经在开发使用风能，提高风能在资源能源消费中的比例，这不仅有助于缓解资源短缺对经济发展的制约，而且还可以为子孙后代留下更多资源，造福于后代。可再生资源更加绿色和清洁。在节流方面，鼓励开发节能减排技术，加大投资，提高资源和能源的使用效率。在污染物处理方面，坚持减排、变废为宝、循环再利用的原则。“资源—产品—废弃物—再生资源”，这个非线性闭环系统促进了人与自然的和谐发展，从而使循环经济的实现成为可能。目前，巢湖市循环经济发展的水平较低。在未来的发展中，应该提高能源利用效率，优化能源消费结构，促进废物循环利用，同时转变经济增长方式。

（三）促进生态经济化

建立健全自然资源资产产权制度，明确自然资源的所有权，大力促进生态资源向生态资产的转化，为业主带来效益。充分地发挥市场在生态资源配置中的决定性作用，改变以往传统生态资源不使用价格或低价格的方式。通过市场竞争获取生态资源资产将被用作制度安排。这对提高生态资源的保护和集约利用水平，实现有效生态资源的可持续利用大有裨益。在市场运作过程中，政府应控制生态资源的利用，特别是稀缺的生态资源，以达到保护生态资源，引导其合理利用的目的。建立和完善生态服务贸易市场，实现以生态服务提供者支付和生态服务消费者支付为特征的生态服务补偿。内化生态环境的外部性，发挥资源市场配置的基础性作用，促进生态服务向最有价值、最稀缺的地方分配，优化资源配置。与此同时，政府也应通过建立生态补偿制度来调整市场机制失灵的方方面面。市场机制与政府规制的有效结合能够从根本上缓解经济发展与环境保护之间的矛盾，同时促进经济体制与生态系统的协调、高效、连续运行。

（四）大力发展生态旅游业

让城市拥抱森林，创造一个生态园林城市。增加对基础设施的投资并确保运营能力。开发丰富的人文和自然旅游资源，提供多元化、个性化、优质的服务。巢湖姥山旅游区、三瓜公社、郁金香高地、滨湖大道、每年的环巢湖自行车赛等，吸引着成千上万人来到巢湖欣赏美景，领略巢湖的人文。

注重培养生态旅游专业管理人才，管理和监督生态旅游的发展，引入“互联网＋”，建立旅游新发展状态，让游客体验与时俱进的科技，依托巢湖学院，每年都有大批的旅游人才走出校园，投身到巢湖市的旅游业中。将学校学到的知识应用到实践中，加速生态旅游的发展。

政府部门要坚持生态观念，深刻理解人口、资源、环境与经济发展的辩证关系。以实现人与自然，经济社会发展和生态环境保护的和谐统一为目标，将其纳入制度、政策和行为。切实建成为生态型政府。一方面，这意味着政府应该在整个过程中自觉遵循自然法则，并落实在执行行政职能的各个方面。保护生态平衡，协调人与自然、人与社会之间的关系，实现政府的生态管理。另一方面，生态环境的保护，生态环境污染的控制以及生态环境的修复是政府应该承担的责任。生态环境是具有外部性的公共产品，生态环境的外部性会影响资源的有效配置，造成市场失灵，对生态环境造成更严重的破坏。政府应通过一定的预防和监督措施指导市场参与者的行为，及时纠正市场失灵，促进生态资源的有效配置。保持生态良性循环，治理和修复现有的环境污染和生态破坏，实现污染防治和污染控制的双管齐下。最终为全社会全人类提供良好的生态环境公益产品。[6]政府应建立健全协调制度，保证其科学并且有效的实施，这是由生态系统本身的复杂性及其与经济和社会等其他系统的关系决定的。政府不仅要协调和统一涉及生态系统不同方面的政府部门的管理职能，还要实现生态系统作为一个完整的有机系统的整体管理，并协调负责生态系统管理的政府部门和负责经济和社会系统管理的政府部门，实现不同类型的政府部门相互支持和合作，促进生态经济建设。

参考文献

［1］陈志琴. 关于中国县域生态经济发展模式探究［J］. 经济研究导刊，2011（22）：122－123.

［2］段娟. 毛泽东生态经济思想及其对中国特色社会主义生态文明建设的启示［J］. 毛泽东思想研究，2014（4）：82－88.

［3］黄渊基．生态文明背景下洞庭湖区生态经济发展战略研究［J］．经济地理，2016（10）：131－136.

［4］李佳音．马克思主义生态文明观的中国化思考［J］．新东方，2015（2）：29－33.

［5］方时姣．生态文明创新经济［M］．北京：中国环境出版社，2015：110－121.

［6］彭向刚，向俊杰．中国三种生态文明建设模式的反思与超越［J］．中国人口·资源与环境，2015，25（3）：12－18.